甘肃政法大学重大项目"西北少数民族国家认同问题研究"（2017XZD07）资助成果

铸牢中华民族共同体意识若干重要问题研究

王瑞萍 马 进 马虎银 乔 娟 著

中国社会科学出版社

图书在版编目（CIP）数据

铸牢中华民族共同体意识若干重要问题研究 / 王瑞萍等著 . —北京：中国社会科学出版社，2021.12（2024.4 重印）
ISBN 978 – 7 – 5203 – 9189 – 4

Ⅰ.①铸… Ⅱ.①王… Ⅲ.①中华民族—民族意识—研究 Ⅳ.①C955.2

中国版本图书馆 CIP 数据核字（2021）第 268363 号

出 版 人	赵剑英	
责任编辑	田　文	
责任校对	姜晓茹	
责任印制	王　超	

出　版	中国社会科学出版社	
社　址	北京鼓楼西大街甲 158 号	
邮　编	100720	
网　址	http://www.csspw.cn	
发 行 部	010 – 84083685	
门 市 部	010 – 84029450	
经　销	新华书店及其他书店	
印　刷	北京君升印刷有限公司	
装　订	廊坊市广阳区广增装订厂	
版　次	2021 年 12 月第 1 版	
印　次	2024 年 4 月第 3 次印刷	
开　本	710 × 1000　1/16	
印　张	28.5	
字　数	482 千字	
定　价	158.00 元	

凡购买中国社会科学出版社图书，如有质量问题请与本社营销中心联系调换
电话：010 – 84083683
版权所有　侵权必究

前　言

习近平总书记在2021年中央民族工作会议上的重要讲话中强调指出：要准确把握和全面贯彻我们党关于加强和改进民族工作的重要思想，以铸牢中华民族共同体意识为主线，坚定不移走中国特色解决民族问题的正确道路，构筑中华民族共有精神家园，促进各民族交往交流交融，推动民族地区加快现代化建设步伐，提升民族事务治理法治化水平，防范化解民族领域风险隐患，推动新时代党的民族工作高质量发展，动员全党全国各族人民为实现全面建成社会主义现代化强国的第二个百年奋斗目标而团结奋斗。

中国共产党将建构中华民族共同体意识作为实现中华民族伟大复兴的核心价值引领，贯穿在一百年的奋斗历程中。习近平总书记总结全党经验，创造性地提出铸牢中华民族共同体意识的新思想、新观点、新理念，使中华民族共同体意识形成完整的体系。从中国共产党的成立到新中国的建立，再到改革开放，中国共产党建构中华民族共同体意识的百年历程充分彰显了中国共产党维护民族平等团结、促进民族繁荣发展的勇气和智慧。

党的十八大以来，以习近平同志为核心的党中央就民族工作作出一系列重大决策部署，推动我国民族团结进步事业取得了新的历史性成就。民族地区面貌日新月异、少数民族群众生活蒸蒸日上。民族地区全面建成了小康社会，历史性地解决了绝对贫困问题，正在意气风发向着全面建成社会主义现代化强国的第二个百年奋斗目标迈进。中华民族一家亲、同心共筑中国梦，这是新时代我国民族团结进步事业的生动写照，也是新时代铸牢中华民族共同体意识的鲜明特征。

铸牢中华民族共同体意识是学术领域、民族工作领域的基础理论问题和重大现实问题。贯穿在铸牢中华民族共同体意识中的马克思主义世界观和方法论、中国共产党的民族理论和民族政策、我国初级阶段民族工作的规律和特点、科学的思维方法、治国理政的高超智慧等丰富的内涵都需要我们认真学习总结研究。一部中国史，就是一部各民族铸牢中华民族共同体意识的历史，就是各民族共同缔造、发展、巩固统一的伟大祖国的历史。各民族之所以团结融合，多元之所以聚为一体，源自各民族文化上的兼收并蓄、经济上的相互依存、情感上的相互亲近，源自中华民族追求中华民族共同体意识的内生动力。因此，加强铸牢中华民族共同体意识的学习总结研究对于深入学习贯彻习近平新时代中国特色社会主义思想，创新中国特色社会主义民族理论政策的话语体系，推进马克思主义中国化的进程，促进党的理论创新成果的普及具有重要的意义。从逻辑与历史统一的视角，系统研究铸牢中华民族共同体意识的理论内涵、行动逻辑与实践路径，无疑是关乎中华民族共同体建设的重要议题，具有重大的现实意义和深远的历史意义。中国共产党建构中华民族共同体意识一百年的奋斗历程无可辩驳地证明了一个伟大的真理，这就是，中华民族从"站起来""富起来"到"强起来"的振兴之路，是一个铸牢中华民族共同体意识、实现中华民族伟大复兴中国梦的过程。新时代，国家治理体系与治理能力现代化的实现，走好中国特色解决民族问题道路，离不开铸牢中华民族共同体意识的支撑。铸牢中华民族共同体意识，必须坚定目标，综合用力，久久为功。

当代中国正经历着我国历史上最为广泛而深刻的社会变革，也正在进行着人类历史上最为宏大而独特的实践创新。这种前无古人的伟大实践，必将给理论创造、学术繁荣提供强大动力和广阔空间。

我们立时代之潮头、通古今之变化、发思想之先声，积极为党和人民著书立说、建言献策，积极担负起历史赋予的光荣使命。我们研究中华民族共同体意识遵循马克思在《黑格尔法哲学批判导言》指出的方法进行，这就是从"物质的生活关系"着手，认识到铸牢中华民族共同体意识既有现实生活的基础和现实生活的逻辑进路，也有理论思想的基础和逻辑进路，是逻辑与历史的统一。马克思指出：哲学家"是自己的时代、自己的人民的产物，人民的最美好、最珍贵、最隐蔽的精髓都汇集在哲学思想里"①。我们把铸牢中华民族共同体意识作为新时代的文化哲学看待，从我国的基本国情和我国的国家性质出发，加强对铸牢中华民族共同体意识实践经验的系统总结，分析研究阐释，提炼出有学理性的新看法，概括出有规律性的新实践，自觉坚持以马克思主义为指导，自觉把中华民族共同体意识贯穿在研究和教学过程，转化为清醒的理论自觉、坚定的政治信念、科学的思维方法。我们以我们正在做的事情为中心，从铸牢中华民族共同体意识的实践中挖掘新材料、发现新问题、提出新见解、构建新阐述，为构建中国特色的反映时代和人民呼声的中国风格、中国气派、中国作风的哲学社会科学，为不断推进学科体系、学术体系、话语体系建设和创新作出一代学人应有的贡献。

作者

2021 年 11 月 18 日

---

① 《马克思恩格斯全集》第 1 卷，人民出版社 1995 年版，第 219—220 页。

目 录

导 论 …………………………………………………………… (1)

第一章 中华民族共同体意识 …………………………………… (4)
第一节 中华民族共同体意识的丰富内涵 ……………………… (4)
一 中华民族共同体意识解析 ………………………………… (4)
二 中华民族共同体 …………………………………………… (8)
三 坚持"两个共同" …………………………………………… (9)
四 中国共产党建构中华民族共同体意识的百年历程 ………… (12)
五 铸牢中华民族共同体意识的重要意义 …………………… (22)

第二节 中华民族共同体意识的价值 …………………………… (25)
一 中华民族共同体意识的价值特征 ………………………… (26)
二 中华民族共同体意识的国家文化基础 …………………… (28)
三 对马克思价值理论的继承和发展 ………………………… (30)

第三节 中华民族共同体意识的当代建构 ……………………… (32)
一 中华民族共同体意识的反映论建构 ……………………… (33)
二 中华民族共同体意识"合力"生成建构 …………………… (34)
三 中华民族共同体意识经济基础核心要义建构 …………… (35)

第二章 中华民族共同体意识的生成逻辑 ……………………… (37)
第一节 中华民族共同体意识的古代萌芽 ……………………… (37)
一 "华夷一统"的大一统思想的孕育发展 …………………… (38)
二 "大一统"与中华民族整体观念的形成 …………………… (40)

    三　元明清大一统的中华整体观念形成 …………………… (45)
  第二节　中华民族共同体意识的近代启蒙 ………………………… (47)
    一　康有为的大同理想 …………………………………………… (47)
    二　梁启超的民族主义思想 ……………………………………… (50)
    三　孙中山的"五族共和"思想 ………………………………… (54)
  第三节　中华民族共同体意识的自觉阶段 ………………………… (57)
    一　反帝联合体到中华民族共同体 ……………………………… (57)
    二　新民主主义革命时期的中华民族共同体意识 ……………… (60)
    三　新中国建立以来中华民族共同体意识的自觉 ……………… (64)

第三章　铸牢中华民族共同体意识的政治基础 …………………… (69)
  第一节　加强社会主义意识形态建设 ……………………………… (69)
    一　社会主义意识形态的内涵 …………………………………… (70)
    二　发挥意识形态的政治整合功能 ……………………………… (71)
    三　政治社会化的保证 …………………………………………… (79)
  第二节　党的建设与执政能力的提升是前提保障 ………………… (83)
    一　坚持集中统一领导的制度优势 ……………………………… (83)
    二　中国共产党是铸牢中华民族共同体意识的领导力量 ……… (87)
    三　进一步构建新时代和谐的民族关系 ………………………… (89)
  第三节　重视和加强党的民族理论与民族政策教育中的
          心态教育 ……………………………………………………… (90)
    一　心态教育在党的民族理论与民族政策教育中的重要性 …… (91)
    二　心态教育在党的民族理论与民族政策教育中的重点 ……… (92)
    三　心态教育在党的民族理论与民族政策教育中的方法 ……… (93)

第四章　铸牢中华民族共同体意识的文化认同 …………………… (96)
  第一节　中华文化和中华民族共同体意识 ………………………… (96)
    一　文化与中华民族共同体意识 ………………………………… (96)
    二　中华文化与中华民族共同体意识的关系 …………………… (98)
    三　文化认同 ……………………………………………………… (99)

目录

第二节 社会主义核心价值观的文化认同 ……………………（102）
- 一 对文化认同的三个促进作用 ……………………………（102）
- 二 在文化认同中扮演的角色 ………………………………（104）
- 三 社会主义核心价值观对文化认同的整合 ………………（106）
- 四 促进文化认同的进步 ……………………………………（107）

第三节 社会主义核心价值观文化认同的五种交往方式 ……（109）
- 一 以文化资本积累进行交往 ………………………………（110）
- 二 以国家公民身份进行交往 ………………………………（111）
- 三 以凝练爱国主义精神的社会性人格进行交往 …………（111）
- 四 以对共同体认同的文化态度和精神进行交往 …………（112）
- 五 以现实实践的行动品质进行交往 ………………………（113）

第四节 铸牢国家文化基础的三种构建 ………………………（114）
- 一 国家层面的构建 …………………………………………（114）
- 二 社会层面的构建 …………………………………………（116）
- 三 个人层面的构建 …………………………………………（119）

第五章 铸牢中华民族共同体意识的国家文化沟通模式 …………（122）

第一节 国家文化沟通模式 ……………………………………（122）
- 一 意识形态沟通模式特色 …………………………………（123）
- 二 各民族愿景沟通模式 ……………………………………（125）
- 三 各民族文化的沟通模式 …………………………………（126）

第二节 构建铸牢中华民族共同体意识交往能力 ……………（127）
- 一 生成和构建交往能力的重要性 …………………………（128）
- 二 生成和构建交往的实践能力 ……………………………（130）
- 三 生成和构建交往公共文化的能力 ………………………（132）

第三节 构建铸牢中华民族共同体意识的国家文化沟通模式 ……（134）
- 一 进一步凝聚各民族的认同 ………………………………（135）
- 二 进一步凝聚对中华文化的自信 …………………………（137）
- 三 进一步凝聚对国家通用语言文字的认同 ………………（138）

第六章　铸牢中华民族共同体意识的认同和社会心态健全 …………（141）

第一节　铸牢中华民族共同体意识的国家认同的文化解释 ………（141）
一　国家认同的文化解释是一个"深描"过程 ……………（141）
二　国家认同是认知—情感反应模式的构建 ……………（145）
三　认知—情感反应模式中符号体系的构建 ……………（148）

第二节　铸牢中华民族共同体意识的社会认同 ……………（151）
一　社会认同理论的产生 ……………………………（152）
二　社会认同理论的四个基本概念 ……………………（152）
三　社会认同构建的益处 ……………………………（154）
四　社会认同缺乏的危害 ……………………………（156）

第三节　从民族认同到国家认同的实质和秩序 ……………（158）
一　社会认同理论成为认识和理解中国民族问题的重要话语 ……………………………………………（158）
二　从民族认同到国家认同的关键是形成中华民族认同的国家秩序 ………………………………………（158）
三　以知觉行为主义理论为基础的社会认同类型和秩序 ………（161）

第四节　铸牢中华民族共同体意识的社会心态健全 ……………（166）
一　心态特征 ………………………………………（167）
二　铸牢中华民族共同体意识社会心态健全释义 ……………（168）
三　铸牢中华民族共同体意识的社会心态健全的作用 …………（169）
四　铸牢中华民族共同体意识的社会心态健全的国家认同表现 …………………………………………（170）
五　铸牢中华民族共同体意识的社会心态的自我表现 …………（173）

第七章　铸牢中华民族共同体意识的路径思考 ………………（176）

第一节　加强党对铸牢中华民族共同体意识的领导 ……………（176）
一　坚持党的集中统一领导的重要性 ……………………（177）
二　党是铸牢中华民族共同体意识的领导核心 ………………（180）
三　党引领铸牢中华民族共同体意识 ……………………（183）

第二节　发挥中国特色社会主义制度优势 ………………（187）

目　录

  一　加强马克思主义意识形态建设 …………………………（187）
  二　坚持公有制为主体 ………………………………………（192）
  三　发展中国特色社会主义民主政治 ………………………（196）
 第三节　加强全国各族人民的大团结 …………………………（199）
  一　加强中华民族大团结的丰富内涵 ………………………（200）
  二　支持加快民族地区经济发展 ……………………………（203）
  三　尊重和保障少数民族合法权利 …………………………（206）
 第四节　"两个共同"的推动作用 ………………………………（209）
  一　实现"两个共同"的重要意义 …………………………（210）
  二　实现"两个共同"的路径和条件 ………………………（213）
  三　坚持"四个维护"的原则 ………………………………（217）
 第五节　坚持和完善民族区域自治制度 ………………………（220）
  一　坚持完善民族区域自治制度的意义和内涵 ……………（221）
  二　推进少数民族社会主义文化建设 ………………………（225）
  三　坚持解决中国民族问题的正确道路 ……………………（232）

第八章　对铸牢中华民族共同体意识的一些思考 ………………（242）
 第一节　"思"的框架里的中华民族共同体意识 ……………（242）
  一　为什么要在"思"的框架里探究中华民族共同体意识 …（243）
  二　以人性之"思"探究中华民族共同体意识的本性意蕴 …（245）
  三　以美之"思"探究中华民族共同体意识的美学意蕴 ……（250）
  四　以哲学之"思"探究中华民族共同体意识的哲学
    品格意蕴 …………………………………………………（254）
 第二节　铸牢中华民族共同体意识的日常族际交往基础 ……（259）
  一　铸牢中华民族共同体意识的日常族际交往理念化
    基础构成 …………………………………………………（260）
  二　日常族际交往的文化资本积累基础构成 ………………（263）
  三　日常族际交往的实践能力生成 …………………………（265）
  四　各民族日常族际交往的核心要素培育 …………………（271）
 第三节　"绝地天通"人神观与中华民族共同体意识构建 ……（275）

一　"绝地天通"人神观的起源与中华民族共同体意识的
　　　　萌芽 …………………………………………………… (276)
　　二　"绝地天通"人神观的发展与中华民族共同体意识的
　　　　发展 …………………………………………………… (279)
　　三　"绝地天通"的人神观对构建中华民族共同体意识的
　　　　要义 …………………………………………………… (284)
　第四节　后现代语境下的铸牢中华民族共同体意识 ………… (291)
　　一　后现代内涵构建的谱系脉络 ………………………… (292)
　　二　后现代的三个核心观点 ……………………………… (294)
　　三　构建铸牢中华民族共同体意识的"历史法则" ……… (297)
　　四　构建铸牢中华民族共同体意识的后现代方案 ……… (299)

第九章　建设各民族共有精神家园 ……………………………… (306)
　第一节　各民族共有精神家园 …………………………………… (306)
　　一　各民族共有精神家园的基本内涵 …………………… (307)
　　二　中华民族共有精神家园的内容 ……………………… (309)
　　三　建设各民族共有精神家园的重大意义 ……………… (312)
　第二节　建设各民族共有精神家园的原则 …………………… (316)
　　一　弘扬中华优秀文化 …………………………………… (316)
　　二　铸牢中华民族共同体意识的共有精神家园 ………… (320)
　　三　建设各民族共有精神家园坚持的原则 ……………… (323)
　第三节　建设中华民族共有精神家园的路径 ………………… (326)
　　一　坚定中国特色社会主义的"五个认同" …………… (326)
　　二　加强各民族族际交往交流交融 ……………………… (334)
　　三　建设中华民族共有精神家园的文化自信 …………… (335)
　　四　建设各民族共有精神家园的力量之源 ……………… (339)

第十章　铸牢中华民族共同体意识的精神和物质基础 ………… (347)
　第一节　马克思的社会发展理论 ………………………………… (347)
　　一　马克思社会发展理论的意义 ………………………… (347)

二　马克思社会发展理论的内涵 …………………………（349）
　三　马克思社会发展理论的特点 …………………………（351）
第二节　中华民族文化自信的根意识 …………………………（352）
　一　中华民族根意识的涵义 ………………………………（352）
　二　中华民族文化自信的根意识的去社会幻象 …………（354）
　三　中华民族文化自信的根意识的身份认同 ……………（356）
第三节　以马克思经济学方法论推动深度贫困民族地区脱贫攻坚
　　　　——以甘肃省"两州"市场和脱贫攻坚关系为视角 …（361）
　一　以"看得见的手"和"看不见的手"共同推动发展 …（361）
　二　形成市场和政府双重作用的重要性和紧迫性 ………（365）
　三　以看得见的和看不见的手推动经济发展 ……………（367）

第十一章　铸牢中华民族共同体意识日常交往的六大心态 …（370）
第一节　铸牢中华民族共同体意识的民族日常交往的爱国
　　　　心态 ……………………………………………………（370）
　一　各民族爱国主义的鲜明特点 …………………………（371）
　二　各民族日常交往形成的三大爱国心态 ………………（374）
　三　各民族日常交往爱国心态与社会发展的关系 ………（380）
第二节　铸牢中华民族共同体意识的日常交往的伦理心态 …（384）
　一　伦理心态的含义 ………………………………………（384）
　二　各民族的日常交往伦理心态的四个构建 ……………（386）
　三　各民族日常交往伦理心态形成的原因 ………………（392）
第三节　铸牢中华民族共同体意识的民族日常交往的同情
　　　　心态 ……………………………………………………（393）
　一　有关同情的理论的谱系追溯 …………………………（394）
　二　各民族日常交往同情心态的表现 ……………………（397）
　三　各民族日常交往的同情心态的三个特点 ……………（400）
第四节　铸牢中华民族共同体意识日常交往的社会心态 ……（402）
　一　铸牢中华民族共同体意识日常交往社会心态的诠释 …（402）
　二　各民族日常交往社会心态的特点 ……………………（404）

三　各民族日常交往社会心态的表现形式 …………………（407）
　　四　各民族日常交往社会心态的功能和作用 ………………（409）
第五节　铸牢中华民族共同体意识的日常交往的法治心态 ………（411）
　　一　各民族法治心态在日常交往中的特殊性 ………………（411）
　　二　各民族法治心态的形成经历的三个阶段 ………………（414）
　　三　各民族心态法治化建设的实践路径 ……………………（418）
第六节　铸牢中华民族共同体意识的日常交往的民族群体
　　　　心态 …………………………………………………………（420）
　　一　民族群体心态的相关理论阐释 …………………………（421）
　　二　各民族日常交往的民族群体心态特点 …………………（426）
　　三　各民族日常交往民族群体心态评价 ……………………（429）

结束语　进一步铸牢中华民族共同体意识 ……………………（433）

参考文献 ………………………………………………………………（437）

导　　论

习近平总书记在 2021 年中央民族工作会议上的重要讲话中强调指出：做好新时代党的民族工作，要把铸牢中华民族共同体意识作为党的民族工作的主线。铸牢中华民族共同体意识，就是要引导各族人民牢固树立休戚与共、荣辱与共、生死与共、命运与共的共同体理念。铸牢中华民族共同体意识是维护各民族根本利益的必然要求，只有铸牢中华民族共同体意识，构建起维护国家统一和民族团结的坚固思想长城，各民族共同维护好国家安全和社会稳定，才能有效抵御各种极端、分裂思想的渗透颠覆，才能不断实现各族人民对美好生活的向往，才能实现好、维护好、发展好各民族根本利益。

铸牢中华民族共同体意识是实现中华民族伟大复兴的必然要求，只有铸牢中华民族共同体意识，才能有效应对实现中华民族伟大复兴过程中民族领域可能发生的风险挑战，才能为党和国家兴旺发达、长治久安提供重要思想保证。铸牢中华民族共同体意识是巩固和发展平等团结互助和谐社会主义民族关系的必然要求，只有铸牢中华民族共同体意识，才能增进各民族对中华民族的自觉认同，夯实我国民族关系发展的思想基础，推动中华民族成为认同度更高、凝聚力更强的命运共同体。铸牢中华民族共同体意识是党的民族工作开创新局面的必然要求，只有顺应时代变化，按照增进共同性的方向改进民族工作，做到共同性和差异性的辩证统一、民族因素和区域因素的有机结合，才能把新时代党的民族工作做好做细做扎实。

中华民族共同体意识是国家统一之基、民族团结之本、精神力量之魂。习近平总书记在 2019 年 9 月 27 日全国民族团结进步表彰大会上的讲话中指出："各族人民亲如一家，是中华民族伟大复兴必定要实现的根本保证。实现中华民族伟大复兴的中国梦，就要以铸牢中华民族共同体意识为主线，把民族团结进步事业作为基础性事业抓紧抓好。我们要全面贯彻党的民族理论和民族政策，坚持共同团结奋斗、共同繁荣发展，促进各民族像石榴籽一样紧紧拥抱在一起，推动中华民族走向包容性更强、凝聚力更大的命运共同体。"只有认真研究铸牢中华民族共同体意识的整体性、结构性、层次性和开放性才能规范研究内容，提高研究水平，创新研究理念，增强研究的科学性、思想性和时代性。

党的十八大以来，为满足我国各族人民对美好生活的新期盼，让各族人民共创美好未来、共享中华民族新的繁荣和梦想，习近平总书记在重要讲话中多次使用"中华民族共同体"这个概念，并明确提出"铸牢中华民族共同体意识"、积极培育"中华民族共同体意识"、建设"中华民族共有精神家园"等立意深远的战略构想。2014年中央民族工作会议召开，习近平总书记提出要"积极培养中华民族共同体意识"，2015年8月24日中央第六次西藏工作座谈会上，习近平总书记再次强调"要大力培育中华民族共同体意识"。2017年10月党的十九大历史性地把"铸牢中华民族共同体意识"写入了大会报告中，并将铸牢中华民族共同体意识作为习近平新时代中国特色社会主义思想的重要内容写入了《中国共产党章程》，成为中国共产党的一个基本价值遵循。在2020年9月召开的中央第七次西藏工作座谈会上，习近平总书记深刻指出西藏工作必须坚持以维护祖国统一、加强民族团结为着眼点和着力点，铸牢中华民族共同体意识。

习近平总书记在2021年中央民族工作会议上的重要讲话，全面回顾了我们党民族工作百年光辉历程和历史成就，深入分析了当前党的民族工作面临的新形势，系统阐释了我们党关于加强和改进民族工作的重要思想，明确了以铸牢中华民族共同体意识为主线推进新时代党的民族工作高质量发展的指导思想、战略目标、重点任务、政策举措，为做好新时代党的民族工作指明了前进方向，提供了根本遵循，具有很强的政治性、思想性、理论性，是党的治国方略在党的民族工作领域的集中体现。要认真学习领会，增强"四个意识"、坚定"四个自信"、做到"两个维护"，自觉把思想和行动统一到习近平总书记系列重要讲话精神上来，结合本地本部门实际，抓好各项任务贯彻落实。

习近平总书记指出：一部中国史，就是一部各民族交融汇聚成多元一体中华民族的历史，就是各民族共同缔造、发展、巩固统一的伟大祖国的历史。各民族之所以团结融合，多元之所以聚为一体，源自各民族文化上的兼收并蓄、经济上的相互依存、情感上的相互亲近，源自中华民族追求团结统一的内生动力。正因为如此，中华文明才具有无与伦比的包容性和吸纳力，才根深叶茂。随着我国脱贫攻坚战取得决定性的胜利和改革开放的深入进行，各民族越来越需要通过铸牢中华民族共同体意识互相理解，凝心聚力，共同为实现中华民族伟大复兴的中国梦而奋斗。因此，研究铸牢中华民族共同体意识是新时代的重要课题，是摆在我们面前的重要任务。

第一章

中华民族共同体意识

铸牢中华民族共同体意识既有历史的积淀和传承，也有现实的凝聚和提炼，是历史和现实交汇的产物，是实现中华民族伟大复兴中国梦的一项战略举措，凝聚着中华民族的民族精神、民族气质和民族风格，具有特定的构成要素和极高的真善美价值。

第一节　中华民族共同体意识的丰富内涵

当代中国的最大实践就是中国特色社会主义的实践。"历史从哪里开始，思想进程也应当从哪里开始"[①]。中华民族共同体意识在中华民族的历史和现实中不断发展和完善，是中华民族的智慧结晶，是中华民族历经磨难依然生机勃勃、永葆青春、战胜一切艰难困苦的法宝。

一　中华民族共同体意识解析

中华民族共同体意识在中华民族的历史和现实中不断丰富和拓展，不断发展和完善，具有博大精深的丰富内涵、与时俱进的精神气质和代表各民族理想和愿望的时代品格。

（一）中华民族共同体意识的内涵

所谓中华民族共同体意识，就是中华人民共和国的所有公民对中华民族作为一个历史上形成的在现实中发展的共同体的认同，核心内容就

---

① 《马克思恩格斯选集》第2卷，人民出版社2012年版，第14页。

是以社会主义核心价值观为引领的五个认同，即：对伟大祖国、中华民族、中华文化、中国共产党、中国特色社会主义的认同。随着人们的主体意识和选择意识的不断提高，人们的生活方式、生存空间和活动空间都得到空前的拓展，人们的法治思维、权利意识和自由民主意识也随之提高。但是，由于社会运行节奏的明显加速和社会生活的明显个性化、多样化和丰富化，人们面对着许多意想不到的风险、许多过去不曾见到过的新事物、新挑战、新问题、新矛盾。这种风险的增加、不确定性的难以预料，要求人们一定要有正确的生活工作目标的选择，一定要有对社会发展大势的正确分析和判断，最重要的是进一步铸牢中华民族共同体意识。

我国是当今世界唯一历史和文化没有中断的统一的多民族国家。中华民族共同体中的各民族在历经千年的历史演进中交往交流交融，形成了各民族关系牢不可破的中华民族共同体，这是我国灿烂的历史得以维系、深厚的文化血脉得以延续的至关重要的原因，也是我国民族关系持续演进、我国历史发展的主线不断延续的重要原因。我国各民族，其血统都不是纯而又纯的，都是在族际交往交流交融中产生的。不仅汉族是在其前身——华夏族基础上融合众多民族演变而成，就是现在的 55 个少数民族也是民族长期融合的结果。著名历史学家吕思勉指出："中国是世界上最大的一个民族国家，这是无待于言的。一个大民族固然总是融合许多小民族而成。"① 著名考古学家李济认为："现代中国人的形成过程从公元前 722 年以来是有着丝绸、食稻米、筑城垣的黄帝后代繁衍生息构成的。自公元之初起，通过吸收骑马、喝马奶酒、吃生肉的匈奴人，牧放牦牛的羌人，养猪的通古斯人和套马的蒙古人，现代中国人的队伍得以扩大。"② 李济认为，在 1644 年以前，尽管北方的蒙古人和其他少数民族很少跨过长江，但是，匈奴人、通古斯人、羌人的血液可能已经在南方人血管中流了好几个世纪。③ 中华民族的 56 个民族在历史演进中交往交流交融，凝聚形成"多元一体"的中华民族共同体。改革开放开启的市场化和城市化，极大地释放了中华各民族的发展动力和发展潜能。在经济快速发展和社会全面

---

① 吕思勉：《中国政治五千年》，中国致公出版社 2018 年版，第 5 页。
② 李济：《中国民族的形成》，上海人民出版社 2017 年版，第 192 页。
③ 李济：《中国民族的形成》，上海人民出版社 2017 年版，第 192 页。

进步的过程中，民族交往空前扩大，民族交流空前深入，民族交融空前深化。党的十八大以来，为适应我国各民族发展及中国特色社会主义理论和实践的需要，习近平总书记明确提出积极培育"中华民族共同体意识"、建设"中华民族共有精神家园"等立意深远的战略构想。随着我国脱贫攻坚战取得决定性的胜利和改革开放的深入进行，富起来的中国增强了综合国力，提高了人民生活水平，但也会出现富而惰、富而骄的问题。因此，研究中华民族共同体意识是重要的时代课题，是摆在学界面前的重要任务。中华民族共同体意识对于我国这样一个统一的多民族国家尤其具有重要意义，可以协调各民族共同为实现中华民族伟大复兴的中国梦贡献力量，以中国视角为人类命运共同体的建构与发展贡献中国智慧。中国特色社会主义的运动方向就其精神层面看，就是要通过提供精神和思想的规范促进全民族的进步和发展。中华民族共同体意识解决了个人完善和国家、社会完善之间关系的一致性，能够把各民族的自我利益和中华民族的整体利益协调起来，构成中华民族的一般性和特殊性相结合的利益系统和利益格局。

（二）中华民族共同体意识的逻辑起点

马克思主义认为，现实的人是历史唯物主义的逻辑起点。现实的人在中华民族共同体里就是组成中华民族的各个民族成员，也可以称之为中华民族共同体的各个民族。无论作为中华民族成员的个人还是作为整体的中华民族共同体组成部分的各个民族都可以理解为现实的人。中华民族共同体意识是中华民族的劳动的对象化产物，但不能说中华民族共同体意识形成和发展的规律是人创造出来的，因为同中华民族共同体意识形成和发展规律直接联系的是中华民族共同体发展历史的规律。人可以创造历史，但是，人不能创造规律。因此，现实的人是中华民族共同体意识的"剧作者"，没有中华民族的活动就没有中华民族历史的发展，中华民族共同体意识是"现实的人"在历史发展过程中形成的。中华民族不能随心所欲地选择历史、创造历史，中华民族共同体意识是在一定的社会关系中产生和形成，是推动和促进社会关系成熟和完善的强大力量。社会发展的规律决定着中华民族共同体意识发展趋势的总过程，"只有在共同体中，个人才能获得全面发展其才能的手段，也就是说，只有在共同体中才可能有个人自由"[①]。中华民族共同体是一个真正的共同体，不仅建构了一个与资本主

---

① 《马克思恩格斯选集》第1卷，人民出版社2012年版，第199页。

义社会的虚幻共同体对立的真实共同体，也建构了一个真实存在的真实人的共同体。所以，社会主义共产主义革命就是"最高级自由革命"①。中华民族共同体能够造就为中国特色社会主义事业服务的真实的现实的人。这个真实的现实的人只有在中华民族共同体里才能找到自己的位置，发挥自己的作用。

把现实的人作为历史唯物主义价值取向当代建构的逻辑起点，需要注意的是我国是一个统一的多民族国家这样一个最基本的国情。对统一的多民族国家的认识离不开对民族问题的认识。但是，民族问题不论怎样重要，都必须将其与经济因素、物质因素统一起来认识理解。否则，就会导致对民族问题的认识理解脱离历史唯物主义的视域，产生诸多误解。在这里，马克思的"人类学笔记"具有重要的启示。在"人类学笔记"里，马克思不仅强调经济基础、物质要素、经济要素对于社会发展的重要性，而且充分意识到了血缘亲属关系对于社会发展的重要性。原始社会的血缘亲属关系的特殊重要地位就表现在这种无法让原始社会摆脱的血缘亲属关系，表明"物质生产""经济因素"与"血缘亲属关系"之间，没有存在一个不可跨越的沟壑，而是存在着历史唯物主义表现和解释的相互依存的"紧密结合""并行不悖"的"有机统一"关系。马克思坚持认为，原始社会的血缘亲属关系不管怎么重要，追根溯源，还是由原始社会"物质生产"的不发达决定的。从这个意义上说，血缘亲属关系无论怎么重要，都不能摆脱物质生产、经济因素的决定性力量的作用。

（三）中华民族共同体意识的核心价值观

中华民族共同体意识的核心价值观就是社会主义核心价值观。社会主义核心价值观是对中华民族文化的继承和发展、提炼与弘扬，是我国文化软实力的体现，是中华民族共同体意识的价值认同。社会主义核心价值观完整地体现了中华民族的价值诉求、党的执政理念和国家意志。在当代中国，只有全体社会成员对社会主义核心价值观具有高度的认同，中华民族共同体意识的价值共识才能真正形成。

社会主义核心价值观作为中华民族的从价值共识到价值认同的理论实践体系，是对人类文明成果的兼收并蓄、融会贯通的结果，是随着实践而

---

① ［美］罗伯特·查尔斯·塔克：《马克思主义革命观》，高岸起译，人民出版社 2012 年版，第 52 页。

不断发展、不断进步的"尊重差异，包容多样"的体系。新时代的历史是每一位中华民族成员书写的历史，更是中华民族全体成员充满主动性、实践性、创造性书写的历史。社会主义核心价值观正是逻辑地包含了最能体现人的价值、人的解放和构建人与人之间的自由联合体要素的人的主体能动性的实践价值。社会主义核心价值观之所以能够成为中华民族共同体意识的价值共识和价值认同的时代丰富内涵，就在于社会主义核心价值观能够把各民族的优秀的文化资源都提炼出来、包括进来，使之能够与中华民族的历史和文化、与中国特色社会主义事业紧密结合在一起，体现各民族文化的精华，体现党的宗旨和纲领，体现社会主义制度的优越性。社会主义核心价值观的"三个倡导"24个字可以说是中国历史和文化精华千锤百炼继承发展的结果，是对新时代中国特色社会主义在观念形态方面的高度凝练总结。

二　中华民族共同体

中华民族共同体意识是对中华民族共同体的意识反应。这是马克思主义存在决定意识的基本原理。这种反映不仅是客观的、真实的，而且是能动的、自觉的，充分反映了中华民族的主动性、创造性和自觉性。

（一）中国共产党领导的共同体

中华民族共同体的形成、发展和进步是在中国共产党领导之下完成的。历史和现实都无可辩驳地证明了一个伟大的真理，这就是中国共产党的领导是铸牢中华民族共同体意识的根本保证。这不仅仅表现在中国共产党的初心和使命就是为中国人民谋幸福，为中华民族谋复兴，而且表现为中国共产党就是中华民族根本利益的代表，只有在中国共产党领导之下，中华民族才能走上翻身解放、自由平等的社会主义道路，才能成为自己命运的真正的掌握者，才能巍然屹立在世界的东方，构建人类命运共同体。

（二）中华民族的共同体

一部中华民族共同体的历史，就是一部中华民族共同体形成、发展、繁荣昌盛的历史。中华民族共同体不是哪一个民族的共同体，是中华民族的共同体，是各民族平等团结互助和谐的共同体。各民族在中华民族共同体中都享有国家法律保护的权利，各民族的关系是一律平等的关系，是互相学习、互相尊重、取长补短的和谐关系。

（三）各民族共有精神家园的共同体

中华民族共同体是各民族共有精神家园的共同体，这是由我国国情、我国历史、我国民族关系史所决定的。我国正处于社会主义初级阶段，虽然，在社会主义初级阶段，我国的社会生产力还需要进一步发展和提高，阶段性的矛盾和问题也还比较突出，不平衡、不充分发展的问题多有表现，但是，不论这些矛盾和问题怎样表现，我国是一个社会主义国家这个历史事实不能否认，这就是说社会主义制度在中国的确立，为各民族构建共有精神家园提供了重要保证。各民族在社会主义这个大家庭里都享受着平等团结互助和谐的温暖，都能够找到自己的精神皈依。

三 坚持"两个共同"

中国特色社会主义建设和改革开放发展到新阶段，进入新时代，党中央审时度势，不失时机地提出适应时代发展、形势变化的总的工作要求和工作部署，不断把铸牢中华民族共同体意识的工作推向新的高度。

（一）"两个共同"的提出

2003年3月，胡锦涛同志在全国政协十届一次会议少数民族界委员联组会上首次提出："共同团结奋斗，共同繁荣发展，是新世纪新阶段我国民族工作的主题。"[①] 2005年第三次中央民族工作会议明确提出要牢牢把握各民族共同团结奋斗、共同繁荣发展的主题。在2014年中央民族工作会议暨国务院第六次全国民族团结进步表彰大会上，习近平总书记发表重要讲话。讲话对中国特色解决民族问题的正确道路作出"八个坚持"的精辟概括，涵盖党的领导、中国特色社会主义道路、维护祖国统一、各民族一律平等、民族区域自治、"两个共同"、打牢中华民族共同体的思想基础、依法治国等。在2019年9月举行的全国民族团结进步表彰大会的重要讲话中，习近平总书记强调坚持共同团结奋斗共同繁荣发展，各民族共建美好家园共创美好未来。

（二）"两个共同"的意义

作为新时期民族工作的主题，"两个共同"是在深刻总结历史经验、应对新时期复杂的国际环境和国内矛盾的基础上提出来的。正是基于对国

---

① 中央民族工作会议精神学习辅导读本编写组：《中央民族工作会议精神学习辅导读本》，民族出版社2005年版，第33页。

际国内社会环境新特点和新变化的深刻认识,党中央审时度势,顺应时代要求,顺应少数民族迫切要求发展的期望,及时提出了"两个共同"这一民族工作主题,以团结保障繁荣,以繁荣促进团结,动员和带动各族人民共同推进中国特色社会主义伟大事业,共同享受殷实富足、健康文明的新生活。

"两个共同"不仅明确了民族工作的性质、任务和途径,也是铸牢中华民族共同体意识的根本原则,同时它还科学揭示了我国民族关系发展的基本趋势。它的提出,对全面建成小康社会,处理好我国的民族问题,铸牢中华民族共同体意识,实现中华民族的伟大复兴,具有十分重要的理论意义和实践意义。"两个共同"体现了党中央高度重视我国目前存在的地区之间、民族之间经济社会发展的差距,决心加快民族地区发展,努力实现民族平等、社会公平,构建社会主义和谐社会的战略思考。①

(三)促进各民族共同繁荣

"两个共同"是新的时代背景条件下的产物,从开始提出并作为铸牢中华民族共同体意识的重要原则,反映着国际国内社会背景的新变化和对铸牢中华民族共同体意识的新要求。

处于国家整体社会发展中的民族地区,由于内外两方面因素的制约,适应性变迁相对缓慢。这种适应性变迁也就是融入整体社会发展的过程。在这一过程中,我国少数民族和民族地区与东部地区在整体发展中的差距逐渐拉大,成为我国区域发展不平衡的突出问题,与过去主要是由自然条件和区位差异导致的地区差距不同,现在我们面临的是国家整体工业化和现代化进程中的发展差距问题。现阶段我国的民族问题出现的新情况和新问题事关现代化建设全局。"两个共同"是党中央解决新形势下中国民族问题、铸牢中华民族共同体意识的根本原则。在新世纪新阶段,党和国家出台的一系列解决民族问题的政策措施,开展的一系列民族工作,都是"两个共同"的具体要求和表现,这些都为加快推进少数民族地区发展提供了政策和制度性保证。在实际工作中,哪个地方坚持了"两个共同",哪个地方的民族工作就会有起色,民族团结进步事业、铸牢中华民族共同体意识的工作就会有发展,全面、协调、可持续发展就会实现。

这一主题有着科学的内涵,有着鲜明的时代特色,既体现了马克思主

---

① 龚学增、胡岩:《当代中国民族宗教问题》,中共中央党校出版社2010年版,第62页。

义民族理论的精神实质,又科学地反映了当代中国的实际,是马克思主义民族理论在建设有中国特色社会主义的伟大实践中的创新运用。

从历史上看,多民族国家的发展与停滞,王朝的兴盛与衰亡,多与民族问题有关。所以,历朝历代政权都面临着不可回避的民族问题,并以各式各样的理论加以阐述,用各种各样的办法加以应对,不同民族的团结合作与共同发展是解决民族问题的关键。"两个共同"的提出是理论的创新,也是政策、方法的突破,反映了民族工作的规律,把握了民族问题的特点,总结了历史的经验,为新时代的民族工作开拓了新的视野。民族与民族地区发展首先必须要融入国家的整体发展之中,通过社会主义市场经济推动而实现共同发展目标,才能实现各民族的共同进步。其次,民族地区发展在融入国家整体发展的进程中,必须走出一条具有自身特色的发展之路,在更高程度上,真正实现各民族共同团结奋斗,共同繁荣发展。[①]

(四) 坚持和完善民族区域自治制度

实行民族区域自治,坚持国家统一和民族区域自治相结合,这是由我国多民族构成和民族分布特点决定的。民族地区坚持和完善民族区域自治制度的经验看,坚持和完善这个制度,关键是要处理好国家集中统一和民族区域自治的关系,处理好中央集权和自治地方分权的关系,既要保证国家的集中统一和整体利益,又要保障民族区域自治地方在国家统一领导下,自主地发展本民族自治地方的政治、经济、文化和各项事业。依法治国、依法行政,必须健全和完善民族法制体系。《民族区域自治法》有力地保障了民族地区的自治权利,巩固和发展了平等、团结、互助、和谐的社会主义民族关系,促进了民族自治地方的改革、发展和社会稳定,维护了国家的统一。

在我国现行政治体制里,实行的是中央权力统管地方权力的体制。这个体制的好处是可以实行集中统一的领导,防止出现地方主义、分散主义和无政府主义,可以运用社会主义制度的优越性办成地方无法办成的大事。区域自治不是区域独立,是为了让各个少数民族能够自主管理好内部事务,解决好民族问题。民族区域自治的自治权不是独立于国家权力之外的政治权力,是整个国家权力结构中的一个具有较大自主权的某个层次。当前,要把民族区域自治法赋予的民族地区的各项权利和党中央根据民族

---

① 龚学增、胡岩:《当代中国民族宗教问题》,中共中央党校出版社2010年版,第67页。

区域自治法给予民族地区的各项优惠政策都一揽子结合好、统筹好、执行好、贯彻好、落实好,充分发挥好中央、发达地区、民族地区三个积极性,促进政策蕴含的动力和民族地区的内生潜力的结合,解决发展不平衡不充分问题、缩小城乡区域发展差距,进一步增强和提高各民族群众的幸福感、获得感、安全感。

四 中国共产党建构中华民族共同体意识的百年历程

中国共产党能够在百年奋斗历程中把中华民族共同体意识在中华大地上矗立起来,引领中华民族走上伟大复兴的道路,就是因为中华民族共同体意识表现了中国共产党的初心和使命,反映了中国共产党以马克思主义"行"为主线、彰显中国共产党"能"、中国特色社会主义"好"的历史和逻辑相结合的连带效应。正如习近平总书记在庆祝中国共产党成立100周年大会上的讲话中指出的:"中国共产党一经诞生,就把为中国人民谋幸福、为中华民族谋复兴确立为自己的初心使命。一百年来,中国共产党团结带领中国人民进行的一切奋斗、一切牺牲、一切创造,归结起来就是一个主题:实现中华民族伟大复兴。"[1]中国共产党铸牢中华民族共同体意识的百年历程证明,中国共产党能够凝聚中华民族的深远智慧创造奇迹。在中国历史上,中华民族发展的主题主线就是统一和谐,贯穿在这个主题主线之中的就是中华民族共同体意识。因此,铸牢中华民族共同体意识适时地提出,顺应了中华民族发展的大趋势,彰显了中国共产党建设统一的多民族国家实现百年奋斗目标的决心和信心,表现了各民族在中国共产党领导下追求美好幸福生活的新期盼新愿景。我们以习近平总书记在庆祝中国共产党成立100周年大会上的讲话和十九届六中全会决议对党的百年历史的四个时期的划分为依据,阐述中华民族共同体意识形成、发展和成熟的脉络,进一步突出铸牢中华民族共同体意识的划时代意义和实践进程。

以习近平同志为主要代表的中国共产党人对铸牢中华民族共同体意识的丰富内涵、科学要义、重要意义、时代价值的划时代论述以及工作推进代表了中国共产党对铸牢中华民族共同体意识在理论和实践方面的最高成就,建立起完整成熟的铸牢中华民族共同体意识的体系。

---

[1] 习近平:《在庆祝中国共产党成立100周年大会上的讲话》,人民出版社2021年版,第3页。

（一）新民主主义革命时期：中华民族共同体意识从自发到自觉

习近平总书记指出："为了实现中华民族伟大复兴，中国共产党团结带领中国人民，浴血奋战、百折不挠，创造了新民主主义革命的伟大成就。"[①] 这个伟大成就包括构建中华民族共同体意识这个跨越各民族思想意识、凝聚各民族精神的成就。中国共产党的诞生标志着中华民族共同体意识从自发到自觉形成的开始。中国共产党诞生之前，虽然被鸦片战争震醒的中国知识分子已经看见中华民族共同体意识形成的必要性，为此奔走呼号，做了很多启蒙性的工作，但是，个别人的努力和奋斗很难把中华民族共同体意识植入广大人民群众心中。中国共产党则把铸牢中华民族共同体意识的理论和实践活动作为牢记初心使命的自觉追求，贯穿在百年奋斗史中，厚植各个民族的心中。

一百多年来，不同时代的资产阶级维新派、改良派、革命的知识分子都对中华民族共同体意识进行了阐述。但是，这些大量的阐述因为世界观、人生观和价值观、民族观的不同，因为立场观点方法的差异，面对问题的视角的不同，都没有达到中国共产党对中华民族共同体意识认识的高度和深度，也没有得到中国各民族的热烈响应和关注。中国共产党通过对中华民族的认识，对中国国情的把握进而对中华民族共同体意识的掌握虽然不是一蹴而就，但是通过长期艰苦的实践凝练和理论探索，终于形成了今天这个完整系统的中华民族共同体意识体系。追溯中国近代以来的历史，对中华民族共同体意识的认识有两个事情需要关注。[②] 一个是在梁启超等人提出的"新史学"对国史的重建掀起的中国民族史的研究热潮，产生了诸如《历史上中国民族的观察》（1905年）、《中国历史上民族之研究》（1922年）、《中华民族小史》（1928年）、《中国民族史》（1930年）等重要著作，对国人认识中华民族共同体意识起到一定推动作用。另一个是1939年，顾颉刚、傅斯年等掀起的一场声势浩大的"中华民族是一个"的讨论，代表性成果包括《中华民族是一个》（1939年）、《如何可使中华民族团结起来？——在伊斯兰学会的演讲词》（1937年）、《中华民族与回

[①] 习近平：《在庆祝中国共产党成立100周年大会上的讲话》，人民出版社2021年版，第4页。

[②] 杨须爱：《各民族交融汇聚史知识再生产的价值与路径——以铸牢中华民族共同体意识为视角》，《民族研究》2021年第1期。

教》(1939年)、《中华民族战史》(1939年)、《中华民族发展史纲》(1942年)、《中华民族史》(1944年)等。这些成果的重要议题范围较广,对认识中华民族共同体意识起到一定推动作用。但是,那时的这一场讨论并没有触及中华民族向何处去这样一个根本问题,只能是中华民族构建中的一次理性反思,是对中华民族意识唤醒的自觉。国民党政府的局限性更不可能解决中华民族共同体意识的建构问题。国民党统治时期产生的《中华民国宪法》仅仅承认国内存在少数民族,但是,没有提出解决中国民族问题的任何主张,形同一纸空文,中国少数民族的地位和归属依然没有从根本上得到解决。历史就这样把解决中国民族问题的机会交给了中国共产党。中国共产党登上历史舞台后,在探索解决国内民族问题的过程中,始终把民族平等写在自己的旗帜上,新中国成立后,更是把民族平等作为立国原则,"各族人民在历史上第一次真正获得了平等的政治权利、共同当家做了主人,终结了旧中国民族压迫、纷争的痛苦历史,开辟了发展各民族平等团结互助和谐关系的新纪元"①。

中国共产党登上历史舞台后不久就开始使用"中华民族"一词,党的二大就提出建立一个统一的"中华联邦"之国的政治主张。1924年5月,李大钊在北京大学演讲时,将统一的文化和历史作为中华民族最为重要的构成要素。在抗日战争的整个过程中,中国共产党使用中华民族一词不仅频繁,而且对中华民族的指称也越来越具有民族团结、民族进步和民族繁荣的科学内涵。毛泽东正是在这个意义上使用"中华民族"一词。在毛泽东看来,抗日战争就是中华民族对外的一场捍卫民族独立、民族尊严和使中华民族获得民族解放的正义战争,中华民族第一次以一个整体的身份和状态出场,坚定地掌握着这场正义与邪恶较量的主动权和主导权,战争双方的胜负不言自明,必将以中华民族获胜、日本帝国主义失败告终。

我们党的统一战线思想则成为彰显中华民族共同体意识的共同体理论。1939年10月,毛泽东在总结中国共产党18年斗争经验时指出,"统一战线、武装斗争、党的建设,是中国共产党在中国革命中战胜敌人的三个法宝"②。党的统一战线的建立、巩固和发展是为了在中华民族中"找到

---

① 习近平:《在全国民族团结进步表彰大会上的讲话》,《人民日报》2019年9月28日第1版。
② 《毛泽东选集》第2卷,人民出版社1991年版,第606页。

最大公约数，画出最大同心圆"①。这就是说，把统一战线搞的人越多越好，力量越大越好，统一战线的特点就是人多，力量大，众人拾柴火焰高。我国各个民族都可以在这个集聚着中华民族最大能量、包含着中华民族最广成分、代表中华民族利益最充分的地方，找到自己的位置，发出自己的声音，表现自己的能力。统一战线就是中华民族构成的一个共同体，在这个共同体里包括各个阶层、各个民族、各个党派的互相支持，互相合作。这个统一战线被爱国精神凝聚起来，被强国愿望联系起来，遵循着一个共同的公共规则，这就是按照中华民族共同体意识的要求，想问题、说话办事情，这就推进了各民族群众对中华民族共同体意识的认同，强化了各民族群众的中华民族共同体意识，推动了各民族融合发展的命运共同体的形成。统一战线是对马克思主义共同体理论的发展与超越。马克思主义的共同体理论，作为关注人的解放、人的自由的联合体，表现了无产阶级争取自由解放的历史责任和时代使命，反映了无产阶级渴望推翻资产阶级反动统治的迫切愿望和强烈要求。但是，这种自由人联合体在无产阶级进行革命斗争的不同时代、不同时期究竟以什么样的形式出现，究竟怎样在不同的历史时期发挥不同作用，体现不同的价值取向，马克思以及那个时代的经典作家还没有来得及进行深入研究和给予有说服力的回答。中国共产党领导下的统一战线是一切爱国力量、一切积极因素、一切正能量集聚起来的中华民族共同体。波澜壮阔的统一战线的历史是中华民族共谋伟业、共聚共识的必由之路。十九届四中全会决定则从制度的层面上进一步加强和巩固了统一战线的地位和作用。

毛泽东的《新民主主义论》从理论和实践结合的高度，回应了当时社会各界对现实的关注和对未来的期待，有力地促进了中国共产党领导下的统一战线更广泛的同盟的形成和在更大范围内促进了中华民族共同体意识的形成和发展。

在中国共产党的领导下，经过抗日战争成长起来的中国人民，政治上更加自觉成熟，中华民族共同体意识迅速觉醒并不断强化，各民族对中华民族的认同也达到了前所未有的程度，这为新中国的建立奠定了坚实的思想基础。毛泽东把握这一重大历史机遇，提出了建立人民当家作主的新中国的建国纲领。毛泽东话语中的新中国，不仅是一个独立解放、自由民主

---

① 《习近平谈治国理政》第3卷，人民出版社2020年版，第31页。

的国家，更是一个具有统一的中华民族共同体意识的国家。将中华民族从抗日战争胜利引向民主建国的诉求，促进了中华民族民主政治的心理认同，激发了中华民族共同体中的成员对于国家发展和中华民族前途和命运的责任担当。

（二）社会主义革命和建设时期：中华民族共同体意识从自觉到全面发展

1949年10月1日，中华人民共和国的成立。中国共产党和中国人民以英勇顽强的奋斗向世界庄严宣告，中国人民站起来了，中华民族任人宰割、饱受欺凌的时代一去不复返了！新中国的成立标志着中华民族的真正独立解放，中华民族共同体意识得到了全面发展，中华民族所渴望的民族独立、人民解放得到了真正的实现，实现中华民族伟大复兴、铸牢中华民族共同体意识有了坚实的保障。习近平总书记指出："为了实现中华民族伟大复兴，中国共产党团结带领中国人民，自力更生、发愤图强，创造了社会主义革命和建设的伟大成就。"① 这个伟大成就也表现为中华民族共同体意识从自觉走向全面发展。统一的民族国家的建立，为中华民族共同体意识的全面发展提供了坚实的基础。

社会主义革命和建设之所以能够使中华民族共同体意识从自觉走向全面发展，就在于社会主义基本制度的建立能够推进社会主义建设，战胜帝国主义、霸权主义的颠覆破坏和武装挑衅，实现中华民族有史以来最为广泛而深刻的社会变革，实现了一穷二白、人口众多的东方大国大步迈进社会主义社会的伟大飞跃，这就为中华民族共同体意识的全面发展奠定了根本政治前提和制度基础。中国共产党和中国人民以英勇顽强的奋斗向世界庄严宣告，中国人民不但善于破坏一个旧世界，也善于建设一个新世界，只有社会主义才能救中国，只有中国特色社会主义才能发展中国！新中国成立前夕召开的第一届政协会议通过的《共同纲领》第六章，专门就新中国的民族政策作了原则规定。即：中华人民共和国境内各民族一律平等，实行团结互助，使中华人民共和国成为各民族友爱合作的大家庭，反对大民族主义和狭隘民族主义，禁止民族歧视、民族压迫和分裂民族团结的行为。1954年通过的第一部《中华人民共和国宪法》从国家根本大法的高

---

① 习近平：《在庆祝中国共产党成立100周年大会上的讲话》，人民出版社2021年版，第4—5页。

度将各民族一律平等进一步具体规定为我国的基本政治制度，为解决民族问题的成功实践提供了科学的指导和正确的方针。在以什么样的国家体制能够更好地解决中国民族问题这个事关中华民族共同体意识全面建设的根本问题上，以毛泽东同志为主要代表的中国共产党人高瞻远瞩，不采用苏联的联邦制的国家体制，而决定将民族区域自治作为解决中国民族问题的国家体制。毛泽东指出，我们不能照搬苏联"联邦制"的模式，那不适合中国的国情。民族区域自治是解决中国民族问题最恰当的政治形式。1956年，毛泽东在《论十大关系》中指出了中国的基本国情就是地大物博，人口众多，但是，所谓人口众多实际上是汉族人口众多，不是少数民族人口众多，所谓地大物博是少数民族地大物博，不是汉族地大物博。毛泽东特别强调必须正确处理汉族和少数民族的关系，巩固和加强各民族的团结，共同建设我们伟大的社会主义祖国。1957年，毛泽东在《关于正确处理人民内部矛盾的问题》中特别强调，国家的统一，人民的团结，国内各民族的团结，这是我们的事业必定要胜利的基本保证，并且把是否维护民族团结反对民族分裂作为在民族问题上区分人民内部矛盾和敌我矛盾的第一位的政治标准。

各民族在温暖的祖国大家庭中，享有社会主义制度提供的平等自由的当家作主权利，各民族的中华民族共同体意识进一步巩固和发展。我国各民族在新中国成立后所享有的经济、政治、文化、社会等方面的权利，不仅具有各民族一律平等的特征，而且是超越一般意义的平等而具有明显的政策倾斜的照顾性特征。各少数民族地区和各少数民族在经济、政治、文化、社会的发展方面，享受国家给予的特殊性政策，得到国家政策的特殊照顾。国家、各省市自治区对民族地区和少数民族都采取了资金倾斜、项目倾斜、投入倾斜的优先照顾政策。对于西藏、新疆的发展，中国共产党更是举全国之力助推发展。这与新中国成立之初我国各民族地区和各民族的情况已经不同。那时候，各民族地区、各民族发展极为不平衡、不对称，有的民族地区和少数民族已经进入社会主义时代，有的民族地区和少数民族还处于刀耕火种的原始时代，各民族地区和少数民族的差距如此之大，是我国发展不平衡、发展不对等、发展不全面的表现，这是旧中国遗留下来的时代问题。经过社会主义革命和建设，我国民族地区和少数民族大踏步赶上国家和世界发展潮流，进一步缩小了彼此之间的差距，在共同富裕、共同进步发展方面取得了历史性成就。在铸牢中华民族共同体意识下的各民族的发展成为中华民族的精神谱系正能量的传递和接续，能够为各民族不断奋进提供前所未有的、焕然一新的文化动能效能。

（三）改革开放和社会主义现代化建设新时期：中华民族共同体意识从全面发展到行稳致远

改革开放和社会主义现代化建设时期是中华民族共同体意识从全面发展到行稳致远的时期，之所以以行稳致远描述这个时期中华民族共同体意识建构的特征，乃是与这个时期党的路线方针政策调整和工作重点转移分不开。我国的民族工作由改革开放初期的拨乱反正进入服务服从社会主义现代化建设大局的行稳致远，是因为这个时期国家实现了从高度集中的计划经济体制到充满活力的社会主义市场经济体制、从封闭半封闭到全方位开放的历史性转变，实现了从生产力相对落后的状况到经济总量跃居世界第二的历史性突破，实现了人民生活从温饱不足到总体小康、奔向全面小康的历史性跨越，民族地区和少数民族的面貌发生巨变。在这个剧烈的社会变迁和政治发展的时期，中国共产党"善于把握中华民族共同体建设中的变与不变，解放思想，守正创新，顺应时代潮流，不断推动中华民族共同体建设形成新格局"[①]。我国现阶段民族的关系在中国特色社会主义民族理论话语体系的基本表述是：在中国统一多民族国家的历史发展中，各民族的关系表现为"三个互相离不开"的亲密关系，也表现为各民族"你中有我，我中有你"的血浓于水的手足之情。

党的十一届三中全会以后，以邓小平同志为主要代表的中国共产党人，彻底否定"文化大革命"对民族工作的错误论断，纠正了民族问题就是阶级问题的"左"的路线错误，民族工作实现由乱到治的全面拨乱反正。邓小平认为社会主义的民族关系基本上是劳动人民之间的关系，社会主义的民族矛盾主要表现为人民内部的矛盾，民族工作的重心必须转移到民族地区和少数民族的经济社会发展上来，加快民族地区经济社会发展是民族工作的当务之急、重中之重。民族问题能不能解决、解决的好不好与民族地区和少数民族经济社会发展的程度具有直接关系。经济是基础，是解决民族问题的基础。与此同时，以邓小平同志为主要代表的中国共产党人对我国民族关系的特点和表现形式进行概括，作出"两个离不开"的论

---

① 曹为：《中国共产党推动中华民族共同体建设的百年历程》，《上海行政学院学报》2021年第4期。

断。1981年，中共中央在转发《中央书记处讨论新疆工作问题的纪要》中指出："在我国建设社会主义中，汉族离不开少数民族，少数民族离不开汉族。"① 1982年12月，修改后的宪法在序言中指出："中华人民共和国是全国各族人民共同缔造的统一的多民族国家。平等、团结、互助的社会主义民族关系已经确立，并将继续加强。"② 这就以宪法的形式明确了我国社会主义的民族关系及其基本特征。

以江泽民同志为主要代表的中国共产党人指出：民族问题是一个既包括民族自身、民族之间的关系，也包括民族与阶级、民族与国家等方面的关系，具有复杂性、长期性和国际性，民族宗教无小事。所以，在新的历史条件下，做好民族工作，增强民族团结的出发点和落脚点，就是要积极创造条件，加快发展少数民族和民族地区的经济文化等各项事业，促进各民族的共同繁荣。1994年和1999年，党中央两次召开中央民族工作会议，专题研究加快民族地区和少数民族发展问题，发展民族地区和少数民族的各项事业被摆在党和国家工作的中心位置。党中央为此实施西部大开发战略，5个自治区、30个自治州进入大开发范围；三次召开西藏工作座谈会，研究全国支援西藏加快发展的措施办法；从建立社会主义市场经济出发，实施了一系列新的更加具有针对性的民族政策，进一步推进了民族地区的社会主义市场经济建设，促进了民族地区和少数民族的社会经济发展的步伐，巩固了社会主义民族关系的经济基础。1990年9月江泽民在视察新疆时指出："汉族离不开少数民族，少数民族离不开汉族，各少数民族之间也相互离不开。"③ "三个离不开"是党的第三代领导集体继"两个离不开"对我国社会主义民族关系的发展规律和民族工作的宝贵经验作出的新的总结和新的概括。

以胡锦涛同志为主要代表的中国共产党人，继续探索和推动我国民族工作不断进步和发展，对解决我国民族问题的特点规律、我国民族关系的特征和表现形式进行了新的总结和新的概括。一是提出"两个共同"的民

---

① 吴仕民、王平：《民族问题概论》，四川人民出版社、人民出版社2011年版，第242—243页。

② 吴仕民、王平：《民族问题概论》，四川人民出版社、人民出版社2011年版，第242—243页。

③ 吴仕民、王平：《民族问题概论》，四川人民出版社、人民出版社2011年版，第242—243页。

族工作主题，为民族工作发展和中华民族共同体意识的行稳致远指明了方向。胡锦涛在看望出席全国政协十届一次会议的少数民族界委员时指出："实现全面建设小康社会的宏伟目标，要求更好地实现各民族的共同繁荣发展。实现各民族的共同繁荣发展，需要各民族共同团结奋斗。共同团结奋斗，共同繁荣发展，是新世纪新阶段我国民族工作的主题。"[①] 二是对我国民族关系进行了新的表述、新的概括。2005年，胡锦涛在第三次中央民族工作会议上的讲话中，将社会主义民族关系表述为八个字，即平等、团结、互助、和谐，增加了"和谐"二字。三是吸收学术界对中华民族共同体基本特点进行的表述，将中华民族多元一体作为对我国历史和现实的中华民族共同体结构、特点的表述和概括，将其升华融汇到党和国家的理论之中。1988年费孝通提出的中华民族多元一体理论，既是对中华民族共同体基本特点的高度概括，也是百余年来对中国民族结构争鸣的理论突破。这一理论在国内外产生重要而广泛的影响。中华民族多元一体理论抓住了中华民族发展规律的根本，表现了研究民族问题的历史唯物主义思想方法和思想意识，是马克思主义民族理论中国化的重要成果，其影响力早已超出学术领域，对当代中国思想发展产生推动作用。2005年，中华民族多元一体理论首先被胡锦涛在中央民族工作会议上的重要讲话采纳，胡锦涛指出："在漫长的历史进程中，我国各族人民密切交往、相互依存、休戚与共，形成了中华民族多元一体的格局，共同推动了国家发展和社会进步。"[②]

（四）新时代中国特色社会主义时期：中华民族共同体意识进入成熟的体系化时期

中国特色社会主义进入新时代以来，中国共产党和中国人民以英勇顽强的奋斗向世界庄严宣告，中华民族迎来了从站起来、富起来到强起来的伟大飞跃，实现中华民族伟大复兴进入了不可逆转的历史进程！

习近平总书记首次提出铸牢中华民族共同体意识的时代命题，并且在许多重要会议、重要场合进一步论述了中华民族共同体意识的丰富内涵、重要意义和实践导向，使这个具有时代特色、民族精神和历史深度的命题

---

① 《胡锦涛指出 共同团结奋斗 共同繁荣发展 实现全面建设小康社会宏伟目标》，《今日民族》2003年第4期。

② 《十六大以来重要文献选编》中，中央文献出版社2006年版，第902页。

进一步完善成熟，成为我国新时代党的民族工作的主线和纲，中华民族共同体意识也进入走向成熟的体系化时期。所谓中华民族共同体意识进入体系化时期，不仅指中华民族共同体意识构成党和国家民族工作的马克思主义中国化的理论体系，也指中华民族共同体意识构成党和国家的工作体系、政策体系、教育体系、话语体系、实践体系。民族地区和少数民族开启全面建设中国特色社会主义现代化建设新征程则是中国历史、世界历史开天辟地的大事。这标志着我国各民族都处于一个起跑线、一个发展位置、一个历史方位、一个时代交汇点和百年不遇之大变局之中，实现中华民族伟大复兴中国梦指日可待。

铸牢中华民族共同体意识的时代命题是民族工作的主线、民族工作的纲，所有工作包括研究工作都要向这个主线、纲汇集，因此，解决了百年来民族问题研究争论不休的问题。例如：费孝通在提出中华民族多元一体理论时指出："我们过去对于历史上民族之间互相渗透和融合研究得不够，特别是对汉人融合于其他民族的事实注意不够"；"从生物基础，或所谓的'血统'上讲，可以说中华民族这个一体中经常在发生混合、交杂，没有哪一个民族在血统上可说是'纯种'，但这个问题似乎研究也不够"。① 这两个研究不够随着铸牢中华民族共同体意识的提出都将得到解决。因为铸牢中华民族共同体意识这个时代命题包括了各民族交往交流交融的历史，不把这个历史的丰富意蕴揭示出来，就看不到各民族之间的渗透和融合，看不到各民族之间经常在发生混合和交杂。② 从实现第二个百年奋斗目标看，铸牢中华民族共同体意识为各民族发展提供了百年不遇的重要时机，为各民族的发展创造了前所未有的条件。各民族要在进入小康社会后继续奋斗，继续发展进步，就要拥有足够的经济、政治和文化资本。各民族地区和各少数民族的发展不可能仅仅依靠市场这样一个单一的手段，还必须通过政府的介入、政策的倾斜、诸多领域的照顾、各个方面的帮助推进。优越的社会主义制度将为各民族地区和各少数民族的发展提供源源不断的动力。各个发达地区也将先富带后富，竭尽全力做好对口支援工作，全国一盘棋的有利时机将极大促进各民族地区和各少数民族的发展进步。党的

---

① 费孝通主编：《中华民族多元一体格局》，中央民族大学出版社2018年版，第63页。
② 杨须爱：《各民族交融汇聚史知识再生产的价值与路径——以铸牢中华民族共同体意识为视角》，《民族研究》2021年第1期。

十八大以来东南沿海发达地区对口支援西藏、新疆，每年投入数以万亿建设这些地方，使这些地方的发展呈现超常规、超想象的特色。每年援藏援疆会议的主题就是确立落实援藏援疆项目，进一步明确援藏援疆的工作方针，举全国之力促进这些地方的发展进步。2019 年，19 个对口援疆省市继续聚集脱贫攻坚和民生领域，投入援疆资金 188.19 亿元，实施援疆项目 1935 个，有力支持了新疆脱贫攻坚、民生改善和经济发展等各项工作。①

五　铸牢中华民族共同体意识的重要意义

2013 年 12 月 19 日中共中央政治局常委会在听取新疆工作汇报时，习近平总书记在马克思主义发展史、中国共产党发展史、中国特色社会主义发展史上第一次提出中华民族共同体意识这一命题。此后，习近平总书记在许多重要场合、重要会议和重要活动中从政治、经济、文化、社会、历史等各个方面对中华民族共同体意识的核心要义、科学精神、丰富内涵和重要意义进行了深刻阐述。习近平总书记指出，铸牢中华民族共同体意识就是让每一个中华民族的成员都认同和维护中华民族的共同利益，自觉地认同、归属于中华民族大家庭。中华民族共同体意识语境中的中华民族既是由 56 个民族组成的中华民族，又是组成中华民族的 56 个民族。中华民族之"民族"与组成中华民族的 56 个民族之"民族"不是一个意义上的概念。作为整体的中华民族与组成中华民族的各个民族具有一定的层次上的差别和性质上的区分。中华民族是与国家结合在一起的具有国家形式的整体共同体。56 个民族之"民族"则是由不同的历史文化联结而成的个别共同体。虽然，作为个别共同体的 56 个民族之"民族"具有独立的法定的族称和民族权利。从个别与一般关系看，只有中华民族之"民族"才是 56 个民族之"民族"的代表。

（一）铸牢中华民族共同体意识是最新理论成果

通过中华民族共同体意识的成功建构，传统观念的继承发展、社会格局中的利益满足、广大民众情感共鸣等都通过国家意志得以有效传导、社会承认得到有效实现。利益、观念和情感三个维度的叠加成为新时代铸牢

---

① 陈纪、章烁晨：《家国情怀与铸牢中华民族共同体意识》，《西北民族研究》2021 年第 3 期。

中华民族共同体意识的重要社会建构路径。从社会建构视野看，中华民族共同体意识的概念已经被认同、普及，最终得以社会化、时代化和中国化，成为被中华民族认可的国家符号和国家象征。

(二) 铸牢中华民族共同体意识是民族关系发展到更高阶段的成果

从中国民族关系发展进程看，铸牢中华民族共同体意识是民族关系发展的更高阶段的成果。从历史发展进程来看，我国数千年的封建社会中，民族关系是不平等的，存在民族剥削和民族压迫，新中国成立后，构建了各民族一律平等的民族关系，开创了民族关系历史的新纪元。但是，对于铸牢中华民族共同体意识的要求来说，仅仅倡导各民族的民族平等关系还是不够的，这仅仅是站在各民族平行的基础上看待各民族关系。中华民族共同体意识就是要在这个"多元一体"的社会主义民族关系中形成和发展，不断展现新的面貌、新的风采和新的力量。

(三) 铸牢中华民族共同体意识是各民族发展的核心动力

习近平总书记指出："各族人民亲如一家，是中华民族伟大复兴必定要实现的根本保证。"[①] 因此，要进一步在全社会强化"以人为本，心物并重"的民心意识和"尊重差异，包容多样"的包容意识。在中华民族共同体意识的建构中，迫切需要通过有效的社会互动来解决民族认同的实际障碍。2010年，胡锦涛在中央第五次西藏工作座谈会上强调把"有利于民族交往交流交融"等作为衡量民族工作成效的重要标准。党和政府要保障各民族平等权益，为维护民族地区社会稳定、经济发展提供制度保障。使各民族当家作主的权利得以实现，增强各民族的凝聚力、向心力，促进民族关系和谐稳定。在筑牢社会主义新型民族关系基础上加强"三个离不开"教育特别重要。

各民族不仅要认可"多元"的民族文化，同时也要增强对中华共同文化，即以爱国主义为核心的伟大民族精神文化的自觉认同，以进一步发挥"一体多元"的中国特色社会主义文化在铸牢中华民族共同体意识中的作用，坚定"一体多元"与"多元一体"的统一意识。

(四) 认识奋斗目标，增强中国特色解决民族问题道路意识

实现中华民族伟大复兴的中国梦，就是我们的奋斗目标。坚定不移地

---

① 《习近平谈治国理政》第3卷，外文出版社2020年版，第299页。

走好中国特色解决民族问题道路则是中华民族"家业"兴旺发达的保证。党的十九大报告提出的"八个坚持"的要求,是中国共产党在长期的革命、建设和改革过程中把马克思主义民族理论基本原理与解决中国民族问题的工作实践和时代特征相结合的产物,是被中华人民共和国成立以来70多年党和国家民族工作实践证明了的解决当代中国民族问题正确的方针政策和经验总结。

中国共产党建构中华民族共同体意识一百年的奋斗历程无可辩驳地证明了一个伟大的真理,这就是中华民族从"站起来""富起来"到"强起来"的振兴之路,是一个铸牢中华民族共同体意识、实现中华民族伟大复兴中国梦的过程。

(五)铸牢中华民族共同体意识体现了中国共产党高瞻远瞩谋划全局的深远智慧

铸牢中华民族共同体意识表现了中国共产党敢于创新、善于发展、一心一意为中华民族服务的勇气和能力。铸牢中华民族共同体意识这个时代命题的立足点,不是西方式的从主体出发理解客体的思维,而是把历史作为一个实体与主体融合起来,实现相互贯通,而不是相互分开的一体化辩证法。从古希腊至今,人们已经习惯从个别到一般去寻求抽象的概念以便展开思维活动,认识世界,改造世界,也习惯了从具体例子出发推导出来普遍性和共同性,也就是"逻各斯"的存在。认识铸牢中华民族共同体意识的密码基因,就不能把个别事例作为范例的价值看待,而要把整个历史作为范例的价值看待,也不能从某些概念出发,生吞活剥式地认识和理解中华民族共同体意识的价值,中华民族共同体意识以横向和纵向相结合的方式,与中华民族的历史文化紧密结合、深度融合,不断淬火磨炼强化,既有激励作用,也有解释作用,细节化地表现在中华民族发展奋斗的各个时期、各个阶段,是一个仰之弥高,钻之越深的境界深远、思想深邃的宝库,我们只有不断在理论与实践的结合上进一步推进铸牢中华民族共同体意识建设,才能把中华民族的历史和文化一以贯之地延续和发扬光大下去,才能把中国共产党的初心和使命永远接续奋斗下去,实现中华民族伟大复兴的中国梦。

铸牢中华民族共同体意识,充分表现了中国共产党伟大建党精神的智慧,表现了中国共产党擅长治国理政的智慧。这些智慧归结起来就是依靠人民创造历史,依靠人民打江山、守江山,守的是各民族人民的心。人民始终是中国共产党铸牢中华民族共同体意识的智慧之源、思想之源和精神之源,人民始终处于铸牢中华民族共同体意识的主体地位。柏拉图认为智慧是属于神的,不属于人,人们只能向往智慧,热爱智慧,我们只能做爱智慧的人,只能依靠哲学生存。哲学是通过人为的抽象和人为的想象去构造形成概念,通过设想出来的概念为人们提供认识世界和改造世界的工具。智慧则是通过贯穿历史和现实,通过"和而不同"的方式将世界联系在一起,对人们进行思想的引导和激励,在哲学的后面,我们看见的是以观念为主的统一性,在智慧的后面,我们看到的是在变化中发展的一致性。在智慧的变化发展中,相同的东西不断凝聚起来,不断更新变化,形成你中有我我中有你的包容性。从哲学与智慧的比较中,我们看见了哲学和智慧的特点,这就是哲学在辩论中、在斗争中诞生,智慧在和平共处中、在和谐中诞生。哲学通过对话和别人的赞同发出声音,智慧更多的是通过沉思和反思发出声音。

中华民族共同体意识就是中国共产党的大智慧在中华大地上的表现,贯通中华民族的过去、现在和未来,使中华民族五千年文明浑然成为一个完整的统一体,为中华民族的发展进步提供了标志性的符号和代表性的标识。

第二节 中华民族共同体意识的价值

每个时代都需要一个文化哲学,作为国家文化建设的世界观和方法论,指导这个时代的文化建设。中国特色社会主义新时代需要一个根植于各民族优秀文化的传统文化,能够指导国家文化、建设共同文化的思想引领。这样,中华民族共同体意识才能获得人民大众的普遍认同,才能发挥凝聚共识、凝心聚力的功能,才能推动实现中华民族的伟大复兴和中国社会的文明进步。中华民族共同体意识已经不是由几个概念组成的一个形而上学的思想体系,是以马克思主义为世界观和方法论,以各民族的族际交往交流交融为载体,会通了"中西马"的文化精粹,构成各民族共同认可的文化认同机制。①

---

① 刘建涛:《培育和践行社会主义核心价值观的现实困境与认同机制》,《当代中国价值观研究》2017 年第 1 期。

一 中华民族共同体意识的价值特征

中华民族共同体意识把各民族的优秀文化资源都提炼出来,能够与中国的历史和文化、与中国特色社会主义事业紧密结合在一起,反映各民族文化的精华,反映党的宗旨和纲领,反映社会主义制度的优越性。我们从以下四个方面概括中华民族共同体意识的价值特征。

(一)人民性

中华民族共同体意识来自人民,服务于人民,为各民族的伟大实践所丰富。中华民族共同体意识负载着人民这个最重要的价值源泉,体现了人民的丰富性和多样性的含义。社会主义既不是文明低下的社会,也不是公民素质低下的社会,马克思当年批判的"粗陋的共产主义"绝不是我们今天建设的社会主义。社会主义是最文明的社会,社会主义的公民应是最文明的公民。这些社会主义的本质特征,在中华民族共同体意识里有清楚的表达。

中国共产党的力量源泉就是与各民族的紧密联系,它能够唤起和发挥各民族的主动性和创造性,最能反映社会主义本质特征。反映在中华民族共同体意识里,就是中华民族共同体意识为人民而诞生,为人民而服务,是人民利益的最集中、最完整的体现。通过铸牢中华民族共同体意识,真正实现人民是国家的主人,国家对人民负责。真正做到消除"权力本位",使民主法治坚不可摧,社会公平正义由人民共享,人民的尊严幸福天一般大,使铸牢中华民族共同体意识落到实处。

(二)科学性

中华民族共同体意识作为科学的价值形态,是各民族伟大实践的总结概括,是先进思想指导下的实践结果,必然要坚持马克思主义的指导地位。为此,要坚持价值评价标准的客观性,也就是要把客观事实作为价值评价的客观标准,反对以个人喜好、主观臆断去评价事物。列宁指出:"马克思主义是以事实,而不是以可能性为依据的。"[①] 社会主义最大的价值事实是什么呢?不是别的什么,是人民群众的根本利益。凡是符合人民根本利益的,就是有价值的,越是符合得多,就越有价值。把客观事实作

---

① 《列宁专题文集·论马克思主义》,人民出版社2009年版,第301页。

为价值评价的客观标准，就要把最广大的人民利益作为价值评价的客观标准。评价标准是客观的，不能是主观的。这就是说，中华民族共同体意识培育践行的效果，不是谁说一说就可以决定，是由中华民族的伟大实践决定，由各民族说了算。

坚持价值评价标准的客观性还要做到现实性与历史性的统一。中华民族共同体意识既是民族的，也是国家的，铸牢中华民族共同体意识就要把两者统一起来。我们要辩证看待两者之间的关系，如果两者之间产生矛盾，就要坚持大局原则，各民族的利益要服从国家利益。国家利益再小都是大，各民族利益再大，比起国家利益都是小。马克思主义的辩证发展论告诉我们，中华民族共同体意识作为中华民族认识和改造世界的产物，是科学的世界观的实践和创新，在这个过程中，新的东西会不断产生，旧的东西会不断消失。

（三）时代性

人创造历史，同时也是历史的产物。中华民族共同体意识是我们这个变革和发展的新时代的产物，是中国特色社会主义发展到今天，时代对精神的召唤，精神对时代的回应。国家需要文化的软实力来增强发展可持续性，中国特色社会主义需要进一步坚定"四个自信"，中华民族的族际交往交流交融需要铸牢各民族的文化根基，促进我们社会主义民族大家庭的团结和睦。

中华民族共同体意识能够体现时代的要求，体现各民族求新求美求善的愿望。如果说时代性就是新颖性，就是时髦性，那么，中华民族共同体意识当之无愧。中华民族共同体意识不仅仅把新颖性、时髦性的时代特征体现出来，而且还把对时代的前瞻性、务实性体现出来。可以这样说，中华民族共同体意识有助于把我们还没有办好的事情办好，把我们正在办的事情办得更好，为实现中华民族伟大复兴的中国梦这一时代之梦凝心聚力，为我们这个伟大时代交出圆满答卷提供不竭动力。

（四）包容性

科学的价值观念，不仅能够代表人类文明的发展趋势和人类社会的发展方向，表现出强大的生命力，而且能够包容各种文明形态、文明发展的成果，具有强大的包容性。中华民族共同体意识就是这样一个海纳百川的国家文化形态。新时代的中华民族共同体意识是在全球化浪潮一浪高过一浪的背景下，在各民族交往交流交融越来越密切的条件下，在各种文化互相碰触、风云变幻、激荡激扬的形势之下应运而生。中华民族共同体意识不仅仅吸收了各民族优秀传统文化的精华，也不仅仅是社会主义先进文化的表现形式，而且，对西方优秀文化也采取"拿来主义"的态度，对西方文明发展的成果进行了为我所用、洋为中用的吸收。所以，我们在中华民族共同体意识的语言表述中，也看到了西方文明优秀成果的元素。中华民族共同体意识的"红色"底蕴是光彩夺目的，是马克思主义世界观和方法论结合的表现。不仅如此，中华民族共同体意识的话语还可以说是"中西马"的会通。中华民族共同体意识作为国家文化的核心组成部分，不是孤立存在的，必然会与民族传统文化、社会主义先进文化、西方外来文化相互交融。中华民族共同体意识是对全球化中各种文化冲突的自觉回应，是对所有古今中外文明成果的兼收并蓄，融会贯通，随着实践而不断发展、不断进步的"尊重差异，包容多样"的体系。

二　中华民族共同体意识的国家文化基础

中华民族共同体意识是各民族交往交流交融的国家文化基础，这绝不是空穴来风、无根无据的说法，各民族的族际交往交流交融不可能随意进行，需要一个国家形态的文化基础，这样，各民族的交往交流交融才能够在维护和实现各民族的根本利益、体现社会主义制度优越性、维护和捍卫国家意识形态和文化安全的最高准则这个各民族公认的价值理念指导之下有序进行。所以，中华民族共同体意识能够成为各民族交往交流交融的国家文化基础。

（一）文化群体交往的国家文化基础

社会分层和社会实践是相联系的。每个人都是一个独特的文化主体，有着自己的文化爱好和文化兴趣。但是，每个文化主体包括这个文化主体的文化爱好和文化兴趣，又是与这个文化主体所在的群体联系在一起的。当我们运用文化群体这个概念的时候，已经对各民族的范围进行了说明。这就是说，每一个民族尽管是一个群体，但是，又是一个居住不在一起、生活不在一起、聚会不在一起的分层群体。我们的意思是，不仅各民族要和与自己不一样的民族交往交流交融，而且同一民族中的不同群体也要交往交流交融。各民族的这种交往交流交融需要一个共同的国家文化基础把交往交流交融的双方都联系起来，使他们增强共同性，减少差异性，保证交往交流交融顺利地开展。

中华民族共同体意识作为国家文化基础不仅为族际交往交流交融提供了一种新的文化选择机制，而且为同一民族的不同的分层群体提供了新的文化选择机制。在交往交流交融中，各民族完全可以依靠中华民族共同体意识这个文化选择机制，从不同方面、不同层次和不同角度开展交往交流交融活动。正是因为如此，各民族才得以解除心理上的戒备和隔阂，以"共生共存共荣"的姿态展开更大范围、更深层次的交往交流交融。

（二）文化生产者的国家文化基础

随着城市化和工业化的进程，各民族的劳动力开始转向制造业、旅游业、服务业，他们进一步融入市场经济的生产和消费中，极大地改变了过去那种传统的生存方式。在脱贫攻坚过程中，为了让各民族加快脱贫攻坚的步伐，各地采取了许许多多措施和方法，进行了大量艰苦卓绝的工作。有的地方，给贫困人口发放贷款，让其参加到项目建设上来；有的地方，给贫困人口建立电子商务示范项目，促进其融入现代物流产业中来；有的地方，把"扶贫车间"设在贫困地区，让贫困人口参加生产活动。随着这种市场化方式的发展，各个地区越来越多的人口把生产和消费结合起来，过去那种生产和消费脱离的现象正在发生变化。比如"扶贫车间"生产的小商品，不仅仅供应市场的需要，生产者自己也同时进行消费。

这些改变，对各民族的族际交往交流交融产生的影响是很大的。过去那种面对面的直接交往交流交融被商品生产的族际交往交流交融所代替。各民族互相之间的认识和理解由过去的通过"人"的方式进行，改变为现在的通过"物"的方式进行。各民族已经成为文化的生产者，而不仅仅是文化的消费者。

各民族的族际交往交流交融方式的改变，离不开中华民族共同体意识的指导。各民族只有坚持以中华民族共同体意识这个国家文化基础的指导，才能把自己作为一个文化的生产者以合格的"物"的方式，与各民族开展交往交流交融，在自己生产的"物"之中，通过这个"物"，体现质量第一的要求，表现各民族的优秀品行。

（三）增强文化自觉的国家文化基础

文化自觉不仅意味着文化主体对自己的文化在起源、形成、演变、特质和发展趋势具有理性的把握，而且也意味着文化主体以开放包容的心态，接受不同文化之间的接触与对话，增强自身文化的适应能力和融合能力。① 文化自觉的关键是各民族认同和坚定对社会主义先进文化的信念和信心。② 各民族有了这种自觉和自信，就可以在族际交往交流交融中体现对中华民族共同体意识的认同。

在中华民族共同体意识这个国家文化基础的平台上，各民族可以看到中华民族今天需要什么，不需要什么，应该坚持什么，应该反对什么，进一步树立正确美丑是非善恶观，增强分辨能力，提高觉悟水平，在族际交往交流交融之中贯穿中华民族共同体意识的要求。

三 对马克思价值理论的继承和发展

马克思的价值理论主要体现在"两个尺度"的思想上。主客体相互作用的双向结构、内容和形式不断发展就是马克思认为的人类实践活动的"两个尺度"的重要作用。

（一）马克思"两个尺度"的价值思想

马克思在《1844年经济学哲学手稿》中首次提出"两个尺度"思想。马克思认为自由的有意识活动就是人的本性，动物则不具备这个本性。马克思认为人类的劳动是真正的劳动，是自由自觉的活动，劳动对象就是人的本质力量的现实和对象化。马克思完整表述的"两个尺度"就是：对象的性质决定客观的尺度，人的本质力量的性质决定主体的尺度。

马克思指出动物只有自己的尺度，人不仅具有自己的尺度，而且遵循一切对象的尺度。在劳动这个具体化对象中，人类按照两个尺度活动，这是人类最基本的特征。在一切主客体对象中，这两个尺度就是"主体的尺度"和"客体的尺度"，是唯物论和辩证法的统一，是社会发展规律和自然发展规律的统一，是主体客体的统一。马克思通过价值的"两个尺度"来认识和分析人类实践活动就能够清楚认识主客体的相互作用，必然是一个不断实现"客体主体化""主体客体化"的过程。

---

① 张月泉：《关于文化自觉与建设社会主义文化强国的若干思考》，《桂海论丛》2012年第2期。

② 冯骥才、周文彰、李宗桂、宋圭武：《什么是"文化自觉"，怎样做到"文化自觉"——学者四人谈》，《北京日报》2011年11月14日第3版。

(二) 对马克思价值理论的体现

中华民族共同体意识是为各民族社会和个人发展提供的引领，指出的方向。这是对马克思"两个尺度"的继承和发展。

首先，中华民族共同体意识是根据主体需要而产生的客观存在。从根本上看，中华民族共同体意识作为一种客观存在，还是为了满足主体的主观需要。价值问题，本质上就是一个关于主体和人的问题。马克思在价值问题上的根本立场就是他不把主体的人看成一个抽象的主观存在，而是始终把人看成是社会的、历史的、现实的存在，始终强调人的存在的客观性，坚持用人和主体的客观性说明价值的客观性。所谓客观性，指人和主体所具有的不依赖于人的主观意志而存在的本质、本性、能力等客观规定性。人和主体需要的客观性都与人的社会性相联系，有着不依赖人的客观存在的历史必然性。

人的需要就是人的本性。人的需要是一般的、基本的，又是社会的、国家的，是个人需要与社会需要、主体需要与客体需要的高度统一。各民族对中华民族共同体意识的态度，已经由物质主义转变为精神的价值认同。中华民族共同体意识能够满足各民族的需要，把国家、社会和个人的需要统一起来。各民族都能够从中华民族共同体意识中找到自己的价值取向和价值追求，都可以按照自己的价值意愿，最大限度地发挥自己的主观能动性，努力实现自己的价值理想。

其次，马克思关于价值的"两个尺度"的思想是对人的价值关系的最完整的表述，在中华民族共同体意识中得到充分体现。人与人之间、人与社会之间的价值关系是客观存在，也是最基本的价值关系，这是马克思的关于价值的"两个尺度"的重要思想。对于这个思想，中华民族共同体意识从国家、社会和个人三个方面作出凝练和概括。这样，各民族都可以通过中华民族共同体意识满足这种谁也不能离开谁的价值追求。

另外，马克思的关于价值的"两个尺度"思想在中华民族共同体意识中也得到充分体现。价值关系是贯穿在人的现实生活过程的基本内容。各民族的经济关系、民族关系、政治关系、社会关系都离不开价值关系。价值关系不仅仅是评估其他关系的效用的标准，也是各民族精神生活的基本内容。因为价值关系就是利益关系。利益最集中、最充分表现了价值关系的本质特征。中华民族共同体意识是包含各民族利益在内的聚合关系实体，从身份归属、同一延续、共同伟大梦想反映了不同层次的主体的不同利益。利益是主体的人直接的自觉的目的性基础,主体的人总是把利益作为衡量自己与他人和社会关系的尺度。中华民族共同体意识好就好在把这种关系放在具体的历史阶段、社会环境和国情民情的范围内,将价值观的现实性与理想性、阶段性与超越性紧密结合。如果把某个层次的利益夸大为唯一的社会存在关系,就会导致马克思和恩格斯所批判的功利主义。马克思和恩格斯认为,功利主义把所有的社会关系都归结为功利关系。

(三) 对马克思价值需要的体现

无论怎样划分人的需要,人的需要的内在联系和有机统一是不能被忽略的。在社会实践的各个领域,人的需要都存在目的和手段的关系。中华民族共同体意识是主体内部规定性的具体化和现实化,是主体选择的定向机制。马克思指出,人的目的"是作为规律决定着他的活动的方式和方法的,他必须使他的意志服从这个目的"①。中华民族共同体意识对于各民族的价值活动而言,就是一个具有客观性、必然性的目的。中华民族共同体意识对于各民族来说存在着决定和被决定、选择和被选择的关系。选择手段,是任何有意识、自觉价值活动主体的基本特征。人的价值的第一个特征就是明确目的、坚持目的、毫不动摇地追求目的、选择手段为实现目的服务。当各民族以中华民族共同体意识作为自己实践活动的认知基础,就会在经济生活、政治生活、社会生活和文化生活中,正确处理目的和手段的关系。是不是目的合理,手段就一定合理?是不是目的明确,就可以不择手段实现目的?这里存在一个对目的和手段的深层次理解问题。按照目的决定手段、选择手段的关系,应该说,只要把中华民族共同体意识的社会规范标准和自我目的标准结合起来,手段就不存在正当和不正当的问题。

第三节 中华民族共同体意识的当代建构

马克思主义认为,人们只有分享共同的东西,才能在差异当中彼此共存。中华民族共同体意识,是全体社会成员的社会意识。中华民族共同体

---

① 《马克思恩格斯文集》第 5 卷,人民出版社 2009 年版,第 208 页。

意识是为适应整个社会实践的需要，为维持社会主义的社会关系、社会秩序而服务的，所以，中华民族共同体意识就是马克思主义共同体理论价值取向的当代建构。

一 中华民族共同体意识的反映论建构

马克思晚年对英国人类学家梅恩《古代法制史讲演录》一书所作的"人类学笔记"再次强调经济基础对上层建筑的本源作用和上层建筑对经济基础的最根本的依赖性、依附性，阐述了历史唯物主义关于经济基础是国家的最为根本的基础和前提的重要原理。

坚持中华民族共同体意识的反映论建构就是要坚持马克思和恩格斯认为的社会存在决定社会意识的原则。我国各民族正是在共同的物质资料的生产中，形成社会主义的生产方式，并在其基础上建立起相应的上层建筑。物质资料生产的发展，推动了中华民族的进步，也促使各民族逐渐形成对自然与社会的共同意识。中华民族共同体意识与社会主义生产方式相适应，反映了社会主义时代生产力和生产关系、上层建筑和经济基础的性质，反映了各民族对中华民族共同体意识的认识和理解。中华民族共同体意识的思想，都不可能超越时代的限制，而必然深深打上鲜明的时代烙印。历史唯物主义的核心就是物质生产是第一位的，带有本源性、基础性的特征。物质生产的变化带来社会关系的变化，社会关系的变化就会带来社会的变化。经济基础就是物质生产的基础。因此物质生产的变革就是经济基础的变革，物质生产是经济基础的核心要义。认识了历史唯物主义的这个核心要义，我们才能明白为什么中华民族共同体意识能够在中国特色社会主义新时代成为作为社会主体的各民族有目的、有意识的活动的指导。各民族在社会中不可避免地与社会、自然和他人建立起不以个人意志为转移的关系。在这个关系网络里，每个人都会面对形形色色的问题，每个人都会面临对社会和个人问题展开价值评价，进行价值选择的活动。中华民族共同体意识直接影响着社会的价值取向、发展方向以及人们的实践逻辑。为了在多样化的选择中统一各民族对社会价值取向的认识，引导各民族沿着正确的方向前进，把各民族自己的目标和行为与社会规范、社会要求相统一，就要把中华民族共同体意识作为社会评价尺度，贯穿在各种评价尺度之中，提高人们的价值水平，确保全社会都能够认同中华民族共同体意识的价值取向，从根本上使各民族的价值取向与时代、社会发展相一致，在现实的基础之上建立起统一的价值尺度和评价标准。

二 中华民族共同体意识"合力"生成建构

恩格斯作为"合力论"的创始者，对历史发展由合力推动进行了深入阐述。在恩格斯看来，历史发展的必然性并没有排除偶然性的参与。这些偶然性表现为每个人单个的意志对历史发展的参与。这个参与对某些人来说可能是自觉的、主动的，对有些人来说则是不由自主的、被动的。但是，不管个人的主观动机如何，历史的发展就是各种力量推动的结果。按照"合力论"认识和理解中华民族共同体意识是历史唯物主义价值取向的当代建构，就要把中华民族共同体意识的形成和发展看作是一个历史发展的过程。在这个历史发展过程中，中华 56 个民族的各个成员都对中华民族共同体意识的发展作出自己不可替代的贡献。但是，也要看到，新中国成立之前的旧时代、旧社会，各民族对中华民族共同体意识的形成贡献还没有以"合力"的形式表现出来，还是以一种分散的力存在。这是因为在那个时代、那个社会，民族关系是不平等的，各民族都处于代表少数人利益的统治阶级的剥削和压迫之中。统治阶级的愚民政策和对民族关系的破坏以及严酷的阶级压迫，使各民族还不能团结起来，共同为中华民族共同体的利益而奋斗。各民族还没有从自在民族向自为民族发展。"人们的意识，随着人们的生活条件、人们的社会关系、人们的社会存在的改变而改变。"[①] 只有在中国共产党领导下的社会主义制度才能保证各民族具有共同一致的利益追求和中华民族共同体意识。各民族分散的力才能形成自觉自愿的中华民族共同体的"合力"。中华民族共同体意识的"合力"之所以形成，就是因为中国共产党带领中华民族在铸牢中华民族共同体意识中，实现了中华民族从自在民族向自为民族的转变。中华民族能够主动、自觉和积极地培育和铸牢中华民族共同体意识。在这个过程中，社会主义的上层建筑也发挥了重要的合力作用。经济基础对上层建筑具有"本原性""决定性"的基础和引领作用，上层建筑对经济基础具有依赖性、依附性。"合力论"所要表达的是"唯物主义世界观"，"真正批判的世界观"是要说明上层建筑一旦与经济基础相一致，就会发挥自己的能动性。这个能动

---

① 《马克思恩格斯选集》第 1 卷，人民出版社 2012 年版，第 419—420 页。

性表现为意识形态可以把一种价值观推广和普及，对另一种价值观进行批判和否定。由此可见，决定中华民族共同体意识"合力"生成建构的固然表现为每个人的参与和推动。但是，必须看到每个人活动的背后是经济基础与上层建筑之间不断发展的关系在发挥驱动作用。正因为社会主义的经济基础与上层建筑具有统一性和一致性，因此，在这样的社会里，各民族每一个行为、每一个举动，都会形成铸牢中华民族共同体意识的"合力"。

三 中华民族共同体意识经济基础核心要义建构

马克思认为历史唯物主义的核心就是物质生产。物质生产的变化带来社会关系的变化，社会关系的变化就会带来社会的变化。经济基础就是物质生产的基础。因此物质生产的变革就是经济基础的变革，物质生产是经济基础的核心要义。马克思认为整个社会生活、政治生活与精神生活的过程全部由物质生产方式所制约，社会意识由社会存在决定。当社会生产力发展到一定阶段，就会与同时期的社会生产关系发生矛盾，这是社会革命到来的前奏，也是社会发展的必然。随着经济基础的变革，上层建筑或迟或早、或快或慢地也会发生变革。认识了历史唯物主义的这个核心要义，我们才能认识和理解经济基础与上层建筑、生产力与生产关系的主次关系。以物质生产为基点，认识历史唯物主义的本质就是通过把社会关系革命化、合理化，实现人的解放。马克思和恩格斯认为，社会历史过程是作为社会主体的人有目的、有意识活动的结果。每一个社会现象都留有人的活动轨迹，这种特殊性和复杂性容易造成一种假象，似乎社会历史纯粹是人的意识的结果。马克思和恩格斯认为，物质生产关系由物质生产力决定。这个历史事实"人们之间一开始就有一种物质的联系。这种联系是由需要和生产方式决定的"[1]。

按照这样一个历史唯物主义原理认识和理解中华民族共同体意识的经济基础核心要义就要把各民族的发展放在首位，把各民族的发展作为各民族与时俱进的第一要务。因为只有各民族在经济、政治、文化、社会、生态等方面得到发展，各民族才能够获得真正的解放，才能形成民族之间平等团结互助和谐的关系，使各民族共享改革开放和社会主义现

---

[1] 《马克思恩格斯选集》第 1 卷，人民出版社 2012 年版，第 160 页。

代化建设的成果。在物质产品越来越丰富的基础之上，各民族的生产力高度发展，各民族将共同占有生产资料，将在现代化生产的基础之上实现劳动者和科学技术的更加紧密的结合，使各民族获得全面发展和自由发展。

第二章

中华民族共同体意识的生成逻辑

马克思主义从历史的联系和变化中揭示了中华民族共同体意识发展的一般规律。这个规律表现了中华民族共同体意识的生成逻辑，贯穿于中华民族共同体意识的形成和发展的全部过程，构成了一部中华民族文明发展史。把中华民族共同体意识的生成逻辑置于中国的历史发展变化的大背景下予以认识和理解，才能够清楚地认识统一的多民族国家是各民族共同缔造的。新时代中华民族共同体意识充分体现了党和人民创造中华民族美好未来的坚强意志和愿景规划。

第一节 中华民族共同体意识的古代萌芽

中华民族的远古先民早在石器时代就生活在亚洲大陆中。东部相对独立的地理环境中，面临太平洋，是一个海陆兼备的国家。中华各族在独特的自然条件基础上形成的族群分布格局和内向发展特征，必然导致各族群之间的密切接触、交往与融合，孕育了"华夷一统"的思想，使中华民族共同体意识开始萌芽。在新石器时代中华民族不同地域多元发展，其间以黄河流域与长江流域为中心的华夏地区不断整合，核心区域与周边相互吸收、相互融合，最终形成"多元一体"的中华文明格局。这一格局以中原为核心，以黄河长江文化为主体，联结周围的区域文化。到商代时，这种"多元一体"的格局已经初步形成，经过夏、商、周三代的不断推进，中华文明的广阔地域和巨大规模，与人类发展史上的其他古文明相比表现出了非常大的亮点和特色。

一 "华夷一统"的大一统思想的孕育发展

斐迪南·滕尼斯曾说：血缘共同体是行为统一体，地缘共同体是血缘共同体发展和分裂的结果，最终发展成为精神共同体。① 中华民族从远古至秦统一的整个漫长的历史时代是中华民族萌芽、起源与孕育的时期。不断的民族融合，在秦代时已到达6000万人而成为汉族。② 这个历史时代，也可以看作中华民族共同体意识的孕育和产生的时代。

（一）多元图腾熔铸一体创造统一象征

从夏开始，中华民族进入文明社会，经商、西周、春秋战国1800多年的过程，是中华民族形成的关键时期。以华夏族为中心，四方各族相互关联的中华民族"多元一体"的基本格局在这一时期大体形成，以后中华各民族之间的基本关系是在这一基本架构上逐步发展的。

禹在全盛时期包括十二个氏族、颛顼八姓、商、周、夷、戎及其他族邦。这种空前庞大的组合，为华夏迈向紧密联盟造出了强大声势，③ 成为中华民族历史上第一个建制数百年的朝代。夏代开始把各族图腾熔铸一体，表示共主有供祭权。殷商时期，华夏力量进一步发展，商汤建立商王朝时，主要根据地在今河南郑州一带。盘庚迁都后，今河南安阳一带成为殷人的中心区域，商人采取外服和内服的政治制度治理国家，对周围的部落控制相当巩固。商的先祖是东夷玄鸟图腾部落和戎狄部落的后裔，多元的种族背景，融合着多个地区、多种氏族群体文化。商和夏一样，也以部族来组织，但已从夏朝的"万国"减至三千多个，而且不少部族是由商王分封或扶植起来的。商盟比以往更稳固，夏初争夺盟主的情况难再发生。商代对华夏建国的促进作用主要有：强化中央，确立主神，并创造统一象征，不但突出了共同的天帝，还不惜压制本族的凤图腾，把最多部族接受的鳄鱼加工为龙，来作为共同的文化标志。这个比夏代铸大鼎以容百兽更具有一元化意义。夏鼎代表了对多民族图腾的兼容并蓄，商龙说明我们已经同属一族了，这说明商代进一步留意到意识形态的作用。

---

① ［德］斐迪南·滕尼斯：《共同体与社会》，林荣远译，商务印书馆1999年版，第65页。
② 袁行霈、严文明：《中华文明史》第1卷，北京大学出版社2006年版，第4—5页。
③ 钟伦纳：《华夏历史的重构》，岳麓书社2015年版，第58页。

（二）"天下一家"思想的开创

由于周人较少，以少驭众，怀柔是最省力的治术，强调人谋可改天命，移开宗教对族际关系的障碍，以理性进行沟通。华夏各族之所以能够不断融合，一个主要的原因是宗教的排外性在周初就开始降低，把宗教、政治、军事、生活习惯和态度都井井有条地整合起来。这次整合不但避免了分裂，还带领所有能结合的民族，进入了一个意识和组织上都倾向于"天下一家"的境界，成为华夏分裂时期磨灭不掉的共同记忆。把本来松散、性质相近、各自为政的邦国联盟，整合成为一个具有共同向心力、有经常性互动的拟血缘王国，封建而不封闭。

西周封建王朝的统合，建立在多种功能和结构的分化上，是一次分解后的重组，而非简单的联结。西周的分封制使国家有序地组织起来，分封制体现出更大的包容性和开放性。"五服制"和畿服制的设立把更边远的其他民族或部族以及王畿为中心的诸侯国以外的方国、部族组合起来，以周王族为中心，异姓、异族层层围绕的社会结构开始形成，这是中华民族统一的多民族国家的雏形。西周同时也通过战争和文化交流，继续推进融合趋势。西周已经是中华大地民族交流与融合的中心。

周公制礼作乐，订立典章制度，采用分封制，用宗法和分封的原则将各地区各部族的人们广泛联络起来，将周族的文化传播到各地，加速了文化的交流和融合，为人们的交流提供了平台。

夏、商、周作为连续发展的奴隶制王朝，对中华民族的核心——华夏族的形成与巩固起到了非常重要的作用。三代王朝的建立、替代和发展以疆域的形式巩固了华夏农耕经济的共同地域。三代的语言继承、政令的推行和"雅言"的普及，促进了华夏族共同语言、文字的形成。三代的经济、文化的继承与发展，推动了华夏民族共同体意识的形成。

（三）春秋战国大一统思想的丰富和发展

春秋战国时期，华夏族加快了与诸多少数民族相互融合的速度。各民族频繁往来，经济上相互补充，文化上相互吸收，政治上许多少数民族并入中华版图，使得相互融合有了更加便利的条件。经过春秋战国的社会剧烈动荡和迅速发展，诸多少数民族或多或少在社会经济生活等方面，向华夏靠近，对华夏族也产生了重要影响，使得华夏族不断发展壮大。这为秦汉大帝国的出现奠定了社会成员构成多元化的基础，再经过春秋战国时期的诸子百家思想精英的总结与升华,可以说先秦时代已经具有了中华民族共同体意识的萌芽。这时的中华民族共同体意识是以中国古代民族精神的方式表现出来的,即天下一家的统一精神、自强不息的开拓精神和厚德载物的兼容精神。① 但这种意识在先秦时期大多数还存在于制度层面。

长期战乱导致的结果是所有阶层和行业都厌倦战争,个别国家的富强既然不能带来和平,人们便转而希望统一,为中华一体的中华民族价值观的形成奠定了基础。《诗经》中"普天之下,莫非王土,率土之滨,莫非王臣"②,《公羊传·隐公元年》中"何言乎王正月?大一统也"③ 都是这一民族心理的反映。天子颁布历法,让所有诸侯奉行,象征了天子对意识形态和价值观的领导权,成为政治统一的前提。在多派学说的不断宣传下,各国终于打出了统一天下的旗号,一个共同的心态在分裂了两个多世纪后开始凝聚,为一个更大更严密的整合奠定了心理上和组织上的基础,这是战国阶段在中华民族历史上特殊的意义。

二 "大一统"与中华民族整体观念的形成

从春秋战国末期秦统一以来,各民族历经大迁徙、大融合长期共同生活,交流互补,彼此认同,结成了牢不可破的精神纽带,"大一统"始终保有旺盛生命力。因此,中国在进入王朝社会后,以政权推动共同体的构建应该是中华民族共同体意识形成的内在逻辑。随着共同体内部的政治、经济、社会、文化四要素互相制衡、具有自我调节的这一功效的不断发挥,使得王朝得以在变迁中延续。

(一)秦的大一统政治思想

公元前221年,秦始皇统一六国,完成了"诸夏"都为之努力奋斗的统一大业,结束了长达五百多年列国纷争的局面,特别是统一长江流域的楚国及其控制下的吴越地区,把诸夏从黄河流域争斗的困境中解放出来,有效地打开了向长江流域发展的广阔空间,为两汉的鼎盛打下了坚实的物质基础。秦"平定海内,放逐蛮夷,日月所照,莫不宾服","六合之内,

---

① 郑师渠、史革新:《历史视野下的中华民族精神》,广东人民出版社2014年版,第94页。
② (清)王先谦:《诗三家义集疏》,中华书局1987年版,第739页。
③ 刘尚慈:《春秋公羊传译注》,中华书局2010年版,第1页。

皇帝之土","人迹所至，无不臣者"。① 秦通过在全国划分郡县，定疆域，建立起中央集权的封建专制政权。秦是一个短命的王朝，又是一个划时代的伟大王朝，它奠定了中国以后两千多年的封建王朝体制。

秦建立统一的多民族的国家，实现了统一的大业，其意义不仅仅是在一个疆域和地理的框架内实现了中华民族的统一，更重要的是，把中华民族共同体意识进一步建立起来，并且通过必要的措施，尤其是郡县制度把这种意识进一步制度化。因为与前朝相比较，秦的郡县制更少了血缘关系和宗族关系。这就在更广泛的意义上把中华民族共同体意识的建构从一种血缘和宗族关系进行了拓展和扩大。中华民族共同体意识已经不仅仅是皇室宗亲的特权，而是拥有更宽广基础的、更多人的意识。这种意识的公共性得到发展和建构。把中华民族共同体意识制度化，意味着中华民族共同体意识已经可以通过组织化手段培育和巩固。中华民族共同体意识最先是随着共同体的习俗和道德而孕育。这种自然法里的中华民族共同体意识逐渐清晰，成为社会成员的共同意识，表现在法律政策等制度化的措施里。制度分为成文和不成文两种。摩尔根在《古代社会》一书中认为集体表决作为议事规则就是原始社会的制度表现。原始社会的制度未必是成文的，临时性动议和临时性决定使原始社会的制度成为不成文制度的典型形态。秦的制度已经是成文的制度，是为实现皇权的大一统目的而生，具有国家暴力机构的强制性为执行后盾。秦的成文制度的建立其主要目的是维护皇权的延续和巩固，初衷也肯定不是为了中华民族共同体意识的巩固发展。但是，从历史唯物主义的存在决定意识的观点看，秦的成文制度在促进皇权巩固的同时，也带来中华民族共同体意识的发展和巩固。

（二）汉的大一统政治思想

汉武帝向西驱逐匈奴，控制河西走廊和西域地区，当地的匈奴、乌桓、氐、羌等少数民族以及因某种原因从域外迁居这里的部分外国族裔，大部分留在了故地，与迁居这里的汉朝移民交错杂居，并在汉民的影响下，逐渐改变了原有的民族特点，同时也将匈奴故地和西北的"胡人"嵌入内地。

统一边疆后，汉根据边疆各民族的发展实际，采取不同的管理办法，

---

① 《史记》卷六《秦始皇本纪》，中华书局2018年版，第112页。

如在边疆民族地区设置"边郡","且以其故俗治,毋赋税"。① 并任用当地民族首领,此外,还设有校尉、都护、属国都尉等多层政策的灵活体制,如设属国都尉,"主蛮夷降者"。至东汉,属国都尉除原有职掌外,又"治民比郡"。② 这些因地制宜的政策对于我国统一多民族国家的治理,丰富和发展我国的民族政策起到了重要的作用。在当时作为有效措施保障了华夷一统的多民族国家,以后的历代统治者以此作为政策范本维护我国多民族国家的统一,也为中华民族的长久统一与发展提供了制度和政策保障。汉代的这些政策体制成为大一统政治思想生存与发展的沃土,与国家的政治实践、边疆治理和国家统一等相得益彰,与华夷一统思想相辅相成。

在实现了政治上中央高度集权和经济上空前繁荣的同时,汉武帝又"兴四夷之功",积极致力于边疆的开拓,"屠大宛之城,蹈乌桓之垒,探姑缯之壁,藉荡姐之场,艾朝鲜之旃,拔两越之旗……犁其庭,扫其间,郡县而置之"③,极大地扩展了汉朝的疆域。大一统思想便基于这个坚实的政治基础而走向了成熟。

(三) 魏晋南北朝的大一统政治思想

作为南北朝的第一个王朝,北魏为了使其政权以华夏正统名义实现稳固的统治,使封建文化发达的广大中原地区的农业文明臣服于游牧文化的统治,北魏政权必须要将自己的统治建立在符合中国文化的传承关系上。洛阳作为汉朝古都,自古是华夏文化中心,迁都中原,便是最为理想的选择。493年,孝文帝将国都南迁洛阳,彻底割断了拓跋鲜卑与其原初游牧地的联系,为拓跋鲜卑进一步与汉族发生内在的社会结合开辟了道路。"初定中原,虽日不暇给,始建都邑,便以经术为先,立太学,置五经博士生员千有余人"④。说明北魏迁都中原后,推行汉族王朝的封建统治模式,在政治上以儒学作为指导,实行"以礼治国""以孝治国"的奉孔尊儒方针,使北魏的中央集权的封建专制与儒学完全地在本质上结合起来,加强了国家政权的统治,同时促进了各民族尤其是鲜卑族与汉族在文化心

---

① 《史记》卷三《平准书》,中华书局2018年版,第210页。
② 《后汉书》卷二八《百官志》,中华书局2011年版,第310页。
③ 《汉书》卷九四《匈奴传》(下),中华书局2011年版,第10页。
④ 《魏书》卷七下《高祖纪》(下),中华书局2000年版,第127页。

理上的逐步融合，推进鲜卑族汉化进程。服饰、语言是民族文化的最主要的外在表现形式。在移风易俗上，孝文帝明令禁止鲜卑人穿胡服，在朝廷上说鲜卑话，规定官方通用语言为汉语。"断诸北语，一从正音。"① 鲜卑姓氏多为复姓，与汉族姓氏差异较大，在一定程度上影响了鲜卑、汉贵族的合作。孝文帝令鲜卑人改姓氏，自改姓元，其他鲜卑姓全改为类似的汉姓。按照中原地区氏族门阀制度，在鲜卑贵族中规定了族姓等第，并将其与汉士族的门第混合为一，从外在形式和贵贱等级上消除了鲜卑人与汉人在姓氏门第上的差别。为了改变鲜卑人旧有的乡土观念，孝文帝又令鲜卑人改籍贯，一律称河南洛阳人，死后葬在邙山，不得还葬北土。为了加速与汉族的融合，又让鲜卑人与汉族人通婚，从血缘上消除隔阂。道武帝拓跋珪以后，从明元帝拓跋嗣到献文帝拓跋弘时期，北魏不断增加聘任汉族士人，汉族士人的地位和影响大大超过了道武帝时期。迁都洛阳和移风易俗加强了北魏的中央集权统治，有效地促进了民族融合。孝文帝的这些改革措施大大加快了北魏的汉化进程，使其在短时间内就收到了非常显著的成效，基本上完成了南迁鲜卑人与汉人的融合。

至隋统一北方，内迁各族已不复存在，他们基本上已融入汉族中。北魏的汉化，使各民族之间的联系日益紧密、不可分割，文化程度在各民族中都有不同程度的提高，在汉族士人的帮助下，北方各民族政权都以统一天下为己任，逐渐消除南北文化差异，这为隋的统一奠定了政治和文化基础。"中华"一词在魏晋南北朝时已出现。据前人研究，它最初使用于天文方面，是从"中国"与"华夏"两个名称各取一字复合而成。"中华"作为地域名词，与"中国"相同。②

"五胡十六国"时期，内迁的各民族纷纷建立自己的政权，接受汉文化，都自称"中国皇帝"，与晋朝争正统地位。在这样的特殊的民族交往中，"中国""中国人"这一地域概念不可避免地就含有文化优越感，而不再是内地汉族所专有的称呼，为中华各民族所共享。在民族交往的过程中，为了使作为统治民族的少数民族和汉族有所区别，随即采用"汉"或"汉人"来专称汉族。这样，"汉"或"汉人"作为一个正式的民族概念

---

① 《洛阳伽蓝记》卷二《景宁寺》，中华书局2011年版，第254页。
② 中华民族凝聚力的形成与发展课题组：《中华民族凝聚力的形成与发展》，江苏人民出版社2013年版，第539—540页。

就产生了。"汉人"作为民族的概念在两晋南北朝时期为汉族和非汉族所接受。

(四) 隋唐宋大一统的"华夷一体"思想

隋文帝杨坚系北周元勋之后，父封隋国公，官至泾州总督。隋文帝因长期与鲜卑族共同生活，从心理、思想文化等方面很容易接受和理解少数民族。他自己又与鲜卑人通婚，娶鲜卑贵族独孤信之女为妻。他的女儿又是周宣帝的皇后，因而他在感情上也与非汉民族比较密切。在建立隋朝的过程中和建立隋朝之后，隋文帝都是依靠不同民族文化融合的汉人或者是汉化的鲜卑人，是"华夷一体""华夷同重"的表现。作为能顺应历史发展潮流、对时局有清醒认识的一代帝王，他能够"躬履恭俭"，并一再表示要"推广皇仁"，实行民族怀柔政策。他曾说："溥天之下，皆曰朕臣，虽复荒遐，未识风教，朕之抚育，俱以仁孝为本。"① 又表示"望使一切生人皆以仁义相向"②。他对归附的各民族首领，不论其部落大小，都能够做到以礼相待。更为重要的是，在朝官外臣的任用方面，也能够采取华夷同重，因材录用。这些都不同程度地反映了隋文帝比较进步开明的民族思想。当然，这种政治思想正是自东汉末年以来民族大融合的结果，是历史发展的必然。

经唐太宗、武则天等政治家的励精图治，一个空前统一、空前繁荣、空前辽阔的大帝国使中国历史进入了封建社会的鼎盛时期。唐太宗是中国历史上少有的杰出的政治家，他以隋亡为鉴，勤于纳谏，贤于用人，根据历史发展的需要行均田法、租庸调法，改革时弊，因而政治安定，经济繁荣，国家强盛，史称"贞观之治"。以强大的经济实力作为后盾，谨慎从事，以"中国既安，远人自服"的原则处理边疆民族问题，以巩固的政治、繁荣的经济实力为基础实行怀柔政策而不依赖武力。

宋朝作为华夏文化的继承者，虽政治经济实力相比隋唐较弱，由于强敌压境，大一统的政治不可能建立，但其文化发达程度，远胜于辽、夏及后来的金，加之又占据中原，因此宋以华夏正统自居，在思想上展开一统的探讨。

---

① 《隋书》卷八三《吐谷浑传》，中华书局2011年版，第211页。
② 《隋书》卷八三《吐谷浑传》，中华书局2011年版，第254页。

三 元明清大一统的中华整体观念形成

客观来看，中华民族虽然是近代以来构建起来的，但中华民族共同体是中国民族关系发展的结果，深植于中华文化的土壤之中，以丰富的历史文化作为共同体凝聚的力量。到了元明清时代，中国人在几千年的交融发展过程中，不断使自己适应新环境并重塑其文化，中华民族整体观念一步一步形成。

（一）元大一统的中华整体观念

元的这种空前的统一有效推动了我国统一的多民族国家的发展，中央集权的政权和仿效中原制度建立的典章制度，有效推动和加强了中华民族的整体观念。为了体现元朝的正统性统治地位，元朝按照前朝的惯例，为辽、宋、金各朝修史。但在修史的过程中，在史书的体例上遇到了一个谁为正统的争执。通过这场争执，反映出元朝的统治者以中原正统自居的愿望，同时更重要的是说明了元朝承认各民族的实体性存在，不辨华夷之别的中华民族一体的思想已经形成。元朝时期，蒙古族陆续迁至内地和南方地区，更大范围的交错杂居，促进了民族的交往、文化的交流和中华一体格局的形成。

虽然"四等人制"是元朝统治集团实行带有严重民族压迫性质的民族政策，它的区分既根据民族又依据政治，而主要的还是按照人们的政治面貌来区分。如居于一等的蒙古人，就包括了族源上属于蒙古和属于突厥等其他语族的民族。再如三等的汉人，其实是指原辽、金统治下的民族，包括汉族和鲜卑、女真等其他民族。而第二等的色目人，更是一个多民族的"大杂烩"，他们以西域商人为主，民族成分非常复杂。

（二）明"天下一统"、"华夷一家"

元末农民起义为了争取得到广大汉族人民的支持，以"华夷之辨"作为号召起义和反元的政治口号，朱元璋提出"驱逐胡虏，恢复中华"[①]。随着元朝的败局已定，这一思想工具的任务宣告结束，朱元璋由民族英雄转而成为天下之主，华夷之辨不再强调，转而强调"人民皆朝廷赤子"[②]，

[①] 韩儒林：《元朝史》（下册），人民出版社1986年版，第156页。
[②] 展龙：《张居正改革时期民族政策研究》，人民出版社2013年版，第131页。

"夫天下一统，华夷一家，何有彼此之间?"① 朱元璋的这些措辞一方面反映了封建统治的需要，天下一统需要多民族国家的统一为政权的稳固提供最有力的政治保障，也是归顺民心的需要。但是从另一方面反映了各民族经过辽、宋、夏、金时期的交往交流交融，以及元朝的"大一统"的政治格局的推动，中华民族是一个整体的观念已经深入人心。

对明代的"天下一统""华夷一家"的做法要进行历史唯物主义的分析。旧唯物主义和新唯物主义区别是前者提出的所谓解放仅仅是个别的人的解放，而后者强调的是全人类的解放。马克思在谈到人类解放的这个课题时，也很重视人类的政治解放。而人类政治解放的本质就是人从不平等、被压迫的社会中解放出来，成为人的本来意义上的人。明代的"天下一统""华夷一家"的做法是对于人的一种解放。但是，这个解放仅仅是一种机械的把各种人聚集起来的解放，是强调民族身份对国家认同意义上的解放。尽管这种解放相对于元代对人的身份划分的不同来说，其进步意义明显，但是，还不是历史唯物主义意义上的人的真正解放。历史唯物主义关注的政治解放的着眼点是每一个人和国家的关系，也就是每一个人在国家中所处的地位。这个地位决定了每一个人是国家的主人还是国家的奴隶。历史唯物主义根据这样的划分决定这个国家是属于共产主义联合体还是属于异化的虚假共同体。明代的"天下一统""华夷一家"的做法的可贵之处就是把各个民族都看作国家疆域的一个原子存在，是一个现实的活生生的有自己需求的人。这已经比元代把人看作统治者的工具进步很多。但是，无论如何也不可能达到历史唯物主义视域中对共产主义的人的规定性。

（三）清大一统的中华整体观念的进一步发展

清朝对全国的统一是明朝不完全统一的继续。作为少数民族政权，清朝为了树立作为中华文化传统的继承者的正统形象，巩固其对全国的统治，以儒学为主导，儒释道相结合的思想体系从皇室至平民都得到了很好的传承，提倡尊孔崇儒，皇室赴孔庙祭祀，八旗子弟研读经书，推崇宋明理学，希望通过理学的伦理纲常和社会政治理论巩固，加强清朝的统治。康熙颁行所谓"圣谕十六条"，明确规定"黜异端以崇正学"。② 雍正帝继

---

① 许辉：《北京民族史——北京专史集成》，人民出版社2013年版，第205页。
② 《清世宗实录》卷八六，中华书局2011年版，第94页。

位，又据此"十六条"加以补充发挥，成所谓"圣谕广训"，在全国范围内强制宣讲，力求家喻户晓。通过清政府的大力提倡推广，传统的伦理纲常思想逐渐深入人心，成为全民的意识形态，这有力地促进了清朝"大一统"的政治目的的实现，这也是中华文化传统没有中断的一个很重要的方面。

为了加强对北方游牧民族和西北地区的统治，顺治继位之初，就派使臣前往拉萨。达赖喇嘛先遣使祝贺顺治帝继位，后来达赖喇嘛进京朝见顺治帝，受顺治帝加封让其统治全藏区和全国各地的藏传佛教。清政府此时也与这些地区建立起了稳固的统治体系。

自夏以来历代王朝致力于统一，尤其经过汉、唐、元、明的民族融合与文化交流，清朝"大一统"格局促使中华民族共同体进一步发展成为不可分割的整体，中国统一的多民族国家最终确立。

第二节 中华民族共同体意识的近代启蒙

对于自然界来说，启蒙与黑暗相对立，对于社会来说，启蒙与愚昧和专制相对立。柏拉图在他的"洞穴人的隐喻"中指出启蒙就是追求光明，摆脱黑暗。康德将启蒙运动描述为人类摆脱自己的不成熟状态[①]，就是扫除眼前的浑浊，拨开阴云，看得更清楚。勇于运用人类理智，从迷信中解放出来，改变以往因循守旧的思维习惯和社会状态。

1840年的鸦片战争到1919年五四运动的80年间，中华儿女受到双重压迫，内有封建专制主义，外有帝国主义。面对内在的压迫和外在的欺凌，中华民族自我真正开始觉醒，开始运用理性分析现实。一些有独立思想的人敢于抛弃陈腐观念，为了使社会大众得到启蒙，将思想传播给广大社会公众，一场中国近代社会性的思想启蒙运动就此拉开了序幕。[②] "五四"是中华民族共同体意识启蒙的曙光。

一 康有为的大同理想

大同作为中国古代对理想社会的一种称谓，与西方的乌托邦思想有相

---

① ［德］康德：《历史理性批判文集》，何兆武译，商务印书馆1991年版，第22页。
② 陈乐民、史傅德：《公民社会与启蒙精神》，华东师范大学出版社2017年版，第17页。

近之处。大同理想表达了康有为对"天下为公"社会的向往。

(一) 大同社会的"至平""至公"

康有为虽然出身于官僚地主家庭,但自幼生长在乡里,了解民间疾苦。这对他的社会认知产生了很重要的影响。他将社会现实看成人人皆苦、处处都苦的苦海,与他的社会理想形成了鲜明的对比。因此,康有为的理想社会就是没有任何痛苦的社会。要达到这一理想状态,拯救世界,帮助世人脱离苦海,只有实行"至仁""治之至"的大同之道,破除苦之根源——"九界"①。

康有为认为,在当时中国,世间苦难的出现是"国界""级界"造成的,"国界""级界"即封建专制制度。"君之专制其国,鱼肉其臣民,视若虫杀,恣其残暴。""大抵压制之国,政权不许参预,赋税日益繁苛,摧抑民生,凌锄士气。"② 这与大同社会的"至平""至公"的理想是相违背的。因此要废除"国界""级界"等压制世人的国家机器,建立管理社会经济和提供社会公共服务的公共政府以达到天下公有、人人平等的理想社会。这种理想是近代中国资产阶级在反对封建专制的过程中对民主、平等追求的表现,是近代资产阶级政治需求的一种表达。

"一切财产都归公有",这是康有为认为实现大同社会的基本前提。因此,可以看出,康有为把私有制作为当时社会存在奴役和压迫欺凌的根源和基础。消除一切财产私有差异,私有财产归公之后,土地归公,没有私人企业,人们不会再有贫富差异,追求绝对的平均,没有私有产品,商品交易被取消,等级被消除,社会便不再有压迫、剥削。祛除私有制这一根源,社会便不再有贫困和战争,人生的一切苦难也会因此而消除,达到大同和天下为公。同时,康有为认为家庭是私有财产观念的主要来源,要废除私有制,必须废除家庭作为私有财产关系的占有者。

(二) 大同社会的物质和精神生活

大同社会作为消除"九界"的理想社会,消除当时社会人们的所有苦难的社会,应该是以物质产品的极大丰富为前提和基础。有关这一社会生产力决定社会生产关系方面的认识,康有为比太平天国的"耕者有其田"等的认识前进了许多。他说理想大同社会是以科学技术和社会生产力的飞

---

① 即"国界""级界""种界""形界""家界""业界""乱界""类界""苦界"。
② 康有为:《大同书》,李以珍评注,中州古籍出版社1998年版,第38页。

速发展为前提的。在未来大同社会里,生产各领域都实现了机械化和电气化,这将促使社会有充足的物质产品供给,人们不再为生计忙碌,为财产和物质产品的分配而竞争,因此,人们的精神生活也会得到极大提高,出现一种"太平之世,人皆乐游,无有忧虑"的生活状态。在康有为的描述下,未来的大同社会可谓是人们充分享受与发展的极乐世界。

当然,如同太平天国革命时期洪秀全等农民领袖提出的近代第一个乌托邦救国方案——《天朝田亩制度》只是小农绝对平均主义的空想一样,康有为精心设计的近代第二个乌托邦救国方案——大同理想,也是在现实生活中难以实现的空想。主要根源在于康有为虽然描述了未来理想社会的壮美前景,指出消灭私有制达到社会公有,但是如何消灭私有达到公有的路径却依赖于社会改良,用和平的方法、改良的办法达到政治革命的目的,而当维新改良的道路被封建顽固派通过政变堵死的时候,自然而然他就把这一美好的社会理想寄托于人类遥远的未来,寄希望于人类漫长的自我进化的无限等待之中,把大同理想变成真正的空想,大同理想理论注定没有也不可能找到实现之路。

(三) 大同社会理想的空想性

列宁说:"一个国家的自由愈少,公开的阶级斗争愈弱,群众的文化程度愈低,政治上的乌托邦通常也愈容易产生,而且保持的时间也愈久。"① 康有为的想象力相当丰富,但由上述可知,他并不是完全凭空胡思乱想。一般来说,一种政治理想的产生,实际上都可以在当时现实的社会政治生活中找到它们的影子。例如,太平天国的《天朝田亩制度》就是针对当时土地高度集中,贫富悬殊,有人饱食终日,有人饥寒交迫的现实而提出来的。康有为的大同理想也一样,19世纪八九十年代以后,阶级矛盾、民族矛盾更加尖锐,封建专制统治越发腐朽,人民备受痛苦和煎熬。因此,康有为向往一个没有痛苦、没有人压迫人、没有贫穷也没有战争的理想社会。他在《大同书》中所描绘的理想社会也常常是以对现实社会进行抨击来立论的。例如,他在谈论人世之苦时,对封建压迫下的劳动群众表示了深切的同情,并把造成世间诸多苦难的很大一部分原因归咎于封建专制制度的腐朽。他认为欧美国家制度较开明,相对来说,苦难或痛苦的程度就有所减轻,强调"全世界人欲致大同之世、太平之境乎,在明男女

---

① 《列宁全集》第22卷,人民出版社2017年版,第129页。

平等各自独立始矣,此天予人之权也"①。这些都反映了他对现实社会不合理状况的痛恨,对民主、平等、自由理想的追求。

康有为大同理想的空想性最终表现在对通过革命方式改变现实的实践的忽略,寄希望于统治阶级统治方式的改变。这是注定不能成功的空想,结果就是看不到人的社会性,只是看到人的现实存在。这个现实存在的人就是康有为描述的处于两极分化的个人,是那些被封建制度剥夺自由和人身权利的人。这种人是痛苦的、不幸福的。这是引起康有为建立大同社会理想的直接原因。但是,大同社会不是康有为想象的和平直入的新社会,可以一夜之间变成现实,而是需要社会性实践。随着中国社会陷入半殖民地半封建的悲惨境地,这个大同理想也随之破灭。究其原因,还在于康有为作为资产阶级启蒙革命家,还没有掌握以实践为核心的思维方式,从社会关系革命变革的角度观察社会的改造,以实践为根基通过人的共同体实现大同理想。

以旧的资产阶级的世界观和立脚点实现大同的理想显然是行不通的。尽管康有为认为他的大同理想是正确的,按照他的原则"改造整个世界。这是他和几乎所有的哲学家所共有的幻想"②。以空想方式实现大同理想对于一个思想家来说是应该给予同情和理解的。但是,对于社会现实来说,这种空想最多只能引起一种道义愤怒对现实的批判,不能从根本上解决大同理想实现的问题。这是因为,只有在实践的基础之上认识和理解现实,才能以实践的方式去改造世界。理论活动对于实践来说是远远不够的,还必须把这种理论转变为实际的改造世界的活动,"一个真正的共产主义者的任务却在于推翻这种现存的东西"③。

二 梁启超的民族主义思想

从建立现代国家这个角度看,梁启超认为,要挽救民族危机,实现中华民族的独立,抵御列强,唯有建立现代民族国家,民族主义也正是他用来唤醒国人的一股推动力量。1902 年,梁启超最早使用了"中华民族"一词。

---

① 康有为:《大同书》,中州古籍出版社 1998 年版,第 78 页。
② 《马克思恩格斯文集》第 4 卷,人民出版社 2009 年版,第 279 页。
③ 《马克思恩格斯选集》第 1 卷,人民出版社 2012 年版,第 177 页。

第二章　中华民族共同体意识的生成逻辑

（一）民族共同体思想

伴随着列强侵略，近代中国也被席卷进全球社会现代转型的浪潮中，现代化和民族主义如影随形，作为后发展国家，中国效仿西方的民族国家建构的民族主义便成为了近代中国人实现民族独立和复兴的一种选择。"民族"作为近代意义上的名词可以归功于梁启超、章太炎、杨度或者更早的王韬等人。① 作为立宪派的代表人物，梁启超认为中华民族应"合汉合满合蒙合回合苗合藏，组成一大民族"②，即：六个民族（苗族、汉族、图伯特族、蒙古族、匈奴族、通古斯族）组成"中华民族"③，史称"大民族主义"。"大民族主义"在现代民族国家范畴中指的就是中华民族，体现了中国境内民族的多样性。以此为出发点，梁启超考察了中华民族尤其是汉族的形成历史，认为汉族数千年来就是多元的结合，先秦时代中国存在很多民族，包括汉族前身——华夏族，其他民族在其后的不断交往交流中，大多数融入华夏。因此，汉族并非同一祖宗繁衍的结果，而是多民族交往交流交融的结果。以此梁启超论证了中华民族的多元起源，"中华民族自始本非一族，实由多数民族混合而成"④。

梁启超在对中华各民族的融合进程的考察中，指出了中华民族不可分割、互通有无的一体性特征。最后，以中华民族"多元一体"的历史起源与发展特点的分析，说明了梁启超对民族共同体的认同，即认为中国境内各民族具有共同的命运，民族主义是"世界最光明正大公平之主义也。不使他族侵略我自由，我亦毋侵他族之自由。其在于本国也，人之独立；其在于世界也，国之独立"。⑤ 较之前从地域、血统、语言、身体特征、宗教、生活方式、风俗习惯等方面区分民族，1923 年 4 月，他在《中国历史上民族之研究》一文提出区分民族的标准应该是民族意识。

（二）中华民族的思想

梁启超的民族共同体思想和政治共同体认同是一致的。梁启超受伯伦知理的"国家有机体学说"的影响，认识到了中国是一个多民族国家，提

---

① 黄兴涛：《重塑中华：近代中国"中华民族"观念研究》，北京师范大学出版社 2018 年版，第 66—71 页。
② 汤志钧、汤仁泽编：《梁启超全集》第四集，中国人民大学出版社 2018 年版，第 215 页。
③ 汤志钧、汤仁泽编：《梁启超全集》第二集，中国人民大学出版社 2018 年版，第 310 页。
④ 张品兴主编：《梁启超全集》，北京出版社 1998 年版，第 451 页。
⑤ 梁启超：《饮冰室合集》，中华书局 1989 年版，第 20 页。

出了整合中华民族力量的"大民族主义"。这是在中华民族危亡之际，站在世界民族高度来看待近代中国关于民族问题，尤其是如何对待清朝问题的结果。在国家建构的路径上，梁启超主张由清政府继续统治，通过君主立宪，团结全国各族统一抵御外来侵略，实现中华民族的独立。这说明，梁启超在这时已经看到要实现中华民族革命的胜利，必须团结中华各民族，整合全中国的力量，共同抵御外敌侵略。同时，认为国家是中华民族共同体利益的代表，作为独立的实体，国家代表人民的共同利益，即国家的生存与安全。个人利益、单个民族的利益应置于国家利益之下，排满必然导致国家分裂。为了维护民族团结和国家领土完整，只有通过君主立宪，限制清政府的封建专制主义，方可使其代表中国，团结人民，共同抵抗外敌侵略，实现中华民族独立。这一思想，克服了传统的华夷之辨，将狭隘的民族主义"排满"变为民族主义的"讨满"，反对的不再是满族，而是清政府的腐败政治，将民主主义融入民族主义中，反对帝国主义。梁启超从文化角度论述中华各民族的交往与融合的进程，联合满汉蒙等民族，建立君主立宪国家，以应对中国"三千年未有之变局"及中华民族"亡国灭种"的危机。从"中国民族"到"中华民族"的概念转变，可以看出，梁启超本人的理论自觉的提升以及建立民族国家的政治目标，更重要的是对中华民族在历史上的分布、中华民族的缘起、中华民族与其他民族的关系的处理，与世界其他民族的文化交流的方式，以及中华民族文化产生的根基等问题进行了深刻的研究。通过对这些问题脉络的研究，梁启超试图说明中华民族之所以几千年来能够保持繁荣昌盛而没有走向消亡，统一始终是主要原因。站在世界民族的角度，说明中华民族在世界历史上的位置及其作用，在世界文明发展的过程中，中华民族如何与其他民族进行交往及对世界作出贡献。

（三）新民说思想

梁启超的民族主义不仅是针对民族的独立和民主的改革，也针对近代国民素质的提高。其新民说对严复提出的"新民"一词，完整系统地进行了论述。他提出，戊戌变法失败的根本原因在于国民素质太低。要改造国家，最迫切的就是要改造国民素质。在他看来，"新民为当务之急"。

一个国家要革新，必须提升国民素质，有了新民，就不愁没有新制度、新政府、新国家。如果新民不能实现，即使今日变法，还是易主，犹如东施效颦，不能看到国家的革新，我们国家数十年的变法没有取得成效

第二章　中华民族共同体意识的生成逻辑

的原因就在于没有看到国民素质的提升的重要性。① 梁启超对其新民的原则是"吾所患不在守旧，而患无真能守旧者。真能守旧者何？即吾所谓淬厉其固有而已"②。这种"真守旧"精神，这种对待传统文化的态度，与曾经有过的"彻底决裂"或者"全盘西化"的做法大为不同。与此同时，他还提出，必须"采布其所本无而新之"。可以看出，梁启超的见解与严复模仿西方的鼓民力、开明智、新民德主张也有较大的区别，他强调继承本国传统文化中优秀的成分。"采布"即将资产阶级民主主义的内容采补进中国，通过输入新鲜血液而"新之"，使国人去除奴性，成为自由独立的、爱国的、利于群体的、具有冒险和进取精神的一代新人。具体而言，新民应具备以下几方面的素质：第一，新民要去除奴性，培养独立人格。呼唤独立个性和个性自由，具有启蒙意义。第二，新民要大力倡导奋发向上的民族主义精神。第三，应富于冒险和进取精神，以适应日新月异的世界。第四，新民要有尚武精神。如果没有尚武强健的人民，没有强大的武力作后盾，国家就难自立于竞争激烈的世界之上。③

既然要"新民"，就要确立一个理想的目标模式。在论述新民之意的时候，梁启超强调："新民"就是要实现中华民族的独立，实现中华民族的强大。为此，必须培育中华民族共同体意识，这是"新民"中的潜在含义，或者说是另一种表达。当时中国，形势错综复杂，国内外分裂势力勾结帝国主义、清政府腐败、边疆危机日益激烈等现实因素和中国传统的多民族基本国情共存，这些因素都导致了中华民族现代国家的建构充满了艰难的选择。"排满"就是当时的一股思潮。但这必然会导致民族冲突并且可能会导致中国历史上拥有的广袤领土出现分崩离析。这些从现实看不利于团结中华民族大众一致对外，进行民族革命，从长远看，会导致国家分裂。为此，梁启超果断放弃了 1902 年时"排满"主张，通过力证"中华民族"是多民族在历史上融合的事实及与革命派的论争促使革命派及时修正错误的民族思想，提出新民说的理想。这对我国实现民族革命的胜利及中华民族共同体的建设提供了一些理论基础和历史依据。

---

① 林文光：《梁启超文选》，四川文艺出版社 2009 年版，第 24 页。
② 林文光：《梁启超文选》，四川文艺出版社 2009 年版，第 29 页。
③ 陈文：《近代社会变革中的伦理探索》，中央编译出版社 2011 年版，第 185—191 页。

三 孙中山的"五族共和"思想

中华民国成立，近代中国开始进入现代民族国家序列。南京临时政府建立后，孙中山主张"五族共和"与民族平等，由此促进了更多阶层和民众对国家和中华民族的认同，国家认同与民族认同在新的形势下进行了结合。自此以后，中华民族这一概念逐渐被越来越多的人所接受。

（一）"五色旗"与五旗共和歌

旗帜在中国有两千多年的历史，但是上升至国家的象征，是开始于晚清的黄龙旗。辛亥革命期间，革命军虽然旗帜各异，寓意有所区别，但有一个共同点就是都表达了国家和民族至上的理念。最早使用五色旗的，是沪军都督府，系由宋教仁、陈其美等人根据五族共和精神而创制。五色，即红（汉）、黄（满）、蓝（蒙）、白（回）、黑（藏），代表占当时中国人口绝大多数的汉、满、蒙、回、藏五大民族，寓意"五族共和"，代表五族平等，共荣共存和各民族团结。1911年12月各省代表的上海会议建议定"五色共和旗"为国旗，1912年1月民国参议院以正式决议的形式决定五色旗为新的国旗。

近代中国半殖民地半封建的社会现实提出了新的革命任务，从推翻清王朝的统治转变为促进民族团结和实现国家统一。五色旗的出现标志着民族融合、民族团结。五色旗作为国家的象征，政治层面与国家领土完整是一个层次。将国旗与国家领土相结合的政治观念的形成，说明中华民族作为现代民族国家的观念已经形成，这是资产阶级革命的必然产物，也标志着中华民族作为一个政治统一体即将进入现代民族国家的行列。1912年元旦，孙中山在就职临时大总统的誓词中强调，民族的统一在于融全国民族为一体，统一全国领土为一国之有。至此，辛亥革命的资本主义民主革命性质才真正得到体现。

中华民国国旗确定之后，1912年2月，南京临时政府通过教育部向全国征集国歌。国歌，作为国家精神的代表，凝聚国家和民族共同体的有力力量，也是一国的重要象征之一。最终《五旗共和歌》作为中华民国的国歌，它的政治意义和时代价值不容忽视。这是革命党人民族国家建构理念的重大变化，由激进转向缓和，由排他开始整合国内各民族进行建国，同样也体现了革命党人在国家建构方面对欧美共和体制的效仿和对中华民族一家和平的向往。

（二）"五族共和"思想的内涵

"五族共和"思想避免了中国革命走向复仇式民族主义的错误路径，在一定程度上为凝聚中华民族力量起到了推动作用。"合为一国，合为一人，才是民族之统一，国家之本。"① 说明以孙中山为代表的革命党已经注意到要实现中国革命的变革，必须团结中国最广大的人民群众。虽然这里孙中山并没有对"民族之统一"的民族进行明确的中华民族之表述，但这种团结、以国家建构为目标的革命理想在当时起到了启迪民智的作用，让人们看到了一个不一样的未来革命前途，打破了旧有革命和改良的结果。同时强调国民共享"共和之权利"②，在政治上都有发言权③，具有平等的地位④；"凡属蒙、藏、青海、回疆同胞，在昔之受压制于一部者，今得皆为国家主体，皆得为共和国之主人翁"⑤；"国家之事，由全国五族人共组织之"⑥；用"政治改革"来实现"五族一家"⑦。同时，在民族国家建构过程中，强调国家主权概念，并指出中华民国的国家主权，属于全体国民，划定了国家领土包括二十二个行省、蒙古、西藏和新疆。超出了以汉族"十八省"建国的狭隘汉族主义思想，对团结各民族共同抵御外来侵略，增强对祖国的认同起到了积极作用。这些表述，是近代中国人民在反帝反封建的过程中对民族平等思想的探索，对中华民族共同体认知的不断深化，启迪了当时的人们的民主意识。这说明国家建构上伴随着中华民国的建立，中国传统的王朝国家体制开始向现代民族国家转型，中华民族现代国家的建构为中华民族共同体意识提供了全新的国家建构模式，也成为中华民族共同体意识的另一个新的历史起点。

孙中山的"五族共和"思想主张中华各民族平等，用三民主义去除民族特权，用汉、满、蒙古、回、藏代表中国国内所有民族，同为国家主人，去除对满族复仇的大汉族主义思想。进入新民主主义革命时期，孙中山认识到民族解放成为了中国社会的主要矛盾，帝国主义作为当时中国的

---

① 转引自何一民、刘杨《从"恢复中华"到"中华民族命运共同体"——百年来"中华民族"概念内涵演变的历史审视》，《民族学刊》2019 年第 4 期。
② 《孙中山全集》第 2 卷，中华书局 1986 年版，第 451 页。
③ 《孙中山全集》第 2 卷，中华书局 1986 年版，第 469 页。
④ 《孙中山全集》第 2 卷，中华书局 1986 年版，第 439 页。
⑤ 《孙中山全集》第 2 卷，中华书局 1986 年版，第 430 页。
⑥ 《孙中山全集》第 2 卷，中华书局 1986 年版，第 60 页。
⑦ 《孙中山全集》第 2 卷，中华书局 1986 年版，第 450 页。

最大敌人，在中国共产党的影响下，重新对其民族主义进行了意义阐释，民族主义不但要使中国民族免受帝国主义侵略，独立于世界民族之林，实现中国民族之自由，而且对内承认各民族的自决，反帝的民族革命和反军阀的民主革命胜利后，建立各民族自由联合的中华民国。① 首先，孙中山的民族主义将"五族"扩展为"中国民族"，同时站在中华民族整体命运的高度，将中国面临的民族解放任务以"中国民族"的整体立场向全国提出，为进一步促进中华民族共同体意识的形成起到了重要作用。其次，孙中山将民族自决作为中华民族独立，摆脱清王朝作为帝国主义附庸的地位，提出了实现中华民族独立的要求。对内主张承认各少数民族的权利，主张民族自决，"主张地方自治"。从这些主张，我们可以看出，孙中山的民族主义既反对大汉族主义，也反对狭隘的民族主义，善于抛弃陈腐，又没有照搬资本主义的民族理论，他的理论与纲领"都充满了战斗的、真诚的民主主义"②精神，是 20 世纪第一个争取实现中国各民族平等的方案。③

（三）从"五族共和"到中华民族

1920 年，孙中山在上海国民党本部演讲时认为"五族"指称中华各民族不恰当，应该把中国所有民族融合为一个中华民族，中华民族整体观开始建立，并逐渐纳入国民政府中央到地方的政策话语体系。作为官方的主流表达，这些措施进一步促进各民族的中华民族一体的意识产生。

孙中山主张将民族革命与民主革命结合，将两种性质的革命一次完成。由原先的"排满"到"五族共和"的"反清"，是孙中山民族主义思想的重大转变。虽然这种提法最早都是针对清政府提出的，具有狭隘的民族主义成分在里面，但是将民主革命结合在一起，这对于号召全国人民推翻中国两千多年的封建专制制度起到了非常重要的作用，也是一次凝聚团结各族人民的实践和思想启迪。虽然这里的民族平等只限于五族之内，但对于中华其他民族起到了启迪的作用。后来《中华民国临时约法》中修正了民族平等只限于五族之内的狭隘性，明确规定："中华民国人民一律平等，无种族、阶级、宗教之区别"，④ 这为以后中国革命实现各民族平等起

---

① 《孙中山全集》第 9 卷，中华书局 1986 年版，第 118—119 页。
② 《列宁全集》第 21 卷，人民出版社 1990 年版，第 427 页。
③ 周昆云：《20 世纪争取中国各民族平等的三次探索："五族共和"——民族区域自治——各民族共同繁荣》，《广西民族研究》1996 年第 2 期。
④ 《孙中山全集》第 2 卷，中华书局 1986 年版，第 105 页。

到了一定的铺垫作用。在经历军阀陈炯明的叛变后，孙中山终于认识到，中国积贫积弱的最大敌人是帝国主义，放弃对帝国主义的幻想。孙中山"反帝"口号的提出，使其民族主义思想得到了质的提升。

中国共产党的诞生，使孙中山看到了中国革命的希望。将反帝与反封建相结合的新的革命任务的确立是孙中山的民族主义发展的最高阶段。

孙中山的思想发展过程表明他能随着时代的变化不断修正和完善民族主义思想，为近代解决中国的民族问题提出了一些原则性和创建性的理论，为认识中华民族及构建中华民族共同体作出了重要的理论准备和实践尝试。

第三节 中华民族共同体意识的自觉阶段

随着中国的旧式的农民革命逐渐退出历史舞台，不触动封建专制主义根基的改良运动宣告失败，中国封建势力的沉重压迫，孙中山的民族平等与中华民族的共融一体的民主思想和民族主义都未得到实施，资产阶级革命纷纷失效。中国革命要继续推进，必须要有新的政治动力。19世纪末20世纪初，马克思主义作为一种思潮引入中国，中华民族的国家建构的任务也就责无旁贷地落在了中国共产党的肩上。

一 反帝联合体到中华民族共同体

1915年的新文化运动、1919年的五四运动等成了中国近代新的政治动力。马克思主义在俄国的胜利，科学社会主义由理论到实践的成功，将中国探索现代民族国家的建构之路推向了新的阶段。

（一）中国共产党建构民族国家的自觉

李大钊从"中华民国之人"的民族国家角度来看"中华民族"。毛泽东多次使用"中华民族"一词，号召民众把"中华民族的社会"作为希望的对象。

大革命失败以后，中国再度进入军阀混战的局面，日本帝国主义也加紧了对华侵略。中华民族和衷共济，一致对外，中国各民族共同反对外敌侵略，因而中华民族共同体在这时表现为反对帝国主义的各民族联合体。中华民族共同体在早期体现为反抗帝国主义的一致性共同体，共同的命运将中华各民族组织成为一体。

民国早期,各帝国主义在中国划分势力范围,培植自己的傀儡。面对这种巨大的侵华势力,国共号召全体中华儿女反对帝国主义,国共两党的民族共同体意识的形成在当时都是基于反对帝国主义侵华的民族战争的需要。中国共产党最早使用"中华民族"一词是在1922年7月中共二大的《宣言》,这是中国共产党将中华民族独立的历史任务作为政党的使命的宣言。《宣言》认为实现民族平等和自决必须以打倒帝国主义为前提。1922年9月,中共中央机关报《向导》的发刊词提出建立"中华联邦"之国,将中华民族视为中国各民族的整体称谓,致力于推动"国内"的民族整合和一体化目标。

1924年5月,李大钊在北大演讲时,将统一的文化和历史作为民族最为重要的构成要素。在抗日的一系列文件中,中国共产党频繁地使用中华民族一词。《瓦窑堡会议决议》将中国共产党定位为"全民族的先锋队"[1];"总括工农及其他人民的全部利益,就构成了中华民族的利益"[2]。

这说明在近代中华民族国家建构的过程中,中国共产党逐渐由抗日的民族情结的自发意识上升到建构民族国家的自觉意识。虽然这时的中华民族的内涵还不是很清楚,有时指中国民族全体,有时与少数民族并列应用,但已经说明中国共产党将建立近代民族国家作为历史使命确定下来。这个问题随着对中国民族矛盾的认识日益深入而得到解决。

(二) 全面抗战中的中华民族共同体意识

中华民族共同体意识的形成与中国所处的国际形势具有非常大的关系。日本帝国主义侵华,使中国社会主要力量认识到了中华民族的危机,对帝国主义的本质认识更加清晰,随着国际形势的转变,中华民族的主要矛盾由"反帝"到"抗日",在此过程中,中华民族共同体意识自觉形成。

1937年,日本帝国主义大举侵华,全面抗战爆发,民族革命压倒一切,人民群众作为革命的主体。但是,救亡图存是人民群众在客观上的认识,主观上还没有形成统一的觉悟意识,这就需要先进的革命力量的推动。中国共产党在中共二大上就将中华民族独立的历史任务作为政党的使命予以宣言,自然就担负起了领导中华民族人民觉悟、争取独立的历史任

---

[1] 中央档案馆编:《中共中央文件选集》第10册,中共中央党校出版社1991年版,第620页。
[2] 魏建国:《瓦窑堡时期中央文献选编》(上),东方出版社2012年版,第113页。

务。同时，必须清晰地认识到，抗日战争期间，中国社会的转型也在持续进行。因此，面对民族矛盾与阶级矛盾，中国人民仍然面临一个建国的问题，这也是当时所有政治力量面对的问题，中国共产党也不例外，必须将民族独立战争与解放战争有机地结合在一起，使中华民族通过民族战争实现真正的站起来，通过民族战争凝聚起来，为新民主主义的革命胜利奠定坚实的政治和群众基础。全面抗战之后不久召开的中共洛川会议强调中国共产党的领导权是抗日战争取得胜利的保障，也是抗战胜利后完成民主共和国任务的保障。[①] 这说明，中国共产党审时度势，在战争一开始就认识到了在中国特殊的国情下，抗日战争是民族战争与解放战争的统一，胜利的关键点在于中共的领导及其独立性的保持。

因此，全面抗战过程中，取得抗战的胜利是民主建国的前提，而抗战胜利的关键是将抗战变为全体中华民族的抗战。并且竭尽全力发展抗日群众运动，不失时机地宣传、组织、武装群众，抗日战争胜利的前提条件就是真正将千百万群众组织到抗日民族统一战线中来。[②] 在这里，中国共产党领导群众，并通过国共合作最大限度地调动一切力量，保证抗日战争的胜利，以同一目标与共同的民族理想整合中华民族共同体，唤醒中华民族共同体意识，并通过民主政治改革、人民群众参与、发展生产力、改良民生、提升教育水平等方式，整合中华民族力量。

（三）中华民族理论的进一步发展

全面抗战的革命实践的重大转变，促使了中国共产党的革命理论的发展，形成了抗战时期的中华民族共同体理论，即以抗日民族统一战线为基础、联合所有抗日力量反抗帝国主义侵略和殖民统治，捍卫民族独立和国家主权，实现全国各民族阶级各阶层的大团结。这就在理论层面将中华民族共同体内不分阶级、阶层、民族的所有成员都纳入到抗战的统一战线中，为中华民族的整体构建提供了理论保障。这一理论符合半殖民地半封建中国的最基本的国情，也符合中国在政治、经济、文化等各方面发展不平衡的现实。尤其是对革命动力的认识，各个阶级、阶层加入革命队伍，有利于在抗日统一战线中形成中华民族共同体意识。这

---

① 《张闻天文集》第 2 卷，中共党史出版社 1993 年版，第 346—349 页。
② 中央档案馆编：《中共中央文件选集》第 11 册，中共中央党校出版社 1991 年版，第 324—326 页。

是基于对中国社会"两头小，中间大"①的阶层构成现状所做的实事求是的判断和决策，并将统一战线作为中国革命中中国共产党的三大法宝之一。

1939年，毛泽东在《中国革命和中国共产党》一文中，把中国共产党作为无产阶级的政党性质和领导地位予以明确，为更广泛地调动广大人民群众加入斗争起到了非常重要的旗帜作用，使广大人民群众意识到了革命的前途不光是实现中华民族的独立，社会主义社会的建立使自己可以成为社会的主人，有自己的政党作为领导，以社会主义为革命前途的号召力和凝聚力更加广泛地深入人心。中华民族共同体意识的凝聚力在成员的意识中又推进了一层，人民群众从内心渴望实现中华民族的独立和社会主义革命的胜利。1940年毛泽东的《新民主主义论》全面回答了"中国向何处去"的问题，从起源、性质、目标、路线、方针、政策等方面将新民主主义革命的纲领和革命阶段进行了全面论述。又从经济、政治、文化等方面对新民主主义的特点进一步阐释，为中华民族勾画了未来的蓝图，回应了当时社会各界，尤其是占中国绝大多数的中间阶层和中间势力对现实的关注与未来的要求，有力地促进了中国共产党领导下的统一战线更广泛的同盟的形成，有利于在更大范围内形成中华民族共同体意识。

二 新民主主义革命时期的中华民族共同体意识

在铸牢中华民族共同体意识的发展过程中，新民主主义革命时期是极为重要的一个时期，中华民族共同体意识得到了空前的提升。

（一）五四时期中华民族共同体意识的内涵

在构建中华民族现代意义上的民族实体的过程中，五四运动具有非常重要的历史地位。"五四精神"作为近代中国社会改造的精神，引领了中国近代的社会改造运动和新的社会的意识形态的构建，对中华民族共同体的现代构建起到了启蒙作用。虽然五四运动汇集了学生运动、工商界罢工、抵制日货等多种形式的运动，还出现了一系列新思潮、文学革命和知识分子主张的社会变革思想等纷繁复杂的思想主张，但是其主流思想也是明显的，如在五四运动中提出的"民主与科学"和"救亡与启蒙"等口号就蕴含着构建现代意义上的中华民族共同体的诉求。在整个国家利益生死

---

① 《叶剑英选集》，人民出版社1996年版，第154页。

存亡的关键时刻,中华民族的整体利益受到侵犯的时刻,中华民族在情感上表现出了对中华民族共同体强烈的认同,这时构建一个现代意义上的中华民族就成为当务之急,全体中国人民共同拥有、认同和接受的国家民族的概念就应运而生,在这一共同体的认同中,近代中国人民同仇敌忾、共同维护中华民族共同体的利益。"时代呼唤担当"[1],中国青年在五四运动中表现出的救亡图存、实现中华民族独立的担当精神,各界群众积极参与的反帝反封建的彻底的斗争精神,以及爱国、民主、科学、进步的价值追求,都彰显了五四精神,五四精神进一步发展和提升了中华民族共同体意识的内涵。

北京大学教授顾兆熊先生在五四运动爆发的第五天,即1919年的5月9日,就撰文对这一运动所表现的精神进行了阐述,称之"国民之精神的潮流"[2]。顾教授的这一阐述表明,五四运动已经是中国人民开始觉醒并团结起来进行反帝反封建的斗争。罗家伦第一次将"五四运动"这一概念明确提出,同时将这一运动所彰显的国民精神概括了出来,指出:"民族自觉的精神","正当民意的表示"[3],这就将中华民族共同体意识第一次以集体民意的形式提出来。第一次正式提出"五四精神"的张东荪将"五四精神"总结为"雪耻除奸的精神"。后来我们所提出的"反帝反封建",这就将中国纳入世界民族之林,通过"雪耻除奸"达到对现代民族国家的构建,真正构建具有中华民族共同体的集体主义精神。[4]

在五四运动中先进知识分子开始重新思考实现中华民族独立的理想,对封建势力的失望也使得资产阶级毅然抛弃对中国传统文化的简单依赖,"民主"与"科学"的思潮应运而生。陈独秀将科学与民主置于救国和启蒙的首要位置,先进知识分子纷纷撰文阐释民主与科学的思想,将民主与科学作为近代中国民族国家构建及其解决近代中国的内政外交困境的路径,将民族意识作为国家独立发展的精神支柱提出来,将五四运动之前的中华民族的模糊的诉求以中华民族共同体的集体意识提出来并不断集聚强

---

[1] 习近平:《在纪念五四运动100周年大会上的讲话》,人民出版社2019年版,第8页。
[2] 转引自罗腾、李英《五四运动是中华民族共同体现代自觉与民族复兴的新起点》,《甘肃理论学刊》2019年第3期。
[3] 张晓京:《近代中国人的"歧路人"——罗家伦评传》,人民出版社2008年版,第68页。
[4] 转引自罗腾、李英《五四运动是中华民族共同体现代自觉与民族复兴的新起点》,《甘肃理论学刊》2019年第3期。

化，以"五四精神"推动中华民族共同体意识的建构，促进近代中国力量的凝聚。并且成为产生了影响中国长远发展的核心价值之一，构成近代中华民族共同体觉醒的历史语境。

（二）抗日战争时期中华民族共同体意识的觉醒

由日本侵华所引起的抗日战争，在给中华民族带来巨大伤痛的同时，也进一步促进了中华民族共同体意识的觉醒。作为中华民族共同体意识觉醒的里程碑，抗日战争更进一步使中国人民站在全球视野下以民族国家的身份认识到了自身的特点，更加明确了中华民族共同体的历史使命。抗日战争时期的中华民族共同体意识的觉醒主要体现在两个方面：一是面对日本侵华，各民族前所未有地认识到中华民族整体利益的一致性。唯有团结一致，才能抗击列强，实现民族独立和国家富强。二是亡国灭种的民族危机的紧迫性前所未有地摆在中华民族共同体的面前。抗日战争的胜利，将这种精神进一步升华与巩固，成为中华民族精神的主要组成部分。在中华民族近百年的抗击外来侵略的历史进程中，抗日战争是唯一一次取得全面胜利的战争，这决定性地影响了中华民族共同体意识的觉醒和中华民族凝聚力的进一步提升。毛泽东对此作了明确的论述："这个战争促进中国人民的觉悟和团结的程度，是近百年来中国人民的一切伟大的斗争没有一次比得上的。"① 人民对于国家的前途和命运的关注空前提高，中华民族作为一个命运共同体的特征再次得到了彰显，抗日战争是中华民族百年觉醒的新里程碑。②

抗日战争之前，屡次抵抗侵略战争失败的原因，除了经济、军事实力落后，政府软弱无力，另一个重要的原因就是中国民众在自在的发展过程中，形成的涣散的精神状态，"日本敢于欺负我们，主要的原因在于中国民众的无组织状态"③。中国共产党适时地提出了抗日民族统一战线的主张，顺应时代潮流和民众需求，勇敢地担负起了实现中华民族独立的大任，以爱国主义为核心的民族精神得到了彰显。中国共产党成为表率，中共中央在1936年5月放弃"反蒋抗日"的口号，将国民党纳入联合抗日

---

① 《毛泽东选集》第3卷，人民出版社1991年版，第1032页。
② 王树祥：《抗日战争：中华民族百年觉醒的新里程碑》，《河北民族师范学院学报》2020年第11期。
③ 《毛泽东选集》第2卷，人民出版社1991年版，第511页。

第二章　中华民族共同体意识的生成逻辑

的统一战线，加速了抗日民族统一战线的形成。至此，中华民族共同体意识中的团结一致、挽救民族危亡的共识开始达成，中华民族达到了前所未有的团结，中华民族共同体的凝聚力得到了空前的提升。在这一时期的中华民族共同体意识主要以民族团结、爱国主义作为其主要的核心内容，民族团结、爱国抗战表现出了前所未有的广泛性，各阶层、各民族、各团体等都得到了广泛的动员，"天下兴亡，匹夫有责"的传统爱国主义情感转化为自觉团结抗日的爱国主义坚定信念和强有力的行动。

在抗日战争时期，中国人民增强了政治上的辨别力和敏锐性，政治自觉进一步提升，在抗战的同时，中国共产党与置中华民族利益不顾的反人民、反民主、反科学的主张和行为也进行着坚决的斗争。

（三）解放战争时期的中华民族共同体意识的发展

抗战结束后，中国将走向何处，是事关中华民族伟大复兴和中国人民利益的关键抉择。毛泽东在中共七大上指出，中国共产党要争取光明的道路。抗战胜利后，建设中华民族的新国家，这个新国家就是新民主主义国家。经过抗日战争成长起来的中国人民，政治上更加自觉，中华民族共同体意识迅速觉醒并不断强化，对中华民族的认同也达到了前所未有的程度，这为构建现代民族国家奠定了坚实的思想基础。如何构建一个现代意义上的中华民族共同体的国家成为摆在中国人民面前的又一次关键抉择，中华民族要以崭新的面貌屹立于世界民族之林，就必须进行现代新型的民族国家的构建。抗日战争中期，毛泽东已经开始对新民主主义国家如何构建进行了论述，"一个被新文化统治因而文明先进的中国"[①]。中共代表林伯渠1944年9月15日在国民参政会三届三次大会上指出，"应该在抗战中实行民主政治，只有民主政治才能团结全国一切力量，动员全国一切力量，以拯救我们民族国家的灾难"[②]。这些论述对启迪中国人民的民主政治意识起到了非常重要的作用。同时，伴随着中国各党派日益激烈的对民主的论争，将中华民族共同体的抗日战争胜利引向了民主建国的诉求。促进了中华民族民主政治的心理认同，激发了中华民族共同体中的成员对于国家发展和中华民族前途和命运的责任担当。

---

① 《毛泽东选集》第2卷，人民出版社1991年版，第663页。
② 中央档案馆编：《中共中央文件选集》第14册，中共中央党校出版社1992年版，第326页。

1945 年 8 月 25 日，中共中央发表宣言："制定民主的施政纲领"，"成立举国一致的民主联合政府"。① 与此同时，在各民主党派和民主人士及中国共产党的努力下，国民党 1946 年 1 月召开了政治协商会议，并通过了《和平建国纲领》，但这一纲领很快被国民党单方面推翻，并于同年 6 月发动全国范围内的反共反人民的内战。1948 年 4 月，中国共产党领导的人民战争由战略防御转入战略进攻，并不断取得决定性的胜利，这是中国共产党经过 1944 年至 1946 年数次努力建立以国民党为主体的联合政府和民主共和国的主张，得不到国民党接受的前提下，中国共产党才发出建立共产党领导的民主联合政府，即新民主主义共和国民主政府，这是抗日战争时期民主政权的发展，由此，抗日民主政权转变为人民民主政权。1949 年 10 月 1 日，中华人民共和国的成立，实现了中华民族的真正独立，标志着中华民族作为一个政治共同体、利益共同体、命运共同体的真正形成。中华民族共同体意识得到了跨越式发展，中华民族所渴望的民族独立、人民解放得到了真正的实现，为实现中华民族伟大复兴、人民幸福提供了坚实的保障，开启了构建中华民族共同体意识的新征程。正如习近平总书记所指出的，"在这场波澜壮阔的民族解放战争中，中国人民进一步认识到：只有实现民族独立和人民解放，建立人民当家作主的新中国，才能真正实现民族振兴、人民幸福"②。

三 新中国建立以来中华民族共同体意识的自觉

新中国成立以来，中国共产党将马克思主义的基本原理与中国国情相结合，走出了一条中国特色的解决民族问题的正确道路。

（一）中国共产党解决民族问题的认识和实践

毛泽东领导全党进行了解决中国民族问题、发展各民族的伟大实践。毛泽东运用阶级分析的方法，把中国少数民族分为剥削阶级和被剥削阶级，认为占 90% 以上的人是作为民族的主体存在的被剥削、被压迫的人民群众。毛泽东看到了少数民族群众千百年来受压迫、受剥削的现实；明确

---

① 中央档案馆编：《中共中央文件选集》第 15 册，中共中央党校出版社 1991 年版，第 249 页。

② 习近平：《在纪念中国人民抗日战争暨世界反法西斯战争胜利 69 周年座谈会上的讲话》，人民出版社 2014 年版，第 7 页。

指出诚心诚意地积极帮助少数民族发展和进步"是整个国家的利益"①，强调要充分调动少数民族的积极性，处理好少数民族与汉族的关系，坚决反对大汉族主义和狭隘的民族主义，团结一切可以团结的人，调动一切可以调动的积极性，加强民族团结，共同建设各民族的国家。毛泽东还就民族区域自治制度、少数民族地区的社会主义改造等问题提出了重要意见和建议。在毛泽东看来，私有制和少数民族被剥削、被压迫的根源是一个意思，因此，少数民族的翻身解放不仅仅表现在政治上当家作主，是国家的主人，而且表现在经济上当家作主，是国家生产资料的主人。因此，毛泽东主张民族地区要进行社会主义改造，使人民当家作主这个社会主义的纲领落到实处，加快民族地区和少数民族的发展。毛泽东坚持认为对民族地区的社会主义改造势在必行，但是，一定要稳妥谨慎，"必须谨慎对待"②。

邓小平为中国发展设计的改革开放和进行的社会主义现代化建设的方案实践，是以发展和人民为核心的。邓小平认为在社会主义制度下的中国共产党的民族政策是正确的，我国社会主义的团结平等新型的社会主义民族关系已经建立并且产生了积极的效果。民族地区和少数民族与全国人民一样面临发展是第一要务的实现社会主义现代化的繁重任务。只有民族地区和少数民族都充分发展起来，我们国家的民族问题作为整个国家的一个问题才能最终解决，指出在这个进程中各民族的大团结将更加巩固，邓小平还就如何贯彻民族区域自治制度、培养少数民族干部提出要求和建议。

江泽民指出："民族问题既包括民族自身的发展，又包括民族之间，民族与阶级、国家之间等方面的关系。"③历史性地第一次把民族区域自治制度总结为国家基本政治制度；历史地第一次从十个方面系统总结了中国共产党民族理论的基本观点和民族问题的基本政策。江泽民提出的"三个离不开""民族宗教无小事"都是现阶段我国处理民族问题的基本方针和基本政策。

胡锦涛在中国共产党历史上第一次对民族这个概念进行了马克思主义的界定："民族是在一定的历史发展阶段形成的稳定的人们共同体。一般

---

① 《毛泽东文集》第6卷，人民出版社1999年版，第312页。
② 《毛泽东文集》第6卷，人民出版社1999年版，第75页。
③ 国家民族事务委员会政策研究室编：《中国共产党主要领导人论民族问题》，民族出版社1994年版，第213页。

来说，民族在历史渊源、生产方式、语言、文化、风俗习惯以及心理认同等方面具有共同的特征。"① 胡锦涛还把我国民族关系平等、团结、互助表述为平等、团结、互助、和谐，使中国特色社会主义的民族关系的本质特征的表述更加切合实际。胡锦涛适应民族工作的新发展、新实践，强调要加强各民族交往交流交融，"各民族共同团结奋斗、共同繁荣发展"②。

习近平在马克思主义发展史、中国特色社会主义发展史、中国共产党发展史上第一次创造性地提出铸牢中华民族共同体意识这个重要的凝聚全党、全国人民在长期实践中形成的智慧和经验的命题。习近平总书记从政治、经济、文化、社会、历史等各个方面对中华民族共同体意识的核心要义、科学精神、丰富内涵进行了深刻阐述。

（二）中国共产党对中华民族共同体意识的发展

中国共产党的以人民为中心的民族国家建构模式和国家治理理念，是中华民族共同体意识的核心要义。在西方的政治学理论中，卢梭用专章讨论"人民"，并意在探求人民的意志是唯一的法律，③ 在历史上赋予人民以合法性地位。马克思主义经典作家肯定并吸收了这一伟大成果，马克思说："任何解放都是使人的世界即各种关系回归于人自身。"④ 在中国共产党构建中华民族共同体意识的过程中，"人民"是与中华民族共同体这个马克思主义的命题紧密结合在一起的，没有人民这个主体，就没有中华民族共同体意识这个概念内涵的存在。正是因为人民的存在，才有中华民族共同体意识的存在。在当代中国，中华民族共同体意识里的人民不仅包括中国境内所有的中国人，而且包括我国各民族。人民除了具有人的本质规定性，还有"民"的特性，作为民，必须对其赋予一定的社会地位和义务，人民作为每一个历史时期的社会主体，与各民族在中华民族共同体的语境中具有相同的含义。作为推动社会生产力不断进步的各民族只有在平等团结互助和谐的关系中才能够发挥作用。

正是因为中国共产党在推进中华民族共同体意识的理论和实践发展的

---

① 国家民族事务委员会、中共中央文献研究室：《民族工作文献选编（2003—2009年）》，中央文献出版社2010年版，第91—92页。
② 胡锦涛：《在中央民族工作会议暨国务院第四次全国民族团结进步表彰大会上的讲话》，人民出版社2005年版，第7页。
③ ［法］卢梭：《社会契约论》，何兆武译，商务印书馆2003年版，第55页。
④ 《马克思恩格斯文集》第1卷，人民出版社2009年版，第46页。

第二章 中华民族共同体意识的生成逻辑

过程中,较以前更加自觉、更加奋发有为,赋予中华民族共同体意识更为深远和宏大的丰富意蕴,乃是因为中国共产党的中华民族共同体的建构具有明显的"历史唯物主义"之特色,彰显了历史唯物主义理论的深刻和独特内涵。之前的中华民族共同体意识建构的主要局限,与马克思指出的旧的唯物主义相似,这就是在建构中华民族共同体意识的时候,没有把实践这个概念作为建构的核心,而是把观念作为建构的核心,把中华民族共同体意识的载体——人,看成抽象的人,而不是一个完整的整体人民。尽管这种认识中也有把中华民族看作各个民族的集合,但是,这种集合是几个民族的简单相加,还不是各个民族的交往交流交融的有机整体,对中华民族共同体意识所具有的公共价值、公共属性也缺乏进一步的探讨和严格界定。如果离开实践去看作为中华民族共同体意识载体的人,目力所及,看到的不过是一个个处于统治之下的个人,而不是一个人与人组成的自由人联合体和共同体,即马克思指出的,"至多也只能达到对单个人和市民社会的直观"①。以此可以更进一步认识到,中国共产党建构的中华民族共同体意识与之前的最重要的区别就是马克思在批判以往哲学的缺陷时明确指出的"立脚点"的不一样。"旧唯物主义的立脚点是市民社会,新唯物主义的立脚点则是人类社会或社会的人类。"② 站在资产阶级民主主义的立脚点去认识和理解中华民族共同体意识,所表达的利益诉求只能是资产阶级意义上的人的意识,不可能是历史唯物主义视域中的马克思主义的人的利益诉求。中国共产党的立脚点是中华民族,是人民组成的浩浩荡荡的革命大军。这里的中华民族已经不是人的简单相加,不是几个民族在一起的五族共和,而是人民至上的历史唯物主义原理。离开社会实践认识和理解中华民族共同体意识,永远不会触及人民这个利益主体。

(三)以铸牢中华民族共同体意识为主线的新格局

习近平总书记明确指出:新时代我国民族工作,要以铸牢中华民族共同体意识为主线,全面贯彻党的民族理论和民族政策,坚持共同团结奋斗、共同繁荣发展,把民族团结进步事业作为基础性事业抓紧抓好,促进各民族像石榴籽一样紧紧拥抱在一起,推动中华民族走向包容性更强、凝

---

① 《马克思恩格斯选集》第1卷,人民出版社2012年版,第136页。
② 《马克思恩格斯选集》第1卷,人民出版社2012年版,第136页。

聚力更大的命运共同体，共建美好家园，共创美好未来。①

　　以铸牢中华民族共同体意识为主线，要求我们要更加深入全面正确认识我国的基本国情是处于社会主义初级阶段。以铸牢中华民族共同体意识为主线，对我国各民族的发展提出了更高的要求。以铸牢中华民族共同体意识为主线，必须坚持民族团结进步的原则，坚持"两个共同"的发展方向，坚持民族区域自治的制度，坚持中国特色社会主义道路不动摇。在这些坚持里，最根本、最本质的是坚持中国共产党的领导不动摇。

---

　　① 参见习近平《在全国民族团结进步表彰大会上的讲话》，《人民日报》2019 年 9 月 28 日第 1 版。

第三章

铸牢中华民族共同体意识的政治基础

历史唯物主义认为在社会发展史上起决定作用的是具有意识、意志和目的的人；而在自然界中起作用的则是盲目的、无意识的力量。换句话说，社会生活是人们活动的产物。与专门的社会科学不同，历史唯物主义所研究的不是经济过程、政治过程或思想过程中的局部的和特殊的规律，而是最一般的社会发展规律。因此，进一步铸牢中华民族共同体意识就需要研究怎样发挥政治制度的作用，通过制度建设调动人的积极性。本章研究铸牢中华民族共同体意识政治基础的三个问题，即：发挥社会主义意识形态的政治整合的作用、发挥中国共产党领导的作用、重视和加强党的民族理论与民族政策教育中的心态教育。

第一节 加强社会主义意识形态建设

马克思的国家理论认为，任何一种生产方式之上，必然存在着与之相适应的"认知方式"，即"国家意识形态"。国家意识形态是国家认同建构和政治秩序建构的基础资源，也是相对独立而完整的认知体系。习近平总书记指出："意识形态决定文化前进方向和发展道路。"[①] 国家意识形态，是以国家统一的价值观为存在方式。正因为如此，国家意识形态才能以权威的方式，展示强大的政治整合和文化整合功能，凝聚各民族的思想和意志。

---

① 习近平：《决胜全面建成小康社会 夺取新时代中国特色社会主义伟大胜利——在中国共产党第十九次全国代表大会上的报告》，人民出版社2017年版，第41页。

在马克思主义看来，意识形态属于思想的上层建筑。这就是说意识形态以观念的形式反映上层建筑的特点，反映所维护的社会制度的特点。随着时代发展和进步，反映这个事业的意识形态也会不断发展变化，会产生更多的新思想、新观念和新进展，意识形态具有相对的独立性，这就说明社会主义意识形态具有自身的特点和实际内容，对铸牢中华民族共同体意识具有重要的引领和规范作用。

一　社会主义意识形态的内涵

无论是什么样的意识形态，都是对一定的社会状况、一定的阶级要求、一定的制度性质的集中概括和反映。社会主义意识形态是以马克思主义的辩证唯物主义和历史唯物主义世界观和方法论为基础的代表中国各民族利益的思想体系，能够团结群众，处理和解决各种思想领域的问题，凝聚力量，形成共识，动员和组织起来浩浩荡荡的革命大军建设各民族大团结。

（一）社会主义意识形态的特点

具有先进性、引领性、凝聚性、理想性的特点。社会主义意识形态代表了先进的生产力、先进的社会制度、先进的文化，代表了最广大人民群众的愿望和要求，因此，具有不可比拟的先进性、人民性。正因为如此，社会主义意识形态始终是引导人民群众认识世界和改造世界的强大精神力量，可以激发全国人民的干劲和斗志，可以最大限度把各民族团结起来，凝聚起来，向着实现中华民族伟大复兴的中国梦的奋斗目标前进。

（二）社会主义意识形态的核心

社会的主流意识形态必须以其核心价值观引领多元价值观念的有序存在。社会主义意识形态是指社会意识在社会现实生活中的表现和表述形式，以历史唯物主义为世界观基础，反映无产阶级的根本经济政治利益的、自觉的、系统化的思想观念体系。中国共产党的领导和马克思主义的指导地位对意识形态的要求就是以先进的理论武装各族人民的头脑，统一各族人民的思想认识，凝聚共识。社会主义意识形态的核心内容是社会主义核心价值体系。

（三）社会主义意识形态的作用

社会主义意识形态可以高度统摄各民族的族际交往交流交融，原因就是社会主义意识形态可以在各民族中形成各民族对族际交往交流交融的一致的认知、一致的认同，统一思想，统一认识，凝聚共识。

在社会体系里，社会主义意识形态作为一个思想体系，不可避免要与一些不代表、不反映社会主义意识形态的思想观念相冲突和斗争。新与旧、保守与进步、先进和落后的斗争贯穿意识形态的领域。我们说社会主义意识形态对各民族的族际交往交流交融具有统摄作用，也指社会主义意识形态是一个用新思想、新观念和新认识占领各民族头脑的过程。

如果说意识形态就是思想观念的集合，是思想观念的体系化的完整表达，那么，是不是每一个民族都有自己的意识形态呢？我们说中华民族的意识形态只有一个，正如中华民族只有一个是一样的，是一个不容否认的事实。意识形态属于国家范畴的理念，是代表国家的思想观念的体系，反映了国家的性质和特点。各民族按照社会主义意识形态想问题、办事情，才能达到国家的要求，才能表现自己的中华民族共同体意识。

二 发挥意识形态的政治整合功能

中华民族共同体意识从政治整合的概念和方法看，不仅仅体现了政治整合的功能，而且体现了政治整合与文化整合、社会整合相结合的功能，这就有利于把政治整合的功能发挥出来，对中华民族共同体意识的培育和践行起到推动作用。

（一）政治整合

社会主义意识形态在新时代面临着分化和整合的问题。分化不是瓦解，是变化、变动的意思，整合也不是没有差异，是紧密联系在一起的意思。通过分化和整合，社会主义意识形态在中国的地位将更加牢固，作用将更加明显。

1. 分化与整合的统一

政治"整合"与"分化"是一组互相联系、互相结合的概念。在社会发展过程中，各种政治力量使政治系统出现分化的趋势。因此，政治系统需要进行必要的调整，以便应对政治分化的问题，保持政治系统的稳定性。政治分化在一定意义上，不是一件坏事，而是一件好事。但是，分化如果超过政治系统容纳的程度，破坏政治系统的功能，就会造成政治系统的瘫痪。分化在这个意义上就是坏事，不是好事。

政治系统是矛盾斗争的产物，分化在矛盾斗争中，可能会带来政治系统的功能更加完善，所以，一定程度的分化是政治系统不可缺少的发展动力。分化应该控制在合理的限度内。因此，社会发展过程中政治整合是不可或缺的，整合能够有效控制分化。

2. 政治整合的内容

政治整合是现代民族国家发展进程的一部分，是建立并维持国家意识形态的整体性和统一性的重要措施。一种政治观在这个民族是行得通的，在那个民族就行不通。因此，政治整合就是要构建一个各个民族都认可的政治观，让各个民族都能够在一个意识形态中交往交流交融。增强国家意识，培养公民精神。美国学者迈耶在《政治整合与政治发展》一文中，从五个面向提出政治整合的内容。迈耶的政治整合思想，就是要用一种政治观作为核心价值观统一全社会的思想。

我国各民族都是在中国共产党领导之下，在社会主义制度的保障之下工作和生活。因此，各民族面对的政治问题是相似的，需要建立的政治观是相似的，社会主义的意识形态必须占领各民族人民的头脑，成为他们思想和行动的指南。

3. 政治整合的功能

在现代民族国家建构的视野下，政治性整合就是把"若干个政治文化单位结合成一个整体"。社会主义意识形态开启的这种政治整合是与我们这个统一的多民族国家的中华民族共同体意识的培育和践行紧密联系在一起的。民族国家如果没有统一的核心价值观，就会出现各民族互不相识、互相冲突争斗的混乱局面。因此，要实现全社会成员统一的国民身份。实际上，各民族的国民身份是明确的，但是，这不意味着就会有一个统一的核心价值观自然而然地形成。铸牢中华民族共同体意识还需要政治整合进一步统一各民族的政治观和文化观。

(二) 政治整合和文化整合

政治整合要保证政治系统不会在结构分化过程中出现分裂或解体，就必须在各民族中实现广泛的合法性认同。确保这个目标的实现，政治整合中的文化整合就必不可少。

1. 政治整合中的文化整合

文化整合作为国家软实力的一种体现，比政治权力、法律惩罚、行政介入能够更好地调动各民族的积极性和自觉性。帕森斯认为政治系统不是独立于社会系统而存在的，政治系统伴随社会发展而不断进化。政治系统里的文化系统，政治整合中的文化整合，在帕森斯的体系里，不可分割地紧密联系在一起，互相作用，谁也离不开谁。

就政治系统能够成功地运行和更好地发挥作用的角度看，中华民族共同体意识的文化整合决定了政治系统的生命力，乃至成败。中华民族共同体意识的文化整合随着政治整合的发展发生适应性调整，以增强对社会结构分化的适应能力。政治整合和文化整合的核心都是维护国家利益、国家安全，都是为了发挥意识形态的认同功能。

2. 政治整合的文化标准

政治整合的效果如何，政治整合是不是达到了目的，必须有一个标准去衡量。中华民族共同体意识就是衡量政治整合功能效果的文化标准。把中华民族共同体意识确定为政治整合文化标准，实际上就是政治整合中的文化标准的确立问题。形成统一的政治观是政治整合的目标。统一的政治观中的文化标准具有重要作用。统一的政治观要求树立"四个意识"、坚定"四个自信"、做到"两个维护"，也是统一的政治观中的文化标准。统一的政治观中的政治标准和文化标准有时候不可避免地交织在一起。因此，达到统一的政治观的政治标准往往就是达到统一的政治观中的文化标准。

中华民族共同体意识作为政治整合的文化标准，把社会主义时期的政治整合的要求和文化整合的要求都结合起来，分别表现在身份归属、同一延续、共同伟大梦想三个方面。我们衡量政治整合的效果就是看政治整合是不是把各民族利益与中华民族整体利益结合起来，各民族必须在这三个方面完整遵循中华民族共同体意识的要求，表现政治认同的社会主义觉悟。

3. 政治整合的文化保证

各民族的政治整合，就是要让各民族认识一致、行动一致。从不一致到一致是政治整合需要解决好的重要问题。各民族对政治整合的认识一致、行动一致很大程度上取决于对中华民族共同体意识的认识一致、行动一致，各民族的政治整合的觉悟和水平很大程度上取决于铸牢中华民族共同体意识的觉悟和水平。

中华民族共同体意识是政治整合的文化保证还在于在中华民族的历史发展中，各民族都形成了体现各自民族性格的民族文化价值观，但是，各民族的价值观在统一的多民族国家中，不是孤立发展的，是与中华民族共同体的政治整合相结合的发展。中华民族共同体意识还为政治整合提供了历史发展的文化见证和文化保证。政治整合在这个意义上就是中华民族历史的延续，中华民族文化的发展。中华民族共同体意识具有价值引领和凝聚共识的功能，是国家推进政治整合的基本工具。

（三）政治整合话语体系的构建

政治整合的统一的政治观的建立，是一个知情意行的认知体系的构建，也是一个政治话语体系的构建。铸牢中华民族共同体意识的过程就是政治整合的话语体系的构建过程。

1. 政治整合的话语文化

不同时期、不同阶段的政治整合产生了不同的政治话语。不论这些政治话语的表达方式怎样变化，其与政治制度相联系的政治话语的基本用语还是没有变化，依然牢固地扎根在人们的头脑中。中华民族共同体意识的培育和践行是政治整合的基本条件，也是政治整合实际效果的体现。中华民族共同体意识的话语体系是与我国的社会制度、政治制度和基本国情紧密联系在一起的一套话语文化的表现。中华民族共同体意识的话语构建、表达方法具有传承性、创新性的特点。我们从中华民族共同体意识的话语中，既能够看见中华文明五千年传承的语言，也能够看到我国社会主义时期的话语传承。中华民族共同体意识的话语，表现了中华民族话语的民族特色、时代特色。

中华民族共同体意识作为政治整合的话语体系构建，表达了各民族的政治诉求、政治要求和政治建构。对这些话语的使用不仅仅是一个用词用语的问题，而且是一个各民族在族际交往交流交融中学习中国共产党领导之下的社会主义道路、理论、制度和文化的丰富内涵的过程，能够极大提高各民族的政治觉悟、政治水平和政治洞察力，使各民族有一个更好的政治站位。

2. 政治整合的道德话语

中华民族共同体意识是政治整合的道德话语体系，是因为中华民族共同体意识中对未来的期许要素涉及创造一个中华民族向往的"美好社会""培养好人"的愿景。这些问题涉及各民族以怎样的方式进行族际交往交流交融的问题。"美好社会""培养好人"的愿景是中华民族五千年文化的核心问题，也是新时代中华民族面临的富有时代意义的新的问题。现代西方思想家比较一致的意见是产生于欧洲和美国的"以牺牲社区和社会利益为代价换取个人完善的文化",因为今天西方社会进入"个人的时代"和"贪婪的时代"。因此,话语文化中充斥着自我、金钱、利润、股票、投资等话语,那些温情的、暖心的、令人高尚的话语则少而又少。

中华民族共同体意识的最大特点是在国家统一的语境下,把身份归属、同一延续与未来期许紧密联系在一起,构建了一个被中华民族共同体意识整合在一起的道德话语体系,为各民族创造和建立"美好社会""培养好人"提供了价值判断、价值遵循和价值依据的道德话语。中华民族共同体意识关注那些创造和建立"美好社会""培养好人"的社会秩序规范和价值观构建的话语方式,把道德话语从文本意义上的表述变为各民族现实生活的实际需要。政治整合的道德话语在各民族那里有时候需要行政的介入、法律的干预、权力的命令,这与中华民族共同体意识是各民族的自觉自愿的道德话语行为是不矛盾、不冲突的。因为各民族的族际交往交流交融需要道德话语规则,如果这个道德话语规则建立起来不被很好遵守,那么,干预就是不可缺少的。

中华民族共同体意识是政治整合的道德话语的构建,就是因为中华民族共同体意识还要通过交往交流交融产生建设"美好社会""培养好人"的实际效果,通过政治整合的觉悟来展现每个人的精神世界高尚的一面。各民族可以在中华民族共同体意识这个政治整合的道德话语文化中,享受社会主义道德文化的感召力,互相之间表达温情脉脉的情感诉求,感受社会主义大家庭的温暖。

3. 政治整合的政治话语

如果把中华民族共同体意识理解为控制和释放的体系,那么,就会认识到中华民族共同体意识作为释放和控制的政治文化具有引导各民族按照规范生活和工作的意识,也有引导各民族创造美好生活和享受美好生活的意识。

中华民族共同体意识是分层次的控制和释放的体系。中华民族共同体意识在国家、社会和个人三个层面的释放和控制都有一个明显的特色,这就是政治话语会贯穿在国家、社会和个人三个层面,使各民族的社会生活,既是个人的,也是政治的。各民族把中华民族共同体意识的政治要求转变为族际交往交流交融的政治话语,让中华民族共同体意识的政治话语成为族际交往交流交融的日常用语,丝毫没有把各民族的生活和工作政治化的意识,却具有提升各民族生活和工作质量、促进各民族族际交往交流交融的意蕴。不可否认的是，各民族的生活和工作、各民族的族际交往交流交融是在政治的涵养中进行的。政治话语不可避免地会渗透到各民族的族际交往交流交融的日常生活之用语中。各民族在族际交往交流交融中使用这样一套政治话语，是有觉悟、有思想、有水平的表现，是值得赞许的行为。

中华民族共同体意识作为族际交往交流交融的国家政治文化基础在各民族中表现为各民族认同中国共产党的领导，认同中国特色社会主义的道路，认同中国的政治制度，认同马克思主义的指导地位、认同中国特色社会主义文化。这些政治认同牢固奠定了中华民族共同体意识作为族际交往交流交融的国家政治文化基础的重要地位。各民族能够具有共同的政治价值取向、共同的政治行动方向、共同的政治意愿，就是因为中华民族共同体意识为各民族的族际交往交流交融奠定了坚实的国家政治文化基础。

(四) 政治文化与政治文化观

1. 促进政治文化发展

"政治文化"这个概念是艾尔蒙在《比较政治系统》（1956年）一文中提出的，他所定义的"政治文化就是政治行为取向"[①] 至今依然是公认的政治文化的经典定义。中华民族共同体意识要促进各民族的政治文化发展，被各民族理解和接受，很大程度上取决于各民族能不能把中华民族共同体意识看成各民族迈向现代化的不可缺少的政治事实。实事求是，才能解放思想，实事求是，才能求真务实。正因为中华民族共同体意识在各民族头脑中越来越扎根、越来越发展，所以，政治文化发展就越来越能够为改革和发展提供坚实的保障。

2. 实现社会互构

各民族文化因为历史和传统的不同，相互之间难免具有差异。但是，要把中华民族共同体意识这个各民族共同的集体意向转变为各民族政治交往交流交融的制度性事实，其间，就存在一个各民族的优秀文化与中华民族共同体意识对接的问题。事实上，中华民族共同体意识是把各民族文化的优秀成分充分吸收和容纳之后的产物，是各民族优秀文化的凝练和

---

① ［美］阿尔蒙德·鲍威尔：《比较政治学——体系、过程和政策》，曹沛霖等译，东方出版社2007年版，第14页。

集合。

从郑杭生先生的"社会互构论"对马克思主义的环境与人的理论的运用看,作为主体的人的发展不是单一、孤立、片面的,而是与环境的改变、与社会和自然改变同步的。人的发展就是在与社会的互构过程中实现的。强化各民族的中华民族共同体意识,就一定要使各民族优秀文化与中华民族共同体意识形成良性的"社会互构"。中华民族共同体意识也可以分为心理、结构和规范三方面的内容。从心理方面看,中华民族共同体意识就是人们的心理态度的取向模式,包括认知取向、感情取向。从结构方面看,中华民族共同体意识就是一个符号系统,每一个字、每一个词都是一个蕴含着深刻含义的符号。从规范方面看,中华民族共同体意识不仅仅是一种思想观念上和行为上的提倡,更是一套法规意义上的制度,必须无条件执行。在中华民族共同体意识规范中,政府和民众是两个重要组成部分,彼此之间的沟通构成一个符号系统,一个行为范式的核心。中华民族共同体意识构成民族文化和国家文化互动的规范。在国家文化的规范中,各民族对国家文化的偏好是由他们的价值观决定的。如果各民族的价值观是一致的就会形成一个大家都遵守的国家文化规范。中华民族共同体意识是各民族一致的心理取向、一致的结构取向、一致的价值观取向。

3. 正确的政治文化观的功能

各民族的政治文化观的建立就是中华民族共同体意识的培育。中国特色社会主义的新时代不仅为各民族建立正确的政治文化观创造了条件,提供了机会,而且为各民族的政治文化观的功能的发挥和体现创造了条件,提供了机会。

(1) 对地方性政治文化的引领

各地区的政治文化不仅以中国特色社会主义的政治文化为主流,其他一些文化也有表现,也会产生一定程度的影响。这些文化现象有一些是消极的,也有一些是积极的,需要正确区分两类不同性质的文化现象,有针对性做好相关工作。地方性政治文化的特点就是,身处其中的人往往眼光不够宽广,看得比较近,认同的焦点只是与自己结合最紧密的"区域"。他们是从"近处"往"远处"看,难免一叶障目,对政府的政策不了解,对国家大事不关心,政治能力感和政治效能感都比较薄弱。

正确的政治文化观的重要作用就是对地方性政治文化进行必要的引领,以增强政治能力感和政治效能感为中心,全面改善地方性政治文化生态。政治能力感就是知道以什么样的政治手段达成什么样的政治目标，政治效能感就是影响政治的发展的感觉。调研表明，基层干部群众这两种能力都需要培养和提高。我们虽然看到各民族脱贫攻坚成绩显著，变化巨大，但是，这种政治能力感和政治效能感的培育和提高没有能够跟进。这两种能力缺乏在贫困地区、贫困人口中广泛存在，例如，思想观念保守、不思进取、不关心国家大事、社会文明程度较低，等等。

（2）对政治次文化的引领

各个地区可以分为不同区域，每个区域都具有不同特点。对政治次文化划分的依据就是这个区域。我们调查研究选择的样本新疆维吾尔自治区的伊犁哈萨克族自治州的少数民族信仰伊斯兰教，甘肃甘南藏族自治州的藏族信仰藏传佛教。我们还可以按照这些样本所在的地理位置，把这些地方划分为不同的文化带。这些不同的区域的不同民族各有各的风俗习惯，历史文化。这种"区域"的特点对在一个国家的主流文化之外形成次政治文化不能不说具有不可估量的影响。但是，对于正确的政治文化观来说，这种差别并不是正确的政治文化观建立的障碍，而是有利条件。因为这些"区域"政治次文化只是被包含在国家政治文化下面的一个部分，只是国家文化的地理"区域"特色的表现，是在国家政治文化领导下的分层文化表现形式。

正确的政治文化观对"区域"政治次文化引领的重要作用就表现在"区域"政治次文化必须建立国家政治文化所要求的政治理想、政治信念、政治观点、政治态度、政治方向和政治行为，"区域"政治次文化必须无条件服从国家政治文化。

（3）对政治行为的引导

贫困地区和贫困群众的所谓"贫"不仅仅指物质、精神的"贫"，在政治行为方面也有表现。例如对政治的内在价值的认同感比较低，对政治的参与度比较低，认为政治仪式、选举活动都是浪费时间，没有实际意义。在考量政治行为的实际结果是不是对自己有利后，才决定参加不参加政治活动。如果贫困地区和贫困人口的政治行为仅仅局限在功利主义的层面，以功利主义作为最高考量标准，缺乏对国家和民族的深厚政治情感，不仅会加重党和政府的工作负担，而且也会减弱脱贫攻坚的成效。

正确的政治文化观对政治行为的引导表现为注重政治行为本身的价

值，经常通过各种政治仪式和宣传教育争取政治认同。所以，从这个意义看，正确的政治文化观对政治行为的引导有利于铸牢中华民族共同体意识。

三 政治社会化的保证

政治社会化之所以被研究，是因为各民族的族际交往交流交融不仅是国家文化行为，也是国家政治行为。既然如此，各民族就有一个政治社会化的问题需要解决好。中华民族共同体意识是各民族政治社会化的保证。各民族政治社会化具有广阔的社会舞台和生活背景。各民族通过方便有效的各种形式的学习就能够掌握中华民族共同体意识的精要，顺利实现政治社会化的要求。

（一）政治社会化

各民族的中华民族共同体意识不全是天生的，更是后天习得的。政治社会化研究就是要围绕中华民族共同体意识解释清楚各民族的政治角色、政治认知和政治发展等问题。

1. 社会化

社会化就是一个学习社会交往和学习规范的过程。所谓的社会化就是一个学习过程，这个学习过程也是社会文化得以传承的过程。社会化过程一方面是每一个无助的个人逐渐成为一个有意识、有能力与他人和社会进行交往的人，形成自我意识和自我发展的能力；另一方面，也把自己与他人和社会联系起来，大家形成了共同的信念、共同的理想，能够共同解决一个人解决不了的问题和困难。社会化通常通过两个过程进行：

其一，初级社会化。初级社会化指人的婴儿时期通过接触他人和社会而掌握与他人和社会交往的能力的过程。在这个阶段，婴儿主要是学习语言和行为方式，为以后的学习和进步奠定基础。其二，次级社会化。这个过程从婴儿晚期延续到一个人的成人。这个阶段的社会化的正式和非正式渠道较多，人的社会化的地方已经不仅仅限于家庭，团体、单位、组织，凡是能够提高个人社会化水平的地方都成为人的社会化的地方。人在这个阶段，不仅仅是身体和生命的成长，而且是一个学习和掌握社会所要求的世界观、人生观和价值观和构建各种规范、行为方式的过程。

2. 政治社会化

政治社会化是一个有组织、有步骤的过程，也是一个自我自发自主地学习的过程。中华民族共同体意识就是通过这个有组织和有步骤的过程，也通过这个自发的自主的学习过程来被各民族学习和掌握、培育和践行。一个国家的政治社会化过程有快有慢，是不均质的。各民族的政治社会化的重要性，不言而喻，不能忽视。没有各民族的政治社会化，中国共产党的领导地位就不能巩固，中国特色社会主义的"四个自信""五个认同""两个维护"就难以坚持，各民族的大团结就得不到加强。任何一个政党政府能够合法存在，有效运作都离不开各民族的政治社会化，都需要各民族通过政治社会化对其基本理论、基本道路、基本制度形成共识。

3. 政治社会化类型

根据政治学家的划分，可以把政治社会化分为以下两种：指导性社会化、自发性社会化。

其一，指导性社会化。通过指导性政治社会化，国家向各民族灌输和倡导一种特定的价值观。这个价值观与国家和政党性质紧密结合，反映了国家意识形态的本质和特征，是国家和政党表明自己的政治观点、政治旗号的象征。指导性政治社会化其实就是对国家的认同。当各民族形成了国家倡导的价值观，就等于对国家形成认同。因此，巩固一个政权需要指导性价值观。指导性价值观就是对各民族政治社会化的指导。各民族的政治社会化的形成，离不开指导性政治社会化。政治社会化的快慢取决于各民族对指导性社会化价值观的掌握。

其二，自发性社会化，各民族对国家倡导的价值观的学习和掌握往往是有意识、有组织、有目的地自觉进行。国家可以通过各级组织、各种宣传工具和媒体网络，加强各民族对国家倡导的价值观的学习和掌握。与国家倡导的主流价值观同时存在的还有发生在各民族的正式渠道之外的非主流价值观。各民族对国家倡导的价值观的学习和掌握有时候是不知不觉进行的，所以，可以称之为自发性社会化。比如，一个人可能不赞成某些人的价值观，认为那是错误的。可是，这个人如果长期与之交往交流，就会不知不觉受到影响，不知不觉接受自己之前反对的价值观。

（二）促进族际政治交往交流交融

各民族在经济、政治、文化、社会等领域的交往交流交融不断深入为中华民族共同体意识的培育和践行创造了更好的环境、更好的气氛。中华民族共同体意识对各民族政治的交往交流交融的促进作用越来越明显。

第三章　铸牢中华民族共同体意识的政治基础

1. 中华民族共同体意识是族际政治交往的保证

各民族在政治交往交流交融活动中，如果能够以中华民族共同体意识为国家政治文化的基础，就会把握正确的政治方向，坚持正确的政治导向，传导正确的政治观点。如果没有中华民族共同体意识作为国家政治文化基础，那么，各民族的族际政治交往交流交融就会出现这样那样的问题。中华民族共同体意识在各民族的族际政治交往交流交融中具有引导方向、提升质量、促进社会的重要作用。中华民族共同体意识是国家的政治文化基础。中华民族共同体意识强调同一国家及对中华人民共和国的认同是其本质含义，各民族在族际政治交往交流交融中按照中华民族共同体意识的本质含义去做，就不会出现大的政治问题。

社会是一个大系统，除了经济系统外，文化系统对各民族政治的族际交往交流交融的促进作用不可低估。文化本身就是一种促进团结和睦的力量和手段。这种力量和手段要通过各民族的政治交往实现。从各民族政治交往来看，文化的物质方面，所谓的各民族的基本生活方式，在衣食住行方面除了有差异性的一面外，共同性的一面非常明显，比如，西北地区各民族吃的粮食的生产方法、食物的烹调方法就有共同之处，这就是各民族在物质文化上共同性的一面。各民族在物质生活方面的差异之处，在现代社会的条件下，通过分工而存在。但是，从需要看，各民族合作的方面也比比皆是。这个民族所缺少的物质生活资料，需要那个民族生产，各个民族通过分工和合作紧紧联系在一起。文化的社会方面也不能缺少共同性。假如各个民族没有共同性，中华民族共同体的政治意识就绝不会产生和发展，各民族的族际政治交往交流交融也绝不会像现在这样畅行无阻。各民族的政治交往不仅依靠物质生产来进行，而且要依靠对中华民族共同体意识的认同来进行。中华民族共同体意识具有把各民族的政治生活、经济生活、社会生活和文化生活结成一个整体、促进各民族的族际政治交往交流交融的重要作用。

2. 中华民族共同体意识是构建国家政治文化的保证

中华民族共同体意识之所以是各民族族际政治交往交流交融的国家政治文化，不仅因为它表现了国家意识形态的本质特征，而且因为它代表了国家政治文化的要求，反映国家政治文化的本质特征，中华民族共同体意识的"三个要素"就是国家政治文化的核心所在。

各民族在中华民族共同体意识构建的国家政治文化体系中进行的族际

交往交流交融，实际上就是为构建中国特色社会主义的族际政治文化提供了坚强的保证。因为有了这个保证，就能够进一步加强国家政治文化建设，促进国家政治文化向着更高水平、更高质量的方向发展进步。

中国特色社会主义的族际文化具有三方面的主要特征，这就是认知取向、感情取向和评估取向。这三个方面分别代表中国特色社会主义族际政治文化的三个核心要素，即：知识、感觉和评价。知识就是关于族际文化的丰富内涵、历史渊源、精神实质方面的系统知识，可以通过培育中华民族共同体意识来进一步掌握。从感觉到评价就是一个从感性到理性、从不了解到了解、从肤浅认识到深刻认识的过程，也是一个实践再实践的循环往复的过程。凡是进行族际政治交往交流交融的人，都必须培育中华民族共同体意识，按照中华民族共同体意识的要求进行政治互动。

3. 中华民族共同体意识是抵御西化分化的保证

全球范围内，国家之间意识形态的竞争是不争的事实。在此情形下，如果不能以中华民族共同体意识来保证国家意识形态发展，统摄多样化的社会意识发展的潮流，国家意识形态安全和社会的稳定就会失去屏障。在这个意义上，中华民族共同体意识作为当代中国社会各阶层价值观的"最大公约数"，不仅是凝结全体国民价值共识和精神动力的根本手段，也是应对全球范围国家意识形态竞争的思想武器，有助于抵御西方价值观的渗透。当今世界，资本主义制度和社会主义制度同时并存，两大制度的较量或隐或显地不同程度存在于经济、政治、文化、社会等领域。从"热战"到"冷战"、从公开的武装干涉到"颜色革命"，从政权演变到和平演变，从经济私有化到文化的西化，资本主义国家对社会主义国家的渗透和颠覆从来都没有终止。在经济全球化进程中，这些手段和方法变得越来越隐蔽，渗透和颠覆更多地通过价值观、意识形态和文化渗透的方式展开。在中国和平崛起的进程中，以美国为首的西方国家为维持全球霸权地位，利用庞大的软实力工具，将资本主义的价值观、人生观、生活方式不断输出，以影响中国人民的思想观念和价值信仰，影响中国的战略布局和发展政策。一方面，蓄意丑化、"妖魔化"中国，抛出"中国威胁论""中国崩溃论"，妄图混淆视听，引导国际舆论，甚至培植"内应人员"，播撒"自由种子"，妄图瓦解社会主义制度；另一方面，通过网络媒介、社交平台和影视作品，传播西方的价值观和生活方式，输出极端化的个人主义、利己主义、自由主义，妄图侵蚀中华民族的价值观念和精神信仰，改变中国人的文化习性和生活方式。西方学者托马斯·麦克菲尔认为：西方价值观传播的目的是透过眼睛、耳朵来影响那些消费了进口媒介节目的人的态度、欲望和信念，以及他们的生活形态、消费意愿或购买形式。① 面对西方价值观的冲击和挑战，需要唤起意识形态自觉，拿起"批判的武器"，凝练具有中华文化底蕴和中国气质的价值观念。

第二节 党的建设与执政能力的提升是前提保障

中国共产党的领导是中国特色社会主义最本质的特征，也是铸牢中华民族共同体意识的根本制度优势。政党的产生源于特定的社会矛盾和社会需求，并基于一定的社会条件或社会背景。在晚清王朝走向衰弱之际，帝国主义的坚船利炮打开了古老中国的"封建"大门，内部腐朽落后和外部列强侵略的双重压力，促进了中华民族思想的逐步产生和中华民族共同体意识的逐步觉醒。在这种社会矛盾日益激烈的社会背景下，在无产阶级日益壮大的时代条件下，一种新型的马克思主义政党——中国共产党诞生了。

一 坚持集中统一领导的制度优势

中国共产党走过的一百年的奋斗历程，就是一个不断彰显坚持党的集中统一领导的制度优势的历程。无论过去还是现在，中国共产党的集中统一领导始终是中华民族不断发展进步的关键所在、力量所在、源泉所在。

（一）坚持党的集中统一领导制度的实践探索

中国共产党一百年的历史证明，一个党的发展和强大，是由许多因素决定的。但是，起决定作用的是这个党的领导制度。从建党到现在，中国共产党始终重视领导制度建设，不断把党的集中统一领导制度建设向前推进，最终形成了一套完整、成熟和管用的集中统一领导制度体系。1927年召开的五大进一步明确规定："党部的指导原则为民主集中制。"② "党的

---

① ［美］托马斯·麦克菲尔：《电子殖民主义》，郑植荣译，台北：远流出版事业股份有限公司1994年版，第Ⅹ页。

② 《建党以来重要文献选编（1921—1949）》第4册，中央文献出版社2011年版，第268页。

组织系统为：全国——全国代表大会——中央委员会；省——省代表大会——省委员会；市或县——市或县代表大会——市或县委员会；区——区代表大会——区委员会；生产单位——支部党员全体大会——支部干事会。"①"支部是党的基本组织"，"支部是党与群众直接发生关系的组织"。古田会议决议要求"努力去改造党的组织，务使党的组织确实能担负党的政治任务"。1942年9月1日通过的《关于统一抗日根据地党的领导及调整各组织间关系的决定》，中共中央将"党是领导一切的"原则写入党的正式决定。

改革开放以来，中共中央提出党的建设这一新的伟大工程，极大地丰富和发展了马克思主义政党的集中统一领导制度建设理论。坚持党的集中统一领导是在中国特色社会主义制度的"四梁八柱"中起核心作用的"顶梁柱"。将坚持党的集中统一领导确立为我国最重要的领导制度，是由中国特色社会主义制度的性质、社会主义建设规律与共产党执政规律所决定的。"党是领导一切的"已经正式写入《中国共产党章程》，为党的集中统一领导这个中国特色社会主义事业最本质的特征和最大的优势提供了基本遵循和科学指导。坚持党的集中统一领导不仅在《中国共产党章程》中得到体现，而且在《中华人民共和国宪法》中也有明确规定。《中华人民共和国宪法》的基本原则就是坚持党的集中统一领导，《宪法》特别强调中国共产党总揽全局、协调各方的地位和作用。作为一种制度性安排，坚持党的集中统一领导对全党提出明确的政治要求。

（二）坚持党的领导制度建设的重大成就

经历百年历史和现实的检验，反复证明，只有中国共产党才能担当中华民族发展进步的领导核心的重任，坚持党对一切的领导，才能充分发挥中国特色社会主义制度的显著优势，确保国家始终沿着社会主义方向前进。

建党百年，党的领导制度建设取得了长足的发展，并逐步走向成熟定型。2014年2月习近平总书记提出了要构建"一整套更完备、更稳定、更管用的制度体系"。党的十八届三中全会以来，党的制度建设的重点领域和关键环节改革取得显著成效，主要领域的基础性制度基本形成。《中共中央关于坚持和完善中国特色社会主义制度 推进国家治理体系和治理能力现代化若干重大问题的决定》总结全党奋斗的经验，把"坚持党的集中

---

① 《建党以来重要文献选编（1921—1949）》第4册，中央文献出版社2011年版，第269页。

统一领导"① 作为国家制度和国家治理体系中最为显著的优势突出强调，明确了坚持党的集中统一领导的重要性，彰显了中国特色社会主义制度的最显著的优势和最鲜明的特色，表达了新时代中国共产党人的使命担当。

中国共产党的先进性、纯洁性和理想信念、奋斗目标在党的领导制度建设中进一步彰显。中国共产党是以马克思主义武装起来的、以实现共产主义为目标、以"为中国人民谋幸福，为中华民族谋复兴"为初心使命的党，是中国共产党人能够永葆青春活力的根本动力。加强党的领导制度建设就是要进一步彰显中国共产党的先进性、纯洁性和理想信念、奋斗目标。今天在重大风险的考验中，把党建设好的最重要的举措就是要把中国共产党的先进性、纯洁性和理想信念、奋斗目标贯穿于党的建设的始终。党的领导制度则是中国共产党的先进性、纯洁性和理想信念、奋斗目标的实现的根本保证。在国家治理体系中，中国共产党的角色身份和制度身份决定了党的执政能力和领导水平的极端重要性。

（三）坚持党的集中统一领导的历史经验

加强党的制度建设，一定要解决好制度问题，推动党的制度优势更好转化为治国理政的实际效能。中国共产党的集中统一领导是中华民族和历史的选择。自1840年鸦片战争以来，中华民族遭受帝国主义、封建主义和官僚资本主义的剥削压迫，许多仁人志士寻找救国救民的真理，为中华民族自由解放奔走呼号。但是，直到中国共产党诞生，中华民族才找到翻身解放的道路。通过新民主主义革命，中国共产党领导中华民族推翻了压在头上的三座大山，建立了社会主义制度，使中华民族焕发新生。新中国成立以来，中国共产党带领中华民族跨越资本主义的"卡夫丁峡谷"，人民成为国家主人，中国一穷二白的面貌得到根本改变。我们党领导人民创造了世所罕见的经济快速发展奇迹和社会长期稳定奇迹，中华民族迎来了从站起来、富起来到强起来的伟大飞跃。一百年来，党的领导是中华民族办成一切大事难事、战胜一切风险挑战的根本保证，中华民族的发展进步要靠党，中华民族发展进步的关键时刻更要靠党。一百年来，中国共产党始终是中国工人阶级的先锋队，始终是中国人民和中华民族的先锋队。在中华民族的奋斗和发展历程中，党的集中统一领导的作用是决定性的。苏

---

① 《中共中央关于坚持和完善中国特色社会主义制度 推进国家治理体系和治理能力现代化若干重大问题的决定》，人民出版社2019年版，第3页。

东剧变后,世界社会主义运动陷入低潮,"社会主义终结论"甚嚣尘上,一些人对社会主义的前途和命运产生了疑虑。中国特色社会主义的发展模式是对世界社会主义运动的发展与创新。坚持党的集中统一领导,代表了人类社会发展的必然趋势。

新时代,推动中国的发展与进步,做好中国特色社会主义这篇大文章,离不开中国共产党领导的中国特色的新实践。这些中国特色的新实践蕴含的总揽全局的系统思维、治国理政的中国智慧、领航把舵的科学方法充分展现了坚持党的集中统一领导的显著的制度优势。习近平总书记指出:"我们始终突出制度建设这条主线,不断健全制度框架,筑牢根本制度、完善基本制度、创新重要制度。"[①] 坚持党的集中统一领导作为制度建设的最重要内容体现在中国共产党治国理政的各项工作中,展现新时代中国共产党领导全国各族人民的新作为,使全面深化改革取得历史性伟大成就。这些成就都具有党的集中统一领导的鲜明的时代性和实践性。其中,最为突出的就是中国共产党以人民为中心的中国特色社会主义的新实践。习近平总书记强调指出:时代是出卷人,我们是答卷人,人民是阅卷人。[②] 中国共产党站在新的历史起点上,始终把人民对美好生活的向往作为自己的奋斗目标,始终把实现好维护好发展好人民群众根本利益作为执政的第一要务,抓住人民最关心最直接最现实的利益问题推进重点领域改革,极大增强了人民获得感、幸福感、安全感,极大激发了全社会改革创新活力竞相迸发、充分涌流,形成了人民群众积极参与改革的生动活泼的政治局面。在抗击新冠肺炎疫情、决胜全面建成小康社会、决战脱贫攻坚、"十三五"规划实施、全面经济工作等进程中,党的集中统一领导的制度建设发挥了重要作用。中国共产党应对新问题,解决新矛盾,克服新困难,充分彰显制度的显著优势,成为推动社会深刻变革的强大力量。依靠中国共产党的集中统一领导的制度优势,"改革这个关键一招"才能恰到好处发挥作用。习近平总书记深刻指出,改革开放是"关键抉择""活力之源""重要法宝",是"正确之路""强国之路""富民之路"。坚持党的集中统

---

① 习近平:《论把握新发展阶段、贯彻新发展理念、构建新发展格局》,中央文献出版社 2021 年版,第 467 页。

② 习近平:《以时不我待只争朝夕的精神投入工作 开创新时代中国特色社会主义事业新局面》,《人民日报》2018 年 1 月 6 日第 1 版。

一领导就是改革开放不断深入推进和深入展开的过程。

坚持马克思主义的指导地位是保证党的集中统一领导的永恒课题和全体党员的终身课题。必须充分发挥制度的规范和引领作用，形成思想建党和制度治党有机结合的长效机制，解决共产党员的政治站位问题，使马克思主义始终成为全党的伟大旗帜和行动指南。马克思主义指导地位的制度选择立足于中国特色社会主义的实践，为全党坚持和实践中国特色社会主义提供保障。这就要求全党要进一步增强制度意识，把制度意识作为增强党性、提高觉悟、努力工作的动力。马克思主义指导地位作为我们党治国理政的根本制度不仅以讲政治的站位强化了意识形态工作的统一性和权威性，而且也强化了全党重视意识形态工作，党管意识形态工作中的重大责任。

中国共产党一百年的奋斗历史证明了一个伟大的真理，就是只有把坚持党的集中统一领导制度的显著优势充分发挥出来，中华民族才能获得自由解放，实现对美好幸福生活的向往。

二　中国共产党是铸牢中华民族共同体意识的领导力量

铸牢中华民族共同体意识是一个有组织、有纪律、有规范的活动。因此，只有在中国共产党领导之下，才能把这件事情办好，把这个工作做好。

（一）这是由党的初心和使命所决定

中国共产党是铸牢中华民族共同体意识的领导力量由中国共产党的初心和使命所决定。江山就是人民，人民就是江山，一切为了人民、一切从人民利益出发、全心全意为人民服务是中国共产党的初心和使命。我们党从成立之初到现在，这个初心和使命始终是中国共产党高举的一面旗帜，中国共产党从来没有动摇这个理想和信念，坚持把这个初心和使命贯穿到党的事业的全部过程。因此，只有中国共产党才能够担负起领导铸牢中华民族共同体意识的伟大使命，只有中国共产党才能带领中华民族实现这个宏伟愿望。

翻开历史，我们会发现在中国漫长的封建社会和旧中国的历史中，各民族不是没有进行交往交流交融的历史，不是没有形成中华民族共同体意识的活动。统治阶级也出于维护旧制度、旧体制和统治权力的需要，进行了一些这方面的很表面、很肤浅的工作。但是，在民族关系不平等、在各民族被压迫、被剥削的那个时代，各民族不可能也不会真正形成中华民族共同体意识，也没有这方面的主动性和积极性。只有在中国共产党领导之下，在社会主义制度的保障之下，铸牢中华民族共同体意识才能成为各民族自觉自愿的行动，铸牢中华民族共同体意识才能真正成为现实。

（二）这是由马克思主义中国化的历史所决定

我们党的历史，是不断推进马克思主义中国化的历史，是不断推进理论创新、理论创造的历史。在我们党的马克思主义中国化的历程中，一个很重要的方面就是把马克思主义的民族团结、民族平等、民族发展的思想结合中国的实际不断推进、不断发展，最终形成了中国共产党的马克思主义中国化的民族理论和民族政策。在这个过程中，中国共产党对我国的多民族的国情的认识不断深化，对我国民族问题的认识不断深化，对我国民族工作规律的把握越来越清晰。习近平总书记集中这些方面的智慧和成果，创造性地提出铸牢中华民族共同体意识的命题，是我们党对马克思主义民族理论的继承和发展，是马克思主义中国化的最新成果，标志着我们党解决中国民族问题的思想越来越成熟，越来越表现了坚定的自信和清醒的自觉。

（三）这是由办好中国的事情所决定

习近平总书记强调，"中国特色社会主义最本质的特征是中国共产党领导，中国特色社会主义制度的最大优势是中国共产党领导。坚持和完善党的领导，是党和国家的根本所在、命脉所在，是全国各族人民的利益所在、幸福所在"①。各民族能够发展进步，能够走向现代化离不开中国共产党的领导。这个颠扑不破的真理不仅被实践证明，而且已经成为各民族的共识。新中国成立之初少数民族地区基本上都处于生产力低下、社会发育程度低，经济发展滞后的状况。新中国成立后，各民族成为国家的主人，享受着各民族一律平等、各民族共同团结奋斗、共同繁荣发展的权利。改革开放以来，民族地区经济快速发展，社会面貌发生翻天覆地的变化，各民族的生活水平和生活质量越来越高，各民族真正过上了幸福的生活。各民族人民紧密地团结在党中央周围，坚定信心决心，以永不懈怠的精神状态、一往无前的奋斗姿态，真抓实干、埋头苦干，向着实现第二个百年奋

---

① 习近平：《在庆祝中国共产党成立95周年大会上的讲话》，人民出版社2016年版，第22页。

斗目标奋勇前进！正是有了中国共产党的领导，中国人民才从根本上改变了自己的命运，中国发展才取得举世瞩目的伟大成就，中华民族才迎来了伟大复兴的光明前景。

三 进一步构建新时代和谐的民族关系

随着国家改革开放各项事业的发展，越来越多的少数民族开始在全国、全省范围内流动，外出打工、求职求学、旅游休闲等活动日益增多，少数民族与汉族、少数民族之间的交往日趋频繁。应该在寻找共同点的基础上注意处理好以下三个关系。

（一）正确处理多与少的关系，构建各民族互相理解的认同关系

多就是多讲共同点，少就是少讲分歧点。多讲共同点，少讲分歧点，可以避免引起文化冲突，构建各民族互相理解的认同关系。一些人不善于正确处理多和少的关系，他们总是把一些经济社会发展水平低的少数民族地区与经济发展水平高的汉族地区进行比较，或者把一些经济社会发展水平低的少数民族地区与经济发展水平高的少数民族地区进行比较，把民族地区与落后联系起来，或者把这个少数民族贬低，把那个少数民族抬高，以致出现了某些少数民族与非少数民族、这个少数民族与那个少数民族为此激烈争论的场面。这是个别人、个别事情，但是对民族感情有很大伤害。由此，各民族之间、少数民族与汉族之间只要正确处理多与少的关系，就能够构建各民族互相理解的认同关系。

（二）正确处理大和小的关系，构建各民族互相平等的友善关系

大就是要进行大文化交往，要把各民族的文化放进中华的大文化里观察和思考，加强文化的互相交流，这样才能眼界开阔，胸襟豁达，才能彼此平等对待，互相一视同仁。小就是小文化交往，只是在本民族的范围内交往，自我欣赏，自我陶醉，固步自封。把本民族的文化作为优秀文化看待而贬低别的民族文化是不能正确处理大和小的关系的结果。小文化沟通特别容易产生民族偏见。在铸牢中华民族共同体意识的语境中，中华民族文化始终是处于主导地位的文化，各民族自己的文化与中华民族文化相比较，是处于中华民族文化主导之下的文化。这不是说各民族的文化不重要，而是说中华民族文化具有范围广、涵盖面大、包容性强的重要特点。在进行各民族族际交往交流交融的过程中，为了铸牢中华民族共同体意

识，一个很重要的方面就是要在中华民族文化的范围内开展这些方面的实践活动。因为是中华民族文化，所以这种文化包含了各民族文化与之相结合的共同点和共同性，所以在这个具有共同点、共同性的基础上，各民族不仅能够开展积极有益的族际交往交流交融活动，而且可以进一步认识铸牢中华民族共同体意识的重要性与必要性，形成铸牢中华民族共同体意识的思想和行动自觉。

（三）正确处理浓和淡的关系，构建各民族互相尊重的情感关系

浓指的是对自己民族的感情比较浓，淡指的是对其他民族的感情比较淡。这种感情关系的特征如果放到民族关系中就会产生消极后果，容易产生所谓的光环效应，这就是把自己所在的民族抬高，把别人所在的民族贬低，无形中产生一种民族优劣的感情。事实上，在中国特色社会主义的民族大家庭中，无论哪一个民族，都是平等的，没有哪一个民族天生优，哪一个民族天生劣。处理民族关系必须坚持马克思主义的民族平等观，坚持中国共产党的民族理论和民族政策。各民族都要互相尊重，互相学习。如果说各民族之间存在着发展的差距，在经济社会发展方面有的民族发展得快一点，有的民族发展得慢一点，那也不是民族本身的问题，而是有着复杂的历史和现实的原因，这些原因作为一种客观存在与民族的优劣没有一点关系。我们要清醒看到，在中国特色社会主义的伟大实践中，各民族的发展差距正在一步步缩小，各民族的共同团结奋斗、共同繁荣发展正在一步步成为现实。随着中国特色社会主义事业在各个领域的发展，各民族都会享有这个发展的成果，成为中国特色社会主义事业的最大受惠者。

第三节　重视和加强党的民族理论与民族政策教育中的心态教育

心态是心理态度的简称。在党的民族理论与民族政策教育中，心态教育具有形成正确的态度取向、评价取向、价值取向的重要作用，可以将受教育者的认识、情感、行为统一起来，增强教育效果，提高教育质量，创新教育方法。在加强党的民族理论、民族政策的教育中，重视和加强心态教育可以理顺感情，化解矛盾，疏导情绪，创新方法，增强教育效果。心

态问题在党的民族理论与民族政策的教育中占有如此重要的地位，就应该重视和加强心态教育。

一 心态教育在党的民族理论与民族政策教育中的重要性

在党的民族理论与民族政策教育中，开展心态教育，是研究教育对象的需要，更是增强教育效果的需要。心态教育在党的民族理论与民族政策教育中的重要性可以以形成三个正确取向进行概括。即：形成正确的态度取向、形成正确的评价取向、形成正确的价值取向。

所谓正确态度取向就是受教育者形成的态度是积极的。这与受教育者的认识紧密相关。如果受教育者的认识到位，就能够形成正确的态度取向，如果认识存在偏差，就会形成错误的态度取向。心态教育通过引导，使受教育者认识提高，情感健康，情绪舒畅，达到形成正确态度取向的目的。形成正确的态度取向的方法除了注意引导受教育者认识提高、思想统一外，还要注意引导受教育者解决好自身的思想困惑，切实排除思想障碍。

所谓正确的评价取向就是受教育者对教育过程认知的程度较高。如果受教育者对教育过程的认知程度较高，就容易接受教育产生的积极影响，如果受教育者对教育过程的认知程度较低，就容易产生对教育的抵触情绪，影响教育效果。这就告诉我们在进行党的民族理论与民族政策教育中，应该十分注意教育过程的科学合理的安排。常见的问题是，其一，摆位不对，对党的民族理论与民族政策教育往往是说起来重要，做起来次要，忙起来不要。其二，安排缺乏科学合理性，表现为教育的虎头蛇尾，教育的不系统、不完整。所谓正确价值取向就是受教育者对教育的结果产生认同心理。如果受教育者对教育结果产生认同心理，说明受教育者已经开始认识和接受教育所产生的价值和意义，这时，受教育者就会自觉运用教育传授的立场、观点和方法分析和解决自身面临的问题。

形成正确的价值取向的方法是注意教育的效果。教育的效果是教育者和受教育者共同产生的结果。教育者不仅仅要有良好的动机，更要有把良好的动机与良好的效果结合起来的方法。这个方法就是引导受教育者产生对教育结果的认同心理。党的民族理论与民族政策是解决中国民族问题的最好的、最合适的、最符合中国特殊国情的理论与政策。只有通过党的民族理论与民族政策教育，才能"牢牢把握各民族共同团结奋斗、共同繁荣发展的主题……巩固和发展平等团结互助和谐的社会主义民族关系，促进各民族和睦相处、和衷共济、和谐发展"①。要把这个道理让受教育者接受，教育者仅仅一般化地讲道理远远不够，还要注意理论联系实际，以丰富的材料、铁定的事实、现身说法、各方面的反映进一步说明这个道理，让受教育者心服口服、心悦诚服。正确的态度取向、评价取向、价值取向的形成，表现为认识、情感和情绪与所受教育相一致和大致相似。进一步说，当受教育者形成正确的态度取向、评价取向、价值取向，就会产生与所受教育相一致的思想、观点、行为、情感和情绪，采取正面评价、充分肯定、感情接受、情绪愉快的态度和心理。当受教育者没有形成正确的态度取向、评价取向、价值取向，就会产生与所受教育相抵触的思想、观点、行为、情感和情绪，采取负面评价、大胆否定、感情抵触、情绪厌恶的态度和心理。

二 心态教育在党的民族理论与民族政策教育中的重点

有好的心态才有好的教育效果，这已经被教育的理论和实践所证明。简单说来，心态教育在党的民族理论与民族政策教育中开展的总任务，乃是注意保持受教育者的最佳心态。心态教育涉及认知、情感、情绪以及行为等重要问题，保持受教育者的最佳心态就要做到：把受教育者对教育的接受保持在认知和认同水平上，把受教育者对教育的情感和情绪保持在喜爱和钟爱程度上，把受教育者的行为保持在教育内容所要求的标准和尺度上。保持最佳心态只是手段，接受和认可党的民族理论与民族政策才是目的。心态教育的任务就是依靠最佳心态达到最佳的教育效果。

（一）注意受教育者认知的形成

这个目标的实现可以为党的民族理论与民族政策的教育取得良好效果奠定坚实的思想基础。认知是受教育者接受和认同党的民族理论与民族政策的第一步。受教育者对党的民族理论与民族政策的认知问题解决了，就能够认识到这个教育的重要性和必要性，真心相信和接受党的民族理论与

---

① 胡锦涛：《坚定不移沿着中国特色社会主义道路前进　为全面建成小康社会而奋斗——在中国共产党第十八次全国代表大会上的报告》，人民出版社2012年版，第29—30页。

民族政策。由于受教育者的认知具有分化性、概括性和传递性的特点，所以，党的民族理论与民族政策的教育，应该由浅入深、由表及里、由此及彼，一步步打开受教育者的眼界，一点点开启受教育者的情感源泉，促进受教育者思想转变、认识提高、心理认同。

（二）注意调整受教育者的感情和情绪

这个目标的实现可以为党的民族理论与民族政策教育取得良好效果奠定坚实的心理基础。心理学研究告诉我们，受教育者正确的认识和积极态度的形成从外表看似乎与感情和情绪无关，但实际上关系密切。事实上，受教育者的感情和情绪在左右着认识的走向。在进行党的民族理论与民族政策的教育中，要注意受教育者感情和情绪的调整，引导受教育者多从亲身经历、亲眼所见的事实和实践中感受党的民族理论与民族政策的重大意义和深远影响，体会民族团结、祖国统一给每一位热爱祖国、建设祖国的中华儿女带来的民族尊严、社会进步、国家富强、人民幸福的中国梦的巨大精神力量。

（三）注意整合受教育者知情行三者的关系

这个目标的实现可以为党的民族理论与民族政策教育取得良好效果奠定坚实的行为基础。实践证明，受教育者的知情行三要素相互协调、步调一致才能形成良好行为，并且保持良好行为的持久和一致，做到表里如一、言行一致。受教育者的知情行三要素不协调、不一致则会导致受教育者言行脱节，产生说一套、做一套的两面行为和虚假行为，即受教育者在此场合说一套、做一套，在彼场合则说另一套、做另一套，产生难以克服的矛盾心理。整合这三要素的关键是教育者在教育中要说理充分，以理服人，以情感人，将历史逻辑和现实逻辑有机结合，心战为本，攻心为上。

三 心态教育在党的民族理论与民族政策教育中的方法

心态教育在党的民族理论与民族政策教育中的方法如下：

（一）实现共性教育与个性教育的有机结合

"教育促进人的发展的两种职能决定了教育的两种责任：对个体的人负责，对社会负责。"① 党的民族理论与民族政策教育中贯彻心态教育，就

---

① 柴素芳：《大学生幸福观教育论》，人民出版社2013年版，第219页。

是要使个体以一种平和的、兼收并蓄的心态在社会化的过程中既能保持自己优良的个性，又能符合社会全面发展的需要。心态教育是一种全面和谐发展的教育，在实践中，我们不能抹杀个性只求共性，或者抹杀共性只求个性。心态教育应该做到促进个体个性教育与共性教育的和谐统一。党的民族理论与民族政策教育中的心态教育从某种意义上讲，就是要使社会个体认识到人是权利与义务的统一体，人们在追求自己的幸福生活的同时，也要履行人的道德义务。教育者不仅要帮助受教育者掌握有关社会心态方面的理论知识，而且要帮助他们用科学的理论指导自己的行为，养成良好的社会心态。

（二）实现理论教育与实践教育的有机结合

英国著名思想家葛德文认为："知识以两种方式增进我们的幸福：第一，它给我们开辟了享乐的新的源泉；第二，它给我们提供了选择一切其他乐趣的线索。"① 心态教育，应该引导人们在理论上对心态有正确的认知，尤其要知道心态在民族理论与民族政策教育中的作用。一方面，将心态教育纳入民族理论与民族政策教育内容之中；另一方面，要注重实践教育。马克思在《关于费尔巴哈的提纲》中指出："全部社会生活在本质上是实践的。"② 一系列的教育原则、教育方法都需要在实践中得以生成和转换。走进生活、体验生活，才能更好地养成良好的社会心态，通过实践环节促使个体在改造客观世界的同时改造自己的主观世界。

（三）实现显性教育与隐性教育的有机结合

"显性教育以正面宣传为主，具有直接性、公开性、强制性、规范性、实效性等特点，其优势在于教育目的明确，教育主张公开，教育条件充足，教育氛围浓厚，教育管理规范，教育实效突出。"③ 显性教育要求教育者既要有理论上的灌输，又要有有效的沟通，既要发挥教育者的主导作用，又要发挥受教育者的主体作用。心态教育需要一个熏陶的过程，这就要求我们通过各种隐性的手段将教育内容渗透于环境、文化、生活、娱乐、服务、制度、管理之中，从而起到"润物细无声"的效果。

---

① 曹辉、朱春英：《论大学生幸福教育的基本内涵》，《教育探索》2008 年第 1 期。
② 《马克思恩格斯文集》第 1 卷，人民出版社 2009 年版，第 501 页。
③ 柴素芳：《大学生幸福观教育论》，人民出版社 2013 年版，第 219 页。

教育是互相联系、相辅相成的一个系统。重视和加强党的民族理论与民族政策教育中的心态教育，就会取得交往行动理论的创始人哈贝马斯提出的"由语言协调、由规范引导的交往结果"①，才能开创党的民族理论与民族政策教育的新局面。

---

① ［英］提姆·梅依、詹森·L.鲍威尔：《社会理论的定位》，姚伟、王璐雅等译，中国人民大学出版社2013年版，第192页。

第四章

铸牢中华民族共同体意识的文化认同

马克思主义告诉我们,社会发展具有客观性和规律性。社会发展的客观性和规律性是通过人表现出来的,人们对社会发展客观性和规律性的认识和把握程度决定了人们认识和改造世界的水平和质量。铸牢中华民族共同体意识的文化认同基础就是要把社会发展的客观性、规律性和人的能动性、自觉性相结合,发挥制度显著优势,充分体现社会主义制度对铸牢中华民族共同体意识的优越性。

第一节 中华文化和中华民族共同体意识

中华民族共同体意识是国家的文化形态,是基于每个时代都需要一个文化哲学作为国家文化建设的世界观和方法论,指导这个时代的文化建设。中国特色社会主义新时代需要一个根植于各民族优秀传统文化、能够指导国家文化建设的共同文化基础。这样,中国特色社会主义的文化建设才能获得人民群众的普遍认同,中华民族共同体意识才能发挥凝聚共识、凝心聚力的功能,才能推动中华民族的伟大复兴和中国社会的文明进步。

一 文化与中华民族共同体意识

文化和中华民族共同体意识虽然是分属不同范畴的概念。但是,在实践中,在各民族族际交往交流交融过程中,文化和中华民族共同体意识又不可分割地结合在一起。事实上,文化包括中华民族共同体意识,中华民族共同体意识也包括文化。如果宽泛地谈文化,文化是包含中华民族共同体意识在内的,如果狭义地谈文化,中华民族共同体意识又把文化包含

第四章 铸牢中华民族共同体意识的文化认同

在内。

（一）关于文化

综合古今中外对文化的定义，可以把文化的内容概括为以下三个方面：其一，文化是人类的物质文明和精神文明的成果；其二，文化是一种价值观念。在估量文化的价值上，代表了一种确定的文化水平线。每一个民族都以自己的这种文化为估量其他文化的标准。其三，文化是包括在一个名称之下的关于生活的态度和观点。从文化的成分或者动的方面看，文化是一个变化和累积的过程。从整体方面看，文化是一个复杂的总体。怎样使文化这个总体得到和谐平衡自足，使各民族生活幸福美满，是文化建设必须解决好的问题。

（二）文化是一个民族的特征

辨别一个民族和其他民族的区别，最明显的标志就是文化。许多学者认为，"文化"指的是一个民族和群体的独特的生活方式，是这个民族和群体最有标志性的体现。文化的这种区分的功能，表明每一个民族都会有自己独一无二的文化。文化的不同与民族、群体的差异相关。文化对每一个民族来说，不仅是这个民族的标志，还是这个民族的特指概念，包括这个民族的哲学、文学、艺术、语言、宗教、娱乐、礼仪等诸多方面，是这个民族在生产生活中创造的物质和精神财富的总和。德国人古斯塔夫·克莱姆在1843年出版的《文化通史》中，把文化作为一个原始生活的系统研究，按照赫尔德关于原始人可以再现文化早期面貌的观点，主张建立人类学博物馆，保存来自世界各地的不同阶段的原始文化产品。他认为这些原始产品可以说明各民族的文化起源。这就引发了19世纪后半期的人类学家泰勒、摩尔根等人对文化发展的研究兴趣，引起一场关于文化是直线发展还是多点发展的长期争论。

（三）文化的本质是"人化"

文化的本质是"人化"，文化的功能是"化人"。生活在特定文化模式中的人会潜移默化地受到文化的熏陶、教化和塑造。在文化的诸多构成要素中，最能表现文化本质的是一个民族的观念和信念。人被文化"人化"莫过于对观念和信念的接受。如果我们把文化的本质是"人化"理解为各民族的共时性和历时性规则对人的规范和约束，那么，我们也可以把文化的本质是"化人"理解为文化是依靠规则育人，让人通过遵守规则，提高文明水平，增强基本素质。文化的"化人"就是通过文化的规则把人培育成为有文明修养的人。

二 中华文化与中华民族共同体意识的关系

文化的本质是人化，是人的活动的对象化。人创造了文化，人是文化的主体。人的活动不是满足自然需求的条件反射，而是在一定的意识观念指引下达到的社会需要的满足，人的活动必然反映人的某种价值追求。这样，人自然就形成了一定的价值观念，并在价值观的引导下参与文化创造。文化无法脱离价值观而存在，脱离价值观的文化是不存在的。中华民族共同体意识就是中华民族的价值观，中华民族就是在中华民族共同体意识这个最重要、最本质的价值观指导下，从事中华文化的创造和发展。中华文化之所以有价值，被各民族接受和实践，就是因为中华民族共同体意识有价值、有意义。

（一）中华文化和中华民族共同体意识休戚相关

中华文化和中华民族共同体意识之所以是休戚相关的关系，就在于中华文化和中华民族共同体意识都是社会生活的重要规则。中华文化规则的形成与中华民族规则的形成具有一定的共同性，这就是都要以全体社会成员都能够接受的方式，反复出现在社会成员的实践活动中，成为全体社会成员都能够遵循的准则。

中华民族共同体意识告诉我们：我们是谁，我们来自哪里，我们将走向哪里，这就是中华文化准则的含义。为什么中华文化和中华民族共同体意识作为一套行为准则能够被全体社会成员接受，就是因为中华文化和中华民族共同体意识都能够代表全体社会成员的根本利益，体现全体社会成员的精神追求和理想信念。

中华民族共同体意识赋予了中华文化特定的精神气质和伦理取向。中华文化是中华民族共同体意识在社会实践中的对象化、符号化和系统化。中华文化被认为是民族国家精神传承的"基因"，是一个社会的"胎记"，具有独特性和自主性。从中华民族共同体意识的角度来看，中华文化是一个民族或一个时代对价值的独特理解和追求。中华文化归根结底是一个社会中的人们普遍持有的中华民族共同体意识。

（二）中华文化和中华民族共同体意识相互依存

中华文化和中华民族共同体意识都是民族共同体的表现形式。民族共同体就是通过中华文化和中华民族共同体意识表现自己的本质和特色。在中华民族共同体中,一个人或一个民族,如果想要从其他人那里,从其他民族那里得到自己想要的东西,就要有效地进行合作。因此,在一个共同体里,在一个各民族族际交往交流交融的圈子里,就一定要有一个共同的中华文化,共同的中华民族共同体意识,来引导各民族的族际交往交流交融,促进各民族自觉自愿进行族际交往交流交融,满足各民族族际交往交流交融的需要。

中华文化和中华民族共同体意识互相依存还表现在中华文化和中华民族共同体意识都是中华民族共同体的"集体心理意识"。这个"集体心理意识"类似物理学的"场"的概念。各民族的族际交往交流交融的开展是在中华民族共同体这个"场"里进行的,凡是进入这个"场"的各个民族,都有共同的"集体心理意识"。这个"集体心理意识"是被中华文化和中华民族共同体意识的规则规定好的。各民族的族际交往交流交融都必须按照这个规定,服从这个规定,不能离开这个规定。

(三) 中华民族共同体意识的"活水源头"

我们之所以这么说,是因为我们不仅把中华民族共同体意识看成是凝聚中华民族的力量源泉,而且看成是中华民族的心理文化。这就是说,中华民族共同体意识既是文化的构成,也是心理的构成,既是规则的构成,也是情感的构成。所以,我们说,中华民族共同体意识是中华民族的群体心理和民族之魂。各民族的传统优秀文化,作为一个整体性的表现就是中华民族文化,作为一个个体性的表现就是各民族自己的优秀文化。中华民族共同体意识是对各民族优秀传统文化的集合,是中华民族文化的表现。在这个集合和分开的过程中,各民族优秀传统文化并不是一成不变的,而是经过了与社会进步相一致地进一步提炼加工,凝聚为社会主义核心价值观。

三 文化认同

认同即认可、同意、接受。文化认同是主体向被自己认同的文化形态的归属。被认同的文化是一个含义丰富的概念,有观念性的成分,也有非观念性的成分。文化认同不仅是对观念性的思想意识的认同,也是对非观念性的文化实体的认同。

(一) 文化认同的核心

文化认同因对象的多样化而表现为多种形式。其中，国家认同、民族认同是文化认同最基本的表现形式。任何人都是在一定的文化系统或文化情境中生活，这就使人们在社会化的过程中自然对所属文化产生一定的感知、情感和意向，由此便产生了我们今天所说的文化认同。在深层意义上，文化认同的核心是对作为文化认同核心的价值观的认同，价值观认同是文化认同的核心和本质。如果说，文化认同就是一整套文化的思想模式、情感模式和行为模式的形成和构建，那么，这套模式的运行要依靠价值观来推动。因为，各民族认同的价值观决定各民族采取什么样的思想模式去认识事物，决定各民族采取什么样的情感模式和行为模式去实现价值观的要求。

(二) 对社会主义核心价值观的认同

在文化认同中，社会主义核心价值观是各民族族际交往交流交融的国家文化基础，是中华民族精神气质的典型特征。因此，社会主义核心价值观是各民族必须遵守的共同规则，无一例外地涵盖各民族所有成员。社会主义核心价值观不是某个民族的行为规则，是中华民族的行为规则。社会主义核心价值观是一个适应我国社会主义现代化建设的现实，反映全国各族人民心愿的文化建设的指导思想和基本遵循，是对中华民族精神的高度概括和精准凝练。这是中华民族走向成熟的标志，是中国共产党成功地掌握和熟练地运用马克思主义的基本理论解决我国文化建设所面对的重大问题的结果。情感认同也是实现价值认同的关键。① 对社会主义核心价值观的认同，不能停留在对核心价值观的内容、意义和功能的理解和认知上，还要将这种理解和认知推进到认同、依恋、归属的层面，形成对核心价值观的积极的情感体验和心理感悟。这就是说，对社会主义核心价值观的认同不能仅仅停留在观念认同的层面，还要达到深层的情感认同的层面。

(三) 对民族认同和国家认同的结合

各民族的民族认同是初级的认同，只有将民族认同和国家认同相结合，民族认同才能表现更为丰富、更为积极的内容，才能与时代要求同步，与社会发展同步。民族认同与国家认同的结合意味着民族认同一定要

---

① 李建华：《情感认同与价值观认同》，《光明日报》2018 年 5 月 28 日第 14 版。

发展为国家认同。

民族国家源于民族成员对其所属民族这个文化共同体及相应体制的认同，单一民族国家就是该国所有的公民都共享统一的历史，统一在多民族国家中，民族认同必须与国家认同相结合，必须向国家认同发展，才能与统一的多民族国家的现实相符合，才能促进和巩固民族团结的形成和发展。

民族共同体成员在民族认同过程中，往往会因身处其中而产生对该民族文化的优越感，易使民族成员用自己民族文化的优势来比较其他民族文化的劣势，这一过程往往导致民族间的疏远和隔离状态。现代社会，随着民族间交往交流交融程度的扩大及加深，这种"唯我独尊"的狭隘民族主义观点已经不适应今天的社会实践。由于中国共产党的民族政策长期宣传教育的结果，由于各民族族际交往交流交融的深入进行，各民族已经能够用一种包容的发展的眼光来看待民族文化的差异，能够不断吸收他族文化的优秀成分，推进自己所在民族文化在族际交往交流交融中获得发展。从历史角度追根溯源，民族文化的差异往往是由于各民族所生活的特定环境及相应的生产生活方式所导致。随着社会的进步，特别是科学技术的发展，地理空间上的隔离不再成为人与人、群与群沟通的障碍。信息时代的到来，人类的沟通变得越来越便捷与频繁。不同地域民族文化的交往交流交融不可避免促进文化趋同。顺应时代潮流、符合社会发展的文化因素通过这种趋同而不断凝聚提炼，由此逐渐产生了具有族际交往交流交融向心力的国家文化。各民族的民族文化认同必须向中华民族的国家文化认同发展。一个民族的民族文化在本民族那里是可以作为本民族交往交流交融的媒介，但是，一个民族的民族文化在另外一个民族那里就未必可以成为民族交往交流交融的媒介。这个各民族族际交往交流交融的媒介显然只能是被各民族共同认同和共同接受的国家文化认同。社会主义新时代的国家文化认同的最基本、最重要的表现就是认同社会主义核心价值观。

社会主义核心价值观所倡导的国家认同包含了民族认同，是对民族认同的进一步引领和升华。1831年，法国著名政治学家托克维尔访问美国，对美国日益发展的个人主义深感忧虑，认为防止美国个人主义产生负面效果的措施应该是每个人能够把个人利益与国家利益结合起来。同样，民族认同只有在社会主义核心价值观中升华为国家认同，民族认同的优势才能发挥出来，各民族才能既热爱自己的民族，又热爱中华民族。

社会主义核心价值观在国家、社会、公民三个方面的倡导，让各民族体认到了国家认同对各民族族际交往交流交融的重要性，反映了各民族建设社会主义先进文化的期待和努力，为各族共同文化的巩固和发展筑牢了基础。各民族自觉认同、积极传播、主动践履社会主义核心价值观的过程，就是不断将各民族的民族认同和国家认同相结合的过程，就是一个各民族互相学习、互相交往交流交融的过程，也是强化国家文化凝聚力、吸引力的过程。社会主义核心价值观在各民族的民族认同和国家认同的结合中推动了各民族铸牢中华民族共同体意识。

第二节　社会主义核心价值观的文化认同

社会主义核心价值观与中华民族文化认同关系，是"流"与"源"的辩证关系，也是特殊与普遍的辩证关系。毫无疑问，社会主义核心价值观植根于民族文化之中，以民族文化为"源"，构成恢宏之"流"，又在反哺民族文化这个"源"，形成中华民族文化的普遍性与特殊性的源与流的统一。

一　对文化认同的三个促进作用

社会主义核心价值观对中华民族文化认同的三个促进作用体现在促进文化自觉的形成、促进文化自信的建立、促进对国家文化的认同。分别表述如下。

（一）促进各民族文化自觉的形成

"文化自觉"最早由费孝通先生提出，是指各民族在长期的社会实践中，通过对本民族文化的认识和掌握，达到文化自觉的实践。

各民族的文化自觉不是在封闭状态下实现的，是在开放交流中实现的。各民族的文化只有在与其他民族的文化接触和交流中，才能得到发展。各民族的文化自觉，一方面表现为对本民族文化的自觉，另一方面表现为对中华民族文化的自觉，是这两个方面自觉的统一。各民族文化自觉的实现，要从必然王国向自由王国发展，不可能是一种各民族自发的和不自觉的行为，而是要经过建立社会主义核心价值观这个中华民族共同体意识来实现。

社会主义核心价值观之所以能够促进各民族的文化自觉,就在于社会主义核心价值观能够引领各民族文化突破自身的局限,使其有所发展,有所进步。各民族的文化自觉是一个进一步培育和践行社会主义核心价值观的过程,是一个各民族不断把本民族的文化意识提高到国家文化意识的过程,是一个不断深化对社会主义核心价值观认同、培育和践行的过程。

(二) 促进各民族文化自信的建立

文化自信就是相信本民族文化是有价值、有意义的优秀文化。文化自信不是文化优越,也不是文化偏激。文化自信是建立在实事求是基础之上的文化自豪感。文化自信是一个不断建构的过程。文化自信不是一下子就能坚定起来的,而是经过了一个认识、实践、再认识、再实践的不断发展不断进步的过程。在这个过程中,可能会出现认识上、实践上的反复甚至曲折,但是,经过这些过程和考验,文化自信建立的根基会越来越牢固。

社会主义核心价值观能够促进各民族文化自信是因为社会主义核心价值观把各民族优秀文化的特质进行了凝练,形成了更具有中华民族特色的共同文化。各民族从社会主义核心价值观里能够看到本民族优秀文化的特质,也能够看到中华民族优秀文化的特质。社会主义核心价值观所体现的社会主义文化的先进性是别的形态的文化不可比拟的,充分体现了各民族的共同理想和共同追求,是激励各民族团结奋进的取之不尽、用之不竭的精神力量。

(三) 促进各民族文化认同

马克思把理论能够产生力量的原因归结为其对事物本质的透彻说明。社会主义核心价值观之所以能够凝聚全民族的意志,被各民族所理解和接受、热爱和实践,原因有很多。但是,其中一个重要原因就是社会主义核心价值观具有凝聚各民族国家认同的功能。国家认同是一个最能反映马克思主义与中国各民族具体实践相结合的概念,也是一个最能吹响集结号的深受各民族欢迎的概念。在中华民族的历史上,没有一个民族能够脱离中华民族单独发展,各民族的发展是与中华民族的发展相结合的发展,是与中华民族相一致的共同的发展。这就是说各民族都是中华民族族际交往交流交融的产物。因为这个原因,我们总是能够发现各民族族际交往交流交融的历史事实,这是各民族文化发展的基本模式。在各民族的族际交往交流交融中,各民族对国家的认同也逐步形成、巩固和发展。如果说在古代社会，在旧社会、旧时代，各民族对国家认同还比较朦胧，还是在被迫中建立，那么，在社会主义制度之下，在中国共产党领导之下，各民族的国家认同意识的建立则是自觉自愿、心甘情愿的。社会主义核心价值观的培育和践行使各民族的国家认同更加自觉主动。社会主义核心价值观的"一种文化"，使各民族共同认同和共同拥有的文化形态成为至高无上的文化形态。那么，我们又怎么样称呼各民族自己的文化呢？我们说各民族都有自己的文化，这就是在文化学中所谓的"亚文化"，"亚文化"不是说各民族的文化低人一等，是次要文化，而是说，相比于社会主义核心价值观这个中华民族共同的文化，各民族的文化在规模、范围和人数上相对都要小一点，所以"亚文化"这个概念完全是一种文化分类的术语和方法。

二 在文化认同中扮演的角色

社会主义核心价值观这个角色的丰富内涵分别以"权威者"角色、"牵线者"角色和"转换者"角色来概括和说明。

（一）"权威者"角色

在我国这样一个多民族的国家里，文化形态多样，文化内容丰富。但是，一定要有一个居于核心地位、能够引领各民族文化发展的国家文化形态，即：社会主义核心价值观。我们之所以将社会主义核心价值观称之为中华民族文化认同的"权威者"角色，就是因为各民族的文化建设、各民族的族际交往交流交融都必须服从社会主义核心价值观的要求，各民族的思想和行为都应该与社会主义核心价值观要求相一致。

（二）"牵线者"角色

社会主义核心价值观对于各民族来说是最好的文化，是各民族都可以分享的国家文化形态。正因为如此，社会主义核心价值观扮演了把各民族文化都联系在一起的"牵线者"角色。处于不同环境、不同社会地位、不同职业的各民族，因为主客观的原因，具有不同的交往观念，不同的交往方式和交往话语。把他们联系起来的"牵线者"就是社会主义核心价值观。在社会主义核心价值观的"牵线者"的角色的作用下，没有共同语言的不同民族也会有共同语言，没有共同交往理念的不同民族也会产生共同的交往理念，没有共同交往方式的不同民族也会产生共同的交往方式。社会主义核心价值观的"牵线者"的角色就是这样一步步缩小各民族的差异点，一步步扩大各民族的共同点，使各民族在交流中求大同、存小异。

课题组在新疆伊犁哈萨克自治州的努尔巴克村调研遇到的情况很能印证上述情形。这个村有汉族、维吾尔族、哈萨克族、回族、蒙古族五种民族成分。各民族村民天天一起在田间集体劳动，累了到树底下乘凉休息，相互开玩笑。交流夹杂着维吾尔语、汉语、哈萨克语，有时会因语言歧义造成误解，人们总会哄堂大笑或者拿腔拿调模仿对方说话的音调、姿态，嬉戏打闹，并不会因此而生出嫌隙。哄笑完之后，还互相帮着打草、浇地、扛农具、卸车、接送小孩等。实行家庭联产承包责任制以后，该村土地资源有限，少数民族家庭人口普遍比汉族家庭人口多，责任田不够种，只得转而寻求其他增收门路。一般是外出务工，或在村子里开商店，或者买一台收割机，靠春种、秋收时节出租播种机赚钱。村里的一些汉族家庭也从事类似的经营活动，同业竞争比较激烈，少数民族与汉族之间的人际关系发生了微妙的变化。该村党支部把社会主义核心价值观作为加强各民族族际交往交流交融的重要措施，通过制定乡规民约，开展各种教育活动，扭转了人际关系疏离、民族关系紧张的局面。民族之间关系和和睦睦，社会主义核心价值观成功扮演了"牵线人"的角色。

（三）"转换者"角色

在各民族族际交往交流交融的过程中，各民族的文化一定要与社会主义核心价值观相一致，不能产生矛盾，更不能互相对立。我们这样说，不意味着社会主义核心价值观就可以取代各民族自己的文化，而是说在中国特色社会主义文化建设中，总要有某种形态的文化是中心，其他文化环绕这个中心，互相结合，互相促进。社会主义核心价值观是国家形态的文化，所扮演的"转换者"的角色，就是要把各民族优秀文化转化为社会主义先进文化，转化为各民族的共同文化。因为，各民族的文化无论多么优秀和独特，毕竟是局部的、个别的，要成为整个中华民族的共同文化，成为各民族都能够接受的共同文化形态，就需要一个转化者角色。经过社会主义核心价值观的加工和凝练，就能够完成从特殊性到普遍性、从个别性向共同性的转变。与此同时，社会主义核心价值观这个"转换者"角色的作用还表现在各民族在族际交往交流交融过程中，一定要把交往交流交融行为筑基在社会主义核心价值观这个国家文化基础之上。这个时候，社会主义核心价值观的"转换者"角色就显得格外重要。

三 社会主义核心价值观对文化认同的整合

社会主义核心价值观对各民族文化认同的整合不是为了让各民族文化消失，也不是为了让各民族文化没有地位，而是为了更好地发展各民族的优秀文化，对各民族优秀文化进行质的提升。

（一）文化角色的整合

各民族通过民族认同和国家认同扮演了两个重要文化角色：一个是代表民族文化的角色，一个是代表国家文化的角色。这两个角色通过社会主义核心价值观被整合在一起，体现了社会主义核心价值观具有民族文化和国家文化结合的鲜明特色。

各民族扮演的文化角色往往在一致中会产生差异，造成两种角色的冲突。社会主义核心价值观一方面把各民族的民族文化角色和国家文化角色统一起来，将这两个角色表现为国家、社会、个人三个层面的角色；另一方面，社会主义核心价值观又将民族文化角色和国家文化角色的冲突通过强化中华民族文化认同意识而解决。社会主义核心价值观的文化角色整合就是为了突出中华民族文化的权威地位，也是为了化解不同角色之间在文化认同方面产生的冲突矛盾。

比起扮演民族文化角色，扮演国家文化角色具有更大的文化适应的前景。各民族之间的族际交往交流交融，是通过各民族所扮演的文化角色进行的。在本民族范围内，扮演民族文化角色可以有效地与本民族成员进行交往交流交融，但是，这个角色在与其他民族交往交流交融的时候就会出现认识和理解的困难。这个时候，就需要扮演代表中华民族文化的角色的社会主义核心价值观出场。

（二）文化观的整合

各民族都有自己的文化观，国家文化观能够把各个民族紧密联系起来，成为各民族都遵循的文化指南。社会主义核心价值观对各民族文化观的整合，表现为对整体与局部关系的正确处理。各民族的文化观是局部地区的为这个民族独有的文化观。社会主义核心价值观才是各民族共有的文化观，不仅对中华民族的文化建设具有指导意义，而且对各民族文化发展也具有指导意义。社会主义核心价值观与把民族利益提高到超越中华民族利益的文化观针锋相对，强调本民族利益一定要服从中华民族的整体利益,如果两者产生矛盾,各民族的局部利益要服从中华民族的整体利益。社会主义核心价值观也与大汉族主义的文化观针锋相对,反对歧视各民族文化的思想观念、言论行为,强调各民族的文化都是中华民族文化的组成部分,都是平等的,都必须得到尊重和保护。

(三) 文化进步机制的整合

各民族都有自己民族的文化进步机制,各民族通过这个机制促进民族文化发展,构建民族文化进步的思想观念。社会主义核心价值观是新时代各民族文化进步机制的集大成者,是对各民族文化进步机制的整合,可以更好地把中华民族优秀文化凝练为国家形态的文化模式,可以兼收并蓄地把各民族优秀文化凝结为中华民族共同体意识。社会主义核心价值观告诉我们什么是对的,什么是错误的,我们应该坚持什么,应该反对什么。社会主义核心价值观就是通过这样的方式,成为文化进步的重要机制,推动各民族文化发展,凝聚各民族的文化认同。

一种文化对社会的进步是起到正面作用还是起到反面作用,就要看这个文化构建的机制是不是有利于文化进步。社会主义核心价值观作为文化进步的机制,所倡导的都是这个社会所需要的真善美,所反对的都是这个社会所反对的假恶丑。社会的进步就是在坚持真善美、反对假恶丑的过程中实现的。因为真善美是社会发展的进步力量,假恶丑是社会发展的阻碍力量。我们需要社会的进步力量弘扬真善美文化,我们不需要社会的负面力量导致社会退步。社会主义核心价值观构建的文化进步机制能够发扬中华文化的真善美,能够促进各民族坚定中华文化认同。

四 促进文化认同的进步

通过社会主义核心价值观的培育和践行,以铸牢中华民族共同体意识为抓手,有力地促进了各民族对中华文化的认同,促进了民族地区社会文明程度的提高。

(一) 文化认同带动民族团结进步

由于甘南藏族自治州的中华民族文化认同教育深入人心,这里的民族团结也不断巩固发展。博拉乡中心干道上有一条商业街,一位汉族陈姓男子在这条街上开的百货店生意兴隆,口碑甚佳。课题组甘南小分队请当地群众推荐访谈对象时,藏族群众和回族群众都一致推荐他。课题组带着好奇和疑惑去采访他。他说：

> 我在这条街上开店已经有十几年了。你们也看到了，这条街上汉族人开店的很少，我们这个地方周围基本上都是藏民，回民也有一些，但不太多，汉族人最少。藏民来买东西，讲的啥我也只能大概听懂。语言不通为啥生意还好呢？做生意不能眼睛里面只看到钱，心不能坏了，善心总会有好报的。说一件事吧，大概五年前的冬天，有一天天很冷，天黑透了，我准备关门回家，忽然进来一位藏民，慌张得很，说话速度很快，他是下面沟里的（指经济条件差一年四季沿着深沟搭建帐篷居住的群众），说的内容我大概听明白了。他不买东西，想借300块钱，说是谁病了，没钱看病。我当时二话没说，马上就掏出300块钱递给他。估计他当时没吃饭，我又给他装了两个大饼、两袋奶子、两包榨菜。也没让他打借条，让他走了。我根本不认识他呀，人家有难，咱做生意也不能只看钱，藏民不会说假话的，咱能帮一把是一把。做人总得有点儿良心，不能见死不救吧。好长时间以后他又来了，我都把这事忘了，那天他背了一筐子牦牛肉，说是来感谢我。又说现在没钱还我，300块钱用肉顶账。我说算了，钱别还了，肉我按照市场价格给他钱，留下来自己家吃。这个乡里谁有困难，认识不认识的都来直接找我。我从来不含糊。拿去！谁没有个难处？藏民都有良心，后来都把钱还了。时间最长的一笔钱，600块钱拖了快八年才还完。人家不赖账，我也不催账，每年借我钱的藏民都来我这里几趟，有时候进来给我还几十块钱，有时候就进来坐着喝茶聊天。

（二）文化认同带动法治建设进步

在中华民族认同教育的推动下，各级党政部门对法治宣传教育较为重视，都制定了本地区普法宣传教育计划，都组织编写了图文并茂的民族法制法规宣传读本。每年进行专项检查、专项治理，自觉守法、遇事找法、解决问题靠法正在成为干部群众的自觉行为。甘南藏族自治州的拉卜楞寺是著名的商业旅游景区，人烟稠密、商铺林立，贸易频繁，但并没有出现商业开发过程中常见的森林、草场被毁坏，河流被污染甚至枯竭，垃圾乱扔、噪音、雾霾污染等现象。每逢节日，周边居民主动上山捡拾垃圾，种植树木，表现了较高的法治素养。过去，每年的香巴拉节，漫山遍野都是乱扔的垃圾，好几天才能打扫清理完。2015年开始的香巴拉节，市政府在山上设置了十多个垃圾桶，安排了上百位志愿者宣传，乱扔垃圾的现象销声匿迹，漫山遍野干干净净，政府满意，群众满意，游客满意。

（三）文化认同带动公共服务进步

对中华民族文化认同的一个重要方面就是全心全意为人民服务，为群众办好事，办实事，解民苦，消民忧。甘肃省临夏回族自治州紧盯"两不愁、三保障"，公共服务保障全覆盖。扎实开展农村人居环境整治，继续加大美丽乡村建设力度，着力营造良好的人居环境。

临夏州抢抓"国家级电子商务进农村示范县"机遇，积极探索"消费扶贫"新模式，按照"盘活农村资源、链接城市消费"理念，建立"县级电商公共服务中心+乡村电商服务站点+农民专业合作社（电商企业）+贫困户"的助贫机制，拓宽临夏特色产品线上线下销售渠道，着力推动消费扶贫助力稳定增收，逐步完善消费扶贫电商平台体系，打通从田间到城市餐桌"最后一公里"通道，逐步将"以产定销"变为"以销定产"，切实激活产业布局、劳动就业、农产品销售、职业培训等各类资源，实现"精准滴灌"。在由省商务厅组织京东甘肃馆、甘肃天猫旗舰店、苏宁易购、兰州百合e家、达哥电商公司、好吃甘肃网六家平台参加的东乡唐汪镇大接杏网上促销活动，短短三天时间线上销售3000多单。[①]

第三节 社会主义核心价值观文化认同的五种交往方式

马克思把人们之间的交往关系作为体现人的本质力量对象化的劳动的前提条件。在马克思看来，劳动作为一种最能够体现集体力量的活动，表现的就是人与人之间的交往关系。劳动的配合协调本质上就是人与人之间交往关系的配合协调。很明显，人的感性活动、对象性活动乃至人与人的社会交往关系均由"劳动"与"交往"关系构成。因此，社会发展的水平不仅由劳动水平和劳动层次所决定，也同样由交往水平和交往层次所决定。

[①] 严存义、曹立萍：《甘肃省商务部门助力东乡唐汪大接杏网上销售》，《甘肃日报》2018年7月3日。

人们通过社会交往体验到生存和发展的意义和价值，其实现途径的基础就是其主观动机、个人意图和种种欲望必须与客观实际构成的环境意境相衔接和相结合。因此，社会交往要在人的感性活动和对象性活动中表现足够的意义，显然就要通过人的自主性选择性的合目的合规律的行动进行。正因为如此，这种经过过滤的行动才不仅对自己有意义，而且对他人也有意义。社会交往正是形成这种意义的最为重要的方面。社会交往的实践不是单个人活动的总和，而是通过人和人结成整体地对社会关系进行革命性改造的活动。因此，人对人的实践的交往现实构成了人的劳动和交往关系的不可分割的图画，人们之间相互交织的劳动和交往关系成为人进行创造自身历史的新发展。在这个条件下，处于不同社会结构、具有不同交往方式的个人都在社会主义核心价值观的统摄下互相联系和结合起来，构建共同的文化态度、文化精神和价值规范，人与人之间的社会交往实践能力就由实在性的支配向符号性支配转变，这就要求在这个背景下应该以如下五种方式展开铸牢中华民族共同体意识的社会交往活动。

一 以文化资本积累进行交往

人力资本与文化资本最大的区别就是人力资本缺乏符号支配的自主性独立性特点，是一种菜单式的已经预设好的交往方式，是按照一种指定性的计划为实现某种既定的意图开展的交往。这种交往的控制意图明显地把生动活泼的个人意图、性格意图和情感意图掩盖起来。在这种交往方式中所看到的不是含义丰富的文化符号，而是比较教条的、僵化的人力资本模式运作。在社会交往的领域里，如果以体现文化资本积累的符号开展交往，就能够拓宽交往领域，深化交往内容，厚植交往情谊，使交往不仅仅是人和人利益获取的交换，而且是人和人思想感情的互换、信任和友情的建立，更重要的是在这种交往中，因为大量使用承载中华民族共同体意识的文化资本积累符号，所以增强了人们对共同体的热爱、敬仰和崇敬之情，国家的凝聚力也因此得到潜移默化的增强。社会主义核心价值观是社会交往最重要的文化资本积累符号，也是承载文化资本积累最多的符号。通过以这样的符号开展社会交往，人们才能够最大限度、最大范围地交流思想感情，分享彼此的劳动成果，展望美好生活的愿景，激发建设新生活的热情和勇气，也才能求同存异，消除彼此的思想感情隔阂，减少噪音干扰，加强大团结，厚植各民族的感情基础。

二 以国家公民身份进行交往

社会交往所以能够有效有序进行,就是因为交往双方有话可说,以心交心,互相信任。究其原因,乃在于交往双方都能够从个人、地域和区域的狭小圈子里跳出来,进入一个更大场域的公共领域。在这个领域里,推动交往的不是个人的地方话语,而是公共的国家话语。国家公民身份蕴涵的法治观念、道德观念、权利与义务的观念,是交往双方遵纪守法、正确行使权利、履行义务、秉承公共交往理念、共享公共交往文化和公共交往资源的基础。从社会主义核心价值观的权利与义务相统一的角度看,没有无义务的权利,也没有无权利的义务。所以,任何一位国家公民,就必须正确行使国家公民权利,履行国家公民义务,不能滥用这个权利,不能逃避这个义务。从社会主义核心价值观的角度看,个人身份必须服从国家公民身份,不能把个人身份与国家公民身份相对立。随着中华民族这个包含着国家认同概念的入宪和铸牢中华民族共同体意识写入党章,以国家公民身份进行社会交往已经成为每一位公民的责任和义务。

三 以凝练爱国主义精神的社会性人格进行交往

人格问题既能够表现人的现实状态,又能够表现人的理想状态,对人的发展和完善具有塑造和引导作用。人格首先是"个人做人的尊严、价值和品质的综合,也是个人在一定社会中的地位和作用的统一"[1]。此外,人格集聚的肯定是人性最美好的要素。人格是静态与动态的统一,是相对稳定性和绝对发展性的统一。人格的小我要在社会交往的影响下积极吸收各种美好的要素自我调整,通过价值取向的整合发展成为社会性的大我。美国心理学家埃里克森指出:"个人与社会环境的交互作用对人格的影响,个体人格是在与环境不断相互作用中发展、成长、建立起来的。"[2] 如果单纯从个人完善角度看人格,那么,人格只能表明个人的思想品德、观念能力和知识修养的境界,表征个人对于理想生活的更好的追求。人格在社会交往中只有表现共同性,吸纳新要素,才能依据社会发展和交往实践而不断完善成熟,才能支撑社会交往的开展,保证社会交往的稳定性和情景交

---

[1] 罗国杰:《伦理学》,人民出版社1989年版,第438页。
[2] 孟昭兰:《普通心理学》,北京大学出版社1994年版,第507页。

融的延续性。这种在社会交往中形成的健全的、良好的人格就是凝聚爱国主义精神的社会性人格。"健全的人格是在个体先天机能的基础上受到后天环境的影响而形成的个体独特的心理行为模式。"① 这种人格是跨越时间空间限制,在爱国主义精神熏陶中逐步完善和发展。因此,在强调社会主义核心价值观的共同性一致性的同时,只有以凝练爱国主义精神的社会性人格才能把社会交往的公共性、大众性和人民性充分体现出来,"引导人格向优良的理性的方面塑造和提高"②。

四 以对共同体认同的文化态度和精神进行交往

"中华民族共同体是一个由56个民族构成的有机整体,是一个命运共同体"③。铸牢中华民族共同体意识的命运共同体凝聚了中华民族各个时期优秀的文化价值,表现了开阔恢宏的中华民族海纳百川的气度和格局。因此,中华民族的社会交往就不仅仅是地域区域、个人团体、小文化圈的交往,而是体现中华民族价值观、精神世界、气质品格的大文化圈的全方位全领域全过程的交往。这种交往跨越时空,超越血缘地缘,展现了中华民族文化价值观包容开放的文化态度和文化精神。既尊重差异性,又重视一致性和统一性,是在一体化下的多元,也是在多元中的一体,是对共同体文化的中华民族整体文明价值的回归。这种文化态度和文化精神意味着,在社会主义核心价值观基础之上开展的社会交往不仅仅是个人对需要和利益的获取的满足,而且意味着每个人所秉承的文化理念具有基于共同的价值观、共同的感情操守、共同的道德修养而凝聚起来的觉醒的中华民族共同体意识培育和践行。正因为如此,中华民族的社会交往才能够成为中华民族共享共识共荣、收获和体验、传承和构建国家认同的过程。对铸牢中华民族共同体意识的价值认同、情感归属和深刻感悟需要一个过程,以对铸牢中华民族共同体的共同价值具有关切、认同的文化态度进行交往则是完成这个过程、实现共同价值、共同情感和共同体悟的不可缺少的环节。

---

① 严秀英、蔡银珠:《培育中华民族共同体意识的心育机制探索》,《贵州民族研究》2021年第5期。

② 袁祖社、张媛:《走向一种实践的共同体文化:公共性视角下现代人的价值理性期待》,《东岳论丛》2021年第2期。

③ 杨虎得、韩喜玉:《"中华民族共同体"概念的基本内涵及理论意义探析》,《青海民族大学学报》(社会科学版)2021年第2期。

第四章 铸牢中华民族共同体意识的文化认同

这里，重要的一点是处理好共同性和特殊性、普遍性和一般性的关系。个人的、地域的、团体的认同必须服从国家的、社会的、大局的认同，这样才能提升社会主义核心价值观的感召力、凝聚力、向心力。在社会交往中，对社会主义核心价值观的解读和阐释，应该注意良好的互动关系的塑造和形成，应该秉承团结和谐、求大同存小异的处理问题的方式。文化态度和文化精神作为人们处理社会交往关系的方式，体现了不同文化生存方式的多样性和包容性。但是，在体现社会主义核心价值观的社会交往中，这种包容性、开放性的文化态度和文化精神必须服务和服从铸牢中华民族共同体意识的建设，有助于共同价值理念、共同情感取向和共同思想观念的形成。

五　以现实实践的行动品质进行交往

对社会主义核心价值观的认知与理解如果仅仅局限于对历史材料的陈述和考古产品的罗列，那就会忽略社会主义核心价值观在社会生活实践中的构建和完善。社会生活在本质上是实践的这个马克思主义的命题告诉我们，只有立足实践、坚持实践、不脱离实践才能从根本上、从历史的源头、文化的根脉和现实的发展等多维度认识和理解社会主义核心价值观的划时代的价值和意义，也才能对社会主义核心价值观获得一个全面准确完整深入的认识和理解。社会主义核心价值观这一概念超出了人们意识观念所包含的内容，是随着实践的反复进行而不断被丰富补充发展完善的思想体系、工作体系和话语体系，提供了让中华民族进行社会交往取之不尽用之不竭的精神动力和实践源泉，不断表现着中华民族的内在潜能和无穷无尽的创造力，使中华民族获得创造历史和书写历史的主动性。在社会交往中培育和践行社会主义核心价值观，不仅是社会交往中新范畴和新概念的构建，更重要的是一种交往的行为方式、交往的思维方式，一句话就是交往世界观的确立。

中华民族社会交往的不可避免、随时随地的开展意味着在中国特色社会主义新时代的人际关系的新格局中，人们越来越凝聚在为实现中华民族伟大复兴而奋斗的旗帜下发愤图强，建功立业，也反映了我国社会关系的社会基础、国家认同基础、国家凝聚力基础的统一性和稳定性。社会交往的实质是人的感性活动、对象化活动对社会关系的塑造和创造。这就要求社会交往必须体现以社会主义核心价值观为核心的公共理性、公共价值和公共行为的深刻含义，展现社会文明发展变化的层次和水平，反映共同体生活的时代共性和中华文明演进的历史逻辑。

第四节　铸牢国家文化基础的三种构建

各民族通过国家、社会、个人三种国家文化基础的构建在不同背景、不同情境中开展互动。这三种国家文化基础的构建构成族际互动的三种文化选择机制。这就是说，族际交往交流交融在国家、社会和个人三个层面的进行，就是在社会主义核心价值观这个国家文化基础之上进行。

一　国家层面的构建

国家层面的族际交往交流交融的国家文化基础的构建首先是富强。富强先要富国，所以，富强首先是国家意义上的富强，没有国家的富强就没有社会和人的富强。民主主要指国家政治生活的民主，是制度民主、决策民主和各个方面民主的总和。文明是国家的精神文明和物质文明建设水平的标志，是国家综合实力和整体素质的表现。和谐则是国家稳定团结的标志。和谐表现在人与国家、人与社会、人与自然、人与人的关系方面。这些方面的关系和谐了，国家就能够凝聚起来各民族的意志，众志成城，无坚不摧。富强、民主和文明的国家一定是和谐的国家。把"富强、民主、文明、和谐"上升到国家层面的价值观，作为国家层面的文化互动模式，不仅仅是因为"富强、民主、文明、和谐"能够反映和代表国家的本质特征，是国家得以存在和发展的基础，也因为在国家层面的价值观里，族际的交往交流交融才能体现各民族的中华民族共同体意识。

（一）国家流行文化模式的构建

美国社会学家格尔兹把文化定义为"一种体现于符号中的意义的历史性的传承模式，是一种以符号形式表达的概念的传承体系"[①]。这个定义告诉我们文化作为符号是思想观念的集合。符号作为文化的表征，可以被各个阶层、各个群体所接受。

[①] ［美］约翰·R.霍尔、玛丽·乔·尼兹：《文化：社会学的视野》，周晓虹、徐彬译，商务印书馆2009年版，第256页。

作为当代中国的国家流行文化模式，社会主义核心价值观由中国共产党提出，党和政府积极推进这个文化模式在全社会的普及和发展。社会主义核心价值观作为当代中国的国家文化模式不仅要维护社会主义的经济基础，而且要维护与该经济基础相适应的社会主义的上层建筑，引导、规范和调节各种社会关系和利益冲突。国家作为众多个人结成的政治共同体，它的形成和存续依赖于共同体成员普遍达成价值观上的共识，共同体成员认同国家存在的正当性和合法性，认同国家代表和维护的社会共同利益。对社会主义核心价值观的价值目标、价值原则、价值规范绝不是仅仅通过词语的界定就能够把握蕴涵其中的真谛，也不能将其理解为与流行无关的文化现象。社会主义核心价值观作为当代中国流行文化模式是雅俗共赏的，是每个民族、每个阶层、每个人都能够认识和理解的。

我国还处在社会主义初级阶段，经济、政治、文化、社会、生态诸多领域的发展并不均衡，社会出现了较为普遍的利益分化，存在一定程度的利益主体之间的矛盾和冲突。社会利益阶层的多元化，容易形成价值观上的差异。在这种情况下，社会主义核心价值观作为国家流行文化模式就要凝聚共识，引导全社会成员形成一致的认知，促进国家的长治久安、建设高水平的国家文化。

（二）国家大众文化模式的构建

社会主义核心价值观作为国家层面的族际交往交流交融的国家文化基础的构建表现为国家大众文化模式的构建，因为无论哪一个民族、哪一个群体、哪一个阶层都能够认识和理解社会主义核心价值观。社会主义核心价值观言简意赅，表述清楚，一学就会，一看就懂，雅俗共赏。社会系统是一个各民族交往交流交融的系统，大众的文化为社会系统的各民族的交往交流交融提供了共享的有意义的符号体系。在这个有意义的共享符号体系里，包含了社会文明对人的要求，处于这个社会系统和文化系统的人，应该做什么，不应该做什么，都由系统进行明确的规定。这个规定的标准是严格的，也是很高的。大众文化强调的是文化的大众性、公共性和普及性。当这种大众文化模式提供了各民族的社会角色的行动规范和价值要求的时候，各民族对这个规范的遵守就成为社会文明水平高低的标志。社会主义核心价值观要求每一位公民都能够成为有教养的人，能够成为言谈举止符合礼仪的人，能够成为承载社会主义核心价值观的精神文明的人。社会主义核心价值观这个大众文化模式是各民族都能够理解和接受的，是各民族真心喜爱、衷心拥护的文化模式,把各民族的价值诉求、价值目标和价值愿景,体现在国家、社会和个人三个层面的要求上。通过上述分析,就可以明白,各民族需要把社会主义核心价值观作为大众文化模式的选择机制进行构建。

(三) 国家乐趣文化模式的构建

规范和流行还不是社会主义核心价值观作为族际交往交流交融国家文化模式的全部意义。各民族通过社会主义核心价值观的培育和践行,不仅仅得到了教育和启发,不仅仅获得了交往交流交融的国家文化基础,也获得了内心世界的欢乐和精神世界的享受。我们把这种结果称之为乐趣。交往交流交融没有乐趣是进行不下去的,即使勉强进行,也不能持久。

社会主义核心价值观不仅仅具有族际交往交流交融的学习、理解和互动的乐趣,而且,以指导族际交往交流交融的方式与各民族的日常生活紧密结合,使各民族间的交往交流交融赖以进行的思想观念被高度浓缩为简单的范畴,将各民族交往交流交融的乐趣贯穿全过程。有了社会主义核心价值观,各民族的交往交流交融就不仅仅是一般意义的互动和接触,而是充满乐趣的互动和接触。因为在这种活动中,各民族不仅仅是交往交流交融的被动的客体和他者,而是把客体和主体、他者和我者结合起来的一个文化整体。每一个人都是一个与文化和历史、思想和现实相结合的文化体,其交往交流交融的过程就是一个文化与文化、思想与思想、观念与观念互动的过程。这个过程是思想观念互相激励、感情理性互相影响、互相激荡的过程。各民族感受的是这个过程中文化的往来、思想观念辉映的乐趣。

二 社会层面的构建

社会主义核心价值观倡导的"自由、平等、公正、法治"是社会层面的族际交往交流交融的国家文化基础的构建。自由在社会层面十分重要。现在的社会,人们可以自由选择职业,自由地从这个地方向那个地方流动,自由地享受生活,选择生活方式。各民族也可以通过正常渠道,自由地表达自己的意见。各民族在互动和沟通时,不仅要把自己的意思表达清楚,更希望被平等对待。所谓一视同仁就是对平等的最通俗的表达。只有生活在法治社会中,各民族的权利才能得到保障,各民族才能有效地维护自己的合法权益。社会层面族际交往交流交融的国家文化模式的构建就是对社会主义核心价值观在社会层面的认同。"认同"一词最早是由弗洛伊德提出的,他将认同定义为个人与他人、群体或模仿人物在感情上的趋同的过程。认同在本质上是社会群体成员在感情和认识上的同化过程。[①] 在中文语境中,"认同"强调的是对人和事的认可。社会主义核心价值观在社会层面的认同大致可以分为两类:一是自我认同,是指个人对自我生理特征、社会所属、生活期许、生存境况等的感知和情感,亦即个人追求自我统一性及连续性的心理感觉。二是社会认同,是个人对其所从属的群体以及对这个群体的情感和价值的重要性的认同,亦即个体对群体的认可、依恋和归属。所以,社会主义核心价值观在社会层面的认同就是社会的文化整合。在文化整合之中,不仅仅是个人与社会的冲突被解决了,而且个人的价值观与社会的价值观取得了一致。

(一) 文化共享的保证

社会层面的沟通涉及很多具体问题,不是一两句就能够说得很清楚。但是,社会层面沟通,贯穿了一个"文化共享"的主题。通过对这个主题的"文化共享",族际才能进行必要的交往交流交融。如果没有这个"文化共享"的主题,就会出现,你说你的,我说我的,彼此虽然在沟通,实际上是南辕北辙,风马牛不相及。涂尔干认为:只有社会成员能够分享一种文化的时候,一个强大的社会的团结的群体才能存在。[②] 各民族都有自己的历史和文化,没有全社会都认可的互动的"文化共享"的主题,各民族不可能在交往交流交融的互动中产生一致性。

(二) 文化互动的保证

各民族之间在社会层面的文化互动的开展,是互相学习和交流的过程,也是各民族学习社会规范和各种交往技巧和方法的社会化过程。社会化过程不仅仅是各民族公认生存和发展的不可缺少的手段,也是各民族本身发展和生存的手段。就社会本身而言,文化互动就是文化群体社会化的结果。

学习和实践社会主义核心价值观的要求,在社会层面上展开交往交流

---

① 车文博:《弗洛伊德主义原理选辑》,辽宁人民出版社1988年版,第375页。
② [美] 约翰·R. 霍尔、玛丽·乔·尼兹:《文化:社会学的视野》,周晓虹、徐彬译,商务印书馆2009年版,第130页。

交融的文化互动,是各民族在新时代不可避免地文化社会化的方式。各民族都生活在一个开放的环境之中,在各民族的自由流动中,各民族的文化互动更加频繁和多样。各民族依靠什么进行文化互动,依靠什么交往交流交融?答案非常清楚,不是各民族自己的那一套独特的风俗习惯,而是社会主义核心价值观。"自由、平等、公正、法治"这短小精悍的八个字,解决了各民族文化互动的多少说不清的困难和问题。在这八个字里,各民族都找到了一个文化互动的平台,都找到了一个文化互动的话语。各民族都可以在这八个字中,互相表达思想感情,畅谈自己的感想体会。这八个字把各民族紧密联系在一起,各民族可以随心所欲地进行文化互动,随心所欲地交往交流交融。

(三) 文化沟通的保证

各民族个人层面的族际交往交流交融的动机究竟是物质利益引导还是文化引导,是个体与社会关系的秩序和行动的问题。根据交往行动理论,文化通过提供有价值的目标和导向,引导每个人的行动。美国社会学家威斯特勒对这个定义的修改是文化应该被看作是一个工具箱,是人际交往的"行动策略"。① 社会主义核心价值观提供文化选择机制保证族际交往交流交融的顺畅进行。例如:社会层面的文化沟通的方式是多种多样的,在各民族有时候用口语沟通比较困难的情况之下,非口语沟通的文化作用不可缺少。语言学的研究表明:人类的沟通,38%是声音,55%是表情。我们去一些地处偏远的少数民族村庄,一些少数民族与我们用语言沟通困难,我们就用非口语方式进行。吃饭时间到了,问我们想吃什么,他们准备了牛肉、羊肉和鸡蛋让我们选择。在我们想吃牛肉的时候,我们就模仿牛的"哞哞"的叫声,他们就端出来牛肉。在我们想吃羊肉的时候,我们就学羊的"咩咩"的叫声,他们就端出来羊肉。我们想吃鸡蛋,就把两个胳膊提起来,模仿鸡下蛋扇动翅膀的样子,"咕咕"叫,他们就端来了鸡蛋。我们的这种交流方式,常常惹得主人捧腹大笑,无形中增进了彼此的感情,一下子就把关系拉近了。调研实践告诉我们,与各民族的沟通,一定要坚持社会主义核心价值观的"三个倡导",这是各民族文化沟通的必不可少的保证。

交往行动理论告诉我们,人们在交往过程中,不是"从头开始编制行

---

① Max Weber, *Religion of China*, New York: Free Press, 1968, p.100.

动路线,而是利用预先编织好的联系,去开展交往"①。我们所到的西北地区基层党政部门同志告诉我们,随着脱贫攻坚的深入,随着各民族群众生活水平的提高,党政部门的工作越来越好做了。党政部门同志现在下乡工作,群众非常欢迎,因为,党政部门给基层群众带来了脱贫致富的政策和资金。这就说明,幸福这个文化符号在新时代具有新的意蕴,是能够被各民族最大限度理解和接受的文化沟通符号。

三 个人层面的构建

每一个中华儿女都应该爱国,不仅爱我们的地理、地域上的国家,文化传统上的国家,而且要爱我们的政治制度、政党制度和社会制度的国家,把传统的爱国和当代爱国紧密结合起来,坚定民族的自豪感和自尊心。每个中华人民共和国的公民都在自己的岗位上,都在自己的职业里,为国家、民族和自我而努力工作。敬业就是要干一行、爱一行,精通本行业的业务,成为本行业的行家里手。每一个行业都是出状元的行业,都是社会发展不可缺少的齿轮。因此,只有敬业才能最大限度发挥个人的积极性和创造性,施展个人才华,找到实现个人价值的道路。诚信是每个人不可缺少的品质。诚信体现在做人的各个方面。诚信就是每个人对社会、对他人、对自我的一种责任,一种负责的精神,就是每个人对社会、他人和自我负责任的庄重承诺。只有言行一致,说到做到,做老实人,说老实话,办老实事,才能成为被社会和他人信得过的诚信之人。友善是每一个人对待社会和他人的态度,是个人修养好的表现。乐于助人,勇于奉献,甘愿牺牲个人利益都是友善的表现。对别人的友善往往是自己的责任和义务。在国家遇到困难的时候,各民族应该友善地冲在前面,为国分忧解难。在别人遇到困难的时候,各民族应该友善地伸出友谊之手帮助其渡过难关。

(一) 公民身份文化模式构建

公民身份就是任何一个人进入社会的社会成员身份,主要包括公民的权利和义务。法国社会学家涂尔干认为公民身份可以取代宗教,成为全社会团结的基础。德国社会学家滕尼斯认为公民身份是一个社会从礼俗社会

---

① R. Benedix, *Max Weber: An Intellectual Portrait*, Garden City, New York: Doubleday. 1962. 140 – 142.

向法理社会转变的关键环节。在本研究中,我们把公民身份看作是族际交往交流交融的实践媒介。各民族的交往交流交融就是在公民身份明确的前提下开展的互动行为。

(二) 公民话语文化模式构建

以公民身份和公民角色进行族际交往交流交融的各民族,进入到了公共交往的领域,这个领域已经不姓"私",而是姓"公"了。哈贝马斯把公共领域"未被歪曲的交往"作为理性交往的最好结果,要求恢复公共领域交往的纯洁性和本来面目。哈贝马斯认为公共领域不是政府的机构,在这个领域里,交往的主题不是政府政策、计划和方案等与公民交往不相干的东西。应该把公共领域的交往描绘为"信息沟通的网络和各种观点构成的网络"①。哈贝马斯针对资本主义社会公共领域交往缺少个人的东西的这种批评,虽然是从个人自由角度进行的,但是,至少说明了公共领域交往具有公民话语的特点。

社会主义核心价值观构建了各民族交往交流交融的文化模式。各民族在社会主义核心价值观拓展的族际交往交流交融的空间里,不仅有话可说,而且可以无话不谈。在这个背景之下,各民族即使存在认识的差异也不会妨碍他们之间的交往交流交融,因为,他们的交往交流交融时间越长,他们的分歧、隔阂就会不知不觉减少乃至消解。使用社会主义核心价值观这个公共话语开展族际交往交流交融就会最大限度地拓展各民族交往交流交融的空间。

(三) 生存方式文化模式构建

把社会主义核心价值观解释为每一个人作为公民的"生存方式"是由各民族生活在"共同场地"而产生的"共同出场"的隐喻,可以更好理解为什么社会主义核心价值观是各民族作为个人生存方式的文化模式的构建。社会主义核心价值观作为各民族的"共同场地"的"共同出场",是一个由国家体制决定的行为,是一个集体主义行为。这就是说,各民族在社会主义核心价值观的指引下,按照社会主义核心价值观的要求,才能够获得文化的生存方式,把文化变为各民族的共同行为。如果一个人把自己摆在与社会主义核心价值观的对立面,这个人就丧失了一个文化的生存方

---

① [美] 约翰·R. 霍尔、玛丽·乔·尼兹:《文化:社会学的视野》,周晓虹、徐彬译,商务印书馆 2009 年版,第 155 页。

式，这个人就不能与大家正常地开展交往交流交融活动。有人说，不同的人采用不同的文化生存方式，是文化"分层"的结果，是社会出现亚文化的表现。这是对文化"分层"的误解。文化的"分层"不是在一个社会里创造一个与这个社会倡导的主流文化相对立的文化，而是创造一个属于这个社会主流文化的具有独特群体特点和个性的文化。这种"分层"文化与社会主流文化是个别和一般的关系，不是对立和冲突的关系。社会主义核心价值观倡导的，也是各民族优秀传统文化倡导的，各民族在这个地区生活和工作，在那个地区生活和工作，都要按照社会主义核心价值观的要求，开展族际交往交流交融。

第五章

铸牢中华民族共同体意识的
国家文化沟通模式

铸牢中华民族共同体意识需要各民族在中国共产党领导之下，中国特色社会主义制度的保障之下，进行全方位、全覆盖的无障碍沟通。因此，铸牢中华民族共同体意识的国家文化沟通模式的构建就显得十分重要和紧迫。

第一节 国家文化沟通模式

国家文化沟通模式的基本条件就是这个沟通模式必须被全社会、全民族所接受和认可，全社会、全民族对此能够达成共识。社会主义核心价值观这个被全社会、全民族接受和认可的共识，可以把不同民族、不同地域、不同性别、不同年龄、不同价值观的人都纳入这个沟通模式里。各民族通过社会主义核心价值观这个沟通模式，无障碍地顺畅地进行族际交往交流交融。在这个沟通模式里，大家什么话都可以说，什么观点都可以表达，什么感情都可以抒发，求大同存小异。

在这个国家文化沟通模式中，进行族际交往交流交融，就不是在私人领域、个体领域或者某个群体领域进行族际交往交流交融。在这个国家文化模式中的族际交往交流交融是国家行为，是公民行为，是公共行为。所以，社会主义核心价值观这个国家文化沟通模式能够把个人、社会和国家紧密联系起来，构成一个中华民族的利益和命运共同体，铸牢中华民族共同体意识。

第五章　铸牢中华民族共同体意识的国家文化沟通模式

一　意识形态沟通模式特色

社会主义核心价值观作为国家形态的文化，深刻体现了国家意识形态的要求，反映了国家意识形态的主要特色，是国家意识形态的很重要的表现形式。因此，社会主义核心价值观就是各民族交往交流交融的意识形态的沟通模式。这个模式具有以下三个方面的重要特色。

（一）政治性和人民性的统一

意识形态方面的话语具有很强的政治性，在这个层面的族际交往交流交融，需要各民族具有起码的政治共识，这就是各民族应该毫不动摇地坚定"五个认同"。我们说社会主义核心价值观是各民族意识形态的沟通模式，就是因为社会主义核心价值观的"政治性"不是离开"人民性"存在的，是与"人民性"紧密结合在一起的，"政治性"不离开"人民性"，"人民性"不离开"政治性"。社会主义意识形态也是代表了人民群众的根本利益的，与社会主义核心价值观在代表人民根本利益方面具有高度的一致性，互相配合，彼此融合。所以，社会主义的意识形态不是深不可测的与各民族分开的、与人民群众远离十万八千里的高墙，也不是只是用来宣传鼓动人民群众思想行为的工具。社会主义的意识形态是与人民群众的思想和行为紧密联系在一起的激励人民群众奋发有为、建功立业的强大精神武器，是各民族的沟通模式。

（二）理论性和实践性的统一

社会主义核心价值观是各民族交往交流交融的国家文化沟通模式，不仅表现在社会主义核心价值观为各民族交往交流交融提供了国家层面的意识形态沟通模式，而且也表现在社会主义核心价值观是各民族交往交流交融的意识形态的理论和实践的统一。

社会主义核心价值观具有鲜明的知行合一、学以致用、理论和实践统一的鲜明特色。社会主义核心价值观的"三个倡导"24个字，是一种理论形态的表述，是理论概括和意识形态的话语。社会主义核心价值观实践性强、可操作性强，人人可以学懂，人人可以照着去做，立竿见影。

社会主义核心价值观的话语表述是来自各民族实践的常见的族际交往交流交融的话语表述，生活气息浓厚，简明扼要，易懂易记，简便易行，符合各民族日常交往交流交融的习惯，学起来，轻而易举，做起来，易如反掌。社会主义核心价值观"三个倡导"24个字的意识形态色彩浓厚，红色是底色，是对社会主义意识形态的简明扼要的表达，也是对各民族在意识形态方面应该坚持什么、应该反对什么的明确要求。社会主义核心价值观的实践色彩浓厚，是一套将理论和实践相结合的行为模式。

各民族在交往交流交融中培育和践行社会主义核心价值观，就是对社会主义意识形态的最好维护，就是对社会主义意识形态要求的最好实践。因为各民族对中国共产党的热爱、对中国特色社会主义道路的坚守、对中国特色社会主义制度的维护，从来不是只讲在口头上，不落实在行动中。各民族的交往交流交融以社会主义核心价值观为指导和遵循，就是各民族在交往交流交融中表达对中国共产党的热爱、对中国特色社会主义道路的坚守、对中国特色社会主义制度的维护，表达了各民族对国家的高度认同和深厚的感情。

（三）可能性和现实性的统一

社会主义核心价值观作为国家意识形态的沟通模式对于各民族的交往交流交融来说，仅仅是一种还没有转化为现实的可能性。把社会主义核心价值观这种意识形态沟通模式的可能性变为现实性，是需要一定条件的。社会主义核心价值观这个可能性表现了各民族高度认同中国共产党的领导和中国特色社会主义道路、中国特色社会主义制度和中国特色社会主义文化，这就是把可能性变为现实性的基本条件。

社会主义核心价值观作为国家意识形态沟通模式具备了实现的可能性，而且是具备了实现的成熟的可能性，因此，社会主义核心价值观就是各民族意愿的集中体现，就是对人民创造历史的社会发展规律的反映。社会主义核心价值观这种可能性成熟的时候，就需要各民族共同的实践，让社会主义核心价值观通过族际交往交流交融的国家文化沟通模式成为现实。

我们不能把社会主义核心价值观作为国家意识形态的沟通模式的可能性和现实性混淆起来。如果认为社会主义核心价值观作为国家意识形态沟通模式就是现实性，而不是可能性，就会导致只说不做、形式主义、主观主义、官僚主义的问题层出不穷。正因为社会主义核心价值观是可能性和现实性的统一，才需要各民族不断认识、不断实践这样一个把可能性转变为现实性的活动。

二 各民族愿景沟通模式

社会主义核心价值观的"三个倡导"24个字，是现实的话语，也是理想的话语。每一个层面的要求都体现了理想和现实的统一，都体现了实事求是精神与创造未来精神的结合。

（一）表达理想的沟通模式

伟大的时代需要以梦想作为灯塔指引各民族为了共同理想而一起奋斗。社会主义核心价值观以"三个倡导"把各民族的理想表达出来，成为各民族共同奋斗的目标和方向。各民族生活在中国特色社会主义制度下，立足自己的土地，为实现这个理想而不懈奋斗。在这个过程中，各民族也形成了以社会主义核心价值观为表达理想的沟通模式，能够把自己对未来美好幸福生活的希望和向往通过这个沟通模式表达出来，互相交往交流交融，团结在一起，奋斗在一起，更加深刻感受和体会我们这个统一多民族的国家对各民族的关怀和爱护，有效地增强"四个自信"和"五个认同"。

（二）表达文化自觉的沟通模式

社会主义核心价值观之所以是各民族表达文化自觉的沟通模式，就在于社会主义核心价值观能够把各民族对文化自觉的看法表达出来并且付诸实践。文化自觉也可以说是对文化有了透彻认识和实践后，对文化培育和践行的自觉性。这就是说，不管有没有外部的压力，有没有规章制度的强迫，有没有人监督，具有文化自觉精神的各民族都能够把社会主义核心价值观的要求落到实处，体现在行动之中，表现自觉性和自愿性的统一。实践证明，具有高度文化自觉的人在交往交流交融中，往往表现了高度的文化自信，显示了非同寻常的理想信念。就人的认知结构看，文化自觉是人的认知结构的知情意高度统一的表现。正因为各民族在文化自觉中把知情意统一起来，所以，才能够以社会主义核心价值观为沟通模式把文化自觉的要求充分表现出来。

前文已经表述了这样一个观点，就是各民族在中国特色社会主义新时代的交往交流交融是在中国共产党领导之下、在中国社会主义制度保障之下的自觉自愿的主动行为，与旧中国的旧时代、旧制度之下的族际交往交流交融的被动被迫行为具有根本性的区别。这个根本性区别的一个表现就是中国特色社会主义新时代的族际交往交流交融的行为是文化自觉、文化自信的表现。

（三）表达文化自信的沟通模式

如果说文化自觉偏重认知的自觉，偏重认识的觉醒，文化自信则偏重心理的觉醒和心理的满足。文化自觉的认识认知色彩较为浓厚，文化自信的心理认同色彩较为浓厚。社会主义核心价值观之所以是各民族表达文化自信的沟通模式，是因为各民族充满文化自信。因为社会主义核心价值观的"三个倡导"24个字是中西马三种资源的贯通，是对各民族文化精华的提炼，是中华民族宝贵的精神财富，也是中华民族贡献给世界的精品，不仅具有中国意义，也具有世界意义。面对这么宝贵、这么伟大的中华民族的瑰宝，各民族没有任何理由不自信，没有任何理由不相信中华民族是伟大的民族，中华民族的精神是无与伦比的伟大精神。

三　各民族文化的沟通模式

任何一个社会的发展和繁荣，都需要文化的发展和繁荣的支撑和引领。没有文化的发展和繁荣，就没有社会的发展和繁荣。但是，文化的传播不是无规则进行的，是有规则进行的，是具有规律的传播方式，这就是文化需要各民族建立文化的沟通模式，互通有无，互相促进，互相借鉴发展。社会主义核心价值观是各民族文化的沟通模式。

（一）各民族取得共识的文化沟通模式

任何时候、任何情况下，都不能低估文化对社会发展的作用。"态度、价值观和信念，有时笼统称之为文化，它们在人类行为和进步过程中，无疑起着作用。"[1] 但是，文化要发挥作用，也不是没有条件的。文化发挥作用的最根本的条件是各民族要对社会主义核心价值观取得共识和达成一致。没有这个前提和条件，我们说社会主义核心价值观有多好，也是无济于事的。各民族对社会主义核心价值观取得共识和达成认同就必须互相之间进行族际交往交流交融。通过各民族的交往交流交融，社会主义核心价值观才能深入人心，形成强大的凝聚力和感染力，各民族才能说社会主义核心价值观代表了他们的文化诉求，表达了他们的文化愿景，社会主义核心价值观是各民族取得共识的文化沟通模式。

---

[1] ［美］塞缪尔·亨廷顿、劳伦斯·哈里森：《文化的重要作用——价值观如何影响人类进步》，新华出版社2010年版，第59页。

（二）互通有无的文化沟通模式

社会主义核心价值观凝聚了各民族文化的精华，是对各民族文化进行提炼和聚焦的结果，因而，能够使各民族文化在表达方式、观念形态和心理心态方面，与中国特色社会主义的要求相符合、相一致。各民族完全可以以社会主义核心价值观为沟通模式，随心所欲地表达自己在文化方面的观点和态度，形成自己文化表达的特色。因为，社会主义核心价值观已经把各民族文化精华兼收并蓄，各民族在社会主义核心价值观中看到的不仅仅是耳熟能详的本民族文化中就有的东西，也能够看到本民族文化中没有的或者缺乏的东西。各民族的文化在社会主义核心价值观中有较为宽广的表达空间与交流空间。这个空间极大拓展了各民族文化发展的领域，是各民族文化交往交流交融的平台，是各民族拓宽文化视野、在文化上站得高、看得远的巨人肩膀。

（三）民主协商的文化沟通模式

文化沟通就是开展各民族的民主协商。各民族可以通过社会主义价值观这个民主协商沟通模式，表达本民族实践的经验和感悟。社会主义核心价值观通过各民族的集思广益，将会在实践中产生更大影响，发挥更大作用。许许多多的经验都是在民主协商中产生的，许许多多新思想、新观点都是在民主协商中脱颖而出的。社会主义核心价值观作为各民族的文化沟通模式，可以广开言路，让各民族建言献策，有利于发挥每个人的积极性和创造性。社会主义核心价值观传达的绝不是哪个人、哪个利益集团的声音，不是某一个民族文化的声音，而是中华民族的群言堂汇聚的时代最强音，是各个民族心声的最强烈、最有代表性的时代精神的精华的表现。

第二节　构建铸牢中华民族共同体意识交往能力

推动新时代铸牢中华民族共同体意识高质量发展是由众多因素决定的，其中一个不可缺少的重要因素就是交往能力的生成和构建。所谓交往能力的生成和构建指的是各民族为了巩固和发展平等团结互助和谐的社会主义民族关系，为了铸牢中华民族共同体意识所进行的交往实践和由此生成的推进社会主义民族关系的发展，深化铸牢中华民族共同体意识的能力。这个在实践行为中产生发展的交往能力的生成和构建的成效决定了铸牢中华民族共同体意识的层次和水平。在中华民族共同体里，每个民族都处于与其他民族的族际交往关系中，这个日常族际之间的交往每天都在进行，是各民族之间最普遍、最经常、最大量的交往。通过这种交往，各民族才能互相认识理解，结下深厚情谊，厚植中华民族共同体意识的情怀和根基。这个世界既属于这个民族，也属于那个民族，是各个民族组成的共同体。既然各民族铸牢中华民族共同体意识的思想和行为与交往不可分割，那么，在各民族交往中必定存在一个有助于铸牢中华民族共同体意识的基础。这个基础就是各民族构建中华民族共同体意识的交往能力的生成和构建。本节将这个能力的生成和构建称之为铸牢中华民族共同体意识的交往基础，各民族就是在此基础之上进行交往，推进铸牢中华民族共同体意识的发展。

一　生成和构建交往能力的重要性

铸牢中华民族共同体意识为各民族交往能力的生成和构建提供了基本遵循和坚强保证。因为有了这个遵循和保证，各民族交往能力的生成和构建就能够向着更高水平、更高质量的方向发展进步。因此，必须认识突出主线主题生成和构建交往能力的重要性。

以铸牢中华民族共同体意识引领生成和构建各民族交往的能力可以形成各民族交往的大视野。各民族交往的视野是否宽广决定了其铸牢中华民族共同体意识的成败，如果各民族交往认同的焦点只是与自己结合最紧密的"区域"，不能从"近处"往"远处"看，就难免一叶障目，局限在"区域"的小我中，无法将小我与大我结合，交往能力感和交往效能感都比较薄弱是这种带有局限性交往的通病。以铸牢中华民族共同体意识为内容和基础的交往的重要作用就是对上述交往进行必要的引领，以增强生活在这种交往之中的人们的铸牢中华民族共同体意识的能力感和效能感。铸牢中华民族共同体意识的能力感就是知道以什么样的认同手段达成什么样的认同目标，铸牢中华民族共同体意识的效能感就是对影响铸牢中华民族共同体意识的各种要素进行必要的挖掘整合，充分提升和彰显蕴含其中的效能。

以铸牢中华民族共同体意识引领生成和构建各民族交往能力能够最大限度地生成各民族交往文化。我国民族地区幅员辽阔，民族众多，每个区域、每个民族都具有各自特色的交往文化。对各民族交往文化划分的依据就是这个区域、这个民族交往的文化特点。我们还可以按照各民族所在的地理位置、民族生存的文化状况,把这些地方、这些民族划分为不同的交往文化带。这些不同的文化区域和不同的交往文化带使不同民族各有各的沿袭已久的风俗习惯和源远流长的历史文化。这种"区域"地理特点和民族的文化特点对生活在这里的人们的交往文化具有不可估量的影响。但是,站在历史新方位角度看,如果能够以铸牢中华民族共同体意识为引领生成和构建各民族的交往文化,那么,这种差异就不是铸牢中华民族共同体意识的障碍,而是有利条件。因为这些"区域"、这些民族的交往文化被包含在中华民族共同体意识的交往文化之中,表现了中华民族丰富多彩的"区域"差异和民族文化差异。差异总是与共同性相结合,没有共同性的差异就是无意义的差异,没有差异的共同性也是无意义的共同性。无论是地理位置有别的"区域"还是历史文化有别的民族差异,都必须符合铸牢中华民族共同体意识的要求,求同存异,同大于异。民族的"区域"文化和民族的交往文化与中华民族共同体意识的交往文化的关系是包括和被包括、支配和被支配的关系。

以铸牢中华民族共同体意识引领生成和构建各民族交往能力,能够促进各民族交往行为,提高水平和质量。各民族铸牢中华民族共同体意识的交往能力的生成和构建是各民族的自我实现和主体对象化的实现和表现。按照马克思的说法,主体的实现和主体的对象化由两个要素决定,首先是劳动,"这种自由见之于活动恰恰就是劳动"①。此外就是交往,很明显,各民族铸牢中华民族共同体意识的交往能力由"劳动"能力与"交往"能力构成。各民族铸牢中华民族共同体意识的水平和层次不仅由劳动的水平和层次所决定,也同样由"交往"的水平和层次所决定。因此,只重视经济的发展,而忽视交往能力的生成和构建,会使各民族交往的社会冲突日益增加,阻碍各民族交往的运行,也使各民族的族际交往关系难以向纵深发展,最终会影响各民族在交往中获得铸牢中华民族共同体意识的满足感和幸福感,导致民族地区的经济、政治和文化发展,社会的整体文明程度受到限制。综上,看各民族铸牢中华民族共同体意识的发展水平和发展质量,不仅要看经济发展水平和程度,而且要看各民族族际交往的能力生成

---

① 《马克思恩格斯全集》第 30 卷,人民出版社 1995 年版,第 615 页。

和构建的水平和程度。我国各民族在祖国的民族大家庭里享受着社会主义制度提供的优厚待遇，得到党和政府的优惠政策的支持，已经全面进入小康社会，正在迈向共同富裕的新阶段。但是，不能不看到，一些民族地区、一些少数民族群众并没有因为物质基础的丰厚就自然而然提高了交往的水平和质量，交往中还存在一些硬伤和软伤，例如：对交往的内在价值的认同感比较低，对交往的参与度比较低。这种交往的"贫"最明显地表现在考量交往行为的实际后果时，其最基本的价值考量仅仅看交往活动是不是对自己有利，利大还是弊大，以此决定自己参加不参加这种交往活动。如果交往行为仅仅局限在功利主义的层面，以功利主义作为最高考量标准，缺乏对国家和民族的深厚的文化情感、文化寄托和文化情怀，不仅会影响各民族的交往，而且会弱化铸牢中华民族共同体意识的效能。所以，就这个意义看，铸牢中华民族共同体意识对各民族交往能力的生成和构建的引导就表现为可以把各民族交往由被动变主动、由不自觉变自觉、由不自信变自信。事实上，当把铸牢中华民族共同体意识确立为交往的主旨主题之后，不论是交往的语言、行为等外在的表现，还是交往的主观动机和评价标准都会发生变化，产生一种被称之为交往的"法"的约束力的实际效果。

二 生成和构建交往的实践能力

各民族人对人的实践交往现实构成了各民族关系的不可分割的图画，各民族之间相互交织的关系成为创造民族社会历史的新发展。各民族族际交往实践能力正在由实在性的支配向符号性支配转变。这就要求各民族的交往要以铸牢中华民族共同体意识为主线主题引导以促进交往实践能力的生成和构建。

交往的符号体系生成能力和表达能力的构建是突出主线主题促进生成和构建交往的实践能力的第一要义。这是文化资本这个概念引入各民族交往领域所引起的交往理念和交往方式的重要变革。在没有把文化资本作为各民族交往领域的基本要素之前，各民族的交往所依赖的是人力资本的要求。人力资本与文化资本最大的区别就是人力资本缺乏符号支配的自主性特点。人们在人力资本占统治地位的交往文化中，主要采取面对面、人对人的直接、单一的交往。这种交往的主观性、直观性的特色影响了交往双方的思想和感情的交流和表达。在文化资本占统治地位的交往文化中，人们的交往更多的是采用间接的、以媒介为导引的交往。在这种交往中，影响交往双方的是符号体系。人们更多地采取除了有声语言之外的图表、图像、数据、广播、电视等有声无声的符号展开多层次、多方面的交往。谁能够很好地运用符号体系，谁就能够占据交往的主动位置，掌握交往的主动权，影响交往的发展方向。所以，文化资本条件下的符号体系交往突破了传统的从上到下、以上对下、上传下达的单一封闭的交往方式，带来交往理念和交往方式的革命，使得交往更加富有表现力、富有人情味和兼具个人特色。因此，在文化资本越来越影响交往的今天，各民族铸牢中华民族共同体意识的交往的效果完全取决于交往的符号体系生成能力和表达能力的强弱。谁的交往的符号体系生成能力和表达能力强，谁就能够成为交往的主动者、自觉者和自信者。就铸牢中华民族共同体意识的交往来看，为了防止出现符号体系不完整和不正确所导致的信息残缺，防止因为符号体系积累不够、开发不够导致的有话说不出来或者说的不正确。各民族在符号体系的生成能力和表达能力的构建时，就特别应该注意下面两类符号体系的生成和构建。

一是中国特色社会主义的政治、经济、社会、文化、生态符号。这些方面的符号生成和建构在中国特色社会主义的经济制度、政治制度、社会制度、文化制度和生态制度之上，充分表现了中国特色社会主义特有的丰富内涵、精神实质和实践价值，充分体现了中国特色社会主义制度的优越性和各民族当家作主的权利和地位。

二是各民族优秀传统文化符号。每个民族都有自己的优秀传统文化。就交往看，这些优秀传统文化无所不在，处处影响交往。因为铸牢中华民族共同体意识的交往，不仅仅是在中国特色社会主义制度层面、思想层面开展的交往，而且是各民族的优秀文化的交往。这种文化交往表现了各民族自己特有的历史文化的底蕴和无法复制的风采，与中国特色社会主义制度思想层面交往相结合，更能够表现各民族交往的时代特色、民族情调和历史厚度。

交往的基本价值准则和基本行为准则的生成能力和遵循能力的构建是突出主线主题促进生成和构建交往的实践能力的另一要义。各民族交往的基本价值准则和基本行为准则，包括是非判断的价值标准、彼此礼尚往来的礼仪规则、解决矛盾冲突的协调机制等。这些作为各民族交往的认同基础，以风俗习惯的方式世代相传，一定要随着时代的发展而不断进步，由此构成社会交往能力的历史积累与发展。因此，各民族在经济、政治、文化、社会等领域的交往的基本价值准则和基本交往准则的生成能力和遵循能力就成为各民族交往能力是否与时俱进的重要指标。中华民族共同体意识就是在各民族交往的基本价值准则和基本行为准则的生成、构建和遵循中得以确立。中华民族共同体意识在各民族交往社会关系网络系统的运行空间与运行能力是各民族交往基本价值准则和基本行为准则的生成、构建和遵循的表现。各民族在交往中以中华民族共同体意识为交往的基本价值准则和基本的行为准则，就能够把握交往的正确方向，传导正确的交往观点，互惠互利，双赢受益。中华民族共同体意识在各民族族际交往中具有引导方向、提升质量、促进族际关系和谐的重要作用。

三　生成和构建交往公共文化的能力

我们所说的公共文化指的就是以中华民族共同体意识为核心的文化。所谓生成和构建交往公共文化的统筹能力和遵循能力，指的是要把铸牢中华民族共同体意识作为统管交往的总纲，交往的所有活动必须遵循铸牢中华民族共同体意识的要求。

各民族在交往过程中，为了与他人更好的交往，就需要把他人看作是社会生活世界中与自己一样的人。但是，与实际的交往过程相比较，无论如何，交往所具有的"最高意义脉络"中的那些原理、观念和逻辑都表现了各民族交往的公共文化的特色。这个公共文化与现实的交往的适应需要一个再提炼、重新组织的过程，以便使公共文化更加准确地反映现实交往的状况。因此，突出主线主题促进生成和构建交往公共文化的统筹能力和遵循能力，就要认识把握交往世界的特点。显然，铸牢中华民族共同体意识的交往的公共文化的生成和构建，就不能仅仅仰仗个人之力完成，还必须依靠个人生活其中的政治制度、政党制度的力量完成。因为个人的力量包括"家庭、家族、宗族、村社共同体等的文化脉络所形成的毕竟是私人社会、团体社会、地方社会、宗族社会，而非公共社会历史联系"[①]。公共文化的建立促使异质的、多元的个体只有在公共价值引导之下才能够顺利进入公共领域当中。把铸牢中华民族共同体意识看作是贯穿各民族内涵丰

---

① 张静：《公共性与家庭主义——社会秩序的基础性原则辨析》，社会科学文献出版社2012年版，第134页。

富的交往的公共文化，就要求各民族增强公共文化的统筹能力和遵循能力，这是因为中华民族共同体意识反映了各民族交往最重要、最本质、最核心的特点，是各民族交往能够推进铸牢中华民族共同体意识的思想基础、行动指南和基本遵循。

铸牢中华民族共同体意识之所以是各民族交往的公共文化，各民族必须增强公共文化的统筹能力和遵循能力，还需要从社会结构方面认识把握。社会结构具有两个方面的含义，一方面是社会学意义上的通过城市化形成的极为复杂的社会网络。各民族在这个越来越复杂的社会网络里，经受着信息化、商业化、市场化、媒体化的各种各样新的网络要素的冲击，他们因此教育程度不断提高，利益诉求急剧增加，思想观念不断更新。虽然社会的发展程度、个人的成熟深度并不能直接导致交往公共文化的形成，但是社会发展依然会影响各民族的交往公共文化的建立和发展。相对于各民族传统的地域性的社会生活，现在这种网络化、工业化、市场化、信息化和媒体化的社会生活，能够影响各民族对国家的认同和对中华民族共同体意识的坚守。另一方面就是政治学意义上的社会结构，指生产力与生产关系、上层建筑与经济基础的结构。各民族建立好遵循什么样的公共文化，是由生产方式和社会制度决定的。所以，增强各民族的公共文化的统筹能力和遵循能力已经是社会发展到今天，国家对每一位国家公民提出的要求。

增强各民族的公共文化的统筹能力和遵循能力是历史和现实发展的结果，带有一定的强制性。这就是说，如果不具备这个能力，不仅铸牢中华民族共同体意识的任务难以落实，而且各民族的交往这个最日常的工作也难以进行。我国各民族都是中华民族的一部分，无论是历史和现实，都与中华民族从来就没有分开过。这个没有分开过，不仅指地理上的没有分开过，血缘上的没有分开过，也指思想观念和心理结构上没有分开过。各民族都深受儒家思想的影响，都没有完全脱离以儒家思想为主的思想体系的影响而另外创立一套与之并驾齐驱的思想体系。随着封建王朝大一统统治体制在民族地区的确立，儒家思想作为这种大一统体制的思想表现，也随之而成为民族地区占统治地位的思想。西周后期的思想发展变化有一个明显特点就是在"天道"和"人道"的关系上，"人道"逐渐占了上风。重视"人道"的理性化思想越来越成为中国古代思想的主流发展趋势。

如果历史要素还不能把铸牢中华民族共同体意识的交往的公共文化的

基础脉络讲清楚，那么，当我们把视角转向现实的时候，这个问题就一目了然了。我国各民族经济、政治、社会和文化上的翻身解放是旧中国历朝历代都没有做到的事情，只有在中国共产党领导之下，经过社会主义革命和社会主义建设，各民族才真正实现了从奴隶到主人的彻底翻身解放，享受社会主义大家庭的温暖。马克思的一个重要思想就是人类历史的真正开始是从社会主义和共产主义建立起来才能计算的。这是因为社会主义和共产主义真正实现了"人的解放"。各民族交往是在有了一个铸牢中华民族共同体意识的公共文化形态才能够从真正意义上自觉自愿地开展，富有成效地开展。增强这个公共文化的统筹能力和遵循能力则是保证铸牢中华民族共同体意识深入人心的重要举措。

我国各民族交往是在中国特色社会主义新时代和民族关系新格局中，是在中国共产党的领导下、在社会主义制度保障和塑形下进行的，反映了我国民族关系的社会基础和认同基础的统一性和稳定性。各民族交往过程是一个结构整合和功能整合的过程，是一个不断铸牢中华民族共同体意识的过程。在这个过程中，特别要注意铸牢中华民族共同体意识这个管总、管方向、管大局的主线主题的彰显。铸牢中华民族共同体意识的交往把各民族的思想认识、行动方向都凝聚在建设中国特色社会主义伟大事业的大格局、大视野里，使各民族的交往不再局限于本民族、本地区的"区域"内和民族内，而是与社会发展、时代进步、民族振兴紧密结合。对于各民族交往来说，为了实现铸牢中华民族共同体意识的目标，就要注意在铸牢中华民族共同体意识的引领下，培养交往的符号体系的生成能力和表达能力，培养交往的基本价值准则和基本行为准则的生成能力和遵循能力，培养生成和构建交往的公共文化的统筹能力和遵循能力。

第三节　构建铸牢中华民族共同体意识的国家文化沟通模式

我们的调研一而再、再而三地表明社会主义核心价值观的国家文化沟通模式在哪里建立得好，哪里的铸牢中华民族共同体意识就呈现良好局面，哪里的社会主义核心价值观的沟通模式建立得不好，哪里的铸牢中华民族共同体意识就呈现沉闷局面。

第五章 铸牢中华民族共同体意识的国家文化沟通模式

一 进一步凝聚各民族的认同

进一步凝聚各民族对社会主义核心价值观的认同是构建铸牢中华民族共同体意识国家文化沟通模式的最为重要的任务。所以，进一步凝聚各民族对社会主义核心价值观的认同，就是构建各民族铸牢中华民族共同体意识的国家文化沟通模式的一件大事。

（一）党组织高度重视是关键

在进一步凝聚各民族对社会主义核心价值观的认同中，党组织的高度重视是关键。为了把社会主义核心价值观作为铸牢中华民族共同体意识的国家文化沟通模式建设好，当前，对社会主义核心价值观宣传教育、学习教育还需要进一步加强和提高。总的看来，社会主义核心价值观的宣传教育，省会城市比市县城市搞得好，市县城市比乡镇搞得好。省会城市的大街小巷的墙上、标语、牌匾宣传教育学习的内容比较多，氛围比较浓厚。市县城市的大街小巷，社会主义核心价值观的宣传教育内容相对比较少。乡镇则更少，群众怎么能够按照社会主义核心价值观的要求办事，又怎么能够把社会主义核心价值观作为国家文化沟通模式，进行族际交往交流交融的活动。所以，我们建议各级各类党组织要把社会主义核心价值观的宣传、教育、学习作为一项经常性的活动，紧抓不放，一抓到底，抓出实效。不能因为社会主义核心价值观的宣传、教育、学习是一个比抓经济活动要软得多的活动，而说起来重要，忙起来不要，干起来次要。这种认识都是与党中央的要求背道而驰的，也是违背民族地区各民族意愿的。

（二）凝聚力和感召力是核心

社会主义核心价值观需要培育和践行已经不仅是一个理论武装的大事，也是一个现实紧迫的大事。这就要求各级党政组织要积极探索社会主义核心价值观作为有效的国家文化沟通模式构建的方式方法，尽快构建社会主义核心价值观的学习教育宣传沟通模式。一些对社会主义核心价值观的认识偏差问题，不能就事论事，不当一回事，要上升到抢占意识形态高地的高度去解决。这就是说一些对社会主义核心价值观的模糊认识虽然是认识上的偏差导致，其产生原因是多种多样的。但是，如果不能从意识形态角度去辨析，就会看不到问题的严重性，就会姑息迁就，任其发展蔓延，导致意想不到的后果。这时候，就要敢于亮剑，敢于斗争，对错误的认识进行必要的批评，进行马克思主义的剖析辨析，分清是非。

（三）补齐短板是紧迫任务

从各县市、各部门工作情况来看，社会主义核心价值观宣传教育学习工作进展不平衡，在思想认识、责任担当、工作机制、能力手段等方面还存在差距和不足，主要表现为：

一是有的县市、部门和单位还没有把社会主义核心价值观培育和践行抓到手上；有的认为社会主义核心价值观工作是宣传部门的事，对自己的职责履行不到位或抓的力度不大。有的党委党组主要负责同志在这方面的工作与中央和省委的要求有一定差距。

二是有的县市、部门和单位还没有将社会主义核心价值观培育和践行工作纳入党建工作责任制，建立必要的政治纪律、政治规矩，没有列入检查和干部考核范畴。有的虽然在宣传工作或文化建设中进行检查，但是，权重较小，刚性约束还不够。

三是有的县市、部门和单位班子成员的社会主义核心价值观培育和践行的"一岗双责"落实不到位，有的县市和单位对舆情的反应和处置能力不够强，对新形势下如何应对网络媒体，及时发现、有效处理突发舆情的能力不足。

四是有的县市、部门和单位对网络社会主义核心价值观领域工作责任制落实不到位，对网络社会主义核心价值观工作重视不够，对一些苗头性、倾向性和比较敏感的问题考虑不全面、不细致、不深入。

五是有的县市、部门和单位网信工作体制还需要进一步理顺，网信机构还不健全，有的成立了相应的机构，但在实际工作中依然存在管理体制不顺畅、管理机制不健全、管理工作不够到位的问题。州、县（市）网信机构建设工作还比较滞后，编制、人员仍然不能及时到位。

六是网上舆情管控能力有待进一步加强。各级组织近年来在网上舆情分析、研判、处置等方面做了积极探索和大量工作，但由于网络新技术新应用的不断升级，受我国互联网管理大环境的影响，特别是涉及民族宗教问题网上舆情多发频发的现状，网上舆情管控工作面临更加严峻的形势，管控难度不断加大。

七是网络日常监管还需进一步加强。净化网络舆论环境专项整治工作虽然取得了阶段性成效，但在落实网站主体责任方面还存在不到位的问题。部分网站网络安全意识薄弱，网络安全防护措施欠缺，网站安全漏洞较多，存在一定的安全隐患。部分网站（包括新媒体）存在属地和主管主办单位常态化监管机制不健全、监督管理责任不落实、日常保障维护和监督检查不到位等问题。

因此，我们调研所到之处，也积极建言献策，提醒各级组织一定要采取一系列重要举措，牢牢掌握社会主义核心价值观培育和践行的领导权、管理权、话语权，在实际工作中取得实效。

二　进一步凝聚对中华文化的自信

我国民族地区是一个多民族、多文化的地区。要使社会主义核心价值观成为各民族共享、共用、共荣的族际交往交流交融的沟通模式，就要认识到铸牢中华民族共同体意识不仅仅是一个各民族简单的互相之间沟通的问题，更是一个凝聚各民族对中华文化自信的过程。

（一）加强各民族共同文化建设

对中华文化的自信，最重要的就是对社会主义核心价值观的自信。加强社会主义核心价值观的建设，就是加强中华民族的共同文化建设。各民族可以坚持和传承本民族的文化，可以与国家文化求同存异。但是，在本民族文化与国家共同文化产生矛盾和冲突的时候就要服从国家文化的要求。各民族只有处理好本民族文化和国家文化的关系，才能增强对中华文化的自信。德国的卡尔·曼海姆在《意识形态与乌托邦》中指出：一个社会如果没有共同的文化，这个社会就要从思想上被瓦解。[1] 因此，加强社会主义核心价值观这个中华民族共同文化的建设是促进和繁荣中国特色社会主义文化的百年大计、增强对中华文化自信不可缺少的环节。

（二）铸牢中华民族共同体意识

社会主义核心价值观作为先进的文化形态之所以对各民族文化发展和繁荣具有重要的引领和指导作用，就是因为社会主义核心价值观植根在各民族优秀文化的土壤中，与各民族的优秀文化同呼吸、共命运，深刻体现了中华民族共同体意识的要求。

铸牢中华民族共同体意识是中华民族历史和文化发展到今天对各民族文化认同、文化自信的要求。中华民族共同体意识就是中华民族的国家意

---

[1] ［德］卡尔·曼海姆：《意识形态与乌托邦》，李步楼等译，商务印书馆2014年版，第48页。

识。这个意识的产生不仅是历史和现实逻辑发展的必然结果，也是党和国家倡导、推动和培育的结果。

（三）建设各民族共有的精神家园

中华民族的各民族文化是通过一系列内涵丰富的符号体现和传承的。这个共有、共享、共荣的文化符号就是社会主义核心价值观。社会主义核心价值观作为各民族共有的精神家园，从其广泛性、深刻性来看，就是一套对各民族文化关怀的表现。社会主义核心价值观的文化关怀的范围是全国各族人民，社会主义核心价值观的文化关怀强调各民族对国家的责任和各民族团结和睦的关系，既是理论思想的关怀，也是日常生活实践的关怀。

社会主义核心价值观的文化关怀，无处不有、无处不在，对培育各民族热爱中华民族、热爱国家、热爱党和社会主义的思想感情，建设各民族共有的精神家园，具有重要的作用。

三 进一步凝聚对国家通用语言文字的认同

国家通用语言文字不仅仅是作为各民族交流工具的存在，而且是国家、中华民族的重要标志物。国家通用语言文字就是中华民族的共同语言，是国家要普及推广的每个民族都应该能够用来进行交往交流交融的口语、书面语的汇集。

（一）国家通用语言文字学习推广的重要性

社会主义核心价值观作为铸牢中华民族共同体意识的国家文化沟通模式才能够真正发挥其重要作用，才能促进各民族交往交流交融，形成各民族对真善美的追求，对假恶丑的鞭笞。在具体的语言实践中，国家通用语言文字对社会主义核心价值观作为国家文化沟通模式的重要性就表现在族际交往交流交融的双方以国家通用语言文字作为沟通语言，双方就都能够听懂对方的话语，理解其中的意思。所以，国家通用语言文字的学习推广对各民族来说就不是一件可有可无的小事，而是一件利国利民的大事。对国家通用语言文字的认识和掌握的程度往往表现了对中华民族、对国家、对党和政府的认识和认同程度。

语言的重要性，我们是有感触的。我们在调研过程中发现，如果你能说这个民族的语言，那么，这个民族的一些群众就与你较为亲近。如果你

第五章　铸牢中华民族共同体意识的国家文化沟通模式

不能说这个民族的语言，那么，这个民族的一些群众可能就会与你有一定隔阂。同样的道理，各民族一定要把国家通用语言文字作为共同的语言学习和掌握，不能仅仅依靠本民族语言进行族际交往交流交融。

（二）国家通用语言文字沟通交流的重要性

虽然，在交往交流交融过程中，对决定使用何种语言文字，在多大层面上与对方沟通，在多大程度上实现相互理解，每个民族都可以根据实际情况自主决定。但是，无论哪一个国家，哪一个社会发展阶段，这种语言的自由都是有限的，不是无限的，都是相对的，不是绝对的。铸牢中华民族共同体意识对于各民族来说离不开各民族自己的民族语言，但是更离不开国家通用语言文字这个中华民族的共同语言。铸牢中华民族共同体意识的每一个字不仅仅是拼音和字划的组合，还是中华民族的文化符号、社会主义中国的国家文化符号。学习国家通用语言文字就是学习中华民族的文化、中国特色社会主义的理论、马克思主义的立场、观点和方法，是一个培育和践行中华优秀传统文化、革命文化、社会主义先进文化的过程。

民族语言是要学习的，这是传承民族文化不可缺少的环节，应该引起重视。但是，从社会主义核心价值观引领铸牢中华民族共同体意识的培育和践行看，国家通用语言文字的学习掌握是摆在各民族面前的更为重要和紧迫的任务，必须抓紧抓好，不能掉以轻心。我们很难想象，如果各民族对国家通用语言文字都不能够掌握，都不能用来进行族际交往交流交融，那么，社会主义核心价值观引领铸牢中华民族共同体意识又怎么能够在各民族中间深入人心？

（三）国家通用语言文字媒介导引的重要性

各民族交往交流交融不仅仅是对各民族文化的跨越，也是对各民族语言的跨越。因此，族际交往交流交融必须以国家通用语言文字为媒介，这样各民族在交往交流交融中才没有任何语言障碍。

语言作为族际交往交流交融的媒介作用是非常重要的。课题组 2017 年、2018 年暑假在青海藏区农村某藏族小学支教，很多藏族小学生跟课题组成员学习汉语，问道：为什么汉语把道路称为马路，是不是专门为马修建了道路，有没有为牛、为羊专门修建的牛路、羊路呢。把这么简单的问题回答清楚需要引经据典，追溯中华民族的历史，溯源中华民族的文化，这不是一件容易做到的事情。可见，语言引起的问题，往往是文化问题，甚至是民族问题、政治问题。要认识和理解中华文化、中华民族的历史，必须学习国家通用语言文字。不在国家通用语言文字语境中开展各民族交往交流交融，中华文化的魅力是难以领会的。为了避免各民族在交往交流交融中产生语言歧义，必须把国家通用语言文字作为各民族的共同语。

第六章

铸牢中华民族共同体意识的认同和社会心态健全

铸牢中华民族共同体意识从其本质看，蕴含着国家认同、社会认同和社会心态三个指向，认识这三个指向对于铸牢中华民族共同体的思想基础、认识基础和心理基础都有重要的意义和价值。

第一节 铸牢中华民族共同体意识的国家认同的文化解释

对国家认同细部的"深描"构成对国家认同的文化解释。文化的解释是一个"公心"和"私心"的结合，文化的"公心"，不偏不袒，能够把文化作为一个整体张力和细节张力的结合、一个完整画面和个别具体局部的结合"深描"出来。文化的"私心"，有所偏爱，喜欢按照自身逻辑，将集体逻辑强加给社会和个人。文化的"公心"和"私心"的结合就是文化解释的本性。国家认同的文化解释乃是一个"深描"过程，表现为"认知—情感反应"模式的构建。这是人的"社会性大脑"的建立，是人的国家认同观形成和确立的标志。在认知—情感反应模式里，最重要的是符号体系的"同"的构建，以这个"同"构建各民族的国家认同观。国家认同往往表现为情感的倾向性。

一 国家认同的文化解释是一个"深描"过程

一个概念被熟知之后，无论怎样运用，怎样流行，都不如回归到文化这个"最复杂的整体"①之中清晰。对国家认同的研究也应该遵循这个路径展开。对国家认同的文化解释指将国家认同纳入文化范畴进行细部"深描"。"深描"是美国社会学家米尔顿借用另一位社会学家赖尔的表达文化分析方法的概念。他以"眨眼"和"挤眼"为例，说明了文化分析的方法就是把一种社会现象的文化底蕴揭示出来，把我们带到事物的本质之中。"深描"的文化分析方法对我们认识和理解国家认同的深刻内涵提供了一个基本遵循。

当前，对国家认同的研究多聚焦在国家发展理论、国家发展道路和国家政治制度等方面，对国家认同的解释也多通过政治、经济、社会、教育、文化、民生等要素展开。如果要很清楚地解释国家认同就不能仅仅停留在上述研究的"宏大叙事"的"浅描"上，"不能醉心于国家认同的变迁与再建构的宏观研究层面，停留在公民认同、民族认同、政治认同等领域"②，还要注意文化的"深描"与其他方面的"浅描"相结合。这就是说要在注意国家认同的"宏大叙事"的"浅描"的同时，还要注重对国家认同的文化"细部"的"深描"。我们在阐述文化"深描"基础之上，将国家认同的文化解释理解为一个认知—情感反应模式的构建。这是人的"社会性大脑"的建立，是人的国家认同观形成和确立的标志。

（一）文化的"深描"

文化的"深描"与"浅描"最主要的区别是文化的"深描"以文化为公众所有、其意义也为公众所有为逻辑前提，进一步把文化的为人所知、不为人所知的含义全面细致表现出来。这就是说文化"深描"最重要的是要在形态上、在功能上把文化呈现为一个整体、一个大局，而不是一个个体、一个局部。文化的"深描"首先不是去描写某个个别、某个局部，而忽略对整体、对大局的把握。文化的"深描"首先要完整呈现文化的全貌，呈现文化的"森林"，然后，才能触及、显示文化的细部、细节。文化的"树木"只能在文化的"森林"里才能得到纤毫毕露、无所遮拦的展现，才能表现出蕴含其中的价值和意义，才能最终表露其中不为人知或

---

① ［美］米尔顿·M. 戈登：《美国生活中的同化》，马戎译，译林出版社2015年版，第15页。

② 金太军、姚虎：《国家认同：全球视野下的国家认同结构性分析》，《中国社会科学》2014年第6期。

者知之甚少的一面。我们常常看到，一些文化作品常常脱离文化整体把某个文化现象的细部描得很细很细，或者常常忽略文化细节把文化现象的浅显一面描得很粗很粗。这两种描法都不是文化的"深描"。在文化"深描"的语境之中，公众所关注、所经常使用的是一个总体性构成体系，对文化细节、细部的观察就是通过这个总体性体系进行的。文化作为总体性体系不能随意拆开，不能任意碎片化。丧失了总体性体系的文化、被任意碎片化的文化，都不是真正意义上的文化，而是一些琐碎的话语集成、一些历史的断片堆积以及无法展开解释的高度抽象的概念合成。

与此同时，仅仅把对文化的理解停留在这个总体化阶段，文化也不能被"深描"，还需要将这个总体化与细致化相结合。文化的"深描"就是这个结合的产物。这就像观众对一个复杂的乐章演奏的理解，观众既不把这个演奏等同于乐器的集合发出的声响，也不把这个演奏理解为乐章所依赖的总谱，这是一个"时间上发展了的音调结构，是模式化的声音的连贯序列"①，观众关注的是音乐本身的总谱和以总谱为依据的每个细节合成所构成的华美乐章。文化的"深描"表明文化的意义是公有和个别的结合，是一个整体张力和细节张力的合成，是森林和树木的总和。从这个角度认识文化的"深描"，文化就不是一个引发各类社会事件的诱因，而是一个解释平台。在这个平台上，文化表现为自身对自己的构建，表现为当事人经历的融入。概而言之，文化就是人，人就是文化，这两个因素乃是一个不能分开的结合在一起的整体。通过这个整体，我们才能理解文化，才能对文化进行"深描"。由此看来，国家认同不是"某种被制造出来的东西"，不是"一个被捏出来的东西"，更不是被某种力量"虚构出来的东西"。

（二）国家认同是从文化中自然而然形成的历史积淀物

据此，国家认同是从文化中自然而然形成的历史积淀物，是亿万人民群众在认识和改造中国社会过程中有意无意形成的时代精神。这是文化对自身的构建，而且是当事人对自己经历的融入，是现实和实践对文化的"当下社会性话语"的构建。文化对自身的构建仅仅是文化的"历史话语"，仅仅是历史的大量遗存的展示，还不是文化现实话语的构建，还没

---

① ［美］米尔顿·M.戈登：《美国生活中的同化》，马戎译，译林出版社2015年版，第15页。

有把现实话语与"历史话语"相互结合。这个意义上的文化构造，内涵和外延都是有限的，其影响力、感召力带着怀旧、怀旧的感伤情绪和厚古薄今的风格。文化自身的逻辑力量是不满足于这个阶段的，还要突破这个旧模式和旧格局，还要向与现实话语对接、向现实要材料的阶段发展。如果文化只是"历史话语"的传达和告知，文化便与博物馆的展览没有区别，只是怀古的代名词。这不是文化的性格和文化的本意，文化是走在时代前列的进化旗手，也是落实辩证法的忠实实践者。文化一定要在现实之中找到知音，一定要在日新月异的社会生活之中找到供应商和话语表达。

中国古代文化的家国一体同构的思想和传统，在改革开放时代，其价值和意义依旧。但是，这个思想和传统如果没有现实的依托，没有实践的支撑，也很难找到继续发展的平台，也很难成为一种促使人们产生奋发有为力量的爆发点。家国在中国古代社会的一体化同构很大程度上取决于中国古代社会的家和国的界限模糊，家就是国，国就是家，家国不分，乃是中国古代社会结构造成的必然结果。中国古代社会的结构是二元融合的社会结构，即：国家通过政治权力、社会地位和经济实力这条线与家通过血缘关系、地缘关系和家族关系相交叉和融合，体现了普天之下莫非王土、率土之滨莫非臣民的大一统思想，这个社会结构将整个国家和全部家庭都纳入了皇权统治范围，家国都是皇权的下属。这样的社会结构的另一面是把家国的观念扩大和深化，丰富了家国的内涵，区分了家国的大和小的关系，即把国看得大，把家看得小，为了国，家应该与之一体化同构，家在与国的关系中应该无条件服从国这个整体，这是一个更高级别的政治构建。如果文化就是构建一种"深描"的解释，那么，就不应该把文化解释与特定的国家和民族在特定时代的所说、所做、所想、所思割裂开来，置之不理，束之高阁，把历史和现实都变成向后看的历史记忆和历史展览。

（三）文化是一种社会性话语，是与现实的社会性对话

在现实中，在浩如烟海的无数实践之中，每个人都只是九牛一毛，沧海一粟，文化就要通过这些个别的历史个体和思想个体解释社会发展的规律性，引导人们看到现实的底蕴和逐步显露的魅力。中国特色社会主义的实践对中国古代家国一体同构思想和传统赋予新的含义，给予新的解释，构成了全新的家国一体同构的世界观、人生观和价值观。现代意义的家国一体同构的家是享有法律保护、具有基本人权、社会关系平等、人格独立

的家,国是富强、民主、文明、和谐的国,是自由、平等、公正、法治的国,是爱国、敬业、诚信、友善的国。现代意义的家国一体同构指家和国在整体、大局和目标方面的一致,不是指互相没有区别、互相可以代替的一致。无论家还是国,责任主体、行为主体和人格主体都有明确区别,彼此的权利和义务的界限都被国家法律和国家政策所明确规定,国和家、集体和个人都不能随意逾越这个界限。

上述分析表明,文化的解释就是一种将历史和现实、古代和现在、思想和实践结合的"深描"。这个"深描"的两面性很明显,一方面就是传承和表达"历史话语",展览历史遗存,表明历史观念;另一方面则要发出和表达"当下社会性话语",体现时代精神,发出时代声音。这两个方面的结合表明,文化是一个"公心"和"私心"的结合,文化一方面不偏不袒,能够把古代和现代、昨天和今天作为一个整体、一个大局"深描"出来;另一方面,文化的"私心"则与之相反,有所偏爱,一意孤行,按照自己的逻辑,将集体行动逻辑规律强加给社会和个人,强迫社会和个人不得不做其要求的事情,不得不回避文化禁止的那些事情,文化的"私心"就是要强迫个人遵循集体行动逻辑去思考和行动。谁不按照这个集体行动逻辑思考和行动就可能被文化的"私心"戴上离经叛道的帽子,受到排斥。文化的"公心"和"私心"的结合构成文化解释的本性。

二 国家认同是认知—情感反应模式的构建

当前,研究成果的共同性都是把国家认同变为类型学,集中研究国家认同的外在方面,较少深入到国家认同的内在方面。所谓国家认同的外在方面指对重要概念与相关概念的关系的梳理和分界,大量的研究主要通过界定和划分国家认同的概念论述国家认同及其价值和意义。在这样的研究框架内,国家认同与民族认同比较,国家认同显然是更高一级的社会认同,是每个公民必须具备的基本国民素质。为了建立和培养公民的国家认同观,有的研究主张通过加强法治建设,推进依法治国,有的研究主张通过各级各类学校教育,加大国家认同教育力度,总而言之,在国家认同研究方面,仁者见仁,智者见智,大家各抒己见,莫衷一是。纵观这类研究,其通病是"概念走多远,研究走多远"[1]。

---

[1] [奥]维特根斯坦:《哲学语法》,韩林合译,商务印书馆2012年版,第97页。

我们采用的"深描"的文化解释方法要把国家认同置放在一个整体、一个全局的框架中认识、分析和理解。这个由文化凝聚而成的整体和全局不仅表现为文化的"公心"和"私心"的结合，而且表现为一个完整的认知—情感反应模式的构建。文化通过这样的横向断裂而成为对先前概念的推进，对先前假说的检验，对先前定理的充实，表现为无体系而连贯，无停止而尝试，以创新构成向纵深推进的一次比一次大胆的"深描"。

（一）完整的认知—情感反应模式的构建是国家认同的文化解释的核心任务

当这个模式建立起来，人们就可以对国家认同作出对应性的认知和对应性的情感共鸣，就能够形成制度化的与他人沟通的方式。在这样的模式里，文化不仅表现为语言、服饰、言谈举止等外部形象，而且表现为以对国家态度为导向的一整套的思想、观念、意志和情感统合而成的内在形象。人的国家认同观在这个模式里已经不是"由头脑中发生的事情构成"，而是由现实生活的活生生的逻辑构成，支配人的认知模式运行的不再是个人的自我独白和好恶感觉，而是"当下社会性的话语"的力量，是国家的他我对自我的推动和完形整合。人的认知可以因人而异，可以左右逢源，但是，人的国家认同观在"当下社会性话语"里则不会因此出现偏差。在这个意义上的国家认同观已经是公众、公民意义上的国家认同，是国家这个整体、这个大局对现实、对某个事物的借用个人之身的感应和共鸣，是国家观理论与所接触的现实的相结合和双方内涵的进一步发展和丰富。在这个对接里，人的国家认同观牢不可破地存在于人的认知—情感反应模式里，在一个固定线路里按照既定的脚本上演既定的曲目。国家认同观的这个不以人的意志为转移的事实说明国家认同观的文化属性高于其政治属性、族别属性，是人的精神世界贯通古代和现代、理论和实践的结果。

每个人形成国家认同观的经历可能各不相同，认知和情感形成各有差异，但是，每个人的国家认同观的共同点在于适应他"经历过的事情和正在经历的事情"。不管你愿意不愿意，国家认同观的建立和形成就是一个你必须适应和接受的现实，这个现实，任何人都不能逃避，必须适应，任何人都不能改变这个现实，必须接受这个现实，否则，人就无法认识和理解国家认同观的文化价值的深刻现实意义，就不能在现实社会中找到自己的思想和感情的寄托，更谈不上怎样以自己的聪明才智贡献社会。这就告诉我们文化不是人的现实存在的装饰品，而是人的现实存在的基础和条件。人的天生软弱、能力欠缺都要通过文化改变。如果你想在社会生活中大显身手，有所作为，超越自己，方式方法有很多，但是，就文化提供的适应和改变看，你必须把自己的思想、观念、感情、行动置于国家认同之下，显示其中蕴含的重大意义，乃至将这些个人的产物变为国家认同的产物。

（二）国家认同观的形成依赖认知—情感反应模式

假如这个模式不产生人对国家认同的态度，人的天生的反应能力所具有的笼统性、善变性和不确定性就会导致人对国家认同的认知缺陷，人的认知功能就很难健全。每个人对国家认同的态度是每个人世界观、人生观和价值观的表现。稳定的世界观、人生观和价值观可以提供稳定的对国家认同的态度，对国家认同的态度就是检验每个人世界观、人生观和价值观是否成熟的标志。在这个认知—情感反应模式里，认知仅仅是居于引导地位的一个要素，还需要情感这个要素将自己塑造为一个能够确定国家认同观的坚强勇士。情感不仅支撑认知，而且促进其形成。认识的第一步是感觉，这个感觉往往是情感的发端，凡是我们认为感觉好的东西，往往是情感所喜欢的，凡是我们感觉不好的东西，往往是情感排斥的。

在国家认同的认知—情感反应模式里，情感贯穿认知全过程，导引认知的方向，决定认知的成败。如果把认知看作在国家认同的认知—情感反应模式中单独起作用的要素，而把情感看作可有可无，就会认为国家认同是法治治理和各种教育的产物，如果把情感要素看作是在国家认同的认知—情感反应模式中单独起作用的要素，就会把认知看得无足轻重，其结果就是把国家认同看作是人与人之间通过情感共鸣有意无意达成的默契。事实上，无论是贬低认知要素还是贬低情感要素在国家认同的认知—情感反应模式中的作用，都无意中陷入了分类法的迷茫和陷阱之中。因为认知要素如果可有可无，国家认同作为与其他方面认同的分别，也只是体现在其概念的分类上，至于这个概念的文化属性、文化解释则被排斥，被束之高阁。如果情感要素可有可无就否认了国家认同是一种文化情感的结果，而仅仅是个人通过共鸣产生好恶的选择，这种做法实际上把国家认同变成了抽象的概念关系。在这个关系里，国家认同就成为概念的分类和概念外化的运作。

（三）国家认同的重要性就在于国家认同不仅是认知—情感的结合，而且是社会和个人的结合

对于以认知—情感反应模式来认识和理解国家认同来说，国家认同是要通过认知—情感的力量，赋予社会和个人的结合以理性和情感的价值和意义。理性的价值和意义在国家认同观形成过程中，不仅仅表现为对概念在分类学意义上的明晰和清楚，而且表现为对国家前途和命运的关心、对国家价值的深刻思考以及与之同呼吸、共命运的坚定理想信念，表现为对历史的反思、对现实的同构、对精神的再塑造。情感的价值和意义在国家认同观形成的过程中，不仅表现为爱憎分明，是非清楚，而且表现为对国家有一种难舍难分的依恋之情、一种对国家伦理和国家道德的深度依赖。这种国家情感和动机赋予国家认同以浓厚文化特色。国家认同被看成是人的理性和情感相结合的文化产物。这实际上是一个人怎样去定义环境和适应环境的问题。中国社会发展到今天，史无前例地要求各民族必须形成和培养国家认同观，以期万众一心、同心同德去实现中华民族伟大复兴的中国梦。中国的国情和现实客观上要求每一个人都要把自己看成中华民族大家庭的一员，都要把自己看成中国梦实现的一个正面力量。如果一个人把自己所处的环境定义为千载难逢的国运昌盛、个人命运转机到来的时代，这个人一定会把个人发展和社会发展结合在一起，把完善自我与完善社会相结合，构建自己的国家认同观。这个人也必然努力适应今天改革开放的大环境而奋发向上，努力工作，创造人生的新风采。

三　认知—情感反应模式中符号体系的构建

在认知—情感反应模式里，最重要的是符号体系的构建。这个符号体系的价值和意义不仅仅表现为对国家认同的文化解释的准确性，而且表现为能够为每一个运用这个符号体系的人带来现实的精神功能。这个现实的精神功能不仅仅是认识和理解的功能，而且是享受快乐和幸福的功能。符号体系的意义模式表明符号可以保存、丰富和发展某些对国家认同有用的符号，也可以抛弃、贬低和停止使用某些对国家认同无用和有损害的符号。在国家认同的意义上研究认知—情感反应模式里的符号体系，我们不仅能够看到国家认同观在符号互动中产生和形成的过程，而且能够看到国家认同观与符号的密切关系。

第六章　铸牢中华民族共同体意识的认同和社会心态健全

(一) 对国家认同观形成起作用的符号体系类型

对国家认同观形成起作用的符号体系大致可以分为三类，一类是文字符号，一类是象征符号，一类是转化符号。

1. 文字符号

文字符号源远流长，表意清楚，便于理解。这类符号使用得最频繁、最普遍，也最容易产生效果。在我国，为了培养各民族的国家认同观，国家推行普通话学习方案，每个人学普通话、讲普通话实属大势所趋，乃是必须实行的基本国策。人人都听得懂、人人都可以说的语言，其意义不仅仅能够推动和促进各民族之间的互动交流，而且能够推动形成对中华民族文化的认同，使各民族产生国家认同意识。

2. 象征符号

象征符号乃是语言符号不便表达和难以表达的另一类符号。这类符号既有历史遗留下来的古代符号，也有现代创造的表达时代特色的符号。古代的宫廷楼阁、秦砖汉瓦、精美器物不仅仅是某个朝代的象征，某种艺术的再现，某种审美的凝聚，而且代表了一个国家的历史和文化。对这些古物、古玩和古董的认同，往往表达了一种对国家历史和文化的认同。一个人可以不懂这些遗产遗物的价值，不知道怎样欣赏这些遗产遗物的美学意义，但是，这种缺陷并不妨碍这个人的国家认同观在象征符号中建立和形成，原因是人的原生性认知—情感在国家认同的认知—情感反应模式中具有先天性和先发性，往往可以引导再生性、继发性的认知—情感反应方向、反应效果。由于时代的变迁、社会的进步，新时代的象征符号不仅表现在国旗、国徽的构造上，而且表现在旧符号被赋予新的内涵方面。最明显的例子莫过于孔子形象的内涵。古代的孔子形象不过是儒家思想的象征，现代的孔子形象则成为跨越古今的中华民族精神气质的象征。提及孔子，往往将其作为中华民族的精神气质的象征符号，可以让我们联想中华民族的历史和文化的源远流长以及现代的中华民族精神。

3. 转化符号

转化符号是可以变动其含义的符号，因人而异，因事而异，因地而异。每个民族和个人因为学识、阅历、认识和理解事物的角度等方面的差异，不可能事事达成一致，分歧时常产生，对符号的认识和理解也会仁者见仁，智者见智。与此同时，甲所经历的，乙未必经历，甲因为经历过这件事，所以认为是对的，乙没有经历过这件事，可能认为这件事是错的。甲所处的环境和乙不一样，甲对事情的认识和理解就会与乙产生分歧。公说公有理、婆说婆有理正是转化符号难以统一的真实写照。在我国这样一个多民族、多文化的国家，转化符号往往是文化差异性、多样性、地域性、民族性的体现。如果不了解符号体系里转化符号的作用和意义，就很难认识和理解各种文化的多姿多彩和博大精深。

（二）构建国家认同的认知—情感反应模式需要加强符号体系建设

在互动和交流中，要构建国家认同的认知—情感反应模式，一方面应该加强语言符号、象征符号体系的建设，让语言符号的一致性、共同性、广泛性、规范性的功能充分体现，让象征符号的直观性、生动性、时代性、大众性的功能充分体现，以补充、丰富和促进语言符号存在的抽象、呆板和表情达意的不足。与此同时，要更加注意转化符号的作用。对于各民族群众来说，他们对转化符号的确认和使用主要与其民族文化、民族历史和民族心理相结合，他们往往认同他们能够接受、理解和习惯的转化符号，排斥他们无法理解、内心厌恶和与习俗冲突和对立的转化符号。他们对转化符号的辨析建立在所处地域、所经历的人生和所掌握的信息基础之上。如果他们遇到陌生的转化符号，可能就与他们即成的认知—情感反应模式相抵触、相冲突。在这种情况之下，对他们陌生的转化符号的文化解释就显得十分重要。

弗洛伊德的研究表明初始的思维和情感过程在种系发展过程中先于人类的继发性的思维和情感过程。这就说明人的思维和情感发展不仅与人的文化发展同步，而且构成文化发展的一般基础。从国家认同角度看这个问题，就可以得知人的思维和情感比较容易接受文化的说服、劝导、鼓励和移情等，比较容易排斥非文化的强迫、欺骗、侵略、剥削等。为此，应该在转化符号方面注意某个民族文化的符号向中华民族文化符号的转化，一方面保持转化符号的本色本意，另一方面丰富、扩大和延伸转化符号的时代特色，使之可以成为各民族交往沟通的抓手。这就是说一定注意转化符号的"同"，以这个"同"构建各民族一致的认知—情感模式。正像一个词可以不止一个意思，可以有两个、三个乃至四个意思一样，转化符号的内涵也可以在时代变迁和社会发展的过程中，随着各民族交往和沟通的扩大日益丰富，这个现象今天已经屡见不鲜。

综上，国家认同的文化解释本性乃是公心和私心的结合，乃在于揭示文化在构建国家认同观过程中建立和形成认知—情感反应模式的重要作用。认知—情感反应模式的构建是一个人的"社会性大脑",是一个人的国家认同观形成和确立的标志,是建立一个人在交往和互动中形成和出现的模式化、制度化反应的基础,随之而出现的往往就是这个人国家认同观的形成和建立。现实生活告诉我们,公众有时候认同的未必是国家宣传和渲染的某种状态、某种表现甚至是自认为的某种优势,恰恰相反,公众认同的是国家对民意的完整体现、国家对人的尊重理解关心爱护的社会公正程度、国家达到的人性化程度、国家的各民族社会生活的和谐和睦程度。原因是国家认同的构成要素凝合为认知—情感反应模式。认知要素尽管可以立标准分辨国家的好坏,能够定是非认识国家的现实和未来,但是,因为认知要素受到人的阅历、经历和理性的局限,作用有限。相比之下,国家认同的情感要素的作用更大,更能够促进国家认同观的形成和建立。原因是认知通过情感起作用,情感决定认知的走向。情感所接受的认知都能够接受,认知接受的情感未必接受。情感以心理的好恶引导认知。国家认同在这个意义看就是一种情感的倾向性,甚至一种情绪的倾向性。对国家的情感是历史话语、历史传承和现代话语、现代精神结合的产物。就社会话语和现代精神构建看,符号是重要构件。因为国家认同观不是人的头脑和心灵的单方面的产物,而是在符号交往和互动中形成的。各民族的交往和互动形成的现代社会话语、现代精神都会面临数量不足、储备不够的问题,这就需要转化符号的加入。这个转化符号有认知成分,也有情感成分,情感的倾向性决定了认知的倾向性。转化符号与文字符号、象征符号共同使用、交替使用和互相配合使用,就能够促进各民族的互动和交往,促进国家认同观的形成和建立。

第二节 铸牢中华民族共同体意识的社会认同

在社会认同理论看来铸牢中华民族共同体意识的社会认同实现是有路径和方式的,最重要的是应该避免刻板印象产生。本节在认识铸牢中华民族共同体意识的社会认同的丰富内涵和深远意义的基础之上,阐述铸牢中华民族共同体意识缺乏社会认同的害处。

一 社会认同理论的产生

社会认同理论是建立在两个假设之上的,一个假设是个人的归属,一个假设是集体的归属。无论是个人归属还是集体归属都需要被社会接纳和认同,社会认同理论就是在这个基础之上产生。社会心理学家泰弗尔认为:"个体知晓他/她归属于特定的社会群体,而且他/她所获得的群体资格会赋予其某种情感和价值意义。"① 他认为:"社会认同是一个人自我概念的一部分,它来自于个人对自己属于特定的社会群体的认识,这种群体成员的资格对他有某种情感的和价值的重要意义。"②

从群体方面讲,由个体组成的社会是由彼此之间存在着权力和地位关系的不同社会类别组成。这里的社会类别指人在互动过程中,根据民族、阶级、职业、性别、宗教等对于他人的分类,因而更多是心理和认知意义上的分类。"权力和地位关系"指的是这样一种事实:在社会上一些类别的成员要比其他类别的成员拥有更多的权力、更高的地位和声望等。与此相关联,泰弗尔还提出了与社会认同有关的两个基本概念:内群体和外群体。内群体就是一个人所隶属的群体,外群体就是不为一个人所隶属的其他群体,但外群体并不是与内群体处于隔绝状态,在交往日益扩大的情况之下,有可能同内群体产生某种联系。

二 社会认同理论的四个基本概念

社会认同理论发展出了社会分类、认知价值观、社会比较和群体的心理独特性等四个基本概念。社会认同理论所进行的研究就是从社会分类这个最基本的概念和这个最基本的事实开始。社会分类是社会认同这个理论大厦的根基和起点。

(一) 社会分类

通过分类这种人类认识和理解世界的基本方式,人们不仅从环境中获得信息,而且在获得信息的同时,忽视不同对象之间的某些不同点,强调

---

① [澳] 迈克尔·A.豪格、[英] 多米尼克·阿布拉姆斯:《社会认同过程》,高明华译,中国人民大学出版社 2011 年版,第 321 页。
② [澳] 迈克尔·A.豪格、[英] 多米尼克·阿布拉姆斯:《社会认同过程》,高明华译,中国人民大学出版社 2011 年版,第 321 页。

甚至夸大它们之间的相同点来使信息处理简化。虽然在认知科学中，对于人们如何对信息进行处理还存在许多矛盾的说法，但是对于分类在信息处理过程中所起的重要作用却已经基本达成共识。泰弗尔就是从研究分类的认知基础开始研究社会认同。他通过在非社会刺激和社会刺激情景下所进行的一系列实验说明了分类现象的存在及其认知基础。他认为社会分类是人的一种最基本的认知机制。在一定情景下，当人对社会分类（内群体、外群体）比较明确的时候，人们会有不同的心理状态和行为反应，进而会更加强调内群体与外群体之间的差异和每个群体内部的同质性，同时，当人们存在着一定的"资源分配权"的时候，他们会表现出"内群体偏私"现象。

（二）认知价值观

这个概念具有两个基本特征：一是群体成员身份是由个人的主观感觉确定；二是对群体成员身份的价值评判有一个不断强化的过程。认知价值观表明人们都希望获得一种正面的社会认同。获得正面的社会认同的一个主要因素就是群体成员的身份必须得到群体和他人有价值的评判。所以当一个人意识到他的群体身份没有得到有价值的评判的时候，这个人很可能就会采取有效的行为策略改变自己的群体身份，采用社会流动、社会竞争和社会创造等方式来让自己进入到可以得到正面评价的群体中去。这就是对群体成员身份的价值评判的强化。认知价值观在社会认同中之所以重要就在于认知价值观决定了每个人的社会身份的归属，决定了每个人社会认同的方式和方法。

（三）社会比较

人们进行社会比较的目的是为了对自己进行社会认同时减少社会认同的不确定性，以决定社会认同的有效性和正确性。只有通过社会比较，个人才会获得对他们自己所在群体的地位和价值的认识和理解，对他们在群体中通过成员身份而获得的地位和价值的认识理解。社会比较的目的是要获得一种自尊感、自信感和自我群体的优越感。

（四）群体的心理独特性

指在群体间互动情景中，人们都希望获得不同于其他群体的独特性，而不是与其他群体趋同或变得更加相似，都希望自己所在的群体有自己独特的心理归属、心理感受。社会认同理论通过认定这个群体心理的独特性，假定群体成员在与其他群体进行比较的时候都希望能够获得与众不同的独特个性和积极正面的评价。这个群体心理独特性显然是今天建立独立的民族国家的理论基础。每个独立的民族国家都认为自己的历史和文化是独一无二的，是构成世界历史和文化的瑰宝，所以，越是增强这种群体心理的独特性越能够激发公民的爱国主义思想和感情的产生和形成，越能够凝聚人心，团结奋斗。

从社会分类、认知价值观、社会比较和群体的独特性等这四个基本概念，我们可以对社会认同理论进行清晰描述。社会认同理论是从分类研究开始的，分类是人的一个基本的认知功能。通过分类人可以对社会环境进行识别，同时定义自己在其中的位置。把分类这种认知策略用于社会，就可以把社会分为不同的人群。

由此出发，社会认同理论还对一些潜在的社会变化以及群体间关系作出解释。认为如果一个人的群体成员身份给他提供的是消极的社会认同或者没有达到个人满意水平，这个人就会寻求新的社会认同。如果将宏观的社会结构或者群体间关系考虑进来，很显然，在一个社会中处于不利地位的群体成员或处于少数地位的群体成员就义无反顾地开始了他们新的社会认同。对于处于统治群体的成员来说，他们所要做的就是保持或扩大他们的相对优势地位。处于不利群体地位的成员或处于少数群体地位的群体所要考虑的是在群体间关系中新的认同地位。这就会导致群体之间出现竞争和冲突。

社会认同理论一经提出，就带动了许多相关理论的发展，其中主要之一就是由泰弗尔的学生约翰·特纳（John C. Turner）所提出的自我分类理论。自我分类理论是有关群体环境下个体行为的认知理论，它强调的是共享的社会认同可以使个人的自我知觉和社会行动去个性化。该理论通过考察从个体水平认同到群体水平认同所发生的变化，强调群体互动环境中的心理过程和社会比较。自我分类理论作为一种强调社会结构因素的群体关系理论，忽视了社会结构因素对于自我分类的影响。

三 社会认同构建的益处

在社会认同的研究范式、理论来源、发展轨迹以及研究重点等方面存在差异性，并不妨碍对社会认同益处研究的一致性。不仅理论研究是如此，就是从社会生活的观察中也能够看到社会认同的益处。

（一）社会认同是有意义的建构

个体或者群体所建构和赋予的意义是构成社会认同的重要基础。社会认同并非是个体或者群体所固有的特质，而是在特定的、具体的社会文化情境中，通过人际、群际间的相互作用而得以建构的过程与结果。其原因是：人具有超越自然的文化构建能力，并以文化展现自己的生命和生活，人创造文化又被文化所创造。这就是说，社会认同作为一种有意义的建构可以使社会成员保持文化的一致性，减少因为文化冲突带来的民族矛盾、社会动荡和心理危机。

（二）社会认同可以使个体保持确定性

为了寻找个体确定性，人们在社会认同的建构过程中必然形成较为明显的共同性，并以共同性体现其主动建构的权利。原因是：人既是社会历史的创造者，也是社会历史的创造物，是能动性与受动性的统一。作为受动性的存在，一切社会关系的总和构成了人的客观性本质，由此而决定现实存在的个人一开始就是一个"他在"。作为能动性的存在，实践活动体现了人的本质力量，确证了人的主体地位，使人拥有了"存在"的能力。通过实践活动，人从动物界走出来，并创造性地形成了以生产关系和交往关系为核心的社会关系体系，从而使人超越了自然，进入了社会，成为名副其实的被确定的主体。正如马克思、恩格斯在《德意志意识形态》一文中所说："人们为了能够'创造历史'，必须能够生活。但是为了生活，首先就需要吃喝住穿以及其他一些东西。因此第一个历史活动就是生产满足这些需要的资料，即生产物质生活本身，而且，这是人们从几千年前直到今天单是为了维持生活就必须每日每时从事的历史活动，是一切历史的基本条件。"[①] 实践活动使人的主体地位不断得以确证、巩固、提升。在实践活动中，作为主体的人可以将自己的目的、计划、能力、需要外化、物化到对象中去，使对象成为人的目的性存在，从而展现和确证人的主体性本质。

（三）社会认同可以保持社会的团结和稳定

认同与社会团结稳定密切相关。"只有形成自我认同和社会认同的个

---

① 《马克思恩格斯选集》第1卷，人民出版社2012年版，第158页。

体才能在社会行动中掌握正确的方向，顾全大局，乐于奉献。"① 马克思主义认为，人们在社会生活中究竟形成什么样的社会认同，并不取决于他们的主观意志和愿望，而取决于他们从前辈那里所继承的生产力，以及在这一特定生产力基础上建立起来的现成的生产关系和社会关系。在人的社会化过程中，个体与自己处于其中的社会建立各种各样的关系，这些关系对个体的互动影响，诸如群体间的相互作用、群体自尊等，都会对个体的成长和心理健康产生一定的影响。因此，从个体层面上看，社会认同在很大程度上影响着一个人的各种行为和基本偏好。从社会层面上讲，社会认同是保持社会团结和稳定的基本条件，是社会产生向心力和凝聚力的客观基础。

（四）社会认同促进社会变迁

随着社会认同形成过程中的时空边界与参照群体的不断变化，由此而造成社会认同的动态性发展，出现了激发大家渴望改革和发展的强烈愿望。社会认同把大家凝聚起来，绝不是为了保留落后、不合时宜的旧的观念、旧的思想和旧的行为，而是要把大家的积极性、创造性和自觉性发挥出来，寻找社会进步的方向和道路。

四 社会认同缺乏的危害

一个社会如果社会成员缺乏社会认同，就会给社会造成不同程度的危害。

（一）产生社会偏差行为

社会认同的缺乏往往是产生社会偏差行为的原因。偏差行为指社会成员不同程度地偏离或违反了既有的社会规范的行为，也被称为越轨行为、离轨行为或差异行为等。偏差行为表现形式多样。主要通过日常所说的不适当行为、不良行为、不道德行为、心理偏差行为等来表现。偏差行为在社会各种群体中都有不同程度的体现。偏差行为毫无疑问是负面行为。社会偏差行为可以分为不同层次、不同等级。违法乱纪、破坏国家法律和公共秩序、影响人民正常的生活生产的偏差行为属于最严重的反社会行为，危害最大，影响最恶劣。一般的偏差行为指偏离基本的社会规范的行为，

---

① ［加拿大］查尔斯·泰勒：《自我的根源：现代认同的形成》，韩震等译，译林出版社2001年版，第35—37页。

对社会和他人造成伤害较轻，产生的负面影响较小。

（二）产生干扰社会生活秩序的行为

社会认同的缺乏导致社会成员干扰社会生活秩序的行为损害多数成员的利益，直接影响社会成员参与和管理社会政治、经济和文化事务的主动性和积极性，干扰社会政治、经济和文化生活的有序进行。这类社会行为妨碍了社会的政治体制改革，危害了社会成员的利益实现，拉大了不同群体的收入差距，破坏了文化的创新与繁荣，不利于社会稳定和社会发展。

（三）引发民族群体之间矛盾的行为

在社会发展过程中，部分社会成员，尤其是少数民族成员的不公平感，使社会成员产生心理失衡，从而引发民族群体之间的矛盾。不同民族群体在生活水平与生活质量上存在着差异，在相互接触中通过比较会导致生活水平较低的民族成员产生巨大的心理落差。不同民族的成员由于知识、财富、能力等方面存在不同，在利益分配中存在差距，也会使弱势民族群体及其成员产生心理落差等。这种心理落差、心理压力、心理失落等会引发不同民族群体之间的矛盾，影响社会的稳定和发展。这类问题原本通过社会认同是容易解决的，但是，如果社会认同缺乏和不在场，就被别有用心的不法分子利用，导致严重的后果。

（四）产生弱化政府的政治权威的行为

缓解或解决社会问题，是政府拥有公信力、提升政治权威的重要方面。然而，当前社会在一定范围内普遍存在的贫困问题、就业问题、教育问题、生态问题等，若长期得不到妥善的缓解将会导致社会成员对现行的社会制度和社会政策产生怀疑，出现社会认同缺乏，在一定程度上将会降低政治制度的合法性。反之，政府通过公正合理的社会问题解决方案，就能够增强社会成员对现行制度的支持和认同，提升政府的政治权威，维护社会的稳定和发展。

（五）促使极端民族主义行为滋生和蔓延

由社会认同产生的偏差行为直接危害到社会的公共安全。事实证明，社会认同缺乏和不在场，往往成为某些霸权主义国家和国际组织干涉其他国家内政的借口，这极可能会促使极端民族主义行为滋生和蔓延。极端民族主义将会转变成一种反社会、反革命事业、反社会主义制度的群体暴力行为，会对社会的政治稳定产生破坏后果。事实证明，由社会认同缺乏和不在场带来的极端民族主义，会引起民族之间的暴力冲突与种族仇杀，导致局部地区长期处于动荡状态，影响社会稳定、社会发展和国家进步。

第三节 从民族认同到国家认同的实质和秩序

将社会认同理论运用于民族问题研究是研究范式的转变。民族认同和国家认同的本质是知觉认同观念的形成。在对认同知觉解构的基础之上可以把社会认同划分为三个类型和三种秩序，即：混沌的对民族国家的初级认同是认同的物理秩序、可变动的对民族和国家的中级认同是认同的生命秩序、象征的对民族和国家的高级认同是认同的国家秩序。

一 社会认同理论成为认识和理解中国民族问题的重要话语

进入21世纪以来，中国民族问题的研究范式发生转变，即：如果不涉及社会认同问题，几乎就不能引起学术界和实务部门注意，作者也很难把问题说清楚。由此可见，社会认同理论已经成为认识和理解中国民族问题的重要话语。这种研究范式的转变，说明了两个重要问题，其一，研究中国民族问题必须与民族利益、国家利益相结合。凡是脱离民族利益和国家利益的民族问题研究，都很难解释清楚中国民族问题的普遍性、长期性、复杂性和国际性。其二，中国民族问题研究的社会背景发生了变化。在这个背景下，研究者需要新的思维、新的观点，构建新的富有活力的创造性见解。墨守成规解决不了中国的民族问题，离开中国国情也解决不了中国的民族问题。学者叶江以社会认同为视角对中国民族问题实质的阐述，即"民族问题的实质是民族在自身民族认同基础上加强中华民族认同，实现中华民族伟大复兴"[①]，是中国民族问题研究范式转变的代表。

二 从民族认同到国家认同的关键是形成中华民族认同的国家秩序

社会认同可以划分为三个类型和三种秩序，即：混沌的对民族国家的认同是认同的物理秩序。可变动的对民族和国家的认同是认同的生命秩

[①] 叶江：《民族问题概念及民族问题实质新论——以社会认同为视角的分析》，《学术界》2014年第2期。

第六章 铸牢中华民族共同体意识的认同和社会心态健全

序。象征的对民族和国家的认同是认同的国家秩序。从民族认同到国家认同的关键是形成中华民族认同的国家秩序。"确立当今处理和解决民族问题新的指导思想,我们才能切实推行中华民族群体认同建构。"① 这一观点触及了社会认同的实质,揭示解决中国民族问题离不开社会认同理论的作用。在改革开放的时代,社会认同理论对于我们研究民族认同、国家认同的确具有重要的指导作用。

根据社会认同理论,处理好自我认同与社会认同的关系必须注意对个人身份和社会身份的认同,形成对自我所在民族的正确描述和作出正确评价。这就是说,社会认同的关键是处理好个人利益与社会利益、民族利益与国家利益的关系。只有把个人的利益与社会利益相结合、民族利益与国家利益相结合,才能形成对社会的正确认同,构建正确的社会认同观。社会认同生成于个体社会化过程。这个过程由两个不同阶段构成,即:群体对个体的社会认同和个体对群体的社会认同。

澳大利亚社会心理学家豪格和英国社会心理学家阿布拉姆斯认为群体对个体的社会认同通过五个规范进行,即:权威主义人格规范、我群中心主义规范、挫折—侵犯假说规范、相对剥夺规范、功能互依模型(现实利益冲突理论)规范。这就是说,如果个体不属于这五个规范的其中之一,就可能遭到群体对个体认同的拒绝。我们因此可以思考一个问题,怎样实现从民族认同向国家认同的转变。

按照豪格和阿布拉姆斯的社会认同理论,权威主义人格规范是以服从权威为特点、我群中心主义规范是以我所在的群体为中心。挫折—侵犯假说规范、相对剥夺规范则和功能互依模型(现实利益冲突理论)规范体现了民族认同、国家认同的另一个特点,这就是个人利益与社会认同的关联性。挫折—侵犯假说规范表明个人受挫后如不及时引导,就会转化为反社会行为。相对剥夺规范表明在比较中个人利益受损如不及时弥补也会转化为反社会行为。功能互依模型(现实利益冲突理论)规范表明每个人都是社会人,加强互相之间的联系就能够产生功能互补。恩格斯指出:"这样,我们看到,一方面是一定的权威,不管它是怎样形成的,另一方面是一定的服从,这两者都是我们不得不接受的,而不管社会组织以及生产和产品

---

① 叶江:《民族问题概念及民族问题实质新论——以社会认同为视角的分析》,《学术界》2014 年第 2 期。

流通赖以进行的物质条件是怎样的。"① 在民族认同向国家认同的转变过程中，如果注意权威引导、群体归属的作用，这个过程就会降低风险，减少冲突，加快实现过程。相比较而言，民族认同比国家认同容易实现，原因是民族认同可以围绕历史和文化形成的民族权威和群体归属进行，在这个认同过程中，民族共同体成员只要遵从风俗习惯乃至习得的本能的引导就可以实现民族认同的目标。国家认同之所以比民族认同难以实现，就在于国家认同虽然可以围绕国家权威和群体归属形成，但是，对国家权威的认可、对群体归属的认可则会产生疑义。在国家认同过程中，统一的意志、统一的指挥之所以必要和不可缺少，就是因为国家权威的建立和群体归属需要一个强力引导和规范的过程。在这个过程中，强制性、规范性乃至服从性都是必要的。在民族认同中，这个权威可以是具有生命的人，也可以是没有生命的地域，还可以是信仰的力量。这就是说民族权威和群体的力量在民族认同中，比较容易形成，比较容易找到，很多时候，起作用的是民族权威和群体归属力量的历史惯性和历史延续。

在国家认同中，历史惯性和历史延续也会起作用，但是，由于条件和环境的变化，民族认同的单一性、随意性在国家认同中不容易形成国家权威的至上性和群体规模的强制性，要使国家认同形成，还要考虑人们对权威和群体的认知效果。在从民族认同到国家认同的转变过程中，认知表现为集体意识或者共同意识的形成。埃米尔·涂尔干指出："社会成员平均具有的信仰和情感的总和，构成了他们自身明确的生活体系，我们可以称之为集体意识或共同意识。"② 集体意识或共同意识形成的基础是信仰和情感。建立信仰和情感一致性的基本条件是共同的理想信念和共同的目标追求。在今天，全国各族人民形成国家认同的条件是具备的，培养全体人民的国家意识、国家观念则是这个条件的必然产物。

社会认同理论是建立在群体逻辑之上的"集团理论"，表明一个民族不能只是一味强调本民族的特殊利益，停留在民族认同阶段止步不前，而应该加入更大的民族共同体使自身获益，既获得本民族自我的充分表现，也获得本民族安全的充分保证。通过这样的"民族集团"构建，各个民族

---

① 《马克思恩格斯选集》第3卷，人民出版社2012年版，第276页。
② [法]埃米尔·涂尔干：《社会分工论》，渠东译，生活·读书·新知三联书店2008年版，第42页。

不仅仅具有自我的民族意识，而且形成由内群吸引力形成的民族共同体的群体凝聚力。

民族共同体的群体凝聚力就是内群吸引力。内群吸引力是一个民族共同体真正形成的标志。因为内群吸引力乃是民族范畴化的开始。民族范畴化意味着将自我所在的民族与他人所在民族划在同一范畴，彼此形成认知、情感上的一致，紧密联系，互相关心和帮助，对他人作出积极评价，彼此把自身积极的特质赋予对方。民族范畴化还意味着社会吸引和个人吸引的形成。根植于群体资格，产生于自我范畴化过程的人际吸引形式称作社会吸引。个人吸引是建立在个人习性癖好基础上的植根于亲密人际关系的吸引，归因于个人的习性特征和双方的亲密关系。社会吸引是共享范畴资格和对立范畴资格的归因，是个体心理群体的归属。"基于共享范畴资格和对立范畴资格建立起来的关系经由自我范畴化产生的是社会吸引。而基于个人习性建立起来的个人关系经由信念的相似性或互补性、社会支持、可爱性所产生的是个人吸引。"[1]

三 以知觉行为主义理论为基础的社会认同类型和秩序

仅仅把社会认同定位在利益归属的"民族集团理论"还不能说明社会认同的实质，因为社会认同的思想基础不同，对社会认同的态度就会产生差异。社会认同固然是个体对群体、局部对整体的归属，但是，在这个归属的过程中，特别应该重视精神的作用。以知觉行为主义理论为基础的社会认同证明了在中华民族认同中没有任何东西是外在于精神的。这个理论基础的含义是，世界是意识所包含的客观关系的整体，人们"能够在一个被视为自在的自然中发现各种结构，以便把它构成精神"[2]。在这个意义上，对民族和国家的观念，"在我们面前被构成、被改变和被重组"[3]。所以，"我不再能够把我所知觉的东西与事物本身相等同"[4]。对民族和国家

---

[1] [澳]迈克尔·A.豪格、多米尼克·阿布拉姆斯：《社会认同过程》，高明华译，中国人民大学出版社2011年版，第81页。

[2] [法]梅洛-庞蒂：《行为的结构》，杨大春、张尧均译，商务印书馆2005年版，第137页。

[3] [法]梅洛-庞蒂：《行为的结构》，杨大春、张尧均译，商务印书馆2005年版，第138页。

[4] [法]梅洛-庞蒂：《行为的结构》，杨大春、张尧均译，商务印书馆2005年版，第18页。

的观念是感性事物在我们身上的模仿、复制和在心灵的实现，是知觉产生于某一事物对心灵的作用，是自然事件、机能（身体）事件、思想事件互相影响、互相作用的结果。

（一）民族认同和国家认同本质上是知觉认同观念的形成

在现代社会，各个民族发展的不均衡不仅表现为"人类能力发展的一般性不均衡"，而且表现为人类社会中的理性和道德。社会主义社会不允许这种不均衡的存在，更不能以这种不均衡为基础，社会主义社会与这种不均衡完全不相容。知觉作为精神的力量对于解决不均衡问题的作用是巨大的。各个民族完全可以通过感受推动社会主义社会发展的彼此之间日益相互密切的依存关系，缩小"社会不均衡"造成的民族隔阂、民族矛盾和民族心理距离。用知觉行为主义理论的话语表述就是意识状态的连续性，思想逻辑结构都不能解释知觉。在知觉向他者开放的范围内，在它是对一种生存的经验的范围内，知觉隶属于某种只能被它本身所理解的原初观念，隶属于某种在其间知性的区别完全被取消了的生命秩序。知觉的最高境界是我们已经完全摆脱了感性事物在精神中的真实传达这一观念不可避免地造成的那些神话。现代社会在民族认同和国家认同方面的上述知觉特征表明，任何一个国家和民族都比以往任何时候难以接受"非理性的情感震荡"。所以，稳定的发展和进步的民族和国家认同秩序必须以知觉认同为精神依托。

（二）以知觉行为主义理论为基础的社会认同的三种类型与三种秩序

我们可以在上述对认同知觉解构的基础之上把以知觉行为主义理论为基础的社会认同分为三个类型和三种秩序。

1. 混沌的对民族和国家的初级认同是认同的物理秩序

这是认同的初始阶段，是被动的认同行为，由人们在一个特定环境中产生的几乎依靠生物性本能决定的认同行为。这种认同行为与情境的抽象方面或者特殊刺激的特定情结相联系。梅洛-庞蒂把这种行为概括为条件情结引起的生物法则支配的行为。按照这种认同生活的人总活在混沌的认同状态中，不能辨别民族认同和国家认同的意义和价值，不加分析地总是认为自己的民族好，别人的民族不好，对自己民族的长处津津乐道，对别人民族的长处视而不见，乃至贬低。这种观念表现在认同方面，就是一种

第六章 铸牢中华民族共同体意识的认同和社会心态健全

混沌的对民族和国家的认同行为。混沌的对民族和国家的认同行为导致对民族和国家认同的物理秩序。物理秩序的特征是"对于每一个被孤立看待的部分而言，就不存在任何可以表述出来的法则"①。物理秩序是梅洛-庞蒂所说的"局部的整体"，即：一个像旋律一样的系统，一个内在的统一体，同时又是一个个个体，一个个形式。每个个体、每个形式都有其自身运行的规律，整个系统具有自我调节、重新分配力量和形成新秩序的能力。物理秩序可以借助非连续的原则，允许跳跃、骤然发展，一个事件、一个历史的独自出现。物理秩序的真理存在于这些"局部的整体"的组合之中，不存在一个个被理解的定律之中。形式的协调构成物理秩序。物理秩序就是根据形式、为了协调形式被建立起来。梅洛-庞蒂认为"形式总是分散于各个场所"。这个形式就如冯友兰指出的是自然境界，即人的本能或社会的风俗习惯。在这个形式的引导下，处于这种境界的人就像小孩子和原始人那样做他们想做的事。他们对这个事情的意义不了解，也没有能力了解。这样，他们所做的事只是随大流，而不去探究蕴含其中的意义。

2. 可变动的对民族和国家的中级认同导致对民族和国家认同的生命秩序

这是一种格式塔心理学的完形行为的表现，即：主动的认同意识和认同行为。这种意识和行为既不存在于客体中，也不存在于物理世界的客观关系中，而是存在于在其中各个部分属性取决于整体的另一个世界中。这种人生境界，就是冯友兰所说的功利境界，即：主观为自己客观为他人，动机是利己主义的，后果则是既有利于自己，也有利于他人。生命秩序的特点就是梅洛-庞蒂所说的具有"原则结构的生命的原初活动"②。生命秩序"事实上是一种意义的统一体，是一种康德意义的现象。它是和我们已经描述过的原初特征一道呈现在知觉中"③。与认同的物理秩序比较，认同的生命秩序是一种理智类型手段，可以把一个机体的特殊性与它的活动能

---

① ［法］梅洛-庞蒂：《行为的结构》，杨大春、张尧均译，商务印书馆2005年版，第218页。

② ［法］梅洛-庞蒂：《行为的结构》，杨大春、张尧均译，商务印书馆2005年版，第208页。

③ ［法］梅洛-庞蒂：《行为的结构》，杨大春、张尧均译，商务印书馆2005年版，第218页。

力结合起来,认同物理秩序是各种关系的统一,认同生命秩序是各种意义的统一,认同物理秩序通过各种定律达到统一,认同生命秩序通过意义达到统一,在认同生命秩序之中,人的身体是个性的表达。同时,"对结构的领会应该被视作一种不能被还原为对定律的领会知识"①。认同的生命秩序是对民族和国家的生命冲动。"生命冲动与生命冲动之间的关系是无法想象的,是神秘的。"这种生命的冲动"是来自事实的不透明,是对没有料到的结论的震惊,或者是一种难以表达的体验"②。在生命秩序之下,生命的意义"是一种隐匿的精神,它不以精神本身的形式呈现出来。它只对认识它的精神的精神来说才是精神:它是自在的精神,而非自为的精神"③。在认同的生命秩序里,人们能够把握个体和自己民族生命的意义和价值,为自己,也为自己的民族谋求利益。原因就是个人的生命意义与民族共同体的生存和发展紧密相关,人们不再把自己看作是单一的、分散的单个的个体,而是把自己置身于民族共同体里,视自己为民族共同体的不可缺少的一分子,已经知道做什么事情对自己的民族有意义,做什么事情对自己的民族没有意义。

3. 象征的对民族和国家的高级认同行为导致国家秩序

梅洛-庞蒂认为这是人的劳动开启的第三辩证法。象征的对民族和国家的认同行为是一个视角多样化的行为,也是认知行为和认同行为合二为一。"伴随象征形式,出现了这样一种行为:它为它自己表达刺激,它向真理、向事物本身的价值开放,它趋向于能指与所指、意向与意向所指的东西之间的相符。在这里,行为不是只具有一种含义,它本身就是含义。"④

国家秩序构成了人类特有的环境并使各种新的行为全部涌现出来,包括"劳动产物""文化对象""被知觉情景"。

(1) 国家秩序是劳动的产物。猴子把树枝作为一根木棍后就取消了树枝的存在,树枝不能成为完全意义的工具被猴子占有。人则可以以多种视

---

① [法]梅洛-庞蒂:《行为的结构》,杨大春、张尧均译,商务印书馆2005年版,第232页。
② [法]梅洛-庞蒂:《行为的结构》,杨大春、张尧均译,商务印书馆2005年版,第233页。
③ [法]梅洛-庞蒂:《行为的结构》,杨大春、张尧均译,商务印书馆2005年版,第242页。
④ [法]梅洛-庞蒂:《行为的结构》,杨大春、张尧均译,商务印书馆2005年版,第137页。

第六章　铸牢中华民族共同体意识的认同和社会心态健全

角为自己建造工具,对于人来说,树枝成为木棍后,树枝还是树枝,是一根成了木棍的树枝。国家秩序的劳动意义就在于人们通过劳动超越当下环境,在一个多维视角下看待民族和国家,认识了自己不仅是民族的一员,也是国家的一员。

(2) 国家秩序具有对"文化对象"的"反射先天论"的特点。根据梅洛－庞蒂的解释,"反射先天论"就是事先构建知觉的能力,就是通过建立在我们实行定向反射意识基础上的早熟空间。比如进入一个公寓,你即使不知道这里面住户的真实性格、详细细节,你也预感到了住户的性格的大致情况。这种"反射先天论"具有一下子把握某种不可分解的事物的本质的能力。这种"反射先天论"具有"潜在的内容"和"无意识的知识"①,能够把民族和国家作为一个文化对象整体把握和对待。人的对待民族和国家的态度是一种文化的合成,以文化不是以小群体、以整体不是以个体处理民族和国家关系,爱国成为超越各类认识和分歧的标志。

(3) 认同的国家秩序是各种"被知觉情景"的统一。在国家秩序中,我们要改变不得不形成的单一的片面的"被知觉情景",单一的片面的"被知觉情景""只应该把它的特殊规定性归因于内容的杂多性"②。在这种"知觉情景"之中,知觉世界被分割为不连续的区域,意识被分为不同类型的各种活动,各种思维不可能拥有一种意义,在国家秩序之中,人们的"被知觉情景"不再单一化、片面化,而是多样化、丰富化和整体化,构成对民族和国家认同的一致性、共同性和全面性的坚实基础,这就是我们都是国家这个共同体的紧密结合的成员。

这三种类型和三种秩序其实就是三种认同思想和行为所处的三种场。在物理场的认同行为,是一种狭隘的低级认同;在生命场的认同,是一种意义化的功利认同;在国家场的认同是一种真正意义的高级认同,由物质、生命和精神构成。从民族认同到国家认同就是这三种类型和三种秩序的发展和进步。第一种类型和秩序构成的场是个人化的小场,作用和力量

---

① [法]梅洛－庞蒂:《行为的结构》,杨大春、张尧均译,商务印书馆2005年版,第258页。
② [法]梅洛－庞蒂:《行为的结构》,杨大春、张尧均译,商务印书馆2005年版,第256页。

有限，第二种类型和秩序构成的场是民族化的中场，作用和力量也是有限的，只有第三种类型和秩序构成的场是国家民族一体化的大场，具有万众一心、众志成城之作用和效果。

社会认同充当了各个民族日益相互依赖、相互和谐的黏合剂，民族认同与国家认同通过社会认同的三个类型和三种秩序达到统一，这完全是为了表明，"这些结构是不能被还原为物理刺激与肌肉收缩的辩证法，并且在这个意义上，行为远不是一种自在存在的东西，而是面对思考它的意识的一种意义整体"①。社会认同的实质就是通过对民族和国家认同的物理秩序、生命秩序和国家秩序形成中华民族统一的意志、统一的行动，凝聚中华民族的团结力量，实现中华民族伟大复兴的中国梦。这就是曼海姆指出的通过对冲动系统的控制"按照一定目标协调行动"②。在这个意义上的社会认同表现为各个民族共同体对民族认同和国家认同的知觉认同的实质性理性和功能性理性的构建，即：理性思维、理想化思维被稳步构建和情绪化、偏激化思维被彻底排除，以及将自己所在民族与中华民族相结合的共同进步、共同繁荣的知觉认同意识的建立。

第四节　铸牢中华民族共同体意识的社会心态健全

心态（Attitude）是心理态度的简称，原是社会心理学的一个重要名词，现在已经成为研究国家、民族、社会、个体的多样化关系、丰富性内涵和千姿百态的表现形式及其重要特征的一个综合性概念。社会科学的各学科、各领域都将其作为一种认识工具来使用这个概念。本章主要分析和研究心态理论、社会心态理论以及社会心态健全等重要问题。

铸牢中华民族共同体意识的社会心态构成要素不是一个、两个，而是四个，即认知、情感、意志和行为。这四个要素互相配合，互相和谐，社

---

① ［法］梅洛-庞蒂：《行为的结构》，杨大春、张尧均译，商务印书馆2005年版，第305页。
② ［德］卡西尔·曼海姆：《重建时代的人与社会》，张旅平译，译林出版社2011年版，第12页。

第六章 铸牢中华民族共同体意识的认同和社会心态健全

会心态才能产生积极、正面的效果,否则,社会心态就会失衡,就会产生消极的、负面的效果。因此,铸牢中华民族共同体意识的社会心态健全就绝不是一个可有可无的小事,而是一个必须解决好的大问题。

一 心态特征

心态绝不只是简单的个人对外界存在和变化的心理反应,而是由人生观、价值观、世界观、思维模式、行为模式等熔铸而成的人的丰富性、多样性以及复杂性。换句话来说,心态是历史和现实、精神和物质、感觉与理性、知识和经验等多种多样的因素的沉淀和交错而成的人的丰富多彩、五颜六色的心理世界、精神世界以及情感世界的表现和反映。

心态特征是从各种各样心态中抽取的最能够表现心态活动的最为显著、最为突出的方面综合的描述,心态特征主要包括以下几个方面。

(一)心态是人们对世界的认知的心理化的反映

心态是人们认识和理解世界的第一步。心态不是一张白纸,只能把世界原封不动地复印上去。心态不是照相机,只是把世界静态地反映到心理世界里去。心态是对世界积极的反映。心态对世界的反映是直觉的,更是知觉的,因此,心态的第一个特点就是表现为作出一个决定后的心理状态。例如,一个人想买一部汽车,这是一个决定,但是,当这个人看到市场上汽车的款式比其计划买的汽车的款式更好或者更差,这个人就会产生一种心理状态。

(二)心态在一定条件下会发生变化

如果人的观念和信念与人所接触的事物一致,心态就是和谐的,如果不一致,心态就会失衡,出现不和谐。例如,国家政策强调尊重和保护少数民族,国家有责任帮助他们实现共同富裕的理想,这与少数民族认为政府处理问题是公正的观念和信念是一致的,那么,在这个时候,在这种情况之下,少数民族的心态就是平衡的、和谐的。

(三)心态具有自我保护的功能

这种保护功能的开启,再次证明了心态是和一个人的阅历、知识背景、所处环境、世界观、人生观、价值观紧密相关的。当一个人选择一种行为的时候,其心态的保护功能就会导致这个人的认知水平、情思状态与其所需要的东西相一致,这种一致就是心态保护功能的表现。心态的自我保护功能决定了其通常产生趋向快乐的、对人有益的感觉,避免不快乐的、对人有害的感觉。心态的自我保护的功能还导致人们认同符合其价值观的事物,厌恶背离其价值观的事物。

(四) 心态以行为显示其状态

当观念、信念和行为三者一致,心态是平衡的、和谐的,三者不一致,心态就出现不平衡、不和谐。无论和谐还是不和谐,都以行为为标志。其内容和含义都是丰富和多样的。美国社会心理学家沃斯特(Walster)以"分阶段后悔"(regret phase)阐述了心态的历程。首先,心态是平衡的和谐的,但是,人们接触了外部事物,特别是作出了一个决定后,人们就开始反思自己的决定,难免对之前决定的不够完善产生后悔之感。因为决定与现实总是存在一个距离,现实和理想也存在一个距离。这是第一个后悔,实现这个决定后,虽然心态出现相对平衡与短暂和谐,但是人还要评估这个决定,这又出现第二个后悔,因为决定的缺陷会很清楚地在评估中暴露出来。人就在后悔的交替中,在平衡和不平衡中、和谐和不和谐中,进一步完善了自己的认知系统,实现了自我认知能力和认知心态的发展。

二 铸牢中华民族共同体意识社会心态健全释义

铸牢中华民族共同体意识的社会心态健全包括心态四要素认知、情感、意志和行为四个方面的健全。认知健全表现为许可、认可的判断必须建立在正确的世界观、人生观和价值观之上,这样才能正确判断和识别真善美和假恶丑,给行动以正确的指导。情感健全表现为立场坚定,爱憎分明,是非清楚。一个人铸牢中华民族共同体意识的社会心态健全既是认知系统的健全,也是情感系统的健全,更是认知和情感的两个方面的双重统一和一致。铸牢中华民族共同体意识的社会心态的健全不仅仅指认知的正确,即对现实反映的客观和真实,而且指情感体验的正确,即对外界的反映的倾向和态度正确。情感来自社会实践并且正确反映社会实践的规律和特点。铸牢中华民族共同体意识的健全的社会心态就能够整合认知、情感、意志和行为,构建完整的心理反应机制,产生感觉和感受的一致性。铸牢中华民族共同体意识的社会心态健全的人能够把握社会发展的规律和演进方向,紧跟时代潮流,充分利用一切机会,施展自己的聪明才智,发挥自己的一技之长。他们积极乐观,奋发向上,敢作敢为,一往无前。他们看问题总是着眼于事物积极一面，总是能够发现别人的长处，严于律己，宽以待人。与人相处，泰然处之，不卑不亢，不骄不躁，心胸豁达大度，善于学习和赞美别人的长处，善于取长补短。

三 铸牢中华民族共同体意识的社会心态健全的作用

铸牢中华民族共同体意识的社会心态是否健全，直接影响社会关系是否和谐、社会局势是否稳定，进而影响一个国家经济社会发展的大局。铸牢中华民族共同体意识的社会心态健全主要表现为四个方面：

（一）社会成员能够恰当判断和识别真善美、假恶丑，给行动以正确的指导

铸牢中华民族共同体意识的社会心态的健全最直接的反映就是人们在日常生活中的行为取向，铸牢中华民族共同体意识的社会心态范畴的价值观就是人们对是非、善恶、美丑、真假、好坏的评价标准，对自由、平等、正义、荣辱、幸福、公平等观念的理解，以及在日常交往过程中如何正确进行交往、采取适当的方式方法处理族际关系、对自我得失能够作出客观评判等。

（二）社会成员能够正确表达情感，情感的价值取向明确

铸牢中华民族共同体意识的社会心态的健全还反映在社会成员能够拥有健全的人格，能够正确表达各自的情感。"人格健全的人往往具有较强的认知能力、具有解决矛盾的独立性和自信心，富有责任感、进取心和抵抗挫折的能力。"[①] 人格的健全进一步促使人们能够客观地分析社会现象及社会矛盾，冷静地处理遇到的问题，增强自己的心理调适能力、抵抗挫折能力和适应社会的能力，进而能够正确地表达自己的情感与诉求，其情感的价值取向正确。

（三）社会成员能够驾驭意志，专注于目标，行不旁骛

铸牢中华民族共同体意识的社会心态的健全促使社会成员能够驾驭自己的意志，专注于自己的人生目标，人生态度积极乐观、身心健康发展，成为有理想、有道德、守纪律、有社会责任感的人。拥有铸牢中华民族共同体意识的健全的社会心态的社会成员就能够在社会生活实践中面对各种

---

① 柴素芳：《大学生幸福观教育论》，人民出版社2013年版，第47页。

困难、挫折、问题时作出符合社会历史规律、事物发展规律的选择。拥有铸牢中华民族共同体意识的健全的社会心态的社会成员能够专心致志于自己的目标,坚定自己的理想信念,从而具有披荆斩棘、锲而不舍的动力,这些都会带给其他社会成员以积极的影响。

(四) 社会成员能够通过行动体现认知、情感和意志的一致性,行动坚决果断

拥有铸牢中华民族共同体意识的健全的社会心态的社会成员能够通过行动体现认知、情感和意志的统一,行动坚决果断。健全的社会心态不仅需要情感的支撑,还需要社会成员自我的创造热情和精神力量支撑,这样就可以保证社会成员在正确思想的支配下进行行动,从而有效地实现目标,而不感情用事,跟着感觉走。"对于一个社会来说,任何目标的实现,任何规则的遵守,既需要外在力量的约束,也需要情感的维系和激励,更需要内在的自觉。"① 从这个角度来说,铸牢中华民族共同体意识的社会心态的健全必须建立在广大人民群众普遍认同和自觉参与的基础之上,需要每个社会成员对自己的目标以及社会成员共同目标有清醒的认识,升华自己的情感,主动担当起自己的责任,共创社会和谐的美好生活。

四 铸牢中华民族共同体意识的社会心态健全的国家认同表现

铸牢中华民族共同体意识的社会心态健全与国家认同的关系表现为自我的四个新变化和新进展,即:其一,自我开始国家认同的历程。其二,自我产生国家认同的心理需求。其三,自我产生国家认同的社会需求。其四,自我产生国家认同的完善自我的需求。

(一) 铸牢中华民族共同体意识的社会心态健全是国家认同的开端

社会心态是以赞成什么、反对什么的态度形式作出的心理反应,是行为的开始。人的社会心态从对外界反应开始就进入一个连续的反映行为过程链。美国社会学家米德第一次明确提出了态度是行为的开端的观点。社会心态的健全意味着从态度开始民族认同的历程。当铸牢中华民族共同体意识的社会心态健全开启国家认同之时,也意味着社会心态开始国家认同

---

① 郑承军:《理想信念的引领与建构——当代大学生的社会主义核心价值观研究》,清华大学出版社 2010 年版,第 183 页。

的心理表现过程。这个过程分为社会分类心态、社会比较心态、国家归属心态三个阶段。通过社会分类心态可以进行国家的心理识别,从心理上区别自己所在的国家与他人所在的国家。其结果常常对自己所在的国家情有独钟,赞誉有加。久而久之,这种心态就成为我们认识和理解自己所在国家的固定标准,导致我们总是在不知不觉之间赞美自己所在的国家。通过社会比较心态会产生所谓的"内群"和"外群"的区别,即:自己所在的民族和国家是内群,自己之外的民族和国家是外群。通过社会分类和社会比较,人们的群体归属心态将强化"内群"和"外群"的意识。进一步确立自我对所在国家的归属。

(二)铸牢中华民族共同体意识的社会心态健全产生国家认同自我心理需求

"某个人心态"和"其他人心态"是英国哲学家艾耶尔提出的社会心态健全的表现,这个结合可以产生铸牢中华民族共同体意识的自我的国家认同的心理需求。这就是说,国家认同对自我来说不是外在的强迫和引诱的结果,而是我自己的内在需求和强烈愿望,是自我的主动性、自觉性产生的结果。之所以如此就在于社会心态的构成要素的组合产生新的变化。"某个人的心态"和"其他人心态"由认知、情感、意志和行为构成。当这两个方面结合时,认知就不以个人的认知为转移,情感也会走出个人的限制。自我不仅在认知和情感方面注意了他人的认知和情感,不再固执己见,而且认知和情感的客观性与主观性、自我评价与他人评价出现较好结合。国家认同方面的自我心理需求的"其他人心态"和"某个人心态"的结合标志着个人已经把社会所要求的价值观内化为自我的需求。相比较之下,个人的自我的价值低于民族的价值,民族的价值低于国家价值。所以,黑格尔认为国家就是地上行走的神。

(三)铸牢中华民族共同体意识的社会心态健全产生国家认同自我社会需求

美国社会学家米德认为自我由"主我"和"客我"的统一构成。[①] 在米德看来,"主我"仅仅代表个人,"客我"才代表社会。两者的结合,构成了完整的自我。"主我"对"客我"进行适应、接受和改造。"客我"

---

① [美]米德:《米德文选》,丁东红等译,社会科学文献出版社2009年版,第6页。

对"主我"的约束和控制构成的铸牢中华民族共同体意识的社会心态的健全,也产生了国家认同的自我的社会需求。只有"主我"的社会心态是缺乏实际内容、不完整的、片面的社会心态,就是个人主义、利己主义的自私的社会心态,就是德国哲学家费希特批判的"人的恶根"的本源。只有"客我"的社会心态,缺乏自主性、独立性和能动性,同样是社会心态的不健全,是外在于人的马克思批判的"虚幻的共同体""不真实的共同体"。铸牢中华民族共同体意识的社会心态健全的两个方面的统一意味着个人能够正确处理社会利益与个人利益的关系,正确对待民族认同、国家认同过程中的问题,坚持国家认同的成长之路。一个人的国家认同是这个人的社会需求的表现。一个人的社会需求的产生就是"主我"与"客我"的结合。

(四)铸牢中华民族共同体意识的社会心态健全产生国家认同自我完善需求

铸牢中华民族共同体意识的社会心态形成的自我心理反应机制借助认知、情感、意志和行为的一体化作出反应和进行感受。这些反应和感受归根结底表现了自我对国家认同的态度,决定着个人的归属是否能够实现。当一个人铸牢中华民族共同体意识的社会心态健全,就能够自觉自愿产生归属需求,积极将自己归属于所在的国家。

美国社会学家柯林斯认为:"仪式是一种相互关注的情感和关注机制,它形成了一种瞬间的关注现实,因而会形成群体团结和群体成员性的符号。"[1] 铸牢中华民族共同体意识的社会心态健全就是"自我的关注机制"与"社会的关注机制"的统一。"自我的关注机制"只是产生民族认同,与"社会关注机制"统一起来,才能产生国家认同。"自我关注机制"与"社会关注机制"统一起来,自我才可以在多种多样的事物中选择大家认可的、赞赏的、接受的事物,抛弃大家讨厌的、争议的、无法容忍的事物。由众人决定什么是真善美,什么是假恶丑就是"关注机制"的铸牢中华民族共同体意识的社会心态健全的含义。"最大多数的人总是正确的、是代表社会进步趋势的"[2] 作为一个定论构成"关注机制"的铸牢中华民族共同体意识的社会心态健全的支撑点。"关注机制"中的铸牢中华民族

---

[1] [英]兰德尔·柯林斯:《互动仪式链》,林聚任等译,商务印书馆2009年版,第469页。
[2] [英]兰德尔·柯林斯:《互动仪式链》,林聚任等译,商务印书馆2009年版,第469页。

共同体意识的社会心态的健全建立在"群众是真正的英雄,而我们自己则往往是幼稚可笑的"① 基础之上。所以,"关注机制"的最终结果就是形成国家认同。因为,只要一个人关注自己的民族和国家,就会产生国家意识,形成与民族和国家共进退的感情。这种意识和感情就是对国家的认同。

五 铸牢中华民族共同体意识的社会心态的自我表现

铸牢中华民族共同体意识的社会心态健全的自我将认知、情感、意志和行为统一为一个整体,构建了一套完整的心理反应机制,能够作出对国家认同的正确抉择。铸牢中华民族共同体意识的社会心态健全的自我是以赞成什么、反对什么的态度作出的心理反应,是以做什么、不做什么的行为开始的意志选择,是以爱什么、恨什么的情感取向表现的行为特点。铸牢中华民族共同体意识的社会心态健全的自我的心理反应机制是完整性与结构性的结合。这个自我从认知开始就把行为与认知、情感和意志相结合,进入一个连续的行为过程链。铸牢中华民族共同体意识的社会心态健全的自我对国家认同的反映不仅仅是自我主观世界的活动,而且是自我客观世界的活动。在主观世界里,这个自我满足于认识和理解国家认同的含义、实质以及相关的内容。在客观世界里,这个自我不满足于认识和理解,更要把认知活动、情感活动和意志活动付诸实施,以行为显示对国家认同的追求,以追求显示对国家认同的坚定性。

(一)铸牢中华民族共同体意识的社会心态健全的自我形成完整的国家意识

铸牢中华民族共同体意识的社会心态健全的自我将国家认同的族源、族体、族际和族神统一起来,形成了完整的国家意识。对于中华民族来说,完整的国家意识反映的是中华民族的一致性和共同性。这个一致性和共同性表现为中华民族自身的不可分割、各个民族彼此不可分离的一致性和共同性,即:各民族团结和谐、多元一体、互相包容,共同团结奋斗,共同繁荣发展的一致性和共同性。中华民族的一致性和共同性表明,各个民族从古至今同种、同根和同源。如果忽视各个民族从古至今具有的同种、同根和同源的特点,否认国家认同的一致性和共同性,就会导致将

---

① 《毛泽东选集》第3卷,人民出版社1991年版,第790页。

"内群""外群"区分的简单化、绝对化和片面化,出现所谓"看别人豆腐渣,看自己一朵花"的狭隘民族主义倾向。这是国家认同最应该注意避免出现的问题。

(二)铸牢中华民族共同体意识的社会心态健全的自我的国家认同

铸牢中华民族共同体意识的社会心态健全的自我的国家认同是通过比较实现的。通过比较,才能看清楚自己国家的优势和劣势,才能寻找摆脱国家贫困落后的特色之路,才能产生建设国家、发展国家的紧迫感和使命感。如果通过对比,看不到自己国家的优势,只看到自己国家的缺陷,一方面会产生崇洋媚外的思想,另一方面会产生自暴自弃的心理。"相对剥夺"就是这样产生的。"个人相对剥夺"指自我与另一个与他条件相似之人比较产生被剥夺感。"集体相对剥夺"指自我与另一个与他条件不相似之人比较产生所在集体被剥夺感。如果能够保证每个民族、每个公民在国家的政治、经济、文化等各项生活中,都能够享受平等的权利和平等的利益,就不会出现相对剥夺的问题。中国的发展充分证明了铸牢中华民族共同体意识的社会心态健全的自我的国家认同是完全能够实现的。

(三)铸牢中华民族共同体意识社会心态健全的自我的国家认同结果

铸牢中华民族共同体意识的社会心态健全的自我的国家认同的实现经过国家分类心态、民族和国家比较心态、民族和国家归属心态三个阶段。通过社会分类心态,社会心态健全的自我进行民族和国家的心理识别,从心理上区别自己所在的民族和国家与他人所在的民族和国家。社会心态不健全的自我总是在无意和有意之间过度赞美自己所在的民族和国家,看低别人所在的民族和国家。铸牢中华民族共同体意识社会心态健全的自我通过社会比较虽然也产生所谓的"内群"和"外群"的区别,即:自己所在的民族和国家是内群,自己之外的民族和国家是外群。但是这个"内群"和"外群"之分只是一种区别和分辨的符号,不是比较各个民族、各个国家谁落后、谁先进的尺度。通过民族和国家的分类和比较所产生的结果就是民族认同和国家认同的形成。

铸牢中华民族共同体意识的社会心态健全的自我对国家认同的结果就是承认自己是中华民族的一员,并且自觉按照国家认同的要求进行自我完善。我国各民族的民族认同与国家认同在本质上是一致的,互相配合，互相依存。通过国家认同的伟大实践，各民族留住了两个根，一个根是民族之根，一个根是国家之根。铸牢中华民族共同体意识的社会心态健全的自我作为国家认同的基础和条件，反映了各民族总体上的精神健全、思想健全、心理健全和文化健全。国家认同只有建立在精神健全、思想健全、心理健全和文化健全的条件和基础之上才能成为各民族之自觉行为。

第七章

铸牢中华民族共同体意识的路径思考

习近平总书记指出："中国特色社会主义制度是一个严密完整的科学制度体系，起四梁八柱作用的是根本制度、基本制度、重要制度。"① 这是我们今天在历史唯物主义视域中研究铸牢中华民族共同体意识路径思考的重要依据。中华民族共同体意识是中华民族实践活动的产物。研究中华民族共同体意识，不仅要研究中华民族共同体意识形成发展的一般规律，还要研究铸牢中华民族共同体意识的实践路径，把观念形态存在的一般要求与实践形态存在的具体要求相结合，深刻揭示中华民族共同体意识的辩证法的深邃内蕴，呈现中华民族共同体意识价值取向的广阔实践空间。通过铸牢中华民族共同体意识的实践路径可以使中华民族共同体意识进一步从可能变成现实，使中华民族共同体意识在社会中达到典型状态，成为促进中国特色社会主义发展的最大能量。中华民族共同体意识作为参与实践的对象化活动，体现实践品格，推动实践发展，对于形成统一的思想，促进新时代的变革，发挥了关键作用。

第一节 加强党对铸牢中华民族共同体意识的领导

马克思在《共产党宣言》中对无产阶级推翻资本主义、建立共产主义社会的性质、地位和作用都作出了深刻论述，是中国共产党建设的理论源泉和实践支撑。党的建设之所以是铸牢中华民族共同体意识的保证，就在

---

① 习近平：《坚持和完善中国特色社会主义制度推进国家治理体系和治理能力现代化》，《求是》2020年第1期。

于党的建设对铸牢中华民族共同体意识具有引领、领导和保证的重要作用。离开党的建设进行铸牢中华民族共同体意识就会走偏方向，形成误区，造成思想混乱，损害中华民族共同体意识的本真价值。

一　坚持党的集中统一领导的重要性

坚持党的集中统一领导是一个国家、一个民族凝聚全体成员的智慧和力量，促进民族利益实现的有效途径。中国共产党的领导核心地位，是历史选择的结果，是经过人民实践检验的结果。

（一）中国共产党是中华民族的先锋队

马克思和恩格斯在《共产党宣言》中把作为阶级的无产阶级和作为政党的无产阶级先锋队各自的历史使命进行了深入阐述，揭示了一个伟大而普遍的真理，这就是无产阶级只有在先进的政党的领导之下才能成为先进的阶级，成为推翻资产阶级统治，建立共产主义社会的革命力量。在这里，无产阶级政党的先进性、纯洁性和战斗性是无产阶级革命胜利的关键。以往革命斗争不是没有发生，但是缺乏先进的政党领导，所以，这些革命斗争最后都难以避免地走向失败。中国共产党正因为具备了马克思和恩格斯指出的无产阶级政党的性质和作用，才能在登上中国革命舞台后就成为一个永不褪色的马克思主义政党。

较之中国近现代先后产生的其他政党，中国共产党之所以没有被历史所淘汰，担负起了中华民族先锋队的使命，因为她是中国最先进的阶级——工人阶级的先锋队，从此，中国人民和整个中华民族才看到了民族独立和解放的希望，中华民族凝聚力才有了政治核心。在中国共产党建立后，其路线、方针和政策也紧紧围绕与依托于中华民族共同体而展开。因此，只要我们坚持党的正确领导，不仅能够把全球这一最大群众的力量团结起来，而且能够最大限度地把中华民族的整个力量集合起来，干出伟大的事业。

坚持党的领导，是中国特色社会主义现代化国家建设进程中的四项基本原则之一，是铸牢中华民族共同体意识的保证。中国共产党的领导地位是在长期斗争实践中逐步形成和确立起来的。坚持中国共产党的领导，是符合中国社会发展的客观规律和广大人民的根本利益的必然选择。近代以来中国在西方列强入侵下，面临着亡国灭种的危险。民族独立和解放、持续发展和繁荣是中国屹立于世界民族之林的前提和保障。中国共产党自觉地承担起这一历史使命，以其强有力的组织性和纪律性将中国社会整合起来，领导全国各族人民建立了新的民族国家。如果没有中国共产党作为坚强的领导核心，中国的改革和建设就不会取得今天这样的巨大成就。

（二）中国共产党是中华民族伟大复兴的保证

在现代国家，政治权威的执政理念和价值追求影响着一个国家的政治文明程度和民族共同体发展程度。政党是力图掌握或影响国家政权的政治性组织。在不同的历史阶段和不同的历史背景下，政党往往会因势利导，形成不同时段的历史中心任务。中国共产党的全民族属性，决定了其历史中心任务必然要循着中华民族共同体的存在态势、民族发展和内部局势而适时调整，以增强政党的适应性和稳定性。中国共产党于不同历史阶段形成了不同的中心任务，这与中华民族共同体意识的建构紧密联系。北伐战争通过国共合作沉重打击了北洋军阀政府。在蒋介石集团叛变革命后，中国共产党开辟了农村包围城市、武装夺取政权的革命道路，完成了举世罕见的两万五千里长征。在中华民族生死存亡的紧急关头，中国共产党始终以民族独立和解放为己任，成为民族革命的中坚力量。通过解放战争，建立了新中国，领导人民恢复国民经济。改革开放40多年来，中国一跃成为世界第二大经济体。中华民族在国际上赢得了应有地位，中华民族的向心力不断加强。时至今日，随着党的中心任务的变化，民族复兴和国家崛起的渴望日趋强烈，社会矛盾发生深刻的变化。在民族工作的方针和政策制定中，党与时俱进地提出中华民族共同体意识构建的思想。中国共产党不代表某一个民族的利益，代表的是全体中华儿女的利益。民族化的政党，则以某个民族为基础，以实现该民族利益为根本目标，"是一个族体化的政党"[①]。就中国共产党的民族属性而言，很明显，它的民族属性归于整体意义上的中华民族共同体，是中华民族的先锋队。这突出表现于中国特色社会主义解决民族问题道路的形成与发展。这一切最终指向的真理就是中国共产党是中华民族伟大复兴的保证。

中国共产党是中华民族伟大复兴的保证，从制度构建看，中国共产党领导下的中国特色的政治制度和政治体制能够更好地保证铸牢中华民族共同体意识，保证每一个公民对国家的高度认同，能够通过解决资本主义社会的资本逻辑对人的利益侵蚀，保证各民族自由独立的幸福生活。

---

① 周平：《多民族国家的族际政治整合》，中央编译出版社2012年版，第136页。

（三）中国共产党是中华民族凝聚力的核心

中华民族凝聚力作为一种社会结构力量，成为不断推动中华民族向前发展的动力。中华民族凝聚力的政治动员和利益整合在中国共产党领导之下得到实现。中国共产党成立后，在长期的革命和建设实践中，始终以人民为中心和依靠力量，不断凝聚中国社会发展的力量。党成立之初的民主革命纲领直指反帝反封建的社会主要矛盾。通过抗日民族统一战线的建立，推动中华民族共同体的构建。抗战胜利后，领导人民进行民主革命，实现了中华民族的解放。新中国的成立，开创了中华民族共同体意识形成的新篇章。中国特色社会主义进入新时代，中华民族共同体意识得到空前发展。不同时期社会结构性力量的变化中，中国共产党始终坚持以人民为中心，作为中国人民和中华民族的先锋队，在中华民族的构建过程中，促使中华民族具备了国家层面现代民族的形态与面貌。

中华民族共同体意识的形成就是一个中华民族共同体意识不断同质化的过程。中华民族共同体意识因为外部列强的侵略而由自在变为自觉，在此过程中，一部分先进知识分子将西方的民族主义思想与社会思潮相结合，初步形成促进中华民族共同体意识的思想观念。中华人民共和国成立后，由于历史的原因，中华民族凝聚力的形成和发展面临着诸多问题。一方面，由于地域、政治、经济、文化等方面存在的不平衡性，对中华民族共同体意识的认同存在较大差异。也正因为如此，中华人民共和国成立后，中国共产党作为执政党，在不同的历史阶段都高度重视民族问题，充分认识到各民族之间的经济、政治和文化的依存度在民族凝聚力中的作用十分重要，在不同时期采取了不同的政策和实践，促进了各民族的平等、团结和共同繁荣，提升了中华民族的整体凝聚力和认同感。

中国共产党是中华民族凝聚力的核心还在于在不同时期、不同阶段，中国共产党都能够提出为中华民族拥护和支持的路线方针政策，团结带领中华民族战胜各种困难，实现中华民族伟大复兴的中国梦。在中国特色社会主义理论和实践的过程中，面对国内外各种矛盾问题的考验，在百年不遇的大变局中，中国共产党始终把握中华民族前进的方向、凝聚中华民族的伟大力量，把马克思主义的普遍真理与中国实际紧密结合，推出了一系列凝心聚力的新的伟大工程。这些新的伟大工程包括经济、政治、社会、文化等各个方面，实现了马克思主义理论与中国社会现实高度统一。中华民族在最先进的理论指引下，在世界发展最快的共同体的保证下，进一步增强了凝聚力和向心力。

二 党是铸牢中华民族共同体意识的领导核心

实现中华民族伟大复兴的中国梦是一百多年来中华民族的迫切愿望，中国共产党自成立起就将实现中华民族伟大复兴的中国梦作为自己的历史责任，并把中华民族共同体意识建设作为奋斗目标，领导中华民族为之不懈努力奋斗。

（一）铸牢中华民族共同体意识离不开党的领导

铸牢中华民族共同体意识是全体中国人民的事业，能够把各族人民团结在一起，凝聚在一起。中国共产党以全心全意为人民服务为宗旨，从群众中来，到群众中去。人民的根本利益就是中国共产党所有工作的出发点和落脚点，因此，党的奋斗目标与中华民族的奋斗目标是一致的。这样，党所制定的路线、方针、政策，才能真正为人民群众所认同，人民群众才能自觉自愿地跟党走。中国共产党无比严格严肃的纪律，超乎寻常的强大战斗力，无与伦比的先进思想的指导，走在群众前面的表率和模范作用，强大的感召力和吸引力，使中国共产党成为铸牢中华民族共同体意识的领导核心。

实现中华民族伟大复兴的中国梦，是中华民族共同体意识最为核心的目标。在领导中国革命和建设的过程中，中国共产党形成了适合中国发展的中国化马克思主义理论成果，形成了一系列以推进中华民族共同体建设为取向的政策体系，促使中华民族在实现伟大梦想中逐步形成中华民族共同体意识，并取得了巨大的成果。

中国作为一个地域辽阔、民族众多的多民族国家，历经百年战乱，仍能走向一体，并不断发展壮大，取得了举世瞩目的成就，这在世界发展历史上的确是一件罕事。其根本原因就在于中国共产党的正确领导，在于中国共产党在其成立后日渐发展为领导中国民族革命、民族独立以及将中华民族共同体所有爱国力量团结在一起的强大政党。中华人民共和国成立后，中国共产党是中国工人阶级、中国人民和中华民族先锋队的理论适时提出，巩固和扩大了中国共产党执政的合法性基础，赢得了各族人民的理解、支持和信任，把各族人民团结在党的周围①，发挥了党在中华民族共

---

① 张会龙：《当代中国族际政治整合结构、过程与发展》，北京大学出版社2013年版，第59页。

同体意识构建中的主体地位和核心领导作用。中华人民共和国的成立表明"中国已经是一个建立在中华民族的政治认同基础上并为全体人民所拥有的主权国家"①。中国共产党承担起领导铸牢中华民族共同体意识的历史责任,对铸牢中华民族共同体意识的领导是一种全方位式领导,即党统领全局。

(二)党是铸牢中华民族共同体意识的最大优势

"中国共产党是中华人民共和国的领导核心,是当代中国政治体制的中轴",还是"理解当代中国政治的钥匙"②。新中国成立以来,中国共产党在独立的社会主义国家框架内,进一步推进中华民族共同体意识的构建。十八大之后,中国共产党提出了一系列新思想新论断新认识,在新形势下创新发展中华民族共同体意识。③ 因此,中国共产党是铸牢中华民族共同体意识的核心和主体力量,是推动铸牢中华民族共同体意识的最大优势。

中国共产党是铸牢中华民族共同体意识的最大优势,首先表现为是铸牢中华民族政治共同体的领导核心。政治性给予民族共同体以稳定的自我认同。④ 中国共产党通过铸牢中华民族政治共同体,以中华民族的最高利益为初心和使命,不断满足人民对美好生活的追求,强化中华民族的历史记忆,构建各民族身份认同,促进中华民族共同体意识的形成和发展。

形成中华民族经济利益共同体。各民族的经济发展和社会进步是增强中华民族认同的坚实物质基础和保障。中国共产党采取一系列向民族地区和少数民族倾斜的强有力的政策措施,促进各民族的经济发展和社会进步,使各民族跨越式、超常规发展。

构建中华民族共有精神文化家园。文化是一个国家、一个民族的灵魂,是国家发展和民族发展的强大力量,"文化认同是民族团结之根,民族团结之魂"。⑤ 构建中华民族共有精神文化家园,就是要引导各民族认识

---

① 周平:《多民族国家的族际政治整合》,中央编译出版社 2012 年版,第 174 页。
② 景跃进等:《当代中国政府与政治》,中国人民大学出版社 2016 年版,第 3 页。
③ 祝灵君:《党的领导是党和国家的根本和命脉——写在中国共产党成立 97 周年之际》,《解放军报》2018 年 6 月 29 日。
④ 都永浩:《政治属性是民族共同体的核心内涵——评民族"去政治化"与"文化化"》,《黑龙江民族丛刊》2009 年第 3 期。
⑤ 中共新疆维吾尔自治区委员会宣传部:《正确认识新疆若干历史问题》,人民出版社、新疆人民出版社 2018 年版,第 54 页。

到中华民族作为一个文化共同体,各民族都有共同的理想信念,都有共同的利益追求,都有互相之间谁也离不开谁的文化血脉和解不开的历史情结。中华民族共有精神文化家园就是在这个共同性大于差异性基础之上构建的。中国特色社会主义进入新时代,加强中华民族共有精神文化家园的构建就要在社会主义核心价值观的引导下,以铸牢中华民族共同体意识为核心,加强各民族之间的交往交流交融,实现"两个共同",巩固和发展中华民族共同体的构建。

(三)党的执政能力建设的保证作用

在历史的选择过程中,中华民族共同体的构建,逐步拥有了自己的领导主体——政党,中国共产党成为中华民族共同体的构建主体与核心力量。因此,就铸牢中华民族共同体意识而言,最为重要的前提保障就是不断加强党的执政能力建设。中国共产党对于铸牢中华民族共同体意识的领导,通过具体的执政过程得以实现。党的自我建设与执政能力提升,就意味着中华民族共同体意识的构建及这种构建能力的提升。

因政党执政能力不足和民族问题演变,而导致的东欧剧变和苏联解体的教训仍需我们反思。苏联共产党的执政能力弱化是苏联共产党及东欧剧变的根源。因此,党的执政能力建设的关键是强化中国共产党两个先锋队性质,保证先锋队不变质。党的先锋队性质、党的执政与领导、中国特色社会主义政治体制与中华民族共同体意识的凝聚之间的逻辑关系,说明中国共产党加强党的执政能力建设是其中最关键的因素。

执政能力不仅是政党掌握国家政权的前提条件,而且作为国家治理的重要组成部分,始终有效支撑着国家治理。[①] 在新时代,百年未有之大变局加剧了铸牢中华民族共同体意识的复杂性和难度,为此,党的执政能力建设应着眼于四个方面:一是严肃党纪党规和国家法律规范。任何组织和个人都应以宪法和法律为根本遵循,保证在法律的范围内开展活动,党要善于运用法律的手段实现政治统治和采取政治行为。二是构建适合于中国特色的政党政治文化,营造风清气正的政治生态,实现善治,并以新时代政党文化来引领新常态。三是紧紧依靠人民,坚持以人民为本,巩固"从群众中来,到群众中去"的群众路线。四是保持中国共产党的历史本

---

① 罗峰:《转型期中国的政党治理:生成、资源与框架》,《毛泽东邓小平理论研究》2014年第5期。

第七章　铸牢中华民族共同体意识的路径思考　　183

色,并善于用新思想新理论武装自我。党的执政能力建设要求全党加强对中华民族共同体的认识,树立责任意识,践行作为中华民族共同体成员的权力与责任,在这一过程中增强中华民族共同体的向心力和凝聚力。

全球化的复杂局面是新时代中国必须面对的挑战。中国作为最大的发展中国家,其本身的发展、崛起并非只是中国走向强盛、中华民族复兴的过程,也是传统的国家结构和国际秩序转型的开始。为此,中国共产党的执政能力建设必须以进一步铸牢中华民族共同体意识为有力抓手,以促进和强化中华民族共同体意识作为提高党的执政能力的实践,这样,就会在中华民族崛起与复兴的过程中,把中华民族共同体意识的同心圆越画越大。

三　党引领铸牢中华民族共同体意识

党对铸牢中华民族共同体意识的引领,是由中国共产党的执政地位决定的。处于执政地位的中国共产党通过制定一系列路线方针政策,通过各级党组织和广大党员干部的先锋模范作用推动铸牢中华民族共同体意识。这个引领作用是社会上的任何力量都做不到、办不成的。

（一）确立马克思主义意识形态的领导地位

中国共产党引领作用的一个突出表现就是确立马克思主义意识形态的领导地位。资本主义的意识形态是一种掩盖阶级斗争实质和社会关系本质的"伪意识形态",无论资产阶级怎样标榜这个意识形态具有人民性,也无法证明这种意识形态具有普遍性。意识形态从历史唯物主义关于社会和人的关系看,就是人们对一种理论和思想的看法所达成的基本共识。要铸牢中华民族共同体意识,使其成为中华民族所有成员的共识,必须引导人民群众对马克思主义的意识形态形成基本共识。为了实现这个共识,就要确立马克思主义意识形态的领导地位,对人民群众的思想进行必要的引领。

要确立马克思主义意识形态的领导地位就要引导人民群众正确认识马克思主义意识形态的确切涵义,掌握中华民族共同体意识的要义。马克思主义的意识形态之所以具有科学性、人民性和时代性的鲜明特点,能够指导推动铸牢中华民族共同体意识,乃是因为这种意识形态是在社会利益格局变动的条件下,能够最大限度地、最充分地展现以人民为中心的真实性、群众性和党性。马克思主义的意识形态不是脱离实际的仅仅具有理论意义的意识形态，也不是中华民族还没有达到中华民族共同体意识自觉状态的意识形态，而是科学地对铸牢中华民族共同体意识具有重要指导意义的意识形态，是建立在无产阶级掌握国家政权、共产党成为国家的领导力量、生产资料公有制成为社会所有制的基本形式这些条件基础之上的。马克思主义意识形态确切的科学含义体现了历史唯物主义的社会存在与社会意识的辩证关系，具备一个科学完备的马克思主义理论。这个理论可以引导中华民族运用辩证唯物主义和历史唯物主义的世界观和方法论观察和解决面对的现实问题，凝聚中华民族共同体意识，在理想信念一致、共同追求向往一致、思想观念一致的同时，同心同德，共同为建设中国特色社会主义努力奋斗。马克思主义意识形态不仅仅是理论形态的表现，而且是实践的产物。在中国特色社会主义的实践中发挥着重要作用。如果离开中国特色社会主义的实践，离开中华民族共同体意识，马克思主义的意识形态就会成为无源之水，无本之木。

确立马克思主义意识形态领导地位的重要形式就是加强习近平新时代中国特色社会主义思想的学习。只有掌握了习近平新时代中国特色社会主义思想，才能确立马克思主义意识形态的领导地位。这就要求在推进铸牢中华民族共同体意识过程中，要始终坚持习近平新时代中国特色社会主义思想的指导，以此为基本遵循和行动指南。

(二) 引领中华民族共同体意识推动社会变革

马克思主义意识形态从来不是一种理论摆设而是开展社会治理的重要工具，在推动社会变革、促进社会发展、解决社会矛盾中具有不可替代的重要作用。马克思在论述社会变革的时候，指出了社会变革的两种重要方式，一种就是物质方面的社会变革，这种变革发生在经济基础方面，表现为生产工具、生产方式的变革，可以用科学方法数字化计算。一种就是在人们思想观念方面引起的变革。马克思把这种社会变革表述为意识形态的变革。中国共产党十分重视意识形态在实现社会变革中的重要作用，注意把意识形态变革作为实现社会变革的方式和途径，努力为实现社会变革提供条件。党的十九届四中全会的《决定》就是要通过加强马克思主义意识形态的指导地位，为中国特色社会主义开辟更加广阔的道路，创造更加有利的条件。

中国共产党自觉以意识形态引领中华民族共同体意识的社会变革，不仅要把意识形态的马克思主义指导作用发挥出来，而且要把意识形态对社会变革的引导和驱动力量发挥出来。马克思对社会变革的两种方式的论述表明，意识形态就是"人们借以意识到这个冲突并力求把它克服的那些法律的、政治的、宗教的、艺术的或哲学的"① 力量；这就告诉我们，意识形态不仅是认识社会变革产生的各种冲突，包括人们观念冲突的工具，而且，也是积极主动去解决这些冲突的工具。意识形态不是人们思想观念被动的组织者和领导者，而是人们思想观念主动的引导者和驱动力量。

中国共产党把意识形态作为社会变革的引导和驱动力量，一方面，从自己诞生之日起，就构建了马克思主义的意识形态，与资产阶级的意识形态形成对立，把意识形态作为推翻压在中国人民头上的三座大山、建立社会主义新中国的革命性力量；另一方面，在领导中国革命取得胜利，建设新中国的过程中，又把意识形态作为团结教育人民、打击敌人、维护社会主义新秩序的重要工具，发挥意识形态作为历史唯物主义揭示社会发展规律、引导人民群众认识社会历史必然性的重要作用，为人民群众开展社会主义实践提供科学认知的保证。

中国共产党把意识形态作为社会主义发展变革的引导和驱动力量，表现为高度重视意识形态中各个要素所构成的综合力量展现的重要社会作用。建设社会主义精神文明，培育和践行社会主义核心价值观，加强公民道德建设，开展集体主义、爱国主义、共产主义教育，建设法治国家、法治社会和法治政府，从严治党等都是这种综合力量的表现。马克思提出的意识形态作为维护国家政权的工具具有的保障公共利益安全作用也被中国共产党重视，并且在实践中落实。这就是要建立意识形态的安全屏障，净化人们的思想和社会空气，扫黄打黑，反对各种错误思想，保证马克思主义意识形态的领导地位。

（三）防止中华民族共同体意识边缘化

中华民族共同体意识是在中华民族的历史发展和现实生活中产生出来的主流的社会意识。中国共产党作为中国社会的一个具有"现实性"的执政党总要自觉地调节着自己时代的思想的生产和分配，以体现出马克思主义指导地位。由此不仅要自觉确立中华民族共同体意识在全社会主导地位的巩固和发展，促进社会形成主流价值观，而且要确立防止中华民族共同

---

① 《马克思恩格斯选集》第2卷，人民出版社2012年版，第3页。

体意识边缘化的方式。

中华民族共同体意识边缘化，实际上，就是社会主导价值观被边缘化。引起边缘化的原因主要是内因外因两个方面。但是，无论是内因还是外因，都是中华民族共同体意识没有占据主导地位造成的，主要表现为中华民族共同体在意识形态里被"弱化"。

马克思把意识形态理解为"具有普遍性形式的思想"①。马克思指出，"如果从观念上来考察，那么一定的意识形式的解体足以使整个时代覆灭"②。如果中华民族共同体意识出现了"一定的意识形式的解体"③，那么不仅意味着意识形态对社会基本矛盾运动的调节作用出现"弱化"，而且意味着中华民族共同体意识"边缘化"。一旦出现这种情况，那就提醒我们，社会基本矛盾已经造成利益冲突的激化趋势。

防止中华民族共同体意识边缘化，关键是铸牢中华民族共同体意识，时刻以中华民族共同体的忧患意识作为警示，教育和引导人民群众认识中华民族共同体意识价值导向意蕴的科学性的"真"。冯契指出："一切的价值，善、美、功、利，包括科学本身在内，一切好的东西都要以真为前提。"④ 这个真，可以从许多方面表述，但是，其根本之义就是：体现社会发展规律之真，体现人民至上之真。中华民族共同体意识是历史现实与中华民族价值的统一，既有能够把中华民族发展进步的本质和规律表现出来的一方面，也有中华民族对价值认识和理解的本质和规律的另一方面。中国共产党要能有效地发挥中华民族共同体意识的导向作用，反映中华民族共同体意识意蕴的真的品格。中华民族共同体意识"真"的本质是"为我而存在的"关系⑤，是"我"和"为我"的构成。中华民族共同体的每一个成员都是一个一个的"我"，都是构建中华民族共同体意识的中心，但是，中华民族共同体意识的"我"不仅仅是"为我"，而且，是为其他的"我"。中华民族共同体意识必然不能没有"我"，不能没有每一个人为中华民族共同体意识活动负责任的主体意识，也不能没有"为我"的为千千

---

① 《马克思恩格斯选集》第 1 卷，人民出版社 2012 年版，第 180 页。
② 《马克思恩格斯文集》第 8 卷，人民出版社 2009 年版，第 170 页。
③ 《马克思恩格斯文集》第 8 卷，人民出版社 2009 年版，第 170 页。
④ 冯契：《坚持价值导向的"大众方向"——在"改革开放与社会价值导向"全国学术研讨会上的讲话》，《探索与争鸣》2015 年第 11 期。
⑤ 《马克思恩格斯选集》第 1 卷，人民出版社 2012 年版，第 161 页。

万万人的利益而奋斗的核心意识。

第二节　发挥中国特色社会主义制度优势

《中共中央关于坚持和完善中国特色社会主义制度、推进国家治理体系和治理能力现代化若干重大问题的决定》对中国特色社会主义制度的显著优势进行了系统全面总结和概括凝练，为我们思考如何在铸牢中华民族共同体意识的实践活动中把中国特色社会主义制度的显著优势充分发挥出来提供了理论指导和基本遵循。中国特色社会主义制度的显著优势，将为铸牢中华民族共同体意识提供强大的制度保障和制度支持，使铸牢中华民族共同体意识成为中国特色社会主义制度显著优势的重要思想。

一　加强马克思主义意识形态建设

马克思的国家理论认为，任何一种生产方式之上，必然存在着与之相适应的"认知方式"，即"国家意识形态"。国家意识形态是铸牢中华民族共同体意识的基础资源，也是铸牢中华民族共同体意识的相对独立而完整的认知体系。党的十九大报告指出："意识形态决定文化前进方向和发展道路。"[①] 国家意识形态，是以国家统一的价值观为存在方式。正因为如此，国家意识形态才能以权威的方式，展示强大的政治整合和文化整合功能，凝聚各民族的思想和意志。

（一）马克思主义意识形态理论的产生

法国学者特拉西最先提出"意识形态"这一新概念。马克思虽然不是"意识形态"这个术语的提出者，但是，在意识形态理论的论述方面，则比同时代的思想家要深刻和丰富得多。他的方法是把流行的各种观念进行概括和集中，进行反思和批判，赋予意识形态以世界观和方法论意义的定位。

马克思以建筑学上的隐喻来解释社会结构。马克思认为社会世界是由三个部分所构成：经济结构、上层建筑和对立的阶级。经济结构又被细分

---

① 习近平：《决胜全面建成小康社会　夺取新时代中国特色社会主义伟大胜利——在中国共产党第十九次全国代表大会上的报告》，人民出版社2017年版，第41页。

为生产力与生产关系，三者形成一个社会结构的整体。马克思的真实意涵是现实的经济结构的两大构成：生产力与生产关系。生产力指的是人和物的关系，是人在生产过程中所使用的生产资料和他所投入的劳动力包括知识、技术、体力和创造力的总和；而生产关系则是人和人的关系，指的是人们对于人和生产力的有效能力的关系。就现实来看，生产力与生产关系作为所有的元素就构成了经济结构的整体。马克思所说的上层建筑指的是所有不同的法律、政治、宗教、艺术、哲学、道德等意识形态，上层建筑至少包括法律和政治等元素。虽然这里没有提到阶级，但他也提到了社会意识这一由社会中各种阶级构成的社会思想和心理态度的重要性。社会意识作为生产关系之外的社会关系，主要表现在上层建筑里所有不同的法律、政治、宗教、艺术、哲学、道德等意识形态。因此，马克思在《路易·波拿巴的雾月十八日》进一步指出："在不同的财产形式上，在社会生存条件上，耸立着由各种不同的，表现独特的情感、幻想、思想方式和人生观构成的整个上层建筑。"①

马克思把意识形态放在人的历史、社会的历史中揭示其内在的规律性和规定性。与资产阶级思想家的不同之处就是马克思一开始就把意识形态的产生和发展与各种历史和社会关系结合起来。这样，马克思就非常清楚地看到人们在创造自己的历史的时候，并不是在自己的想象、自己的观念中随心所欲地进行创造，而是受到一定的社会生活条件的制约，包括人们自己的存在和实践的制约。人们的观念、思想说到底都是人们现实的物质生活的产物。这是马克思认为的意识形态产生的第一个条件。与此相适应，意识形态产生的第一个物质条件也产生出来，这就是人们在现实生活的生存条件。人们必须首先解决自己的衣食住行，然后，才能进行其他活动。

马克思把资产阶级唯心主义的精神放在意识形态产生的第一位的条件彻底改写为物质，以人们的社会存在、社会实践代替人们的精神存在、观念存在，破除把意识形态神秘化的唯心主义倾向。马克思从人的"两重性"生产的实际，形成一个重要思想，即：人们的存在和实践总是与人们所处的历史阶段也就是生产力和生产关系、经济基础与上层建筑关系结合在一起。意识形态也通过人们的历史关系联系呈现出来，有了自己与现实

---

① 《马克思恩格斯选集》第1卷，人民出版社2012年版，第695页。

不可分开的历史。

马克思的伟大之处就是不仅仅把意识形态与认识联系在一起，而且与实践联系在一起。当把意识形态与实践联系在一起的时候，意识形态就被赋予实践品格和斗争精神。意识形态产生的历史条件和社会条件，使意识形态建立在一定的物质基础之上，不仅具有精神的品质，而且具有了实践品质。革命是意识形态的实践品格和斗争精神的最高表现，只有在革命中，意识形态才能最充分地发挥认识和改造世界的巨大作用。

"一个阶级是社会上占统治地位的物质力量，同时也是社会上占统治地位的精神力量。"① 为进一步揭示意识形态的本质，使意识形态理论建立在更加坚实的社会现实基础之上，马克思对英国工业革命、法国革命、德国古典哲学进行认真研究，提出了意识形态不过与上层建筑一样都是统治阶级思想和意志的表现。

总之，马克思关于意识形态理论完全是建立在现实的人的存在和实践等物质基础之上的层层解析，把意识形态的历史看作是生产力和交往方式矛盾冲突的结果。

（二）马克思主义意识形态理论中国化

习近平总书记在纪念马克思诞辰200周年大会上的讲话中特别强调，"马克思主义不仅深刻改变了世界，也深刻改变了中国"②。马克思主义之所以在中国能够产生这么重要的影响和作用，与马克思主义意识形态理论中国化是分不开的。马克思主义意识形态理论中国化要求把马克思主义的意识形态理论运用于中国革命建设的各个阶段、各个时期，与中国革命和建设的实践相结合，指导开展意识形态工作，形成意识形态对人民群众的凝聚力、感召力和影响力。

毛泽东首次提出社会主义意识形态概念，毛泽东关于社会主义意识形态的理论是马克思主义中国化的历史性飞跃。习近平总书记特别重视社会主义意识形态的建设，反复强调和不断阐述增强马克思主义意识形态的时代性、民族性和思想属性的重要性。纵观中国共产党在实现马克思主义意识形态中国化历程中所走过的道路，可以集中到一点，这就是我们党能够通过马克思主义意识形态中国化掌握意识形态的领导权、主动权，推动中

---

① 《马克思恩格斯选集》第1卷，人民出版社2012年版，第178页。
② 习近平：《在纪念马克思诞辰200周年大会上的讲话》，人民出版社2018年版，第11页。

国革命和建设出现良好局面,保证革命和建设顺利发展。仅仅反映客观现实和一定阶段的社会状况,意识形态还不能成为群众手中认识和改造世界的思想武器。意识形态需要依靠马克思主义意识形态理论,作为建设中国特色社会主义的精神之基。

遵循马克思主义意识形态理论中国化认识和理解马克思主义意识形态的丰富内涵,就可以从理论上将经济决定论、机械决定论与马克思主义意识形态进行区别。马克思主义意识形态绝不是经济决定论、机械决定论的翻版。卡尔·波普的《历史决定论的贫困》(1967年出版)中就是这样曲解马克思主义,否定马克思主义意识形态理论的历史唯物主义的观点。以习近平同志为核心的党中央抓住马克思主义意识形态理论中国化不放松,通过把党建设成为政治上统一、思想上先进、组织上巩固的中国特色社会主义的领导核心,从容不迫地应对思想政治领域出现的重大风险,避免出现由意识形态问题处理不当而引发的重大历史波动,引领中国特色社会主义事业健康发展。

中国社会的各种变化,影响所及,就是上层建筑的马克思主义意识形态理论中国化进展。通过马克思主义意识形态理论中国化进展产生思想观念与上层建筑的继续反应,带来人们思想观念的调整。在资本主义社会,作为统治阶级的资产阶级必然要通过国家权力的介入,强制推行资产阶级的意识形态。在中国特色社会主义新时代,掌握国家政权的中国共产党也要通过自己的领导力量,掌握意识形态的领导权和主动权,消除与之对立的资产阶级意识形态的影响,进一步铸牢中华民族共同体意识。

(三)马克思主义意识形态的作用

经济基础和上层建筑构成在社会变迁中结构层次的社会整体观。辩证唯物主义和历史唯物主义之所以称为唯物,是指经济结构因素在历史的社会变动中是基础性和关键性的因素。而称之为辩证,是指此经济因素并非单方面决定着历史的发展,而是和意识形态、阶级斗争等因素交织而共同决定着社会世界之变动。从辩证法来看马克思主义意识形态理论作用,经济结构的生产力与生产关系的矛盾会导致一连串的辩证反应。一方面是经济基础发生变化与上层建筑的直接变化,政治与法律等意识形态通过变化以适应新的经济结构关系。另一方面,这个结构自我调整通常不完整,那些由一定的社会关系产生的社会思想、社会心理,产生发展成习惯和风俗的社会行为复合体的趋向。对这些复杂的意识形态问题,只有通过马克思主义意识形态的建设才能够解决好。这些复杂的意识形态问题所折射的社会思想在社会主义初级阶段，如果是反映无产阶级的根本利益，代表先进的生产力和文化思想，就是推动社会进步的积极力量。如果是反映旧时代、旧社会的思想意识，代表旧的过时的生产关系，就会成为阻碍社会进步的消极力量。意大利马克思主义者葛兰西指出的透过法庭、军队、监狱这些霸权铲除反对力量。统治阶级不仅有政治霸权的左手，还有一只文化霸权的右手，即在市民社会中制约舆论。马克思主义意识形态最重要的作用就是确立马克思主义的指导地位，就是传播中国特色社会主义新思想、新观念和新思维。

在中国特色社会主义新时代，掌握国家政权的是代表中国人民根本利益的中国共产党。面对的人民群众可以分为两个部分，一个部分是自在的部分，一个部分是自为的部分。当马克思主义意识形态理论在一部分群众中不是以显性而是以隐性方式存在的时候，我们把这部分群众称其为自在部分。当马克思主义意识形态理论在群众中处于显性的地位，就把这部分群众称之为自为部分。自为部分的群众掌握命运以代表自己，能够体现人之为人的本质力量，具有中国特色社会主义的"自觉意识"。自在部分的群众则需要进行必要的思想教育，提高他们的觉悟，转变他们的思想，进行意识形态输入。列宁、卢卡奇就是这种主张的代表。

为此，就必须增强"四个意识"，坚定"四个自信"，做到"两个维护"。中国共产党领导的马克思主义意识形态的重要任务就是以先进的理论武装各族人民的头脑，统一各族人民的思想认识，凝聚共识。正因为马克思主义意识形态理论具有先进性、引领性、凝聚性、理想性的特点，代表了最广大人民群众的愿望和要求，因此，在组织和动员群众参加革命和建设方面具有不可比拟的优势。正因为如此，马克思主义的意识形态是引导人民群众认识世界和改造世界的强大精神力量，可以激发全国人民的干劲和斗志，可以最大限度把各民族团结起来，凝聚起来，向着实现中华民族伟大复兴的中国梦的奋斗目标前进。马克思主义的意识形态可以高度统摄各民族的族际交往交流交融，原因就是马克思主义的意识形态可以在各民族中形成各民族对国家和中华民族一致的认知、一致的认同。在社会体系里，马克思主义的意识形态作为一个思想体系，不可避免要与一些不代表、不反映中国特色社会主义的思想观念相冲突和斗争。新与旧、保守与进步、先进和落后的斗争贯穿意识形态领域。马克思主义意识形态对各民族人民群众具有统摄作用,也指马克思主义的意识形态是一个用新思想、新观念和新认识占领各民族头脑的过程。

如果说意识形态就是思想观念的集合,是思想观念的体系化的完整表达,那么,是不是每一个民族都有自己的意识形态呢?我们说中华民族的意识形态只有一个,正如中华民族只有一个是一样的,是一个不容否认的事实。意识形态属于国家范畴的理念,是代表国家的思想观念的体系,反映了国家的性质和特点。各民族按照社会主义意识形态想问题、办事情,才能达到国家的要求,才能表现自己的中华民族共同体意识。

二 坚持公有制为主体

《中共中央关于坚持和完善中国特色社会主义制度、推进国家治理体系和治理能力现代化若干重大问题的决定》指出:坚持公有制为主体、多种所有制经济共同发展和按劳分配为主体、多种分配方式并存,把社会主义制度和市场经济有机结合起来,不断解放和发展社会生产力的显著优势。① 坚持公有制的主体地位,才能充分发挥中国特色社会主义制度在铸牢中华民族共同体意识方面的显著优势,把制度优势转化为效能优势。

(一) 坚持公有制为主体的内涵

生产资料公有制是中国特色社会主义制度得以立基的最重要的基础。消灭私有制,建立公有制是历史唯物主义理论的重要思想。公有制和私有制不仅是两种社会制度得以区分的明显标志,而且是两种制度功能和效用区分的明显标志。在资本主义社会,生产资料的所有权属于资产阶级,不属于无产阶级。无产阶级作为劳动力只是承担为资本家创造剩余价值的工作。生产资料和劳动力在资本主义社会都是商品,都是用来交换的对象,它们仅仅是交换价值的承担者。资本主义社会的各种关系都可以被商品交换的关系所统辖。商品的唯一特征就是具有交换价值。资本主义社会把交换作为生产的目的,在资本主义社会,生产物只有被当作商品才有交换价值。交换价值表面看只是物与物之间、商品与商品之间的交换关系,实际上,所反映的绝不是这样一个数量关系,而是商品生产所有者的社会关系。资本主义社会交换关系表明了,各个生产者虽然是在孤立状态下进行

---

① 《〈中共中央关于坚持和完善中国特色社会主义制度、推进国家治理体系和治理能力现代化若干重大问题的决定〉辅导读本》,人民出版社 2019 年版,第 19 页。

生产活动，实际上，他们的劳动仍然具有社会的性质，商品交换实际上就是各个生产者之间的产品交换，表现在价值形式上，这些商品都是人类劳动的产物。这些人所处的社会性质决定了这种商品生产活动的性质。在资本主义社会，商品世界好像体现了完全的平等的人与人之间的关系，每个人都作为可以出售商品的所有者出现。工人阶级把自己当作劳动力出卖给资本家，资本家根据工人的表现，付给工人一定的报酬，互相之间的关系表面看是平等关系。商品生产所造成的这种幻象，并没有改变资本主义社会无产阶级和资产阶级的统治和被统治、压迫和被压迫的关系。资产阶级仍然通过在商品生产过程中的剩余价值的获取对无产阶级实行统治和压迫，资产阶级和无产阶级之间的矛盾斗争的性质依然存在。在资本主义社会，一方面生产的局部过程越来越合理化，但是，整个资本主义制度的活动则越来越不合理。所以，马克思、恩格斯认为，"共产党人可以把自己的理论概括为一句话：消灭私有制"①。未来社会是"在一个集体的、以生产资料公有为基础的社会中"②。

只有实行公有制为主，中国特色社会主义制度才能最终确立，中国社会的性质才能表现为与资本主义制度截然相反的特征，这就是无产阶级和人民群众对全社会的生产资料实现共同占有，全社会的生产资料属于无产阶级和人民群众所有。根据历史唯物主义的基本原理，一个在经济上占统治地位的阶级必定也是在政治上占统治地位的阶级。只有全社会的生产资料都归无产阶级和人民群众所有，无产阶级和人民群众才能够成为国家真正的主人。

（二）坚持公有制为主体的制度优势

马克思在论及资本主义存在的条件时，表明了一个历史唯物主义的重要观点。这就是资本主义赖以生存的核心不是使用价值，而是交换价值。通过交换价值，资本家获取剩余价值，产生生产的动机。这就是说，资本主义制度将资本主义的生产限制在逐利的范围之内，使资本家为了自己的一己私利而安排和计划生产，是局部生产的计划性和整个生产的无计划性并存，而在一定时候、一定阶段这种无计划性和计划性产生冲突，爆发社会危机。在资本主义社会，资产阶级统治赖以存在的基础就是私有制，因

---

① 《马克思恩格斯文集》第 2 卷，人民出版社 2009 年版，第 45 页。
② 《马克思恩格斯文集》第 3 卷，人民出版社 2009 年版，第 433 页。

此，在这个意义上，资产阶级的统治与资本主义私有制可以说是一个意义上的不同的表述。恩格斯认为国家是阶级统治的工具，资本主义国家的最高目的就是保护私有财产。因此，在私有制基础之上的资本主义社会的意识形态也成为保护私有制、维护资本主义制度的重要工具。意识形态就其最通俗意义看，是引导社会成员对某种思想观念达成的基本共识。要达成对资本主义社会的共识，就要借助意识形态这个思想的力量对全社会成员进行必要的思想干预和政治干预，保证社会政治秩序和统治秩序的稳定。这就是为什么资产阶级总是把自己的思想观念标榜为具有"普遍性的形式"的思想观念的缘故。受这种思想观念的影响，一些人认为资本主义制度是有问题的，但是，资本主义制度保护私有财产则是没有问题的。这是没有看清楚资本主义制度本质特征的一种表现，也是没有把资本主义所有制与每个生产者在资本主义社会拥有的私有财产分开的结果。资本主义私有制存在于人和人的社会关系之中。这个私有制决定的财产关系是少数人对多数人的剩余价值的榨取成为现实，资产阶级在这个财产关系中获得最大利益，无产阶级则在这个财产关系中蒙受经济、政治方面的损失。所以，马克思认为谁要是把资产阶级看成是不剥削、不获取一己私利的阶级，那就是一个思想幼稚的表现。在资本主义社会，占有生产资料的、在财产关系中处于统治地位的资产阶级是支配无产阶级劳动的阶级，保护私有制就是保证私有制对生产资料非所有者的统治地位，资本主义的制度就是要保证这个现实得以延续和发展。

生产资料公有制为主体保证了全社会的生产资料掌握在无产阶级和人民群众的手中，从根本上改变了私有制社会的无计划、逐利的趋势，使生产处于人民自觉掌握和控制之下。中国特色社会主义的优越性为此得到最大限度发挥。中国特色社会主义的发展就是借助这个制度优势得以展现，中国特色社会主义的所有制形式也是借助这个制度优势成为超越资本主义所有制的最佳形式。人民群众的积极性、创造性在中国特色社会主义中得到充分发挥。与资本主义私有制不同的是，中国特色社会主义所有制的巩固和发展需要在思想观念上形成中华民族统一的世界观和方法论。中华民族共同体意识就是在公有制基础之上中国特色社会主义统一的世界观和方法论的表现。公有制为主，不仅仅是一种经济形式、经济方式的确认，而且是一种思想观念的确认。作为反映公有制为主的中华民族共同体意识只有在公有制的基础之上，在公有制的前提下

第七章 铸牢中华民族共同体意识的路径思考

才能最终形成,得到确立。

(三) 坚持公有制为主体的分配正义

把中国特色社会主义制度优势转化为治理效能,就必须坚持生产资料公有制为主的分配正义,为铸牢中华民族共同体意识奠定坚实的人民群众基础。习近平总书记对生产资料公有制为主的分配正义作出了许多重要论述,其核心要义就是要让人民群众在分配领域感受到中国特色社会主义的制度优势,共享中国特色社会主义和改革开放的成果。

坚持生产资料公有制为主的分配正义,就要坚持马克思主义的劳动价值观,以劳动价值作为分配的基本依据,以每个人对国家和社会发展的贡献作为多劳多得、少劳少得的基本标准。马克思在研究古典经济学和黑格尔哲学的时候,发现了这两个流派的共同点,这就是把劳动看作是人的本质。在黑格尔那里,劳动仅仅指抽象的精神劳动。在古典经济学那里,劳动是构成财富的唯一的东西。马克思看到,这两个流派都把劳动当作抽象的人类活动看待,他们都没有结合一定的社会条件对劳动的本质进行正确阐述。在马克思看来,劳动是具体的,是与一定的社会发展阶段和物质条件相结合的。认识劳动的本质就要抛开黑格尔的从概念出发,把劳动的本质看作是概念与概念关系的唯心主义思辨哲学,也要批判古典经济学不从私有制的本质出发解释劳动的错误倾向。马克思认为,资本主义私有制条件之下的劳动最重要、最本质的特点就是出现异化。工人阶级在异化的劳动的行为、结果中,与人的本质疏远,与社会产生冲突,沦为资产阶级逐利的工具。

生产资料公有制为主体的中国特色社会主义的劳动是恢复了人的自由尊严本质的劳动,是全体劳动者为国家和为自己相统一的劳动。无论劳动过程、劳动结果还是在劳动中形成的关系都是展现了劳动者本质力量,都体现了劳动者的尊严和能力。正是这种与资本主义社会的劳动性质完全不同的劳动,劳动者才能充分发挥自己的主观能动性,积极改进劳动方法,努力学习科学技术,不断提高劳动技巧。劳动在中国特色社会主义的事业里,成为习近平总书记指出的"最光荣、最崇高、最伟大、最美丽"的创造活动。

习近平总书记指出:"我们必须坚持发展为了人民、发展依靠人民、发展成果由人民共享,作出更有效的制度安排,使全体人民朝着共同富裕方向稳步前进，绝不能出现'富者累巨万，而贫者食糟糠'的现象。"①承认人民群众的劳动价值就要着重保护劳动所得合法收入，增加低收入者、贫困人群的收入，调节过高收入，清理规范隐性收入，取缔非法收入，防止收入的两极分化，建立公平合理的收入分配制度，实现共同富裕的目标，实现人民利益与制度引领的统一，进一步增强人民群众的获得感、幸福感、安全感。

三　发展中国特色社会主义民主政治

《中共中央关于坚持和完善中国特色社会主义制度　推进国家治理体系和治理能力现代化若干重大问题的决定》明确提出：坚持和完善人民当家作主制度体系，发展社会主义民主政治。中国特色社会主义的民主政治必将在铸牢中华民族共同体意识的实践中发挥调动人民群众积极性，凝聚民意民心，聚焦改善民生的重要作用。

（一）推进社会主义民主政治的制度建设

我国是各民族人民当家作主的社会主义国家，人民是国家的主人，是国家的主体。保障人民群众的国家主人翁地位，发挥人民群众对国家一切事物的管理作用是社会主义制度优越性的体现，是对人民意志、人民权益、人民创造作用保障的表现。必须坚持和完善人民代表大会制度这一根本政治制度。人民代表大会制度是我国根本的政治制度，具有保证人民意志和国家意志相结合、人民利益和国家利益相结合、代表人民行使国家权力、将对人民负责与对国家负责的精神统一起来的强大优势，具有确保中国共产党的路线、方针政策得到正确贯彻执行，确保国家的社会主义性质和人民公仆本色的强大政治优势。人民代表大会制度在代表人民群众根本利益、对人民负责的广泛性、群众性和基础性方面具有西方议会民主不可比拟的优越性。一是有利于造就一支敢于担当和负责任的领导群体。我国的人民代表大会制度对于造就治理国家的人才具有重要作用，用选举民主、协商民主来跨越西方以选票决定任命的制度缺陷。在选拔任用领导干部方面严格把关，按照标准任命领导干部，体现了对人民负责的精神。从人大任命的领导干部看，都有丰富的实践经验、从基层干起逐步走上各级

---

① 习近平：《坚持和完善中国特色社会主义制度推进国家治理体系和治理能力现代化》，《求是》2020年第1期。

第七章　铸牢中华民族共同体意识的路径思考

领导岗位，成为党和国家的事业的骨干，推动和引领社会发展的主导力量。人民代表大会制度从制度设计上和具体实践中避免了个人专权专制、利益集团的介入、政党交替导致的国家动荡，保证中国共产党的经济社会发展战略长期实施。二是人民代表大会制度能够充分发挥社会主义制度集中力量办大事的优势，指导政府集中全国的人、财和物，有效应对突如其来的风险挑战和突发事件。中国共产党是执政党，各民主党派通过政治协商、民主监督、参政议政，提出自己的意见建议，对中国共产党的大政方针、治国理政情况进行推进，使中国特色社会主义民主政治的优势得到发挥。中国特色社会主义事业是全中国人民的共同事业，任何一个党派、任何一个团体、任何一个个人都不能把自己与这个伟大的事业相脱离。离开这个伟大的事业，中华民族共同体意识的构建将成为一句空话，各种奋斗将无法成为实现中华民族伟大复兴中国梦的正能量。为此，就要把凡是拥护中国特色社会主义事业的各种力量、各方面的人员都吸引到爱国统一战线中来，众志成城，形成浩浩荡荡的革命大军，同心同德奋斗努力。民族区域自治制度是中国特色解决民族问题的正确选择。坚持和完善这个制度，可以加快我国各民族的发展，推进中华民族共同体意识的铸牢。

(二) 推进协商民主建设

协商民主是中国共产党创造的新的民主形式，是中国特色民主政治建设的重要方式。实践证明，协商民主适合我国的国情，反映了人民群众的愿望和意志，具有强大的生命力。习近平总书记指出："通过选举以外的制度和方式让人民参与国家生活和社会生活的管理也是十分重要的。人民只有投票的权利而没有广泛参与的权利，人民只有在投票时被唤醒、投票后就进入休眠期，这样的民主是形式主义的。"[①] 西方的投票民主表面上看好像体现了人民群众的愿望，但是，实际上，暴露了资本主义制度的弊端。获得选举人资格的候选人不但要有一定的财产限制，而且必须获得大财团的支持，获得足额的选举经费，还必须获得政党的提名，成为政党利益的代表。由于选票决定领导人，因此，西方投票选出来的国家领导人不必具有领导工作经验，不必经过基层锻炼。因而，一些领导人当选后明显暴露了因为领导经验欠缺而导致的对国家政策运用的失误，造成国家利益的损失。习近平总书记指出的人民群众投票暂时唤醒，投票后进入休眠是

[①]《十八大以来重要文献选编》(中)，中央文献出版社2016年版，第74页。

对资本主义制度的民主问题的真实写照。

中国特色社会主义制度之下的协商民主，顾名思义，就是突出协商的地位和作用。这个协商具有覆盖面广、参与人群全覆盖、参与过程全覆盖的特点。首先，党内的民主集中制就是协商民主的表现形式。虽然，最后的集中具有决定、决策的含义和权威，但是，在具体协商的过程中，允许共产党员发表自己的意见建议，包括与讨论主题不同的意见建议，做到知无不言，言无不尽。在充分协商讨论的基础之上，才能够形成集中。离开民主，就谈不上集中。民主是集中的前提。党内民主就是党内协商。在人大和政协层面上，政府的年度和中长期工作规划、计划、方案都需要人大代表、政协代表认真讨论。来自不同界别、不同民族、不同人群、不同领域的各行各业代表具有广泛的群众基础和一定的代表性，都是经过人民群众选举产生，能够代表人民群众愿望和利益，表达人民群众的意志和要求。经过人民代表大会批准，政府才能实施这些规划、计划和方案。在执行过程中，不仅人大、政协具有监督权利，人民群众也可以通过各种渠道、各种途径进行监督，直接反映自己的意见建议。习近平总书记指出，我们讲究的民主未必仅仅体现在"一人一票"直选上。我们在追求民意方面，不仅不比西方国家少，甚至还要更多。随着网络时代的到来，中国共产党对网络协商民主高度重视，为广大网民表达切身利益诉求，维护正当权益，监督政府工作提供了平台。

（三）健全基层群众自治制度

党领导的基层群众自治制度，是中国共产党在长期的实践中创造的具有中国特色的民主政治制度。党的工作重点在基层，党的执政根基也在基层。能不能把基层的群众自治制度建设好、领导好是衡量中国共产党执政能力、执政水平的重要标志，是巩固党的群众基础、增强党组织的凝聚力、引领力和号召力的重要表现。我国农村有50多万个村民委员会，城市有11万个社区居民委员会，发挥好基层群众自治组织的作用事关全局。党领导的基层群众自治制度坚持以人民为中心的价值导向，使中国特色社会主义建设、改革和发展的成果由全体人民共享。国家治理水平如何，人民对幸福美好生活的向往，广大人民群众最有发言权。习近平总书记强调:"一个政党,一个政权,其前途和命运最终取决于人心向背。"① 在建设中国特色社会主义事业的过程中,大量的民生问题都集中在基层,产生在基层。能够发挥基层组织在解决这些问题中的作用,就会把许多矛盾冲突解决在基层,防止这些问题不断发展蔓延,影响国家发展和政局稳定。习近平总书记指出:"民主不是装饰品,不是用来做摆设的,而是要用来解决人民要解决的问题的。"② 基层党组织领导的基层群众自治制度通过民主选举、民主协商、民主决策等方式,实现共建、共治、共享的民主政治发展新格局,有利于构建中国特色社会主义的民主政治制度。中华民族共同体意识的社会化分为两个阶段进行。中华民族共同体意识日常的初级社会化指人通过接触他人和社会而掌握与他人和社会交往的能力,使用各种术语形成初始的中华民族共同体意识。在这个阶段,人主要是学习语言和行为规范,为以后的进步奠定基础。中华民族共同体意识日常生活的社会化从婴儿晚期延续到一个人的成人。这个阶段的社会化的正式和非正式渠道较多。每个人中华民族共同体意识日常生活社会化的地方已经不限于家庭,凡是能够提高中华民族共同体意识日常生活社会化水平的地方都成为这种社会化生成的地方。共同体成员在这个阶段,不仅仅是身体和生命的成长,而且是一个学习和掌握社会所要求的世界观、人生观、价值观和构建行为规范、行为方式的过程。

中华民族共同体意识日常生活社会化分为以下两种:自发性社会化和指导性社会化。通过党领导的基层群众自治制度的完善,加强各民族中华民族共同体意识的指导性社会化,就可以加快中华民族共同体意识的形成和发展。

第三节 加强全国各族人民的大团结

中华民族共同体是包含着56个民族的多民族共同体,因此,只有加强全国各族人民的大团结,才能进一步铸牢中华民族共同体意识。没有中华民族的大团结,就不能铸牢中华民族共同体意识。中华民族共同体意识

---

① 《习近平谈治国理政》,外文出版社2014年版,第15页。
② 《十八大以来重要文献选编》(中),中央文献出版社2016年版,第76页。

内在地包含着中华各民族一律平等的马克思主义平等观。在国家领域各民族一律平等，不仅仅是各民族政治上的平等，而且是各民族在社会、经济、文化等各个领域的平等。这种平等表现为尊重和保障少数民族的合法权利。

一 加强中华民族大团结的丰富内涵

进一步铸牢中华民族共同体意识的历史任务是中华民族各个民族义不容辞的责任，是每一个民族都要承担的历史责任。只有各民族一起行动起来，在民族大团结中，携手并进，进一步铸牢中华民族共同体意识的任务才能完成。

（一）坚持中华民族共同体意识的公正观

马克思共产主义思想的一个基本出发点就是展开对资本主义社会不公正的批判。共产主义之所以能够受到人民群众的拥护和支持，因为共产主义基于历史唯物主义的视域，能够贯彻公平正义，而且具有实现公平正义的社会基础和社会条件。马克思明确指出："问题并不在于实现某种空想的体系，而在于要自觉地参加我们眼前发生的改造社会的历史过程。"① 历史唯物主义的使命就是为中华民族共同体意识提供理论支撑，立足中国特色社会主义理论和实践对中华民族共同体意识的公正观进行解读，这对于实现中华民族大团结尤为重要和迫切。

首先，马克思主义公正观体现在中华民族共同体意识建设的全部过程。公正之所以在中华民族大团结的事业中被重视，就是因为公正本身就是中华民族共同体意识得以存在和发展的依据。只有在加强中华民族大团结中促进各民族公平正义的实现，中华民族共同体意识才能成为各民族的广泛共识和共同追求。

其次，在社会主义初级阶段，各民族在发展过程中出现了发展不充分不平衡的各种矛盾，尽管矛盾的性质和表现形式都属于人民内部矛盾，党和国家也在注意通过政策调节等手段解决。但是，面对这些矛盾绝不能掉以轻心，要坚持以中华民族共同体意识公正观支撑中华民族大团结，要坚持以矛盾的方法处理和解决加强各民族大团结中出现的不公正问题。反对各种与之背离的价值观和思想体系。必须把公正的实现与加强民族大团

---

① 《马克思恩格斯全集》第19卷，人民出版社2006年版，第137页。

结、促进中华民族共同体意识的发展置于辩证统一的关系中理解。

另外，中国特色社会主义是一个人人平等的社会，为了防止出现贫富差距拉大的问题，就要注意公正在全社会的实现。这里一个重要的问题就是要做到分配的公正。为了做到分配公正就要贯彻好按劳分配的原则，把劳动的质量和数量作为分配的尺度，形成劳动光荣、劳动致富的价值观。分配不平等是劳动应得的实践成果没有成为现实。为了保证劳动价值在分配中的实现，就要把初次分配和再分配结合起来，贯彻公正平等之原则，以此，形成分配的合理体制和合理政策。

(二) 坚持中华民族共同体利益高于局部利益

在马克思看来，共产主义作为对人的解放的社会，一方面结束了资本主义社会把人异化的历史，另一方面也把私人活动的领域与公共活动的领域结合起来，公共事务成为每个人的事务。作为中华民族共同体意识主体的各民族都有自己的特殊利益。把这个马克思称之为"形式的普遍性"转化为"实质的普遍性"就要消除各民族的利益与中华民族利益的冲突。中华民族共同体意识的实现不是自发的，一方面与社会发展的客观实际紧密联系一起，一方面与各民族的觉醒有着重要的关系。如果各民族在中华民族共同体意识方面没有觉醒，依然把自己民族的利益看得凌驾于中华民族共同体意识之上，那么，中华民族共同体意识就成为马克思指出的"虚幻的意识形态"的表现。"那种消灭现存状况的现实的运动。这个运动的条件是由现有的前提产生的"[①]。中华民族共同体意识在公有制基础之上真正形成和发展，是对旧社会、旧时代将中华民族分裂为不同阶级、不同社会阶层的否定。另一方面，就中华民族共同体意识发展的历史主体而言，中华民族在社会主义生产关系中的地位决定了中华民族利益高于各民族的具体利益。这是十分清楚的一般和个别的关系、大和小的关系。

中华民族共同体意识强调中华民族共同体利益高于局部利益，意味着中华民族的各个民族的利益共生共存。就中华民族存在的空间看，每一个民族都处于共生共存的空间结构里，各个民族的价值存在、生命存在都表现在这种"共存性"的联系中。如果各民族的具体利益超越中华民族的整体利益，必然会削弱中华民族共同体意识反映的各民族之间的共生共存的关系，导致中华民族共同体意识失去凝聚力，大大增加了铸牢中华民族共

---

① 《马克思恩格斯选集》第 1 卷，人民出版社 2012 年版，第 166 页。

同体意识的成本。这在给中华民族共同体意识造成损害的同时，也对各民族的全面发展造成伤害。因为这种利益格局，包含了一个以自我为中心的理念，是自我片面发展或畸形发展，各民族丰富的社会属性被简单化为一种利益的单方面需求，造成局部利益与全局利益的对立，最终损害各民族赖以生存发展的精神世界。

（三）坚持中华民族共同体意识的责任担当

坚持中华民族共同体意识的责任担当，是由各民族在中华民族多元一体格局中所处地位决定的。在现实中，中华民族的各个民族并不仅仅以中华民族共同体意识指导自己的行动和生活，他们也会通过各民族自己的意识行动生活，因为他们是有自己特殊需要、特殊利益的来自具体民族的人。中华民族优越的地方就在于中华民族的每一个民族不仅仅是本民族的成员，也是中华民族共同体的成员。各民族是基于共同的利益和社会主人的地位组织起来的人们之间的联合共同体。这个共同体的每一个人的自由，每一个人的发展都以整个中华民族的自由，中华民族的发展为前提。中华民族共同体意识要求每一个民族不仅仅要发展自己的民族，也要发展整个中华民族。中华民族共同体意识的可贵之处就在于能够在思想上行动上把各民族凝聚起来，形成共同的利益、共同的目标。在马克思看来，共同体意识作为生产关系的人格化，并不仅仅是一种自发的产物，与生产关系的性质密切相关。中华民族共同体意识就其建立的现实基础看，是社会主义生产关系和建立在这个生产关系之上各民族共同利益的表现。没有这个生产关系和共同利益，中华民族共同体意识就会失去存在的基础。中华民族共同体意识与马克思称之为"阶级意识"的重要作用也密切相关。各民族越来越认识到，中华民族共同体意识就是每一个民族的"阶级意识"，就是已经翻身解放、成为国家主人的各民族的"阶级意识"。这个"阶级意识"是由各民族所处的经济社会地位决定的，是由各民族共同利益决定的。这个"阶级意识"促进中华民族共同体意识的形成，使中华民族从自在的民族走向自为的民族。

坚持中华民族共同体意识的责任担当，是由各民族从自在民族发展为自为民族的历史规律所决定的。中华民族共同体意识社会主义的生产关系的反映和各民族的共同利益的表现是客观存在的，但是，如果不被各民族所认识和理解，也只能是一个虚幻的意识形态的表现，不能成为现实的变革力量。中华民族的各个民族如果还不能把中华民族共同体意识演化为自己内在的规定性和行动逻辑，那么，他们也不能从自在的民族向自为的民族发展。一个自在民族对于中华民族共同体意识而言是不可缺少的，但是，对于中华民族共同体意识建设来说又是远远不够的，只有发展为自为的民族，各民族才能觉醒，自觉地承担起来铸牢中华民族共同体意识的历史使命。

二 支持加快民族地区经济发展

中华民族共同体意识并不等同于哪个民族的个体意识。一个民族的个体意识是对这个民族利益诉求的反映和体现，是对一种个体性的社会关系的反映。任何个体性的社会关系如果不和全局性、集体性社会关系相结合，就不可避免地具有利己性特点。中华民族共同体意识是全民族的，乃是因为此意识表现了各民族共同的生产关系和生产方式的性质，表现了中华民族对自己共同利益的把握和感知，以此生成中华民族的共享意识。因此，加快民族地区经济发展的要义不仅仅是经济学的问题，更是中华民族共同体意识意义上的历史唯物主义价值取向的当代建构能不能实现的问题。

（一）加快民族地区经济发展

走进民族地区的社会生活，我们就会发现这种生活存在两种现实存在，这就是"理想中的现实存在"和"实际中的现实存在"[①]。前者作为一种存在与后者作为一种存在是完全不一样的，具有两种意义和两个维度。前者是一种正在通过奋斗实现的存在，后者不仅是一种历史意义的存在，而且也是一种现实意义的存在。这就是说，我国民族之间因为历史和现实原因在发展速度、发展水平和发展层次上存在不平等。我们不可能通过让发展较快的民族停下来等待，也不可能让发展较慢的民族继续慢下去，必须通过党的领导、国家的调节、政策的倾斜帮助发展慢的民族加快发展，促进发展快的民族继续发展，形成一个比学赶帮的发展热潮。

新中国诞生前夕具有宪法作用的《中国人民政治协商会议共同纲领》明确规定："中华人民共和国境内各民族均有平等的权利和义务"[②]，这标

---

① 尚文华：《重思理论与实践的一些问题》，《马克思主义与现实》2017年第5期。
② 参见左岫仙《新中国民族政策优势的理论与实践基础——以民族平等为视角》，《云南民族大学学报》（哲学社会科学版）2020年第2期。

志着我们各民族从此进入民族平等发展的社会主义时代。习近平总书记指出："正确认识和处理民族关系，最根本的是要坚持民族平等。"①

我国是一个统一的多民族国家，新中国成立以前由于种种原因，由于民族歧视和民族不平等政策的原因，导致各民族经济发展水平极不平衡。所以，虽然各民族在新中国建立后都进入了社会主义阶段，但是，各民族的经济发展水平不在一个层次和一个水平，因此，一些民族无法完全享受社会主义阶段民族平等的权利。为此，党和国家坚持民族团结、民族平等和民族发展的民族政策，通过政策性措施推动各民族经济发展。推行积极稳妥的民族地区社会改革，各民族一同进入社会主义。开展民族识别，确认民族成分。建立了民族自治区、民族自治州及民族自治县（旗）。积极推动民族地区经济社会发展，在民族地区建设国家级的大型钢铁、机械、石油等项目，建立民族地区的现代化基础工业。兴建民族地区铁路和公路等现代化交通枢纽，加快了民族地区与其他地区的物资交流和人员往来，促进了民族地区交通建设和各民族的交往交流交融。重视发展少数民族教育，建立一批民族高等院校，培养少数民族人才。通过党和国家的努力，通过各方面的支持帮助，民族地区经济发展迅速，少数民族面貌一新。新时代，习近平总书记要求"全面实现小康，一个民族都不能少"，民族地区和少数民族打赢脱贫攻坚战，实现全面脱贫，与全国人民共同建成小康社会。"全部问题都在于使现存世界革命化，实际地反对并改变现存的事物。"② 新时代中国共产党所有发展少数民族和民族地区经济的政策均立足实现各民族平等，指向加快少数民族和民族地区的经济社会发展。

（二）促进民族地区的社会变革

在历史唯物主义看来，经济基础的作用无论如何对于社会发展具有基础性、先在性。生产关系的变革、上层建筑的变化都是在经济基础之上进行。离开经济基础就无法科学全面揭示社会变革的深层次原因。要清醒看到，当前，各民族经济总体迅速发展的现实并没有掩盖各民族经济发展中的薄弱环节和存在的问题。在全面建成小康社会，实现中华民族伟大复兴中国梦的过程中，各民族经济发展的任务依然十分繁重。经济发展并不是

---

① 中共中央文献研究室编：《习近平关于社会主义政治建设论述摘编》，中央文献出版社2017年版，第147页。

② 《马克思恩格斯选集》第1卷，人民出版社2012年版，第155页。

一个简单的国民生产总值和个人财富增加的问题，它是一个综合性的要素。各民族经济发展是铸牢中华民族共同体意识的基础和条件。离开各民族经济发展，铸牢中华民族共同体意识就会失去坚实的基础和必要的条件。恩格斯在谈到工人阶级的"现实困境"的时候，深刻指出，当资本主义经济危机到来的时候，工人阶级的无动于衷的这种"现实困境"不能够简单归结为工人阶级的革命意识没有觉醒，而是工人阶级所处的现实生活条件没有达到让他们产生革命意识的地步。只有使全部现存的社会关系革命化，工人阶级才会走出"现实困境"。这就是说，革命意识的产生绝不是乌托邦的幻想，而是现实生活的产物。中华民族共同体意识的发展也与此相关。当某个中华民族成员的中华民族共同体意识存在这样那样的问题需要我们解决，我们就要站在历史唯物主义的立场，对这些问题作出马克思主义的辩证分析。如果问题出在社会生活条件方面，那就要注意通过经济发展改善民生，加快经济发展速度，让人民群众享受改革开放成果，感受作为一个中华民族成员的光荣和自豪。我们是社会主义国家，是实行市场调节和计划调节两种方式发展经济的体现公平正义的国家。对于各民族经济发展问题，党和国家看到仅仅依靠各民族自己的力量尚存在一定困难，国家必须通过政策和计划对各民族经济发展给予支持和帮助。这些支持和帮助之所以不可缺少，就是因为它从外部输入一种变革力量，通过与内生动力的结合，促进各民族经济发展的环境和条件的改善，为各民族经济发展创造更好的条件，促进铸牢中华民族共同体意识。

（三）实现以人为本的价值理念

在唯物史观中，人的尊严呈现出三种形态或三个维度，即生命尊严、人格尊严和人的自由。① 马克思对资本主义的批判就是围绕资本主义对人的这三种形态的践踏展开。共产主义之所以比资本主义优越，能够为无产阶级的发展提供条件，就是因为可以使人成为真正的"自由的人"，从根本上恢复人的尊严和地位，把人之为人的权利还给每一个人。资本主义条件下不可能实现人的尊严。共产主义条件下虽然可以实现人的尊严，但是，并不是简单地使人们在实现人的尊严的时候，仅仅在意识中感觉到需要尊严，就能够实现尊严，而是把尊严的实现放在生产力发展、经济发展这个的基本条件中实现。人的尊严实现的首要前提无疑是生产力的发展。

---

① 张三元：《唯物史观视阈中的人的尊严与人的自由》，《广东社会科学》2015年第5期。

在唯物史观中，人的尊严依靠生产力发展，依靠经济发展实现。这不是唯生产力论，这是承认生产力在历史唯物主义中的崇高地位和权威的表现。

对于处于中华民族共同体发展中的各个民族来说，生产力的决定作用具有重要的意义，怎么强调也不为过。首先，经济发展就是生产力在物质方面的发展，这种发展是一种创造物质财富的活动，人们依靠这种发展获取生活必需品，"如果没有这种发展，那就只会有贫穷、极端贫困的普遍化；而在极端贫困的情况下，必须重新开始争取必需品的斗争，全部陈腐污浊的东西又要死灰复燃。"[①] 此外，随着生产力的发展，各个民族的作为人之为人的本质力量也得到展现，这时候，他们能够以自己的劳动创造属于自己的劳动成果，证明自己的人格尊严和人的自由。按照马克思的说法，发展经济，发展生产力不仅仅是生产的进行，生命的进行，而且是人的全面性的发展。当人得到全面发展的时候，就是真正实现人之为人的尊严和价值的时候。

从历史唯物主义的视域看，各民族经济发展的指导思想和基本原则就是以人为本。各民族经济发展的目的不是为了别的，而是为了人的价值的实现和人的解放的实现。以人为本最充分体现了这种精神。"人是目的"是马克思设想的共产主义人与人联合的共同体的最高原则。各民族经济发展贯彻以人为本的方针，就要把各个民族的发展当作目的，以各个民族尊严为价值取向，使各民族不仅在经济社会方面充分发展起来，而且，能够在富起来的同时，享受平等自由全面发展的做人尊严。

三　尊重和保障少数民族合法权利

我国各个少数民族在现代国家建构过程中，不仅仅是一个数量的表达，而是表明共同体"质量"的存在。我国《宪法》[②] 对尊重和保障少数民族的合法权利，作出了明确规定。围绕《宪法》形成的各方面、各领域的法对这方面都有具体的规定和要求。

（一）我国少数民族合法权利的正当性

权利并非利益。利益分为正当利益和非正当利益。法律不允许、国家

---

① 《马克思恩格斯选集》第 1 卷，人民出版社 2012 年版，第 166 页。
② 《中华人民共和国宪法》第四条规定："中华人民共和国各民族一律平等。国家保障各少数民族的合法的权利和利益，维护和发展各民族的平等团结互助和谐关系。禁止对任何民族的歧视和压迫，禁止破坏民族团结和制造民族分裂的行为。"

不认可的个人或集体享有的利益,便不是合法的正当利益。合法权利既包括国家通过法律予以确认并保障的法定权利,也包括体现在人们实际生活过程中的道德、习惯等法律外的权利。① 合法权利的利益是指通过合法行为而实现的利益,反之则为违法利益。

我国少数民族合法权利的正当性,是法律保护的正当合法权利。各民族追求自己正当的利益受到法律保护。宪法赋予我国各民族的政治、经济、文化、社会等方面的权利的最大特点就是各民族通过全面参加国家建设而体现出来国家主人的地位和作用。各民族一律平等则是作为国家主人的各民族权利一律平等的表现。多元文化主义认为赋予建立在民族国家建构的补偿之上的少数民族权利是国家赋予的,国家如果停止进行建构,少数民族就无从获得合法权利。文化多元主义认为保护一种文化的存在与发展,是文化主体外的人们认为处于保护多样的目的之下对某种文化进行的保护,而文化主体之中的成员并不认可这个做法。金里卡认为:"它本身不能证明少数民族的权利。不是对民族权利的首要证明。"② 西方另外一种论证少数民族权利正当的观点主张保护少数民族权利是社会稳定的手段。只有少数民族威胁到社会稳定的时候,才保障其权利。综上所述,多元的少数民族权利正当性的形成,不能用来作为我国尊重和保障少数民族权利的理论基础。尊重和保障少数民族的权利,是基于我国现实作出的,是马克思主义理论和中国特色社会主义制度的题中应有之义,毋庸置疑。这个现实就是基于社会主义制度下我国最基本的公民权利的考量。"保护确定认同的生活方式和传统,说到底就是为了承认其成员"③ 的作为平等的公民身份。

(二) 我国少数民族合法权利的尊重和保障

中国共产党制定了解决各民族发展不平衡不充分的方案,规划了具体的解决这个问题的步骤。在全国经济、政治、文化、社会和生态文明发展一体化的过程中,尊重和保障少数民族的正当权利,就成为党和国家在中华民族共同体构建过程中承担的应有职责。党和国家在构建发展新格局中

---

① 张恒山:《法理要论》,北京大学出版社2006年版,第328页。
② [加] 金里卡:《多元文化的公民身份》,马莉等译,中央民族大学出版社2009年版,第177页。
③ [德] 哈贝马斯:《包容他者》,曹卫东译,上海人民出版社2002年版,第256—257页。

的资源分配和利益调整，应该加强对各民族权利和利益的尊重和保障，通过一系列政策和措施，增强中华民族的凝聚力，促进各民族的发展。

尊重和保障少数民族的合法权利在国家制度和政策的实施和运作，在中华民族交往实践中作用的发挥，在法治国家和社会建设中更充分的体现，进一步规范各少数民族处理和看待民族关系的政治态度、政治立场，使其政治意识、政治行为更加符合各民族的共同发展目标。这从根本上改变了少数民族的认知心理和精神风貌，必将成为尊重和保障少数民族的正当权利的政治基础和精神动力。

尊重和保障少数民族的正当权利，经济和社会发展平等是前提条件。各民族不平衡、不充分的发展，决定了我国在中华民族共同体的建设中，必须通过专门的制度安排将经济政治文化社会等方面资源在各民族之间分配，这无疑有利于使各少数民族都能够分享中国特色社会主义的建设成果，使尊重和保障少数民族的正当权利的制度安排转化为实际的效能。

民族区域自治制度作为尊重和保障少数民族的正当权利的实践活动是中国共产党领导建设现代国家中不可缺少的一部分。20世纪50年代，随着革命任务的基本完成，民族区域自治制度得以定型。民族区域自治制度作为尊重和保障少数民族的正当权利的基本政治制度有效保证了社会主义制度优越性的发挥，推动了各民族的权利意识、平等意识、发展意识及民族共同体意识在现代社会中得以产生和持续。以此为基础，党的领导融入民族区域制度的运行过程中，党成为推动尊重和保障少数民族的正当权利实践活动的主体性力量。

(三) 我国少数民族合法权利尊重和保障的辩证关系

我国少数民族具有在法律规定的范围内从事一定活动的自由。① 任何民族的权利的实现，都必须在顾及其他民族的权利中实现。作为中华民族共同体中的一员，各个少数民族都享有平等的权利，都应该平等地履行相应的义务。抛开自己的义务谈权利是片面的，必然会导致一部人失去享有权利的平等机会。因此，我国少数民族的权利与义务是紧密联系在一起的。保护少数民族的合法权利，就是以国家制度和法律的形式确保少数民族的发展空间和生存空间，在协调各民族之间的利益的过程中，尊重和保障少数民族的合法权利，有利于增强中华民族的凝聚力，提升中华民族共

---

① 张文显：《关于权利和义务的思考》，《当代法学》1988年第3期。

同体意识的水平和层次。用"少数"这个修辞词来描述中华民族共同体中的 55 个民族时，表示已经从客观上和主观上承认这些群体与相对多数的汉族对于中华民族共同体具有同样的构成价值，他们同属于这一政治共同体的成员，具有同等的国民资格与身份、法律地位和权利义务。

我国少数民族作为一种客观的存在，是相对主体民族而言的，但是，不论少数民族还是主体民族，大家都共生共存于中华民族共同体内。因此，我国少数民族的利益包含于国家利益之中，两者具有深刻的一致性，这是我国成为多民族国家的重要因素之一。因此，少数民族的发展和民族地区的发展与国家的发展是一致的。少数民族的权利得到尊重和保障是多民族国家的职责所在。

多民族国家的制度设计，直接关系到民族国家凝聚力的形成与发展。给予少数民族充分的承认与自治权利，尊重和保障少数民族的正当权利，将民族地区和少数民族包括在国家的制度设计和政治结构之中，不仅可以在促进国家发展、民族团结、社会稳定的同时，体现制度设计的公正性合理性，而且可以维护国家的统一性、民族的多样性、文化的丰富性，形成制度化的国家凝聚力。我国在 20 世纪 50 年代的民族识别就是在掌握我国多民族基本国情的基础上，为新中国民族政策的制定提供了基础。我国实行的民族区域自治制度就是在了解和尊重我国是一个统一的多民族国家的基础上制定和实行的。

我国少数民族的权利与公民的权利是统一的。作为公民的一部分，少数民族拥有选择自己文化、认同本民族的权利。每个人的民族特性隐含在每一个民族成员的身上。从这个意义上讲，公民的权利实现了，少数民族的权利也就实现了，反之亦然。少数民族作为中华民族共同体成员，在中华民族共同体内，享有平等的地位和平等的权利，是他们应有的。通过无差别的享有这一权利，参与公共决策和公共生活，把自己融入共同体，有利于中华民族共同体意识的巩固和发展。

第四节 "两个共同"的推动作用

新时代把"两个共同"作为铸牢中华民族共同体意识的主题，其精神实质就是要进一步凝聚各民族人民的智慧和力量，着力点就是要加快少数民族和民族地区的经济社会发展,根本目标就是要促进各民族的发展进步,铸牢中华民族共同体意识,实现国家现代化和中华民族的伟大复兴。

一 实现"两个共同"的重要意义

中国特色社会主义事业已经踏上了 21 世纪的征程。21 世纪将是我国社会主义事业进一步取得辉煌胜利的时期,是中华民族全面振兴的时期。实现未来的宏伟目标,需要全国 56 个民族更加紧密地团结在中国共产党的领导下,万众一心,艰苦奋斗。全国各民族的大团结促进形成了中国特色社会主义平等、团结、互助、和谐的社会主义民族关系。不断巩固各民族的大团结,逐步促进各民族共同发展和共同繁荣,是进入 21 世纪我国民族工作的一项重要任务。

(一)"两个共同"是巩固社会主义制度的客观要求

"两个共同"是我们党在民族政策上的根本立场,也是巩固社会主义制度的要求,这一重要原则已经载入我国《宪法》,成为各族人民共同的奋斗目标。在统一的多民族国家中,如果一些民族经济文化发达,生活水平较高,而另一些民族经济文化长期落后,人民生活水平低下,这样的情况长期得不到改变,就不利于民族团结,因而难以巩固和发展各民族政治上的平等。处于执政地位的中国共产党,必须坚持各民族共同繁荣发展的原则,不仅帮助以前受压迫剥削的民族达到政治上的平等,而且通过经济文化的发展,实现各民族的共同繁荣,这样才有利于整个国民经济的发展,有利于社会主义现代化建设,有利于民族的和谐、社会的稳定和国家的统一,有利于社会主义制度的巩固,展现社会主义中华民族大家庭的祥和繁荣,使社会主义制度显示出蓬勃生机和强大生命力。

(二)"两个共同"是发展中国特色社会主义现代化的必然要求

"我国要建设的现代化,是包括 56 个民族在内的整个中华民族的现代化,是包括民族地区在内的全国的现代化"[①]。因此,没有民族共同繁荣发展,没有民族地区发展进步,中国综合国力的增强、现代化建设以及中华民族伟大复兴是不可能实现的。我国各民族在中华人民共和国成立前,分别处于不同的社会发展阶段,生产力低下,经济文化十分落后。民族在经

---

① 李国春:《民族发展与民族平等论》,云南大学出版社 2009 年版,第 210 页。

济文化发展上的这种差距,不可能在短期内消失。因此,实现民族地区的社会主义现代化,决定了我们必须全力促进各民族共同繁荣发展。我国的经济格局也决定必须坚持各民族共同繁荣发展的政策。民族地区丰富的自然资源和广阔的市场,是发展民族地区经济的优势,也是整个国民经济发展的战略所在。如果民族地区的经济长期落后,发达地区和整个国民经济就会受到资源和市场的制约而缺乏发展后劲,发展中国特色社会主义现代化的整体目标就会受到不利的影响。

(三)"两个共同"是中华民族伟大复兴宏伟目标的根本前提

我国在20世纪末达到的小康是低水平的、不全面的、发展很不平衡的小康。这一判断很大程度上是基于对民族地区和少数民族经济和社会事业发展相对滞后、部分地区仍处于贫困状态这一客观现实而作出的。因此,要实现全面建成小康社会的奋斗目标,重点和难点是在民族地区,没有民族地区的现代化,就谈不上全国的现代化;没有少数民族的繁荣富强,就没有整个中华民族的繁荣富强。从当前全党全国和各族人民的奋斗目标来说,没有各民族的共同繁荣发展,没有民族地区和少数民族全面小康社会的建成,就没有我国完全意义上的全面小康社会的实现;没有各民族的共同繁荣发展进而实现复兴,就谈不上整个中华民族的复兴。虽然民族地区的社会问题及社会主义时期的民族问题与政治、文化、宗教、经济等其他因素交织在一起,呈现出复杂性、多样性的特点,但发展经济、改善人民生活是总的目标追求。因此,要通过各民族共同繁荣发展来大力发展生产力,不断丰富民族地区的物质财富和精神财富,以满足各民族人民的物质和文化需求,提高其生活质量。同时,在优化民族地区的经济结构和提高效益的基础上,建成完善的社会主义市场经济体制和更具活力、更加开放的经济体系、健全的医疗卫生体系,创造出保障各族人民安居乐业的良好的社会运行机制,在多方面提高少数民族群众的生活水平和质量,逐步实现民族地区社会的繁荣发展和全面建成小康社会,实现中华民族的伟大复兴。

(四)"两个共同"是实现中国梦的根本保证

中国是一个团结统一的多民族国家,各民族前途命运与祖国命运紧密联系在一起。中华民族伟大复兴的中国梦是全国各族人民的梦。实现中国梦,符合全国各族人民的根本利益,得到了各族人民的衷心拥护。各民族共同团结奋斗、共同繁荣发展既是中华民族的立身之本、生命之依，也是当代中国追梦圆梦的力量之源、希望所在。"利莫大于治，害莫大于乱"，这是中华民族从悲欢离合的丰富历史中得出的珍贵启示。实现中华民族伟大复兴，凝聚了几代中国人的美好夙愿，体现了中华民族的根本利益，也是当代中国各族人民最大的共同利益。团结就是力量，民族团结既是大势所趋，也是复兴力量所系。当代中国由大向强的转变是一个艰巨复杂的系统工程，既取决于经济、科技和军事等硬实力的增强，更取决于政治凝聚力、文化向心力、制度影响力等软实力的提升。无论是硬实力还是软实力，都离不开民族团结所形成的稳定发展环境支撑，没有民族团结所凝聚的内在力量来贯穿，就无法形成合力，产生强大的综合国力。因此，民族团结是实现中国梦的力量依托，是当代中国发展进步的基石。维护民族团结、反对分裂是国家的最高利益所在，也是各族人民根本利益所在。只有坚定地推动全国各族人民共同团结奋斗、共同繁荣发展，才能保障中国的长治久安和繁荣发展，为实现中国梦提供根本保障。

（五）"两个共同"是实现国家长治久安的基本保证

我国有2.2万多公里的陆地边防线，少数民族大多聚居在祖国的边疆，55个少数民族中有31个少数民族与国外的同一民族相邻而居，这种民族分布与我国边疆建设和国防安全有着极为重要的关系。边防巩固需要有安定的社会环境、深厚的群众基础和雄厚的物质基础，为此，必须把边疆少数民族和经济文化建设发展起来，这是稳定边疆地区，加强民族团结，激发少数民族人民的爱国热情，取得反对境外敌对势力和颠覆阴谋斗争胜利的物质前提条件，也是保卫国防、维护祖国统一与安全的必然条件。必须努力发展少数民族地区的经济，促进各民族共同繁荣发展，充分体现社会主义制度的优越性，把社会主义新型民族关系建立在丰厚牢固的物质基础之上，使广大少数民族群众真心实意地拥护共产党，热爱社会主义，铸成祖国边防的铜墙铁壁。有了各民族的大团结，就能保证全国的安定团结，就能保证国家的长治久安。各民族共同繁荣发展揭示了社会主义时期民族发展的规律，指明了做好民族工作，处理好民族问题的方向，具有丰富的内涵和重要的理论意义。

（六）"两个共同"是对马克思主义民族理论的创新与发展

创新是一个民族进步的灵魂，是一个国家兴旺发达的不竭动力。坚持把马克思主义基本原理同中国具体实际相结合，在新的实践基础上实现理论创新，并用于指导新的实践，是我们各项事业不断取得胜利的基本经验。促进各民族团结进步和发展繁荣，实现各民族一律平等，始终是马克思主义民族理论的核心内容，是解决民族问题的根本途径。从中国现阶段已经总体达到小康水平，少数民族和民族地区发展仍相对落后，地区差距仍然明显这一现实状况出发，把实现各民族共同团结奋斗、共同繁荣发展作为新世纪新阶段民族工作的主题。这一主题有着科学的内涵，有着鲜明的时代特色，既体现了马克思主义民族理论的精神实质，又科学地反映了当代中国的实际，是马克思主义民族理论在建设中国特色社会主义的伟大实践中的创新运用。

（七）"两个共同"为新时期民族工作开阔了新视野

"两个共同"深刻反映了我国乃至世界许多国家处理民族问题的经验教训。从历史上看，多民族国家的发展与停滞，王朝的兴盛与衰亡，许多与民族问题有关。所以，历朝历代，各种政权都面临着不可回避的民族问题，并以各式各样的理论加以阐述，用各种各样的办法加以应对，但结果并不尽如人意。很重要的原因在于理论政策有误，措施办法失当。民族问题必须抓住团结与发展这两个基本方面才算抓住了关键，舍此不可能处理好民族问题。世界许多国家的实践也印证了这一点。许多民族冲突源于经济利益的冲突。不同民族的团结合作与共同发展是解决民族问题的关键。民族工作主题的提出是理论的创新，也是政策、方法的突破，反映了事物的规律，把握了民族问题的特点，总结了历史的经验，为新时期的民族工作开拓了新的视野。

二 实现"两个共同"的路径和条件

进入21世纪，在新的发展阶段，随着社会主义市场经济体制和各项制度的更加完善，随着民族地区的加快发展和各族人民生活的日益改善，各民族的大团结将得到进一步巩固和发展。首先，社会主义市场经济的发展，将进一步拓展各民族交往的领域和渠道，强化各民族之间的凝聚力。因为，建立市场经济体制，生产越来越社会化，共同的经济生活将进一步加强民族之间的联系和交流，打破民族间与地区间的壁垒和封闭状态，推动全国统一大市场的形成。这正是各民族谁也离不开谁，更加团结的深厚的经济基础。其次，城市化进程的加快，将进一步促进各民族人口的自由流动，促进民族之间的了解和相互学习，取长补短，族际之间的通婚现象会更加普遍，各民族的共性特征将会得到进一步发展。再次，西部大开发战略的实施必将大大加快西部民族地区经济社会发展步伐，特别是那些人口较少的少数民族的快速发展，将更加密切和强化民族之间的相互依存关系，各民族团结统一于中华民族大家庭的向心力和凝聚力会进一步增强。最后，党和国家关于民族问题的基本观点和基本政策将更加深入人心，在各民族干部群众中广泛开展的民族团结教育活动，将使各民族对中华民族整体利益一致性的认识进一步加深，共同珍惜和维护来之不易的民族团结的大好局面。

（一）坚持党的领导，坚定走中国特色社会主义道路

坚持党的领导，团结带领各族人民坚定走中国特色社会主义道路，实践证明，只有中国共产党才能实现中华民族的大团结，只有中国特色社会主义才能凝聚各民族、发展各民族、繁荣各民族。我们要坚持党的领导，不忘初心、牢记使命，坚持走中国特色解决民族问题的正确道路，坚持和完善民族区域自治制度，加强党的民族理论和民族政策学习以及民族团结教育，以铸牢中华民族共同体意识为主线做好各项工作，把各族干部群众的思想和行动统一到党中央决策部署上来，不断增强各族群众对伟大祖国、中华民族、中华文化、中国共产党、中国特色社会主义的认同。

把各族人民对美好生活的向往作为奋斗目标，确保少数民族和民族地区同全国一道实现全面小康和现代化。中华民族是一个大家庭，一家人都要过上好日子。没有民族地区的全面小康和现代化，就没有全国的全面小康和现代化。我们要加快少数民族和民族地区发展，推进基本公共服务均等化，提高把"绿水青山"转变为"金山银山"的能力，让改革发展成果更多更公平惠及各族人民，不断增强各族人民的获得感、幸福感、安全感。要完善差别化的区域政策，优化转移支付和对口支援机制，实施好促进民族地区和人口较少民族发展、兴边富民行动等规划，谋划好"十四五"时期少数民族和民族地区发展，让各族人民共创美好未来、共享中华民族新的光荣和梦想。

（二）以社会主义核心价值观为引领，构建各民族共有精神家园

文化是一个民族的魂魄，文化认同是民族团结的根脉。各民族在文化上要相互尊重、相互欣赏，相互学习、相互借鉴。在各族群众中加强社会

主义核心价值观教育，牢固树立正确的祖国观、民族观、文化观、历史观，对构筑各民族共有精神家园、铸牢中华民族共同体意识至关重要。要以此为引领，推动各民族文化的传承保护和创新交融，树立和突出各民族共享的中华文化符号和中华民族形象，增强各族群众对中华文化的认同。要搞好民族地区各级各类教育，全面加强国家通用语言文字教育，不断提高各族群众科学文化素质。要把加强青少年的爱国主义教育摆在更加突出的位置，把爱我中华的种子埋入每个孩子的心灵深处。要牢牢把握舆论主动权和主导权，让互联网成为构筑各民族共有精神家园、铸牢中华民族共同体意识的最大增量。

（三）不断巩固和发展各民族的大团结

新时代必须进一步夯实各民族大团结的经济基础，强化民族团结的政治保障。多民族是我国的一大特色，也是我国发展的一大有利因素。各民族共同开发了祖国的锦绣河山、广袤疆域，共同创造了悠久的中国历史、灿烂的中华文化。我国历史演进的这个特点，造就了我国各民族在分布上的交错杂居、文化上的兼收并蓄、经济上的相互依存、情感上的相互亲近，形成了你中有我、我中有你、谁也离不开谁的多元一体格局。中华民族和各民族的关系，是一个大家庭和家庭成员的关系，各民族的关系，是一个大家庭里不同成员的关系。处理好民族问题、做好民族工作，是关系祖国统一和边疆巩固的大事，是关系民族团结和社会稳定的大事，是关系国家长治久安和中华民族繁荣昌盛的大事。全党要牢记我国是统一的多民族国家这一基本国情，坚持把维护民族团结和国家统一作为各民族最高利益，把各族人民智慧和力量最大限度凝聚起来，同心同德为实现"两个一百年"奋斗目标、实现中华民族伟大复兴的中国梦而奋斗。

（四）加强马克思主义民族观和党的民族政策的教育

要加强马克思主义民族观和党的民族政策的教育，加强爱国主义、集体主义和社会主义教育。大力宣传各族人民为缔造多民族国家，为维护民族团结、祖国统一和巩固边防作出的不懈努力和历史贡献，利用各种途径和形式普及民族常识。要使各民族干部群众懂得维护民族团结和国家统一是中华民族的光荣传统，团结统一是国家和民族的根本利益所在，平等、团结、互助、和谐是社会主义民族关系的准则，建设中国特色的社会主义是各民族的共同理想和历史使命。要提倡各民族平等相待，互相尊重，使各民族的群众充分理解民族之间的差异,特别是要相互尊重语言文字、文化传统、风俗习惯和宗教信仰,防止因这些方面出现问题而引发民族冲突,甚至酿成突发事件。

要坚决反对大民族主义和地方民族主义。我国《宪法》和《民族区域自治法》都明确规定:在维护民族团结的斗争中,要反对大民族主义主要是大汉族主义,也要反对地方民族主义。由于历史上的遗毒、当前我国社会转型期出现的社会矛盾的复杂性以及受到国际上各种民族主义思潮的影响,两种民族主义在我国仍有不同程度的表现。但是,需要指出,在我国社会主义初级阶段,这两种民族主义的表现一般来说都属于人民内部矛盾,对出现的问题应当采取慎重和实事求是的态度,属于什么问题就按什么问题处理,不要轻易扣民族主义的帽子。这方面,我们有过深刻的教训,必须注意吸取。对于反对民族主义,争取民族团结问题,早在1950年,邓小平就指出,汉族同志在这个方面要主动多承担责任。他说:"只要一抛弃大民族主义,就可以换得少数民族抛弃狭隘的民族主义。我们不能首先要求少数民族取消狭隘民族主义,而是应当首先老老实实取消大民族主义。两个主义一取消,团结就出现了。"①

(五)进一步搞好各民族干部之间的大团结

这是维护各民族大团结的关键。各民族的干部,首先要牢固树立"三个离不开"的思想。不论是哪个民族的干部,都要以国家利益、中华民族的根本利益的大局为重,自觉维护民族团结。尤其是汉族和少数民族的干部之间,自治地方的民族与其他少数民族的干部之间更要紧密团结合作。在民族团结问题上,关键是党内各族干部的团结,而党内团结的关键又在于领导班子的团结。领导班子中的各民族干部更要相互尊重,相互支持,团结合作,为各族干部群众作出表率,形成争做民族团结模范的良好风尚。无论是少数民族干部还是汉族干部,都要以党和国家的事业为重、以造福各族人民为信念,齐心协力做好工作。民族地区要重视基层党组织建设,加强干部作风建设。要形成党委领导、政府负责、有关部门协同配合、全社会通力合作的民族工作格局,坚持好、健全好民委委员制度。

---

① 《邓小平文选》第1卷,人民出版社1994年版,第163页。

三 坚持"四个维护"的原则

"四个维护"是：维护人民利益、维护法律尊严、维护民族团结、维护祖国统一。在我国现阶段，影响民族团结的各类社会矛盾主要是人民内部矛盾，要用团结、教育和疏导的办法，用耐心说服、改进工作的办法，正确处理好各民族和民族地区的人民内部矛盾。要及时解决不同民族之间的利益纠纷，特别要防止不尊重少数民族风俗习惯，伤害民族感情事件的发生。在民族关系上的人民内部矛盾中，也不排除有的问题带有对抗性。遇到这种情况，一定要谨慎行事。决不能把非对抗性矛盾当作对抗性矛盾，人为树敌；也不能把对抗性矛盾变成非对抗性矛盾，麻痹大意。非对抗性矛盾和对抗性矛盾交织在一起，不明真相的群众和别有用心的坏人搅和在一起，增加了解决问题的难度。对那些借用民族矛盾引发事端、制造动乱、触犯法律的，每一位领导干部、每一个共产党员都必须挺身而出，与其坚决斗争，依法进行处理。因此，为了维护和巩固各民族的大团结，必须区分两类不同性质的矛盾。要妥善处理民族关系上的人民内部矛盾，以不断巩固和发展各民族的大团结。

妥善处理好民族关系上的突发事件，是协调民族关系，搞好民族团结的重要环节。要建立有效防范突发事件的工作机制。党委统一领导，党政齐抓共管，有关部门各司其职，积极配合；深入调查研究，定期排除不安定因素，做好处理突发事件的准备工作，制定及时化解矛盾苗头的预警和防范措施；建立完善的责任机制；在解决有关的民族纠纷中，要注意发挥民族工作部门的作用，发挥少数民族干部的作用，发挥群众中骨干分子的作用。处理好民族关系上的人民内部矛盾，关键在领导。只要领导高度重视，方针正确，方法得当，措施有力，就能妥善解决矛盾，不断促进和巩固各民族的大团结。

（一）坚决地同民族分裂主义作斗争

对国际上存在的各种民族主义思潮可能对我国民族关系产生的消极影响，对西方敌对势力企图对我国进行"分化""西化"的图谋，必须时刻保持高度警惕。对民族分裂势力、宗教极端势力、暴力恐怖势力，必须坚决打击。国家利益高于一切，各民族人民的整体利益高于一切。搞分裂的人，不仅背弃了本民族，也背弃了整个中华民族，不仅损害了本民族的利益，而且损害了国家利益，他们是各民族共同的敌人。对他们的分裂破坏活动，必须坚决依法打击。

（二）促进各民族共同繁荣

民族与民族区域发展必须要融入国家的整体发展之中，通过社会主义市场经济推动实现共同发展目标，才能实现各民族的共同进步。民族地区发展在融入国家整体发展的进程中，必须走出一条具有自身特色的发展之路。"民族与民族区域在国家整体发展中，唯有顺利经过生存发展阶段和融合发展阶段，在解决基本生存问题的基础上，通过吸纳、融合外来的先进理念和发展模式，充分利用当地资源，确立区域性主导型经济增长模式，形成明确发展目标，发展战略，迈进民族与民族区域发展——具有民族和区域特色的自主发展的新阶段。如此才能在更高程度上，真正实现各民族共同繁荣发展"①。

（三）增强文化认同

"加强中华民族大团结，长远和根本的是增强文化认同"② 是习近平总书记在中央民族工作会议暨国务院第六次全国民族团结进步表彰大会上提出的。解决好民族问题，物质方面的问题要解决好，精神方面的问题也要解决好。要旗帜鲜明地反对各种错误思想观念，增强各族干部群众识别大是大非、抵御国内外敌对势力思想渗透的能力。加强中华民族大团结，长远和根本的是增强文化认同，建设各民族共有精神家园，积极培养中华民族共同体意识。要把建设各民族共有精神家园作为战略任务来抓，抓好爱国主义教育这一课，把爱我中华的种子埋在每个孩子的心灵深处，让社会主义核心价值观在祖国下一代的心田生根发芽。弘扬和保护各民族传统文化，要去粗取精、推陈出新，努力实现创造性转化和创新性发展。要积极做好双语教育、信教群众工作和少数民族代表人士和知识分子工作。一方面加大国家对少数民族和民族地区的政策、资金、技术和人才投入；另一方面少数民族和民族地区要贯彻"五个统筹"的要求，坚持因地制宜，从本地实际出发，科学制定发展思路和目标，充分发挥自身优势，集中各族干部群众的智慧和力量，走出一条具有本地特色的加快发展的新路子，努力实现生产发展、生活富裕、生态良好。通过科学发展，才能实现各民族

---

① 龚学增、胡岩：《当代中国民族宗教问题》，中共中央党校出版社2010年版，第67页。
② 中共中央文献研究室：《习近平关于社会主义政治建设论述摘编》，中央文献出版社2017年版，第157页。

人民的共同富裕、共同繁荣，全面振兴中华民族。

（四）促进各民族共同发展

促进各民族共同发展，不仅是一个重大的经济问题，而且也是一个重大的政治问题。少数民族和民族地区的经济社会发展，直接关系到我国整个现代化建设和全面建成小康社会的顺利实现，同时关系到国家统一、边疆稳定和各民族大团结。民族地区的现代化同全国其他地区的现代化，少数民族的发展振兴同整个中华民族的振兴，是密不可分、相互促进的。我国整体经济的发展，既离不开东部地区，也离不开包括民族地区在内的中西部地区。

促进各民族共同发展，是我国社会主义事业的本质要求在民族工作上的体现，也是党的民族政策的基本出发点和归宿。在新的历史时期，搞好民族工作，增强民族团结的核心问题，就是要积极创造条件，加快少数民族和民族地区的经济社会文化等各项事业的发展，促进各民族的共同繁荣。这既是少数民族和民族地区人民群众的迫切要求，也是我们社会主义民族政策的根本原则。

促进各民族共同发展，是现阶段解决民族问题的根本途径。我国少数民族和民族地区的发展是全面、全方位的发展，即在中国特色社会主义条件下各民族共同富裕，共同繁荣发展，共享改革发展的成果。当前，我国的民族问题比较集中地表现在少数民族和民族地区迫切需求加快其经济社会的发展和如何加快其经济社会发展的问题，而我国少数民族和民族地区发展的最大问题是少数民族自身发展能力不足以及与发达地区发展之间的差距。发展是党执政兴国的第一要务，是解决中国所有问题的关键，也是解决民族地区困难和问题的关键。因此，必须把加快少数民族和民族地区的发展放在更加突出的战略位置。

发展是硬道理。发展民族地区的经济是我们解决民族地区所有问题的根本。民族地区存在的矛盾和问题，归根结底要靠发展经济来解决。努力把民族地区的经济搞上去，才能为解决民族地区的其他问题打下良好的基础。实践证明，贫穷落后和民族间差距过大是引发民族问题的最主要的原因，也是其他一些影响民族关系的因素得以乘虚而入的重要原因。要解决民族地区在现阶段出现的问题，既要治标，更要治本，而治本之策就是加快少数民族和民族地区的发展。经济建设上不去，民族地区的综合实力得不到提高，各族人民的生活得不到改善，民族地区的发展、稳定、自治、团结就会成为一句空话。我们应当从这样的高度来认识加快少数民族地区发展的重要性和紧迫性。

党中央、国务院从共同繁荣发展的整体利益出发,根据我国的国情和民族地区的发展实际,确立了一系列支持少数民族和民族地区加快发展的政策措施,包括加大投入,在投资、财政、税收、金融、产业、对内对外开放等方面实行更多切实可行的优惠政策,提出要重点帮助民族地区建设一批对带动当地经济社会发展起重大作用的基础设施建设项目,实行生态建设和资源开发的补偿政策,积极探索更加有效的支援途径和机制。并要求在加快发展的同时,还要着眼努力提高各族人民群众的生活水平,使他们的生活更加殷实。要切实改善各族群众的生产生活条件,着力解决关系各族群众切身利益的突出问题,多办实事,多办好事,把体现各族群众利益的政策落到实处,使各族人民群众充分享受经济发展与社会进步的成果。简而言之,加快少数民族和民族地区的发展,要不断增加"五个投入":一是增加政策投入;二是增加科技投入;三是增加人才投入;四是增加资金投入;五是增加感情投入。特别是要对少数民族有感情,对民族地区有感情,对民族工作有感情。

第五节　坚持和完善民族区域自治制度

民族区域自治制度是我国解决国内民族问题的基本政策和一项重要的、行之有效的政治制度。实行民族区域自治,坚持国家统一和民族区域自治相结合,这是由我国多民族构成和民族分布特点以及不平衡发展所决定的。其目标在于维护国家统一,维护和发展平等、团结、互助、和谐的社会主义民族关系,保障少数民族的平等权利和民族自治地方的自治权利,实现民族自治地方和全国社会主义现代化事业的发展,促进各民族的共同繁荣。从帮助民族地区坚持和完善民族区域自治制度的经验看,坚持和完善这个制度,关键是要处理好国家集中统一和民族区域自治的关系,处理好中央集权和自治地方分权的关系,既要保证国家的集中统一和整体利益,又要保障民族区域自治地方在国家统一领导下,自主地发展本民族自治地方的政治、经济、文化和各项事业,体现民族自治地方的特殊情况和特殊利益。

第七章　铸牢中华民族共同体意识的路径思考

一　坚持完善民族区域自治制度的意义和内涵

在 2005 年 5 月中央民族工作会议上，胡锦涛强调，"民族区域自治，作为党解决我国民族问题的基本经验不容置疑，作为我国的一项基本政治制度不容动摇，作为我国社会主义的一大优势不容削弱"。这清楚地表明了民族区域自治制度在国家政治制度中的重要地位，也充分表明了我们党坚持和完善民族区域自治制度的立场一以贯之，始终不渝。在新的历史条件下，我们应按照依法治国的方略，根据市场经济体制的要求，抓紧对《民族区域自治法》进行必要的补充和完善，建立和健全同实施《民族区域自治法》相配套的法规体系和监督机制，合理划分中央和民族区域自治地方的经济管理权限，厘清中央和地方的利益关系。民族地区的社会经济发展客观上要求在新形势下坚持实行民族区域自治，而且要通过制度创新进一步坚持和完善民族区域自治制度。

（一）促进各民族共同繁荣的保证

各民族共同繁荣，既包括各民族经济共同发展，各族人民物质生活水平共同提高；又包括各民族文化共同发展，各族人民思想道德科学文化素质的共同提高。坚持和完善民族区域自治制度的目的是促进民族地区的经济发展和实现各民族共同繁荣。促进各民族共同繁荣，是党的社会主义民族政策的根本原则，也是各族人民的共同愿望。只有促进各民族共同繁荣，民族发展权利平等才能真正实现，各民族团结的基础才能稳如磐石。促进各民族共同繁荣，更是发展和完善民族区域自治制度的基础，是民族区域自治制度优越性的展现。如果民族自治地方经济、文化发展老是滞后，民族区域自治的意义也就丧失了。要真正解决民族问题，还必须从实现各民族共同繁荣这一根本目的出发，进一步坚持和完善民族区域自治制度。坚持和完善民族区域自治制度，促进各民族共同繁荣，必须把解放和发展民族地区的生产力作为根本任务。我们过去在民族区域自治的实践中，通常把自治机关干部的民族化，使用民族语言文字和民族形式这三个方面，作为衡量民族区域自治是否完善的重要尺度。这是在自治地方初创时期的特定的历史条件下提出的，而且在实践中发挥了很大作用，也取得了很大的成绩，今后还应坚持。但是，这样的思路已远远不能适应变化了的新形势。因此，坚持和完善民族区域自治制度，我们的观念更应有所更新。

在世界格局发生变化的今天，从我国边疆民族相邻的周边国家的情况来看，一些周边国家改革开放的步伐迈得很大，势头也很猛。如果我们仍以过去的观念来指导民族区域自治的实践，不切实把经济搞上去，我们的民族自治区域就会出现经济和社会发展相对滞后的问题。那时，我们的民族区域自治就很难有说服力。如果我们不面对现实，不把解放和发展生产力作为切实完善民族区域自治的根本任务，不坚持以经济建设为中心，加快民族自治地方的经济建设，完善民族区域自治制度就会成为一句空话。改变民族地区的落后状况，使少数民族彻底摆脱贫困，加快少数民族地区经济、社会发展，提高少数民族的物质文化生活水平，实现各民族共同繁荣，既是我们党和国家在民族政策上的根本立场，也是完善民族区域自治制度的根本内容。

（二）加强民族区域自治的法制建设

用法律调整民族关系，保障各民族的平等权利，维护国家的统一和各民族的团结，促进经济文化事业的发展，是我国法制建设的重要内容和重要任务。1984年10月1日，《中华人民共和国民族区域自治法》的颁布实施，以基本法的形式把民族区域自治政策固定下来，标志着民族区域自治作为我们党解决民族问题的一项基本政策，走向了法制化的新的历史时期。为了贯彻实施《民族区域自治法》，不断完善民族区域自治制度，全国人大、国务院、各级民族自治地方和辖有自治州、自治县的上级人民政府，都十分重视制定与自治法相配套的行政法规、自治条例和单行条例，初步建立起民族法制体系。经过几十年的努力，我国民族区域自治的各项制度从无到有、从不完善到日渐成熟，规范了我国现实的民族关系，有效地调节了各民族的行为。要依法治理民族事务，确保各民族公民在法律面前人人平等。要全面贯彻落实民族区域自治法，健全民族工作法律法规体系，依法保障各民族合法权益。要坚持一视同仁、一断于法，依法妥善处理涉民族因素的事件，保证各民族公民平等享有权利、平等履行义务，确保民族事务治理在法治轨道上运行。对各种渗透颠覆破坏活动、暴力恐怖活动、民族分裂活动、宗教极端活动，要严密防范、坚决打击。

（三）必须健全和完善民族法制体系

随着我国经济体制改革的不断发展，我国民族区域自治制度也面临着如何从适应传统的计划经济体制向社会主义市场经济体制转变的问题，需要在这个转变的过程中主动建设,逐步发展和完善。因此,必须把加强民族区域自治的法制建设作为完善民族区域自治制度的重要手段。依法治国、依法行政,必须健全和完善民族法制体系。

首先,根据我国经济社会发展的新情况和进一步加快少数民族和民族地区发展的新要求,更好地贯彻、落实新修改的《民族区域自治法》。《中华人民共和国民族区域自治法》于1984年10月1日颁布实施。2001年2月28日,第九届全国人大常委会第二十次会议通过了《民族区域自治法》修正案。《民族区域自治法》有力地保障了民族地方的自治权利,巩固和发展了平等、团结、互助的社会主义民族关系,促进了民族自治地方的改革、发展和社会稳定,维护了国家的统一。当前,我们要在建设中国特色社会主义市场经济体制和西部大开发中,坚持和完善民族区域自治制度,真正发挥《民族区域自治法》的作用,使其起到推动民族自治地方两个文明建设的积极作用。这既是依法治国、依法行政的必然要求,也是建设中国特色社会主义政治的必然要求。

其次,建立和健全法规体系和监督机制,更有效地行使自治权。关于民族区域自治法制建设的目标和任务,江泽民同志曾在中央民族工作会议上明确指出:"我们必须建立和健全实施《民族区域自治法》配套的法规体系和监督机制,使自治法在建设有中国特色的社会主义事业中更好地发挥作用。"① 社会主义法制是立法、司法、执法、守法和监督法律实施等几个方面的完整统一。有法必依,依法办事是法制建设的关键和中心环节。民族区域自治地方,要从本地政治、经济、文化、教育发展的需要出发,制定与《民族区域自治法》相配套的各种政策和法规,做到有法可依。有法不依,执法不严,等于无法。所以,建立和健全执法监督机制,不仅是民族地区法制建设的重要内容,也是更有效地行使自治权的重要环节。因为只有对行使自治权的状况进行有效的监督,依法追究执法机关和当事人的法律责任,才能保障法律的严肃性和权威性。从监督主体来看,既包括法律的、行政的、政党和社会团体的监督,又有人民群众的监督和舆论监督。就监督的内容而言,既对上级机关是否尊重自治机关行使自治权进行监督,也对自治机关行使自治权的情况进行监督。全国人民代表大会和民

---

① 中共中央统战部二局、中共中央党校教务部:《新形势下的民族、宗教问题》,人民出版社1994年版,第189页。

族自治地方的人民代表大会，要通过法律程序，建立和健全实施《民族区域自治法》的监督制约机制，加强对执行情况的检查监督，对在行使自治权中的违宪、违法和越权等行为，依法追究其行政、法律责任，以保障自治权的有效性，使《民族区域自治法》在促进民族地区经济文化事业发展和社会全面进步中充分发挥应有的作用。

（四）坚持和完善民族区域自治制度的基本原则

在我国现行政治体制里，实行的是中央权力统管地方权力的体制。这个体制的好处是可以实行集中统一的领导，防止出现地方主义、分散主义和无政府主义，可以运用社会主义制度的优越性办成地方无法办成的大事。对于少数民族地区来说，这个体制就是在党和国家统一领导下，在各少数民族聚集的地方实行区域自治。区域自治不是区域独立，是为了让各个少数民族能够自主管理好内部事务，解决好民族问题。作为民族区域自治的自治权不是独立于国家权力之外的另外的政治权力，是整个国家权力结构中的一个具有较大自主权的某个层次。民族自治地方的自治机关是国家一级的地方权力机关和行政机关，必须接受国家权力机关的领导和监督。

2013年11月3日至5日，习近平总书记在湖南考察时指出："加快民族地区发展，核心是加快民族地区全面建成小康社会步伐。"① 在全国民族团结表彰大会上，习近平总书记进一步指出："把各族人民对美好生活的向往作为奋斗目标，确保少数民族和民族地区同全国一道实现全面小康和现代化。"② 各民族在社会生活中联系的广度和深度，我国大杂居、小聚居、交错杂居的民族人口分布格局都决定了我国坚持和完善民族区域自治制度的必要性和重要性。充分发挥民族区域自治制度的优越性，全面贯彻落实民族区域自治法，最重要的是认识脱贫摘帽不是终点，而是新生活、新奋斗的起点。习近平总书记在全国脱贫攻坚总结表彰大会上的讲话中庄严宣告，"经过全党全国各族人民共同努力，在迎来中国共产党成立一百周年的重要时刻，我国脱贫攻坚战取得了全面胜利，现行标准下9899万农村贫困人口全部脱贫，832个贫困县全部摘帽，12.8万个贫困村全部出

---

① 《习近平在湖南考察时强调：深化改革开放推进创新驱动　实现全年经济社会发展目标》，2013年11月5日，见 http://news.xinhuanet.com/2013-11/05/c_118018119.htm。

② 习近平：《在全国民族团结进步表彰大会上的讲话》，人民出版社2019年版，第8页。

列，区域性整体贫困得到解决，完成了消除绝对贫困的艰巨任务，创造了又一个彪炳史册的人间奇迹！这是中国人民的伟大光荣，是中国共产党的伟大光荣，是中华民族的伟大光荣！"① 多年来，党中央把脱贫攻坚摆在治国理政的突出位置，把脱贫攻坚作为全面建成小康社会的底线任务，组织开展了声势浩大的脱贫攻坚人民战争。党和人民披荆斩棘、栉风沐雨，发扬钉钉子精神，敢于啃硬骨头，攻克了一个又一个贫中之贫、坚中之坚，脱贫攻坚取得了重大历史性成就。当前，要把民族区域自治法赋予的民族地区的各项政策和党中央根据民族区域自治法给予民族地区的各项优惠政策都一揽子结合好、统筹好、执行好、贯彻好、落实好，充分发挥好中央、发达地区、民族地区三个积极性，促进政策蕴含的动力和民族地区的内生潜力的结合，解决发展不平衡不充分问题、缩小城乡区域发展差距、进一步增强和提高各民族群众的幸福感、获得感、安全感。

乡村振兴是民族区域自治地方的一项重大任务。要围绕立足新发展阶段、贯彻新发展理念、构建新发展格局带来的新形势、提出的新要求，坚持把解决好"三农"问题作为工作重中之重，坚持农业农村优先发展，走中国特色社会主义乡村振兴道路，持续缩小城乡区域发展差距，让低收入人口和欠发达地区共享发展成果，在现代化进程中不掉队、赶上来。全面实施乡村振兴战略的深度、广度、难度都不亚于脱贫攻坚，要完善政策体系、工作体系、制度体系，以更有力的举措汇聚更强大的力量，加快农业农村现代化步伐，促进农业高质高效、乡村宜居宜业、农民富裕富足。

二 推进少数民族社会主义文化建设

文化是民族的灵魂，是凝聚和激励一个民族发展的重要力量。具体说来，民族文化是一个民族的历史、社会、政治、经济生活和地理环境的特点在意识形态上的反映。在长期的历史发展中，它对于一个民族的心理素质、民族性格、伦理道德、价值观念以及审美意识的形成、情操的陶冶，发挥着重要的作用。一个民族的文化，是该民族智慧的结晶，凝聚着该民族的感情、意志和追求，体现民族精神，构成该民族的要素，成为一个民

---

① 《全国脱贫攻坚总结表彰大会在京隆重举行，习近平向全国脱贫攻坚楷模荣誉称号获得者等颁奖并发表重要讲话》，《人民日报》2021年2月26日第1版。

族的标志，是植根于民族生态环境中的一定的社会历史发展、政治经济的反映，对民族的进步和社会的发展具有重要的作用。在我们这样一个统一的多民族国家里，多民族共同生活，各少数民族和汉族一起，在长期的历史发展中共同创造了多姿多彩的中华民族文化。

当前，我国改革发展进入关键时期，文化建设和民族工作面临加快发展的重要战略机遇，这对少数民族文化工作提出了新的更高的要求，也提供了前所未有的有利条件。我们必须从实现中华民族复兴的全局，从提高各民族科学文化素质和思想道德素质的高度，进一步增强责任感、紧迫感和使命感，大力推动少数民族文化的繁荣发展，为建设社会主义现代化强国，实现中华民族伟大复兴的中国梦提供重要思想保证和精神动力。

（一）继承民族优秀传统文化

要采取政策措施，提高各民族文化素质。民族的进步，民族文化素质的提高，表现在这个民族的价值观念、生活方式、思维方式等方面的进步和变化。一个民族，只有具备了较高的科学文化素质，才可以说这个民族的文化繁荣了。民族文化繁荣与民族的政治上平等、经济发展一起，构成民族繁荣的丰富内涵。民族文化的繁荣是民族繁荣的重要内容和重要条件。大力发展和繁荣少数民族文化，对于满足各民族人民日益增长的精神文化需求，提高和增强中华民族的凝聚力，促进各民族的团结进步，加速民族地区的经济社会发展，具有重要的意义。

中国共产党一贯主张帮助各少数民族发展经济社会各项事业，使少数民族提高科学文化水平，提高整体素质，实现整个中华民族的繁荣发展。中国共产党和中国政府的民族政策，包括繁荣少数民族文化的政策。党和国家支持少数民族地区文化事业的发展，以繁荣社会主义文化为中心，继承和弘扬民族优秀传统文化，吸收国内和国际其他民族文化成果，提高全社会的文化生活质量。党和政府制定了一系列政策法规，采取了许多措施，扶持和帮助少数民族地区文化事业的发展。一是民族自治地方自主地管理和发展本地方的文化事业，保护和整理民族文化遗产，发展和繁荣民族文化；二是国家扶持和帮助少数民族地区加强文化设施建设，增加对少数民族地区的文化基建投资和文化事业经费，活跃少数民族群众的文化生活；三是进行大规模的少数民族语言调查，帮助少数民族创制和改革文字，大力发展少数民族新闻出版事业；四是充实巩固少数民族艺术表演团体，对边疆少数民族地区的文艺团队给予特殊的照顾和补助，有计划地组织各民族艺术表演团体之间和对外文化艺术交流活动。

中华人民共和国成立以来，党和政府繁荣少数民族文化的政策，对于保持和弘扬各少数民族传统文化，发展少数民族地区的文化事业，发挥了巨大的推动和促进作用。我国各民族的优秀传统文化在国家法律和政策的保护下，得到了保持和发扬，在现代生活中发扬光大，各民族的整体素质不断提高。改革开放以来特别是党的十八大以来，我国少数民族文化事业进一步取得了巨大成就。少数民族语言文字、新闻出版、广播影视、文化艺术等各项事业蓬勃发展，少数民族传统文化的保护和利用得到加强，各族人民的文化生活更加丰富。

在新的历史阶段，大力发展和繁荣少数民族文化，要全面落实科学发展观，坚持"二为"方向和"双百"方针，贯彻各民族共同团结奋斗、共同繁荣发展的民族工作主题。新闻出版、广播影视、文化艺术、社会科学，要把握方向，坚持正确导向，为民族地区和全国各地的发展稳定营造良好的思想舆论氛围。要注意吸收汉族和其他民族的优秀文化，吸收国外民族的优秀文化，吸收人类一切有益的文明成果，推动少数民族优秀文化的传承与创新，实现先进文化内容与民族特点、民族形式的有机统一。

(二) 大力支持少数民族文化发展

大力支持少数民族文化发展，不断巩固和发展中华民族的大团结。当今时代是一个呼唤先进文化也必将推动文化繁荣发展的伟大时代。我们要顺应时代发展潮流，牢牢把握先进文化的前进方向，为少数民族文化的繁荣发展提供正确导向。制定正确政策，采取有效措施，支持少数民族文化发展，继承优秀文化传统，弘扬伟大民族精神，努力开创我国民族文化事业蓬勃发展的新局面。

一要加快少数民族和民族地区经济社会发展，为少数民族文化的繁荣发展提供物质基础。发展是解决民族地区困难和问题的关键。要坚持以人为本，始终把最广大人民的根本利益作为文化工作的出发点和落脚点，对欠发达地区和少数民族地区的文化事业，要给予大力扶持，增加投入，不断提高人民的生活水平，为少数民族文化创造更加有利的发展机会和发展条件。不断解放和发展少数民族文化生产力，不断增强和激发少数民族发展和创造。二要坚持和完善民族区域自治制度，为少数民族文化的繁荣发展提供制度保障。要全面贯彻落实《民族区域自治法》和国务院实施《民族区域自治法》的行政法规，进一步完善配套的法律法规，维护少数民族的文化权益，推进文化体制改革和制度创新，形成富有活力的文化管理体制和文化产品生产经营机制。

（三）进一步巩固和发展平等、团结、互助、和谐的民族关系

进一步巩固和发展平等、团结、互助、和谐的民族关系为少数民族文化的繁荣发展提供良好氛围。要大力弘扬以爱国主义为核心的民族精神，牢固树立"三个离不开"的意识，推动各民族相互尊重、相互学习、相互帮助，促进各族人民和睦相处、和衷共济、和谐发展，形成繁荣文化人人有责、和谐社会人人共享的生动局面。要大力培养少数民族干部与民族文化专业人才，为少数民族文化的繁荣发展提供人才支持。要深化文化体制改革，完善体制机制，形成有利于优秀文化人才脱颖而出的社会环境。坚持把社会主义核心价值体系的内容融入国民教育和干部培养的全过程，大力加强民族地区人力资源建设，培育一批德艺双馨、群众喜爱、充满活力的优秀少数民族文化工作队伍。大力培养民族文化经营管理人才，造就一支保护民族文化遗产、传递中华文明薪火、建设社会主义和谐社会的重要力量。

（四）加强民族团结，维护祖国统一

我国56个民族的前途命运与祖国的前途命运始终紧密联系在一起。尽管中国历史上也曾出现过若干分裂的局面，但都是短暂的，最后总是归于统一。国家统一始终是中国历史发展的主流，符合各族人民的根本利益，得到各族人民的衷心拥护。在我们这个多民族的大家庭，少数民族有一亿多人口，占全国总人口8%以上，分布在全国各地；民族自治地方占国土总面积的64%左右，西部和边疆绝大部分地区都是少数民族聚居区。这一基本国情，决定了民族问题始终是我们建设中国特色社会主义必须认真处理好的一个重大问题，决定了民族工作始终是关系祖国统一、领土完整、边防巩固的一项重大任务。同时，巩固和发展各民族的大团结，是建设中国特色社会主义事业取得成功的一项基本保证。建设中国特色社会主义必须依靠各族人民的团结。

在长期的历史发展中，中华民族共同的根本利益、前途命运以及文化背景，在各族人民之间形成了强大的凝聚力和血肉相连、生死与共的亲密关系。源远流长、灿烂辉煌的中华文明，凝结和融合了各族人民的聪明才智和辛勤劳动。中华人民共和国成立以来取得的各项重大成就，社会主义

第七章　铸牢中华民族共同体意识的路径思考

现代化建设和改革开放取得的各项重大成就，都是各族人民在党的领导下团结奋斗的成果。邓小平指出："在实现四个现代化进程中，各民族的社会主义一致性将更加发展，各民族的大团结将更加巩固。"① 建设中国特色社会主义，是各族人民的共同理想、共同事业，维系着各族人民的根本利益。这一伟大事业要求进一步加强民族团结，同时又给加强民族团结增添了新的动力和时代内容。

我们党始终高度重视搞好民族关系，高度重视维护民族团结。中华人民共和国的成立和社会主义制度的确立，开辟了民族团结的新纪元。毛泽东深刻指出："人民的团结，国内各民族的团结，这是我们的事业必定要胜利的基本保证。"② 并发出了"中华人民共和国各民族团结起来"的伟大号召。邓小平在《关于建国以来党的若干历史问题的决议》中指出，我国现阶段的民族关系基本上是各族劳动人民之间的关系。③

1990年，江泽民在新疆考察时提出，"汉族离不开少数民族，少数民族离不开汉族，各少数民族之间也相互离不开"。胡锦涛指出，"新世纪新阶段的民族工作必须把各民族共同团结奋斗、共同繁荣发展作为主题"④，强调民族关系是我们这个多民族国家至关重要的政治和社会关系。强调民族团结是国家长治久安、兴旺发达的保证，促进民族团结、实现共同进步是民族工作的根本任务，无论在什么情况下，都要坚定不移地维护民族团结，大力宣传民族团结的先进典型，进一步构建平等团结互助和谐的民族关系。党的十八大要求，牢牢把握各民族共同团结奋斗、共同繁荣发展的主题，深入开展民族团结进步教育，加快民族地区发展，保障少数民族合法权益，巩固和发展平等团结互助和谐的社会主义民族关系，促进各民族和睦相处、和衷共济、和谐发展。中华人民共和国成立以来特别是改革开放以来，少数民族的面貌，民族关系的面貌，民族团结进步事业的面貌发生了历史性的巨大变化，为发展中国特色社会主义伟大事业奠定了坚实基础。

当前，我国正处于并将长期处于社会主义初级阶段，工业化、信息

---

① 《邓小平文选》第2卷，人民出版社1994年版，第186页。
② 《毛泽东文集》第7卷，人民出版社1999年版，第204页。
③ 参见《改革开放三十年重要文献选编》（上），中央文献出版社2008年版，第214页。
④ 《胡锦涛文选》第2卷，人民出版社2016年版，第314页。

化、城镇化、市场化、国际化深入发展，正确处理民族问题涉及我国现代化建设的各个方面，切实维护民族团结的任务繁重而艰巨。各民族人民在社会主义制度下当家作主，在政治上完全平等，但历史上民族歧视和民族隔阂所遗留的一些影响并没有彻底消除，一有条件还会表现出来；各民族的根本利益是一致的，但在不少具体权益方面，尤其是经济文化发展水平上存在较大差距，民族之间仍会发生一些矛盾和摩擦；各民族相互关爱、情同手足，共同性不断增多，但由于在风俗习惯、语言文字、宗教信仰等方面相互了解不够，加上地区、城乡、民族之间人员流动加快，误会、纠纷不时出现；民族法制建设不断加强，但由于有些人法制观念淡薄、执行政策片面偏颇等原因，伤害民族感情、损害民族团结的事情时有发生；和平、发展、合作是当今世界的主题，但国际敌对势力对我国实行"西化"和"分化"的政治图谋一刻也没有放松，与国内民族分裂势力遥相呼应，处心积虑地利用所谓民族、宗教、人权等问题，加紧对我进行渗透、分裂、破坏和颠覆活动。如何在推进建设中国特色社会主义事业中进一步加强民族团结？第一，继续巩固和发展社会主义民族关系，坚决维护祖国统一。社会主义条件下的民族关系是一种新型的民族关系。在中华民族漫长的历史进程中，尤其是经过半个世纪的社会主义实践，我们已经形成了汉族和各少数民族谁也离不开谁的亲密关系。发展新型的民族关系，必须旗帜鲜明地反对民族分裂，坚决维护祖国统一。这是国家的最高利益和全国各族人民的根本利益。一个时期以来，主要由于境外敌对势力进行挑拨，加紧政治渗透和分裂活动，在一些地区，民族分裂主义势力有所抬头，威胁着这些地区的民族团结、社会稳定和经济建设。对于破坏民族关系、民族团结和社会稳定的突发事件，必须及时采取措施，坚决将其消除在萌芽状态，绝不能姑息迁就，犹豫不决。同时必须掌握好政策，严格区分和正确处理两类不同性质的矛盾，始终立足于信任、争取、团结最大多数群众，以利于坚决、准确地孤立和打击极少数敌对分子。

第二，坚持和完善民族区域自治制度，全面贯彻实施《民族区域自治法》。实行民族区域自治，是我国政治制度的一个特点和优势。新时期现代化建设和民主政治建设，注重强调民族区域自治的法制建设，通过健全法制来坚持和完善民族区域自治制度。完善民族区域自治制度，全面贯彻落实《民族区域自治法》的关键，在于大力培养少数民族干部，加强民族地区的干部队伍建设。

第三，加快民族地区经济建设的步伐，同时推动社会的全面进步。为巩固和发展新型民族关系，提供坚实的物质基础和良好的社会环境。邓小平早就指出，实行民族区域自治，不把经济搞好，那个自治就是空的。民族地区存在的矛盾和问题，归根结底要靠发展经济来解决。我们处理民族工作中的各种问题，都必须牢牢掌握经济建设这个中心，千方百计地加快民族地区经济的发展，逐步缩小民族之间的发展差距，实现各民族的共同繁荣。社会主义一定要最终实现全社会各族人民的共同富裕。而振兴民族地区的经济，必须加强民族团结。有了牢固的民族团结，各族人民才有可能同心同德、集中精力，把经济发展上去。

第四，要进一步加强意识形态领域反分裂斗争教育。当前宣传教育中的关键，就是针对国际国内影响民族关系因素的新变化，在深入开展马克思主义的民族观、宗教观和党的民族政策、宗教政策的教育活动中，根据不同的具体实际提出不同的要求，坚持贴近现实、贴近生活、贴近群众的指导原则，采取生动、有效的形式，围绕深化国家认同、中华民族认同、社会主义制度认同的目标，大力宣传"各民族同呼吸、共命运、心连心""各民族大团结万岁""汉族离不开少数民族，少数民族离不开汉族，少数民族之间也互相离不开"的思想，使民族团结的思想更加深入人心，成为全国各族人民的自觉行动和道德风尚。进行这方面的教育，要分层次、讲方法，要有针对性，要充分应用现代传媒方式，只有做到广泛性、全民性，才能产生整体效应。

第五，加强民族地区人才和少数民族干部队伍建设。其一，要把加快培养造就一大批民族干部队伍作为完善民族区域自治的关键和维护祖国统一、社会稳定、发展民族团结进步事业的根本保证；其二，要把培养造就一大批民族干部队伍作为加快少数民族和民族地区经济社会发展的关键环节和战略举措；其三，紧密联系实际，加大培养和使用的力度，全面提高少数民族干部的素质。

我们党和国家的民族团结政策的宗旨是维护各民族的团结，维护少数民族的权益，实现各民族共同发展繁荣。民族团结政策以马克思主义的民族观为理论基础，为实现民族团结和谐提供政治手段和保证。民族团结政策为实现民族大团结创造了有利的条件和环境。这主要从三个方面讲，一是民族团结政策能够充分体现对各民族生存和发展权利的尊重，为各民族的发展提供了心理空间。二是民族团结政策能够统筹社会秩序：从地理分布上讲，有城市和农村之分、汉族地区和民族地区之分、内地和边疆地区之分；从社会发展差距上讲，有先进和落后之分。没有农村、民族地区、边疆地区少数民族的发展，就没有中华民族的发展；没有落后的民族地区的现代化发展，就没有中华民族的现代化发展。因此，民族团结政策为各民族发展确定了主题。三是民族团结政策能够化解各种破坏和干扰力量，维护主权，维持国家统一。只要民族存在，民族发展就是一个永恒的主题；加快民族发展是中国共产党和政府以及各族人民群众一直怀有的美好愿望，在目前即未来一个时期内具有特殊的意义，究其原因，就在于我国各民族的发展不平衡，而少数民族和民族地区的发展整体上还相当落后，这对解决我国民族问题，维护和谐民族关系，推动各民族繁荣发展是一个很大的潜在的不利因素。因此顺应民族发展要求，加快民族发展具有重要意义。

三 坚持解决中国民族问题的正确道路

在争取中华民族独立解放和繁荣发展的过程中，中国共产党团结带领全国各族人民走出了一条中国特色解决民族问题的正确道路，创造了万众瞩目的人间奇迹。放眼世界，没有任何一个国家能够像中国共产党这样，通过坚定走中国特色解决民族问题的正确道路把错综复杂的中国民族问题解决得这样好，这样成功。世界上许多国家的民族问题解决得不好，就是因为没有找到一条解决民族问题的正确道路，包括制度设计不当问题，领导力量缺乏代表性问题，执政集团大面积腐败问题，中国共产党创立的这条中国特色解决民族问题的正确道路凝聚了中华民族的利益诉求，开辟了中华民族走向光辉的未来和希望的星光大道，来之不易，需要我们倍加珍惜，始终如一坚持到底。

（一）中国特色解决民族问题正确道路的历史进程

能不能把民族问题解决好是社会主义和资本主义的重要区别。资本主义的发展是人类历史的进步，是较之奴隶社会、封建社会对人的重要解放，人的价值和人的地位在资本主义社会得到重视和提高。但是，资本主义没有能力，也没有办法解决无产阶级与资产阶级的矛盾以及由此引发的民族矛盾和民族问题，构建起各民族平等和谐的关系。这个制度性的致命缺陷不是资本主义社会任何一个党派、任何一个个人能够改变的。不论资本主义国家政党怎样轮替，领导人对少数民族实行怎样开明的政策都无法

第七章　铸牢中华民族共同体意识的路径思考

挽救这个严酷的现实。马克思正是在这个意义上，对资本主义进行了深入猛烈批判，从改变阶级压迫、民族压迫和实行民族平等的角度深刻阐述了无产阶级革命的必要性，提出了以社会主义和共产主义代替资本主义的伟大思想，明确指出，"现存的所有制关系是造成一些民族剥削另一些民族的原因"[①]。"人对人的剥削一消灭，民族对民族的剥削就会随之消灭。民族内部的阶级对立一消失，民族之间的敌对关系就会随之消失。"[②] 马克思把争取各民族的解放，建立一个没有民族剥削和压迫的平等的理想社会的重任交给了无产阶级，寄希望于未来的社会主义和共产主义彻底解决民族压迫、民族独立和民族解放问题。列宁领导的十月革命胜利以后，就运用马克思主义的民族理论着手解决苏联的民族问题，决定以联邦制的形式建立苏维埃社会主义联邦共和国，让各民族以平等自愿的形式加入，提出了各个加盟共和国轮流担任国家主席的建议，批评了缩小和限制各个加盟共和国权力的"自治化"建议。在列宁的领导下，1922年12月，苏维埃社会主义共和国联盟成立，使苏联成为真正意义上的民族平等和民族团结的社会主义国家。列宁创造的在联邦制框架内构建各民族的共和国以保障各民族平等的模式至今还是俄罗斯的治国模式。俄罗斯宪法规定："在联邦国家权力机关与俄罗斯各联邦主体之间的相互关系一律平等。"俄罗斯联邦还根据国际法准则和国际公约的规定保障各个少数民族的权益不受侵犯。[③] 俄罗斯的89个联邦主体包括21个共和国、1个自治州、10个自治专区，一共有32个联邦主体，都是民族自治单位。俄罗斯的21个共和国有权制定自己的宪法，规定自己的语言，居民也有权利选择自己的语言。

　　马克思主义传入中国后，中国共产党就成为中国各民族的代表和先锋队，勇敢高举民族解放、民族独立和民族团结的大旗，开展了推翻压在中华民族头上的三座大山的民族解放运动。中国共产党第二次全国代表大会于1922年7月在上海举行，发表的《中国共产党第二次全国代表大会宣言》明确地提出中国共产党在民主革命阶段的重要任务就是：消除内乱，打倒军阀，建设国内和平，推翻国际帝国主义的压迫，达到中华民族完全独立，统一中国为真正的民主共和国。在中国共产党的奋斗目标里明确提

[①]《马克思恩格斯全集》第4卷，人民出版社1958年版，第409页。
[②]《马克思恩格斯选集》第1卷，人民出版社2012年版，第419页。
[③] 周平：《民族政治学》，高等教育出版社2012年版，第84页。

出:"由人民统一中国本部,建立一个真正民主共和国……促成蒙古、西藏、回疆三自治邦;再联合成立中华联邦共和国。"①《中国共产党第二次全国代表大会宣言》所包含的完整的中华民族追求民族解放的纲领距《共产党宣言》在中国的出版还不到2年,这说明中国共产党对马克思主义关于民族解放学说的认识和掌握与对中国国情的认识和掌握是相辅相成的。毛泽东在坚持和发展马克思主义民族理论的伟大进程中的贡献尤为显著。

1925年12月1日,毛泽东发表《中国社会各阶级的分析》。在这以前,瞿秋白、陈独秀、邓中夏等人也陆续发表了论述中国革命和分析中国社会各阶级状况的文章,但是,毛泽东的《中国社会各阶级的分析》一文较之前的文章,最重要的特点就是毛泽东自觉地以马克思主义的民族问题和阶级问题的分析方法,将中国社会各阶级、中国革命的敌人和朋友的分析与马克思、列宁关于无产阶级和各民族的解放学说相结合,看到了造成中国社会种种矛盾和问题的就是占全国人口多数的一切无产阶级没有翻身解放,还处于帝国主义、军阀、官僚、地主、买办阶级的剥削和压迫之中,必须建立各革命阶级的联合统治,不能在中国建立民族资产阶级一阶级统治的国家。毛泽东的这个关于民族解放的思想是他的各民族"平等的联合思想"的起点,毛泽东的这个思想既包括国内各民族团结,也包括"联合世界上以平等待我之民族"。毛泽东在每个时期都有要把全国人民团结起来的著述,正是依靠这些理论指导,使我们党团结带领中国各族人民取得了革命和建设的胜利。毛泽东民族团结思想包括四个方面:对我国民族关系状况的估价、对影响民族团结主要因素的分析、民族团结的意义、民族团结的途径。毛泽东的民族团结思想,是马克思主义民族理论在中国的具体运用和重要发展,是中国共产党创立坚持中国特色解决中国民族问题道路的重要理论基础。毛泽东在《论十大关系》中指出:"我国少数民族人数少,占的地方大。论人口,汉族占百分之九十四,是压倒优势。如果汉人搞大汉族主义,歧视少数民族,那就很不彻底解决好。而土地谁多呢?土地是少数民族多,占百分之五十到六十。我们说中国地大物博,人口众多,实际上是汉族'人口众多',少数民族'地大物博',至少地下

---

① 中共中央统战部:《民族问题文献汇编(1921.7—1949.9)》,中共中央党校出版社1991年版,第17页。

资源很可能是少数民族'物博'。"① 因此，在毛泽东看来，解决中华民族翻身解放就是解决中国的民族问题。中国共产党就是在毛泽东思想指引下，开始了从制度上解决中国民族问题的尝试。2006年10月，为纪念红军长征胜利暨陕甘宁省豫海县回民自治政府成立70周年而建的红军西征纪念园就位于宁夏回族自治区吴忠市同心县城西南郊清真大寺旁。

（二）中国共产党领导人对中国特色解决民族问题道路的贡献

中华人民共和国成立后70多年的历史，就是一部全国56个民族共同团结奋斗、共同繁荣发展的伟大历史。新中国解决民族问题的道路走过了以反对"两种民族主义"为重点的社会主义改造和建设时期、将民族团结与民族进步相结合的改革开放初期、提出"三个离不开"、发展出"两个共同"理念、凝练为新时代铸牢中华民族共同体意识的过程。不同时代的主题体现了中国特色民族工作不断推进的历史进程，展现了几代中国共产党人坚持持续开拓中国特色解决民族问题正确道路的历史轨迹。

20世纪90年代，国内对于邓小平民族团结的思想研究逐步展开。余建华认为，以邓小平为核心的党的第二代中央领导集体创立的中国特色社会主义民族理论的核心就是民族团结。杨梅等认为，邓小平民族团结思想主要包括现阶段影响民族团结的主要因素、关于中华民族的民族团结的重要性、关于实现中华民族大团结的途径三个重要方面。邓小平的民族团结思想的基本内容和科学内涵就是坚持社会主义方向，实现各民族共同富裕，这对于实现中华民族的伟大复兴，建设中国特色社会主义的伟大实践都具有十分重要的意义。

1990年，江泽民在视察新疆时，提出了"三个离不开"的民族团结思想，进一步继承和发展了中国共产党关于民族团结的思想，是马克思主义中国化的最新成果，标志着中国共产党民族团结思想的成熟。"三个离不开"的民族团结思想推进了马克思主义中国化民族团结理论的发展，深刻揭示了民族团结与中国国情的联系，深化了民族团结思想的内涵。

进入21世纪以后，国内外形势发生了深刻变化，民族团结面临着前所未有的机遇和挑战。以胡锦涛同志为主要代表的中国共产党人根据新形势、新任务，审时度势，提出新世纪民族工作的主题是"共同团结奋斗、

---

① 《毛泽东著作选读》，中共中央党校出版社2002年版，第176页。

共同繁荣发展"。胡锦涛在 2009 年 9 月 29 日举行的国务院第五次全国民族团结进步表彰大会上的重要讲话中指出:"我国民族团结进步事业是中国特色社会主义事业的重要组成部分。"① "民族团结进步是中华民族的生命所在、力量所在、希望所在。"② 胡锦涛对民族团结进步事业的重要地位和重要作用的新表述、新论断,是对马克思主义民族团结理论的创新,是马克思主义民族理论中国化的最新成果。进一步继承和发展了中国共产党关于民族团结的思想,为加强民族团结,形成团结、和谐和友爱的中国特色社会主义的民族关系指明了方向。

党的十八大以来,以习近平同志为核心的新一届中央领导集体高度关注民族工作。2014 年 1 月 29 日,习近平总书记赴内蒙古调研时强调,要始终高举民族团结旗帜,坚持和发扬各民族心连心、手拉手的好传统,深入开展民族团结进步宣传教育,精心做好民族工作。2014 年 3 月 4 日,习近平总书记看望出席全国政协十二届二次会议的少数民族界委员时指出,团结稳定是福,分裂动乱是祸。要坚持各民族共同团结奋斗、共同繁荣发展的主题,深入开展民族团结宣传教育,使各民族同呼吸、共命运、心连心的光荣传统代代相传。全国各族人民都要珍惜民族大团结的政治局面,都要坚决反对一切危害各民族大团结的言行。要坚决依法惩处和打击暴力恐怖活动,筑牢民族团结、社会稳定、国家统一的铜墙铁壁。2014 年 5 月 29 日,习近平总书记在第二次中央新疆工作座谈会上指出,要高举各民族大团结的旗帜,在各民族中牢固树立国家意识、公民意识、中华民族共同体意识,最大限度团结依靠各族群众,使每个民族、每个公民都为实现中华民族伟大复兴的中国梦贡献力量,共享祖国繁荣发展的成果。各民族要相互了解、相互尊重、相互包容、相互欣赏、相互学习、相互帮助,像石榴籽那样紧紧抱在一起。在 2014 年 9 月召开的中央民族工作会议上,习近平总书记全面分析了我国民族工作面临的国内外形势,深刻阐述当前和今后一个时期内我国民族工作的大政方针。会议指出,民族团结是我国各族人民的生命线。做好民族工作,最关键的是搞好民族团结,最管用的是

---

① 胡锦涛:《在国务院第五次全国民族团结进步事业表彰大会上的讲话》,《光明日报》2009 年 9 月 30 日第 2 版。
② 胡锦涛:《在国务院第五次全国民族团结进步事业表彰大会上的讲话》,《光明日报》2009 年 9 月 30 日第 2 版。

争取人心。要正确认识我国民族关系的主流，多看民族团结的光明面；善于团结群众、争取人心，全社会一起做交流、培养、融洽感情的工作；加强各民族交往交流交融，尊重差异、包容多样，让各民族在中华民族大家庭中手足相亲、守望相助。这是以习近平同志为核心的党中央对开展民族工作的思路遵循。2015 年 9 月 30 日，习近平总书记会见基层民族团结优秀代表时强调，我国 56 个民族都是中华民族大家庭的平等一员，共同构成了你中有我、我中有你、谁也离不开谁的中华民族命运共同体。实现中华民族伟大复兴的中国梦是各民族共同的梦，也是我们各民族自己的梦。2019 年 9 月习近平总书记在全国民族团结进步表彰大会上发表重要讲话，强调要准确把握我国的基本国情，把维护国家统一和民族团结作为各民族最高利益；坚持马克思主义民族理论中国化，坚定走中国特色解决民族问题的正确道路；坚持和完善民族区域自治制度，做到统一和自治相结合、民族因素和区域因素相结合；坚持促进各民族交往交流交融，不断铸牢中华民族共同体意识；坚持加快少数民族和民族地区发展，不断满足各族群众对美好生活的向往；坚持文化认同是最深层的认同，构筑中华民族共有精神家园；坚持各民族在法律面前一律平等，用法律保障民族团结；坚持在继承中发展、在发展中创新，使党的民族政策既一脉相承又与时俱进；坚持加强党对民族工作的领导，不断健全推动民族团结进步事业发展的体制机制。①

（三）坚持中国特色解决中国民族问题的要义

一个国家和民族选择什么样的解决民族问题的道路，是由这个国家的历史文化、制度选择、民族构成、国情现实等主客观因素所决定。凡是能够解决民族问题的道路就是正确的，否则就是错误的。中华人民共和国成立 70 多年的革命和建设的实践反复证明，坚持中国特色解决民族问题的道路是完全正确的，是经得起历史考验的，是深受全国各民族拥护和支持的。这条道路的要义包括四个重要内涵如下。

1. 坚持中国共产党领导

坚定走中国特色解决民族问题的正确道路最关键、最重要的是必须牢牢把握和坚持中国共产党的领导这个中国特色社会主义最本质特征的原则立场永远不动摇。中国革命和建设的实践无可辩驳地证明，中国共

---

① 习近平：《在全国民族团结进步表彰大会上的讲话》，人民出版社 2019 年版，第 3 页。

产党的领导是我国各族人民实现中华民族伟大复兴中国梦的坚强保证。正是在中国共产党的领导下，我国各族人民才能推翻压在头上的三座大山，稳步走上社会主义道路，开辟通往美好幸福生活的光明前景。现在，新时代中国特色社会主义进一步解放和发展了各民族的生产力，进一步推进了各民族的社会主义现代化建设事业，各民族的生活越来越好，前途无比光明。习近平总书记在全国民族团结进步表彰大会上的讲话中指出："实践证明，只有中国共产党才能实现中华民族的大团结，只有中国特色社会主义才能凝聚各民族、发展各民族、繁荣各民族。"①坚持党的领导不动摇就必须坚定自觉地用习近平新时代中国特色社会主义思想武装各民族的头脑，指导民族工作的实践，推动各民族的大团结、大繁荣和大发展。

办好民族地区的事情，关键在党。加强和改善党的领导是做好民族工作的最宝贵的经验。民族地区党组织建设要按照党中央的统一部署，坚持抓基层打基础，深入实施基层党建工程，注意坚持抓重点、攻难点。要全面整顿软弱涣散党组织。坚持抓教育，改作风，有效促进党员队伍发挥作用，特别是要立足实际，着眼长远，紧紧围绕农牧民党员发展难、学校党建提升难、城乡党建统筹难、党员作用发挥难等问题，创新思路，攻坚克难，推动基层组织建设的规范发展、科学发展、创新发展，走出了一条民族地区党建工作的新路子。要选好配强民族地区党政领导班子，着力增强民族地区党的执政能力建设的内生动力，坚持多措并举，建强党员队伍，着力夯实民族地区党的执政能力建设的工作基础。坚持多元布局，强化工作统筹，着力构筑民族地区党的执政能力建设的和谐格局。要通过这些举措加强党的基层组织建设，推动工作重心下移，充分发挥基层党组织和党员干部在推动发展、服务群众、凝聚人心、促进和谐中的作用。民族地区的好干部要做到明辨大是大非的立场特别清醒、维护民族团结的行动特别坚定、热爱各族群众的感情特别真诚。无论是少数民族干部还是汉族干部，都要以党和国家的事业为重、以造福各族人民为念，齐心协力做好工作。民族地区要形成党委领导、政府负责、有关部门协同配合、全社会通力合作的民族工作格局。要通过"不忘初心，牢记使命"的主题教育，从严管党治党，解决好党组织功能弱化、职能发挥不畅的问题，确保党组织

---

① 习近平：《在全国民族团结进步表彰大会上的讲话》，人民出版社2019年版，第8页。

的先锋模范作用得到充分发挥。民族地区党的建设的首要任务就是保证全党服从中央，坚持党中央的权威和集中统一领导，把政治能力作为第一位的任务建设好。全体党员都要自觉做政治上的明白人，老实人，绝不做两面派、两面人。

2. 坚持中国特色社会主义道路

习近平总书记在看望出席全国政协十二届二次会议的少数民族界委员并参加联组讨论时指出："坚持中国特色社会主义道路，是新形势下做好民族工作必须牢牢把握的正确政治方向。"① 这条道路之所以成为新形势下做好民族工作必须牢牢把握的正确政治方向，是因为各民族只有通过这条道路，才能实现政治上的当家作主，经济和文化上的繁荣发展，民生上的彻底改善。中国特色社会主义道路是党的领导、人民当家作主和依法治国有机统一的最完整、最全面的体现，是中国特色社会主义政治制度在民族工作中能够集中人力物力财力办大事、办实事、办好事的优越性的最充分的发挥，是中国共产党领导的多党合作和政治协商制度、民族区域自治制度和基层群众自治制度能够实行的重要条件和重要保证，是我国国体和政体解决中国民族问题的制度框架能够确立和通行的最重要的基础和最基本的条件。各族人民通过中国特色社会主义这条正确的道路，能够最大限度地参与国家的政治生活，依法管理国家事务和社会事务，在公平竞争中进入国家领导体系和管理体系，为实现中华民族伟大复兴的中国梦贡献力量，共享祖国繁荣发展的成果。当前，坚持中国特色社会主义道路的原则立场不动摇就要增强"四个意识"、坚定"四个自信"、做到"两个维护"，严格遵照习近平总书记在全国民族团结进步表彰大会上的讲话中提出的要求："加强党的民族理论和民族政策学习以及民族团结教育，以铸牢中华民族共同体意识为主线做好各项工作，把各族干部群众的思想和行动统一到党中央决策部署上来，不断增强各族群众对伟大祖国、中华民族、中华文化、中国共产党、中国特色社会主义的认同。"②

3. 以社会主义核心价值观为引领，构建各民族共有精神家园

习近平总书记在全国民族团结进步表彰大会上的重要讲话中指出：

---

① 《习近平看望出席全国政协十二届二次会议少数民族界委员》，《人民日报》2014年3月5日第1版。

② 习近平：《在全国民族团结进步表彰大会上的讲话》，人民出版社2019年版，第8页。

"在各族群众中加强社会主义核心价值观教育，牢固树立正确的祖国观、民族观、文化观、历史观，对构筑各民族共有精神家园、铸牢中华民族共同体意识至关重要。"①

我国各民族都有自己悠久的历史、古远的风俗和灿烂的文化，都为我们这个统一的多民族国家的形成和发展作出了重要贡献。在中国特色社会主义新时代，各民族的共同利益的同心圆越来越大，各民族的统一性的发展越来越突出。为了把各民族的共同利益统一和凝聚起来，在中华民族共同利益和共同特征基础之上形成基本一致的政治和文化取向，进一步铸牢中华民族共同体意识，迫切需要在各民族中培育和践行社会主义核心价值观。社会主义核心价值观是各民族共享的中华文化符号和中华民族精神形象，是中华文明无与伦比的包容性和吸纳力的表现，植根在中华民族文化的沃土之上，可久可大、根深叶茂，对于"全面贯彻党的民族理论和民族政策，坚持共同团结奋斗、共同繁荣发展，促进各民族像石榴籽一样紧紧拥抱在一起，推动中华民族走向包容性更强、凝聚力更大的命运共同体"②，对于加强各民族交往交流交融，推动形成"中华民族一家亲，同心共筑中国梦"的局面，意义无比深远，作用无比巨大，深受各民族的欢迎和拥护。培育和践行社会主义核心价值观应该进一步抓好，抓出实效，让其进一步落地生根，开花结果，持续发力，久久为功。

当前，做好民族工作的最关键最紧迫的就是切实加强民族团结。习近平总书记在中央民族工作会议上的讲话中指出："做好民族工作，最关键的是搞好民族团结，最管用的是争取人心。"③民族团结体现了中华民族多元一体的基本格局，体现了中华民族大家庭的根本利益，民族团结对于我们这个统一的多民族国家来说，绝不是可有可无的小事而是关系国家统一、社会稳定和人心向背的大事，只能加强，不能丝毫削弱。要把民族团结进步事业作为基础性事业抓紧抓好，就一定要在习近平新时代中国特色社会主义思想的指导下，把民族地区的党的建设作为一项新的伟大工程建设好。民族地区党的建设的成效直接影响决胜全面建成小康

---

① 习近平：《在全国民族团结进步表彰大会上的讲话》，人民出版社 2019 年版，第 9 页。
② 习近平：《在全国民族团结进步表彰大会上的讲话》，人民出版社 2019 年版，第 7—8 页。
③ 《中央民族工作会议暨国务院第六次全国民族团结进步表彰大会在北京举行》，《人民日报》2014 年 9 月 30 日第 1 版。

社会的成效。

民族团结是各族人民的生命线。要在全社会大力营造各民族尊重差异、包容多样、相互信任、相互欣赏的社会环境，倡导汉族离不开少数民族、少数民族离不开汉族、各少数民族之间也相互离不开的思想，增强少数民族对伟大祖国、中华民族、中华文化、中国共产党、中国特色社会主义的认同。县级以上人民政府应当加强对民族团结进步工作的领导，建立和完善促进民族团结进步的工作机制，研究和制定民族团结进步事业的发展规划，将民族团结进步事业纳入国民经济和社会发展规划，工作经费列入本级财政预算。注意充分发挥少数民族干部在做好民族团结工作中的重要作用。少数民族干部是党和政府联系各族群众的重要桥梁和纽带，是做好民族工作的骨干力量。少数民族干部做起工作来常常能收到非少数民族干部不能起的作用。

中国特色解决民族问题的道路是马克思主义中国化伟大历史进程的重要成果，是中国共产党长期探索、勇于实践、大胆创新的伟大成果，是中华民族在中国共产党领导下智慧和才智的结晶。坚持这条中国特色解决民族问题的正确道路已经解决了中华民族前进道路上的纷繁复杂的种种问题，开辟了中华民族走向繁荣昌盛的现代化富强之路，中华民族的光明前景越来越清晰地展现出来，这条道路必将引导中华民族实现中华民族伟大复兴的中国梦。

第八章

对铸牢中华民族共同体意识的一些思考

中华民族共同体意识是中国共产党治国理政的重要理念,是学界使用频次颇高的研究概念,是一个在媒体网络随处可见的"其来也几微易简、其究也广大坚固"① 的中国特色鲜明、中国气质充溢的流行话语。中华民族共同体意识这个概念因为跨越许多学科、包容很多知识、涵盖很多领域,需要深入研究。

第一节 "思"的框架里的中华民族共同体意识

中华民族共同体意识这个概念因为跨越许多学科、包容很多知识、涵盖很多领域,需要深入研究。在"思"的框架里探究中华民族共同体意识,是在中华民族共同体意识研究历史上,基于人是意识的存在物,把中华民族共同体意识看作是一个观念机制的构建,是中华民族伟大实践不可缺少的理念,来自人性本源、美的建构和思想力量的合成。通过这种辩证的"思",扩展和深化对中华民族共同体意识的理解,彰显蕴含其中的深厚的文明内涵。人性之"思"表明中华民族共同体意识具有气质之性和天地之性结合、气和道相互贯通、"两不立则一不可见"的意蕴。美学之"思"表明中华民族共同体意识具有原型和范式差异的美,通过陶冶心灵,塑造人格,净化情感,使现实世界充满美感,体现主客体统一的审美快乐。哲学之"思"表明中华民族共同体意识具有公共性,是语言哲学、意

---

① (清)王夫之:《张子正蒙注》,商务印书馆2009年版,第107页。

第八章　对铸牢中华民族共同体意识的一些思考　　243

识形态的认知性建构。这些"思"共同构成中华民族共同体意识的丰富绚烂的历史和现实的世界。

　　"思"的框架，就是"思"的视域。中华民族共同体意识因为视域的不同就会产生不同的解读效果。实践证明，采用什么样的视域，不仅是一个研究方法的问题，而且是决定研究的广度、深度和创新的关键。在"思"的框架里研究中华民族共同体意识意味着本研究的视域就是把研究对象置于"思"的背景之中，考察对象与"思"的关系，深入认识研究对象的丰富内涵和深远意义。人性之"思"探究中华民族共同体意识是中华民族实践性生存方式的实践类特性和社会存在的现实规定性。美学之"思"探究中华民族共同体意识作为中华民族现实关系中的感性与理性、个人性与社会性相统一的美，为中华民族共同体意识的美寻找最为切实的立足点。哲学之"思"以哲学为"背景知识"和"概念框架"的"洞察力"，探究中华民族共同体意识具有的广度、深度、力度。需要指出的是，这个"思"不是单一的"思"，而是多样的"思"，是合成的"思"，即：辩证的"思"，是以"概念""范畴""理念"的解读方式，扩展和深化对中华民族共同体意识的理解，彰显蕴含其中深厚深刻的文明内涵。通过这样的"思"，我们就可以进入中华民族共同体意识的本质。这就是中华民族共同体的意识活动不仅是外部世界的投影，而且是与社会发展和历史文化紧密联系的中华民族主观能动性、历史创造自觉性和改变世界的实践精神的合力构成。

一　为什么要在"思"的框架里探究中华民族共同体意识

　　中华民族共同体意识的研究近年来呈现出兴盛的景象。学者们以不同的知识背景、不同的学术视角、不同的话语方式深入阐述中华民族共同体意识的丰富内涵、精神实质和重要作用，展现了中华民族共同体意识的深厚底蕴、深远意义以及历史现实的价值取向。概括起来说，大致包括以下几种观点：认为中华民族共同体意识由历史、心理、社会、制度、政治、文化等六种意识构成。[①] 中华民族共同体意识具有鲜明的时代属性和现实

---

　　① 哈正利、杨胜才：《中华民族共同体意识基本内涵探析》，《中国民族报》2017年10月17日。

生成的基本规律。① 中华民族共同体具有多样性的发展路径，② 可以通过"表达性语言"和"根本性对话"构建。③ 不能忽视中华民族共同体意识的基础是诸多要素的结合。④ 各个学科都应为推进铸牢中华民族共同体意识提供学理支撑。⑤ 铸牢中华民族共同体意识需要"五通"：心通、情通、语通、文通、政通。⑥ 中华民族共同体意识是更高面向的守望相助。⑦ 上述有代表性的论述的确从许多方面丰富和拓展了中华民族共同体意识的研究空间，但是，我们也应该看到作为跨越许多学科、包容很多知识、涵盖很多领域的中华民族共同体意识纷繁复杂，不管专家学者怎么引经据典或者旁征博引，努力成一家之言，讲述其中的微言大义，好像总是无法把这个概念解释得很全面、很周详。这是什么原因呢？恩格斯晚年提出社会历史发展的"合力论"有助于说明这个问题。恩格斯指出："这样就有无数互相交错的力量，有无数个力的平行四边形，由此就产生出一个合力，即历史结果，而这个结果又可以看做一个作为整体的、不自觉地和不自主地起着作用的力量的产物。"⑧ 恩格斯告诉我们，社会发展和历史进步具有一种多因素结合和多种力量互相促进的关系，每一个因素都会对最终的结果产生或大或小、或轻或重的影响。就"思"的框架里的中华民族共同体意识研究来看，恩格斯的"合力论"要求我们注重一种合成的研究，不仅要研究中华民族共同体意识中的物质因素、经济因素、地域因素，而且还要注重研究这些因素的"思"的构成，不要忽视精神的作用。基于人是意识的存在物，就要把中华民族共同体意识看作是一个观念机制的构建，是中华

---

① 赵刚、李墨文：《中华民族共同体意识的时代属性》，《江苏大学学报》（社会科学版）2019年第2期。
② 董强、聂开吉：《铸牢中华民族共同体意识的路径选择与分析》，《广西师范学院学报》（哲学社会科学版）2019年第3期。
③ 詹小美、李征：《民族观教育与铸牢中华民族共同体意识》，《思想理论教育》2019年第1期。
④ 马福运：《关于铸牢中华民族共同体意识的若干思考》，《中州学刊》2019年第7期。
⑤ 麻国庆：《民族研究的新时代与铸牢中华民族共同体意识》，《中央民族大学学报》（哲学社会科学版）2017年第6期。
⑥ 纳日碧力戈、陶染春：《"五通"铸牢中华民族共同体意识》，《西北民族研究》2020年第1期。
⑦ 乌小花、郝囡：《践行守望相助理念与铸牢中华民族共同体意识——论内蒙古民族团结进步的理论与实践》，《民族研究》2019年第5期。
⑧ 《马克思恩格斯文集》第10卷，人民出版社2009年版，第592页。

民族伟大实践的不可缺少的理念，来自人性本源、美的建构和思想力量的合成。海德格尔对哲学的一个认识，也有助于说明这个问题。他认为："为什么在者在而无反倒不在，这不是一个普普通通的问题。"① 中华民族共同体意识的"在"就是已经被讲述出来的部分，中华民族共同体意识的"无"就是还没有被讲述或者讲述得不够的部分。我们通过"在""无"这些哲学术语在"思"的出场里，就可以把中华民族共同体意识的"在"和"无"结合起来，表现出来。中华民族共同体意识不是一个普普通通的概念，是一个蕴含了中华民族历史文化智慧的"思"与中华民族联系最广泛、最深刻、最原始的概念。中华民族共同体意识与中华民族联系最广泛，乃是因为中华民族共同体意识涉及中华民族的每一个成员、每一个家庭，东西南北中、党政军民学无一例外都在其中。中华民族共同体意识与中华民族联系最深刻，乃是因为中华民族共同体意识反映了中华民族形成和发展的历史文化的脉络和状况。我们从中华民族共同体意识里看到的是一个伟大民族的形成发展繁荣的拓荒史、奋斗史和崛起史，以及与之相关的各种政治经济社会文化等要素的汇集。这里的每一个要素都有丰富独特的意蕴，足以构成一部完整的历史教科书。中华民族共同体意识不仅具有深沉的历史底蕴、久远的年代印记，而且具有一个观念的继承和发展的历史，经历了从萌芽到定型的原生化和再生化过程。因而在"思"的框架里研究中华民族共同体意识，就可以理解中华民族共同体意识的实践活动所包含、所呈现出来的丰富内涵和深远意义，就可以使中华民族共同体意识展现出一个新的思想空间，展现出一个完整辩证的历史和现实结合的图景。

二 以人性之"思"探究中华民族共同体意识的本性意蕴

我们说中华民族共同体意识是每一个中国人、每一位中华民族成员的共同意识是因为这个意识经过漫长的历史年代，代代相传，凝聚为中华民族的本性。这是因为中华民族共同体意识始终伴随着中华民族的实践，是中华民族实践的内在法则，与中华民族的实践交融贯通在一起，表现为中华民族实践的内容、方式、机制从而进一步决定这个实践的发展方向和表现形式。正是通过这个不中断的实践，中华民族共同体意识才能深入人

---

① ［德］海德格尔：《形而上学导论》，熊伟、王庆节译，商务印书馆2010年版，第2页。

心，万古不移。所以，中华民族共同体意识作为中华民族的本性不过是中华民族实践的结果、思维的结果的表现形式而已，"……思想进程的进一步发展不过是历史过程在抽象的、理论上前后一贯的形式上的反映"①。这个实践也可以看作是随着人性之"思"的深入对人的本质的占有过程。马克思认为，对人的本质的真正占有表现为"以一种全面的方式，也就是说，作为一个完整的人，占有自己的全面的本质"②。出于对人的命运和人的价值的关注，通过以人性之"思"探讨中华民族共同体意识作为中华民族的本性就会发现随着人性之"思"的深入，中华民族共同体意识的实践本性和思维本性也得到彰显。这就意味着，中华民族共同的这种本性超越时空的局限而成为一种普遍性。这个普遍性就是马克思提出的人的"类本质""类特性""社会关系的总和"。中华民族共同体意识是中华民族的本性表明随着中华民族共同体意识的实践精神的展开，中华民族创造历史的主体性地位和自觉活动也日趋活跃，这就提醒我们不能把中华民族共同体意识与中华民族的创造性的自觉活动分开，不能忽视中华民族构建中华民族共同体意识的能动性、自觉性和创造性。因为"历史什么事情也没有做，它'并不拥有任何无穷尽的丰富性'，它并'没有在任何战斗中作战'！创造这一切、拥有这一切并为这一切而斗争的，不是'历史'，正是人，现实的、活生生的人"③。这种对中华民族本性的一种理性思考和自觉实践，是中华民族在不断的自我觉醒中的一种从现实到理想的构建和培育。如果把中华民族共同体意识的本性作为马克思提出的"类本质""类特性""人的本质"认识和理解，那么，中华民族共同体意识就不是先天、抽象的存在，而是长期反复实践的结果。荀子的"性伪之分""化性起伪"尽管指出人性在"伪"的向度内可以调整和改变，但是，其重点是强调仁义礼智的教化作用，分清楚"性"和"伪"的界限和本质，客观上为人性善恶的探索和思考提供了一个实践精神的视域。张载的气质之性与天地之性的"思"对于我们从本性上认识中华民族共同体意识不无裨益。张载的贡献在于以发展变化的眼光看待人的本性，把人作为天人互动关系中的一个特定的存在对待。

---

① 《马克思恩格斯文集》第2卷，人民出版社2012年版，第603页。
② 《马克思恩格斯全集》第42卷，人民出版社1979年版，第123页。
③ 《马克思恩格斯全集》第2卷，人民出版社1957年版，第118页。

第八章 对铸牢中华民族共同体意识的一些思考

（一）中华民族共同体意识具有气质之性和天地之性结合的本性

朱熹指出："天地间只是一个道理，性便是理。人之所以有善有不善，只缘气质之禀各有清浊。"① 程颐认为："性即理也，所谓理，性是也。"② 张载认为："形而后有气质之性。"③ "善反之天地之性存焉。"④ 张载不仅把气质之性看成后天形成的，而且把天地之性也看成是能够获取的。这就从根本上动摇了前人对人性的一成不变的看法，体现了人性论的唯物主义认识方法，为人性的认识和理解注入新的活力。张载认为："人之刚柔、缓急，有才与不才，气之偏也。"⑤ 这就是说人性是好还是不好，是善还是恶都是后天养成的。这个养成的关键是气。张载认为宇宙就是气构成的，人也是气构成的。

我们说中华民族共同体意识是中华民族天地之性，与日月共存，与天地同行。但是，这不意味着每个人对中华民族共同体意识的认识理解把握都是一样的。中华民族共同体意识是需要通过气质之性建立的天地之性。因为气质之性在每个人那里是不一样的，是每个人的独特阅历、知识背景、受教育程度、所处环境的产物，很难强求一律。但是，这个气质之性的差异性和个别性不能成为不铸牢中华民族共同体意识的借口。中华民族的每个民族、每个成员都必须建立整齐划一的中华民族共同体意识的天地之性。质和气必须互相配合，才能构成一种完整性和整体性。张载与程颐、程颢不同之处就在于把气质之性和才与不才联系起来，而没有与人性联系起来。在张载看来，生存的本性，圣贤与下愚都是一样的，仁义礼智信的道理，圣贤与下愚也都是需要的。所以，人生的修养决定人性。张载把人性分为形而上和形而下，认为形而上秉承太和之气，形而下秉承浊气。张载在这里告诉我们要注意发挥形而上的人的主体性对形而下客体性的支配和主导作用，在与形而下的互动中生成人的主体性。这是对人本身修养反思的命题，要人们注意精神建构的力量和作用，防止和克服人的形而下化，弘扬人的主体作用。中华民族的各个民族、每一个成员的第一需要就是衣食住行，但是，追求自给自足的丰衣足食并不是中华民族唯一的

---

① 黎靖德编：《朱子语类》，王兴贤点校，中华书局1988年版，第67—68页。
② 《二程集》，王孝鱼点校，中华书局1988年版，第292页。
③ （清）王夫之：《张子正蒙注》，商务印书馆2009年版，第108页。
④ （清）王夫之：《张子正蒙注》，商务印书馆2009年版，第109页。
⑤ （清）王夫之：《张子正蒙注》，商务印书馆2009年版，第108页。

本性。中华民族共同体意识的本性是以形而上支配形而下，以仁义礼智信掌控身体的各种需要，表现人性的完美和人性的完整。中华民族共同体意识的本性就是天地之性和气质之性的结合。气质之性表明中华民族是热爱生活、脚踏实地的，天地之性表明中华民族是追求精神与物质的统一性，具有独特的精神世界和精神爱好。

（二）中华民族共同体意识具有气和道相互贯通的本性

与董仲舒的"天不变，道亦不变"的保守僵化的认识论、反映论不一样，气和道贯通的思想充分体现了社会发展的规律性和人生的主观能动性的统一。孟子提出的"浩然正气"指的就是人生境界的最高修养，养气的方法就是孟子指出的"配义与道"，这样就能够"居天下之广居，立天下之正位，行天下之大道"①。气和道的关系，在宋明理学中得到充分明确的阐述，朱熹指出："阴阳成象，天道之所以立也；刚柔成质，地道之所以立也；仁义成德，人道之所以立也。"② 在张载看来，道就是气，气就是道。两者的区别是道是气的本源，气是道的表现，道是抽象的气，气是具体的道。蕴含在这个气中的道则具有一定的稳定性，始终如一，一以贯之。不论气怎样变化，道都是稳定的。张载认为："散殊而可象为气，清通而不可象为神。"③ 张载把道所凝聚的气的最本质、最精华的部分称之为神。这个神不是别的，就是气的形与理的本性的结合，也可以说是气和道的结合。有了这个神，气的形就是对道的表现，气的象就是对道的反映。

中华民族共同体意识是中华民族最宝贵的精神财富，是五千年中华文明历史的表现，是中华民族智慧的结晶。这个中华民族的形神兼备的理念深深植根在中华民族的心里，成为时光无法磨灭、艰难困苦无法摧毁的明灯。世界上本来没有所谓的神的存在，但是，每个人心中却可以存在一个向往和崇拜的"神"。这个"神"不是供奉在庙宇的香火缭绕的偶像，而是一个永恒的观念、坚持的精神和不能动摇的信念，这就是中华民族共同体意识的本性。这个本性被中华民族的学问聚集起来，被中华民族的智慧涵养包含，被一颗赤诚的仁心守护守望，被博大的胸怀孕育培植，贯穿天

---

① 冯友兰：《中国哲学史》，华东师范大学出版社2019年版，第79页。
② 朱杰人、严佐之、刘永翔主编：《朱子全书》第13册，上海古籍出版社、安徽教育出版社2010年版，第76页。
③ （清）王夫之：《张子正蒙注》，商务印书馆2009年版，第109页。

地之大气，融合民族之不灭的真理，凝聚中华民族的理想志向，对活着的人是最高尚的精神追求，对死去的人又是留给后人的精神遗产。中国古代圣贤所谓"清极则神"① 就是这种精神状态的反映，即：把一种理想志向坚持到底的精神。

（三）中华民族共同体意识具有"两不立则一不可见"的本性

"两不立则一不可见"是张载在其代表作《正蒙》一书中提出的重要命题，试图表明天地、阴阳、高下、黑暗和光明等总是如影随形，不可分开，道就是阴阳两者没有独立分开的结合。道是看不见的，只有阴阳两气分开才能看见道。道这个"一"反映到中华民族共同体意识的本性上，就是每个人都必须以刚柔立本，立中华民族共同体意识的天地大义。这就是易经说的"一阴一阳之谓道"的深刻含义。易经所谓"阴阳不测谓之神"，就是阴阳没有定体，因时而动，乘势而起。这种无法预知的变化，就是神。但是，尽管如此，也不意味着世界只有多，没有一，只有偶然性，没有必然性。天地再大，万事万物再多，也可以化繁为简，化多为少。"天道"这个真理不会因为万事万物变化而被改变。人通过感受"天道"与天相通，保存知天尽性的太和之气，获得"思"的真理。中华民族共同体意识作为天地之气是无处不有的，而且也是天地之气的凝聚。人的本性与天道的这个交汇之处的节点就是中华民族共同体意识，中华民族共同体意识在天为道，在人为性，不管世界怎么变化，中华民族共同体意识这个中华民族的本性都是永存的。所以，张载认为："气与志，天与人，有交胜之理。"② 王夫之认为张载的意思是气和志都是先天存在的，也是后天形成的，气和志的结合才能体现天人互相结合的合一功效。如果人的内心世界的中华民族共同体意识足够强大，就可以做到人定胜天，如果人的内心世界的中华民族共同体意识极为弱小，就会天定胜人。所以，人的"志"是一种积极力量，一旦形成就会产生实际的效果。这里的关键是宋明理学家提出的一个"御"字，即：把气和志结合的方向把握好，使其凝聚为中华民族共同体本性的大气和大志，彰显中华民族共同体意识的本性之不可动摇。

中华民族共同体意识的"两不立则一不可见"的本性，就是天道和人

---

① （清）王夫之：《张子正蒙注》，商务印书馆2009年版，第110页。
② （清）王夫之：《张子正蒙注》，商务印书馆2009年版，第109页。

道的紧密结合的"天人合一"的本性。孟子的仁义礼智是"天之所于我者",已经为天赋予了一个"人道"的义理,"上下与天地同流"更是表现了"天人合一"的中华民族共同体意识的本性。张载的这种将"天道"与"人道"结合的思想,反映的就是中华民族共同体意识将"天道"与"人道"结合的本性。在《天道篇》中,张载开宗明义指出:"天道四时行,百物通,无非至教,圣人之动,无非至德,夫何言哉。"① 在张载看来,天道本身没有蕴含人道,只是规律规则的表现,但是,天道对人道具有重要指导作用。由此看来,中华民族共同体意识的本性不仅需要大家表现,更需要一批具有示范引领作用的"圣人"榜样供大家学习效仿。

三 以美之"思"探究中华民族共同体意识的美学意蕴

中华民族共同体意识的美不仅表现为经过不同主体审美心理加工成为各美其美的主观感悟、个人体验和自由想象,具有原型和范式差异的美,而且表现为陶冶心灵、塑造人格、净化情感、满足人的审美需要,使现实世界充满美感,体现主客体统一的审美快乐。中华民族共同体意识明显带有中华民族人文精神和审美意识的深刻印记,指向追求没有止境的美的崇高境界。因此,我们完全可以把中华民族共同体意识看作是生活和工作的美学,是与生活和工作互相结合交融在一起的美学。它不仅贴近每一个人的生活和工作,而且又为每一个人提供人生的终极关怀,使每个人的工作和生活体现特殊的意义和特殊的价值,所指向的完善的境界虽然人们"可以越来越接近它们,但却永远不能完全达到"②,以致每一个人感觉到他们在追求这一理想目标的时候仿佛永远跋涉在路途中。包含如此丰富的美学意蕴的中华民族共同体意识只有通过美之"思"的探究才能把握和认识。

(一)中华民族共同体意识是崇高美与整体美的统一

认识中华民族共同体意识的美,不能就中华民族历史文化而止步,更重要的是寻找一个每个人都普遍认可的中华民族共同体意识的崇高美与整体美相统一的审美标准。中华民族共同体意识的审美范本和审美原型从每个人自己的经验中产生出来,是完全的个人的审美活动。这就意味着,一

---

① (清)王夫之:《张子正蒙注》,商务印书馆2009年版,第27页。
② (清)王夫之:《张子正蒙注》,商务印书馆2009年版,第49页。

定要通过崇高美与整体美相统一的审美标准把每个人在经验中形成的中华民族共同体意识的审美范本和审美原型提炼和概括出来，使之表象为中华民族的审美范本和审美原型。每个人的中华民族共同体意识的审美原型和审美范本只是个人的美、个别的美，中华民族的中华民族共同体意识的审美原型和审美范本才是崇高的美、整体的美，因此，中华民族共同体意识是崇高美与整体美的统一。

中华民族共同体意识是崇高的美，就在于我们的认识能力、思维能力和追溯历史的能力都不能将这个美的所有意蕴充分挖掘和表现出来。在社会和自然界存在的所有表象无论多么富丽堂皇、高大雄伟，与我们观念中的中华民族共同体意识相比都不知道要小多少。中华民族共同体意识博大精深的内容不是几个观念、几个原理或者几个定义和判断就能够穷尽的。当我们对中华民族共同体意识的崇高美进行审美判断时，的确在情感上带着愉快和不愉快的特征，因为，不能把中华民族共同体意识的崇高美一览无余，所以，难免产生不愉快的情绪，但是，因为发现了中华民族共同体意识的崇高美，又产生愉快的情绪。这两种情绪就是美学上的不合目的的合目的性的体现，表现了中华民族共同体意识具有美的复杂性特征。

中华民族共同体意识作为中华民族的崇高美符合中华民族关于整体美的观念。中华民族共同体意识的美是一个整体美的构建。这个整体的美就是康德指出的"在全体中而不是在个体中的存在的观念"。[①] 中华民族共同体意识是整体美，不仅仅因为我们有美的鉴赏能力，还因为我们从中华民族共同体意识里看见了中华民族现实与理想统一的美。在这个现实和理想的美里面，我们一方面看见了中华民族的团结统一，繁荣昌盛，获得中华民族共同体意识的快感，另一方面，我们又把中华民族共同体意识作为一个整体的美欣赏，以一种包容性和无偏狭性的心理进入这种整体美带来的纯粹的美感之中。

（二）中华民族共同体意识是美感与快感的统一

我们对中华民族共同体意识的美学认识和理解不仅来自历史文化、逻辑思维和实践话语，而且来自审美的需求和审美的兴趣。审美是主客观的结合，如果中华民族共同体意识不仅在客观上引起我们的快感，而且在主

---

① ［德］康德：《实用人类学》，重庆出版社1989年版，第88页。

观上引起我们的美感，那么，中华民族共同体意识就能够使我们达到快感和美感的统一。基于认识的维度去把握中华民族共同体意识和基于情感的维度把握中华民族共同体是两种对美的体验和感受。当这两种审美汇聚起来就会形成我们对美的特殊的判断力，通过这个判断力，使中华民族共同体意识的博大精深完全与主体的情感相关联，引起我们心里充溢着审美快乐。随着铸牢中华民族共同体意识的深入进行，我们越来越感受到，中华民族共同体意识真正的美不是在我们感觉世界的外面，而是在我们的感觉世界的里面。我们把那些在我们感觉之外的合目的性称之为外在的合目的性，把那些在我们感觉之内的合目的性称之为内在的合目的性。外在的合目的性只是一种对于人来说的工具的有用性，能够给我们带来快感，而不能带来美感。内在的合目的性因为符合我们对美的评判标准，是我们美感的源泉，让我们感到审美的愉快。这种内在的合目的性因为符合我们内心世界形成的美的标准，我们才会认为是美的。正因为我们看到的、感觉到的事物与我们心中的那个美的标准相一致，我们才能够感觉那个事物是美的，我们也才能形成审美的判断。中华民族共同体意识能够引起我们的审美动机，让我们感到审美的愉快，是因为中华民族共同体意识的美作为中华民族美的最高范本、最高鉴赏原型和范式充分表现了中华民族的美的观念美的追求。

（三）中华民族共同体意识是目的美与手段美的结合

现实生活中，一些事物因为是达到目的的手段就让我们产生美感，一些事物因为是目的本身才令我们产生美感。中华民族共同体意识既是我们实现目的的不可缺少的手段，也是我们追求的崇高目的。中华民族共同体意识之所以是手段美与目的美的统一，就在于不论是把中华民族共同体意识作为手段使用还是作为目的使用，都蕴含着美的东西在其中。因为中华民族共同体意识本身就是一个美的概念、美的范本。就其是美的形式来看，中华民族共同体意识是对中华民族历史文化之美和现实之美的反映。就其美的内容方面看，中华民族的气质和精神、阳刚之美和阴柔之美、家国情怀、爱国壮举、为民为国的奉献、教人从善成才的家教家德家风、德才兼备立德树人的淳朴民风等等，皆成为中华民族内容美的内涵要素。对这种美的欣赏有时候是要突出工具性的美，表明中华民族共同体意识是我们交往交流交融的方式方法，是我们激励自己为国家民族奋斗的一面旗帜。对这种美的欣赏有时候要突出目的性的美。我们的奋斗和努力，不是

第八章　对铸牢中华民族共同体意识的一些思考

为了别的，就是为了一个目的，即：中华民族的繁荣昌盛。为了这个目的，其他都可以成为手段。正因为这个目的崇高伟大，为实现这个目的，即便是以个人牺牲的方式出现，也展现了美的崇高性。我们说中华民族共同体意识是手段美和目的美的统一，是就中华民族共同体意识的形式和内容相统一来说的。作为形式的中华民族共同体意识的手段是一种具有外观形象的表征，无论这个外观形象是来自历史的遗传还是来着现实的构建，我们只要一看见，内心就会涌起家国情怀的自豪和骄傲。在内容阶段，我们对中华民族共同体意识的审美判断不是基于任何利害关系的考量，也不是基于每个人的兴趣爱好，而是基于使中华民族全体成员都感到愉快的美感。这种美感来自人人都能够接受、都能够认同的美的普遍性。这种内容阶段的美感不是形式阶段的审美能够表现的。在形式美的阶段，每个人的审美判断只是根据每个人的爱好兴趣，局限性非常明显。如果把形式美看作是中华民族共同体意识的唯一美，就可能导致一些人把自己居住的地域、自己所在的民族、自己拥有的所有的东西都视作唯一的美。这种对美的分裂的审美观对于中华民族共同体意识的内容美会产生消极影响，造成形式与内容的对立。在形式美方面，每一个人都有自己对美的形式的看法，都依靠这个看法形成审美判断。在内容美方面，每一个人的审美判断不仅仅基于个人的认识和感受，而且基于其他人的认识和感受，彼此之间在取得共识的时候，就会在一个规范指导下形成共识，达成默契。康德把这种审美称之为"共同的效性"①。这种在客观上能够反映事物规律的具有普遍性的审美判断，对于所有人来说具有主观判断的有效性。这个"共同的效性"摆脱了个人的偏见成见和一己之私利，成为带有普遍性的共同认识，这已经不是哪几个人说美就是美，而是大家都说美才是美。这个美不是主观的随意性决定的，是客观的必然性所决定。构成我们心目中的美的审美对象能够获得自己的美的价值和美的意义就是因为它们体现了目的美与手段美的结合。中华民族的地域中的自然风光虽然本身并没有什么价值和意义，但是，因为与中华民族的存在和繁衍生息紧密相关，不可分割，就能够产生合目的的自由美，这种美带给我们无穷无尽的美的享受，滋润我们的心灵，陶冶我们的情操。

---

① ［德］康德：《判断力批判》，宗白华译，商务印书馆2018年版，第72页。

四　以哲学之"思"探究中华民族共同体意识的哲学品格意蕴

"哲学以追求智慧为指向。"① 智慧的最大特点就是同时以真善美为探究对象，通过认识的沉淀积累，凝结开掘出来比事实层面更为深沉、更为丰富的价值涵义，从而超越某一个具体门类的知识、某个具体领域的话语，而从整体上、本源上去把握事物的面貌，与包含其中的深层次的本真问题相关联。马克思主义哲学蕴含的辩证唯物主义思维方式、实践范式突破了形而上学的局限，克服了这种思维模式的弊端，为人们认识和改造世界提供了科学的思想武器。马克思主义哲学不仅强调世界的物质性和规律的必然性，而且强调人在社会中的能动性和主动性，注重人的价值、人的解放和自由人联合体的建立。哲学之"思"展现中华民族共同体意识应该具有的哲学品格的意蕴超越经验视域的个别性、特殊性而进入思维领域的普遍性、一般性，由"器"进"道"，达到对中华民族共同体意识的概念性思考和理论性的把握，既能够强化形式层面的概念活动，也防止实质层面智慧之思的弱化，使中华民族共同体意识成为一种思想的叙事，实现"概念运作"与"智慧追求"的统一。以哲学之"思"探究中华民族共同体意识就要不吝于使用抽象的概念，这是哲学之"思"的重要特点。哲学之"思"的概念，是抽象与经验的结合，虽然来自经验，又是对经验的升华和提炼，是认识中华民族共同体意识的重要工具。黑格尔对此有过精彩表述："现在有一种自然的哲学思维，自认为不屑于使用概念，而由于缺乏概念，就自称是一种直观的和诗意的思维"，由此形成的是"既不是诗又不是哲学的虚构。"②

（一）中华民族共同体意识的公共性意蕴

中华民族共同体意识的公共性意蕴就是哲学之"思"中的普遍性。中华民族共同体意识不是某个民族、某个人的意识，是中华民族的 56 个民族和全体社会成员的共同意识，具有明显的公共性特征。"个人的主体性和自由原则是现代社会的基本原则，个人与共同体的分裂是现代社会的基

---

① 杨国荣：《何为哲学》，《江汉论坛》2017 年第 8 期。
② ［德］黑格尔：《精神现象学》，贺麟译，商务印书馆 1981 年版，第 47 页。

本困境。"① 德国古典哲学的代表人物康德和黑格尔都对现代社会的这个基本困境提出了自己的解决方案,这些方案虽然是辩证的、积极的,但是,囿于他们的形而上学的思维方式,对解决现代性困境并没有产生实际的作用。他们只是提出了问题,并没有解决问题,其根本的哲学旨趣是去构建脱离社会和个人的先验的唯心论体系。

马克思的伟大之处就在于立足时代和社会,将哲学旨趣投射到现实生活中,创建了与德国古典哲学关注点相反的实践哲学体系。马克思正是从哲学角度的公共利益出发批判资本主义对人性、人格的分裂,构建社会的价值共识和人性人格世界的统一性,"人对自身的任何关系,只有通过人对他人的关系才得到实现和表现。"② 马克思与德国古典哲学不一样,不把建构人与社会的现代性社会关系在哲学层面进行,而是放在时代和社会发展进步的层面上进行,因此,马克思的构建不仅具有理论的创造性,而且具有重要的现实意义。中华民族共同体意识体现了马克思主义的理论和实践结合的鲜明特征,不仅能够统一中华民族的思想观念,促进中华民族增强"四个意识",坚定"四个自信",做到"两个维护",而且在实践层面上能够更好地推进中华民族的团结统一。中华民族共同体意识之所以具有理论性和现实性的双向互构,一个重要原因就是着眼于新时代生产方式变革基础之上的中华民族社会关系的建构。中华民族在自己的国度里,从事着共同生产。这种共同生产把分散在各个地区、各个民族中的中华民族每一个成员都组织联合起来,共同为实现中华民族伟大复兴的中国梦奋斗。共同生产、共同奋斗实际上就是把社会生产当作共同的财富,把社会中的人与人当作共同体。

中华民族共同体意识公共性的理论意义是把中华民族每个民族、每个个人自我实现、自我发展的基本方式,都纳入一个平等自由和睦的共同体中,使每个民族、每个人的发展和进步不仅仅不会像资本主义的共同体那样是瓦解社会的破坏力量,而是推动社会进步的积极的力量。中华民族的每一个民族、每一个人结合为中华民族共同体,不是被迫的和不自愿的,是完全自愿的,不是出于生存策略的考虑。中华民族共同体是一个各民族

---

① 陈飞:《公共性观念的历史嬗变与马克思公共性观念的变革》,《江汉论坛》2019年第4期。
② 《马克思恩格斯文集》第1卷,人民出版社2009年版,第164页。

共存共享的社会，在这个社会里，人和人之间不是互为手段，而是互为目的。

（二）中华民族共同体意识的语言哲学的建构

中华民族共同体意识本身就是一种语言哲学意蕴的建构。这种建构实际上就是共同话语的传播。语言不仅仅是一个符号，而且是一个承载着特定内容的载体，表达着特定的社会关系、人际关系和权力关系。"语言的利益相关性使得语言具备了传播和实现意识形态的功能，因此语言与意识形态发生复杂的交织关系，成为了意识形态得以可能的重要机理。"①

语言的指称功能表明，语言可以把世界上存在的千差万别、不同性质和形态的所有事物都进行分门别类的划分和区分，在词语的丰富性和多样性中展示社会和自然的不同风格、不同情调。语言的保存功能表明，语言是传递文明、传播文化、消除古今中外历史沟壑的重要载体。从语言中，我们可以翻阅我们从来没有经历的历史文化、重要历史和现实事件，追寻伟人的踪迹，找回遗落在记忆之外的各种反映历史和时代的记录。所以，语言不仅仅是词语的汇集、语法的锻造和语音的发出，而且是人们应对思想和实践世界中遇到的问题和矛盾的思想和实际相结合的解决方式。

对于作为意识形态的中华民族共同体意识和作为中华民族思维方式、实践方式和话语建构的中华民族共同体意识的表现形式，语言只有与使用语言的主体相结合，才能获得生命力和广阔的容身空间。语言的利益相关性最突出表现为语言具有明显的共同性功能和反思性功能。所谓共同性功能是指中华民族共同体意识是中华民族普遍的、共同的语言。中华民族的语言越是共同化，带有所有人都能够说清楚、听明白的特征，做到词语规范，语法标准，发音准确，这个语言才能促进中华民族共同体意识的发展。所谓语言的反思性功能指语言不仅仅由外显出来的词语、语法和语音等构成，而且，语言通过形成观念，可以供人们在实践世界里思考解决问题。语言服务中华民族共同体意识的运行机制就表现在语言可以离开现实世界构建一个观念世界，让观念出场，不让观念之外的现实出场。这样的好处是语言可以把普遍利益观念化，人们不必亲自到场，就可以在头脑中以观念的方式把握中华民族共同体意识，通过观念化的认识完成对中华民

---

① 鲍金：《论意识形态的认知条件——认知维度上意识形态如何可能的阐释》，《社会科学》2019年第2期。

族共同体意识的学习和理解。而中华民族共同体意识就在语言的这种普遍形式之下无声无息地传播开来。

(三) 中华民族共同体意识的意识形态认知意蕴

中华民族共同体意识已经写进《中国共产党章程》，是党和国家意志的表现，是国家的意识形态，对中华民族的每一个民族、每一个成员适用。中华民族的每一个民族、每一成员都必须以中华民族共同体意识作为自己的思维方式、生存方式和为人处世的准则。鲍金认为：社会成员对意识形态的态度至少有四种类型：认同型、拒斥型、疏离型、犬儒型。①

哲学之"思"就是要探讨意识形态如何被接受的认知问题，引导人们形成对意识形态的高度认同，改变对意识形态的拒斥型、疏离型、犬儒型态度。如果中华民族共同体意识不被认同，那么，中华民族共同体意识对于人们来说就失去意义。任何意识形态都有自己的行动逻辑，就是在提出之初，因为与之前的意识形态相比，群众基础更加广泛、与时代结合的紧密、分析阐述表达更为犀利唤起社会成员的觉醒，产生轰动效应。但是，这个意识形态产生的初期阶段结束后，社会成员就会冷静下来，认真思考，提出疑问，这种认同态度的分化，并不意味着这种意识形态的生命已经出现问题，而是社会成员的差异性、分化性开始显露。中华民族共同体意识作为中华民族的意识形态对每一个民族、每一个社会成员都有效度。因此，中华民族共同体意识不仅以官方的身份出现在各民族面前，而且以文化的形式向中华民族的各个民族、每一个成员扩展，与之结合，进入大家共同的社会心理中，潜移默化地表现在人们的日常思维和交往互动方式而不为人们察觉。上述现象表明，中华民族共同体意识如果被彻底拒斥不仅没有可能，而且也违反意识形态的生成逻辑。中华民族共同体意识因为是各民族都能够接受的意识形态，所以不存在不被认知的情况。人们很容易接受中华民族共同体意识，也许是在不知不觉中接受和未必意识到就在行为中表现出来。哲学之"思"的重点就是要思考建立怎样的认知条件才能保证中华民族共同体意识被广泛接受和深入认同。

对中华民族共同体意识这个意识形态最重要的认知条件是思维条件的观念特征，中华民族共同体意识借助这些条件和特征的存在，才能在观念

---

① 鲍金：《论意识形态的认知条件——认知维度上意识形态如何可能的阐释》，《社会科学》2019年第2期。

层面把每个民族、各个社会成员的特殊利益表达为中华民族的普遍利益。因此，就要将思考的焦点凝聚在建立人们普遍的意识结构，引导中华民族各个民族和各个成员，遵循必要的思考方式和行为方式，建构必要的合乎中华民族传统习惯的知识结构，表现具有民族特色和民族风格的某些必然显现的象征。中华民族共同体意识作为意识形态的这些不以人们的意志为转移的特征，既是人们日常交往交流交融难以避免的思维方式，也是产生意识形态的思维载体，有助于作出对中华民族共同体中的各种关系和各种现象的客观把握和本质揭示。中华民族共同体意识的认知条件并不是一个难以达到的深不可测的空间，也不是少数人拥有的特权，是中华民族的各个民族、每一个成员都应该拥有的财富。

从哲学之"思"的层面上，倡导中华民族共同体意识的抽象思维，是为了使各个民族、社会全体成员能够以普遍、稳定的思维方式和话语实践面对自己和他人，达成大同小异的共识，形成对中华民族共同体意识的高度认同。在普遍性水平上，人的活动才可以朝向认同发展。

中华民族的发展进步是一个各民族相互影响、相互促进、相互学习的历史过程。在此过程中，人们对中华民族共同体意识总是以不同的方式认识和理解。作为具有生命和理性的存在物的中华民族共同体意识处于社会关系、人际关系中需要"思"给予关注，使其通过"思"成为充满生命活力的现实。本书选取的文化、美学和哲学等具有代表性的"思"都具有不同的涵义、不同的思维特点和实践范式。"思"不是一个画地为牢、自我封闭的界限，也不是漫无边界、随心所欲的发声，是反映中华民族精神历程、文明进步、时代真理的"辩证哲学"，是对中华民族"思想的内涵逻辑"和"历史的内涵逻辑"的深刻把握。"这些体系的边界是由一个自足的民族共同体的观念所确定的。"① 这里的每一个"思"的方式都具有各自的优势和不足，只有在合理的维度和向度内，它们才能成为有价值、有意义的发挥积极作用的"思"。因此，追寻中华民族共同体意识的形成发展进程可以看到，一方面，正是基于"思"的承载者的有目的、有意志、有情感的人的参加，中华民族共同体意识才能够呈现如此丰富多彩的内涵和纷繁复杂的表现形式，使中华民族共同体意识成为中华民族自由活泼精神的伟力创造，成为汇集各民族优势的不同凡响的伟大事业；另一方面，

---

① John Rawls, *A Theory of Justice*, Cambridge, Harvard University Press, 1971, p. 457.

中华民族共同体意识在"思"的框架里并不因各民族的存在和每个人具有追求自由的倾向而变得散乱和没有价值。恰恰相反，中华民族的伟大之处就在于能够通过"思"这种特殊形式的反思与探索，理解和把握中华民族共同体意识的博大精深和历史走向，进而选择最能促进中华民族共同体意识发展的前进方向和实现途径，使一部中华民族共同体意识的发展历史成为一部中华民族弃恶扬善、告别愚昧、走向文明的历史。人在观念世界的活动比在实践世界的活动要更丰富多彩和无拘无束。如果不从观念世界出发研究中华民族共同体意识何以可能，仅仅从实践世界研究这个问题，就有可能把人的精神世界看成是一个被现实问题纠缠的机械的直观和感性世界，而不是一个被人的主动性、自觉性占领的属人的实践世界。人的社会本质包含了人的观念存在。在"思"的框架中认识和理解中华民族共同体意识，就要把观念看作是对存在的反映，把存在看成是观念的形成基础。中华民族共同体意识存在在社会这个统一体的每一个部分中，反映了社会生活的变化和发展的规律，在人们的实践中，中华民族共同体意识构成观念世界的统一性和历史现实结合的关联性。

第二节　铸牢中华民族共同体意识的日常族际交往基础

铸牢中华民族共同体意识的日常族际交往基础是被各民族认同的具有共享性、开放性和包容性的扩大共识、强化认同、增进了解的公共价值、公共理性和公共共识。处于公共领域中的各民族族际日常交往不可能是在失控状态下进行的自由活动，而是规制引导、个人自愿、制度保障的有序行为。赋予这种行为意义的是各民族文化资本的积累。衡量各民族日常族际交往关系的层次和水平，不仅要看经济发展的水平和程度，而且要看各民族日常族际交往的实践能力生成，主要是符号体系生成能力与符号体系的表达能力、交往的基本价值准则和基本行为准则的生成能力。各民族日常族际交往实践能力，还必须加入相应的要素来增效。增效要素作为交往内涵和形式，是各民族日常族际交往能力的组成部分，体现了日常族际交往形式的主客观结合，对这些要素的掌握和运用构成各民族日常族际交往的涵养和品格。

一 铸牢中华民族共同体意识的日常族际交往理念化基础构成

每个民族都处于与其他民族日常族际交往关系中。这是一种公共领域的交往，是在公共文化引领下的具有公共价值的交往。

（一）公共文化的构成

公共文化不是哪一个民族的文化，是各民族共同的文化，是一种把个体和组织、自我与他我、民族与制度、社会发展与历史传统联结起来的具有开放性、公共性、包容性的理性文化、共识文化。这种文化既包括以政治制度、政党制度为核心的政治文化，也包括以国家认同、社会认同为核心的制度文化，更包括来自各民族优秀文化传统的民族优质文化，是社会主义先进文化、革命文化和传统优秀文化的凝结。这个文化的最大特征就是以中华民族共同体意识为共同点。"它是异质性社会达成社会整合的价值基础，它塑造的是一个非个人的公共性关系，也是社会成员体系得以维护的社会整合条件。"[①] 如果没有这种同质和异质相结合的各民族日常族际交往条件，各民族铸牢中华民族共同体意识的思想和行为就难以生成和巩固。既然各民族铸牢中华民族共同体意识的思想和行为与日常族际交往不可分割，那么，在各民族日常族际交往中必定存在一个有助于铸牢中华民族共同体意识的基础。这个基础可以是各民族共同认同的法律规范，也可以是各民族共同认同的礼仪规范，或者是各民族共同认同的道德准则。总而言之，必须有一个各民族都能够认同的规范作基础，各民族的日常族际交往才能够进行下去。这个基础包括各民族日常族际交往的理念化、文化积累、符号体系生成和表达能力、交往的基本价值准则和基本行为准则的生成能力、交往核心要素的培育等。各民族在这个基础之上进行日常族际交往，才能够保证交往中贯穿平等团结互助和谐的民族关系，促进各民族的互相认识、互相理解、互相包容，进一步铸牢中华民族共同体意识。

（二）社会世界的意义构成

各民族的日常族际交往不是一个无目的、无意义的简单行为，而是一个体现民族关系本质、表达思想和情感的社会世界的意义构成。但是，要

---

① 周庆智：《当前公共政治文化建构含义》，《云南大学学报》（社会科学版）2018 年第 5 期。

第八章 对铸牢中华民族共同体意识的一些思考

把这个体现在日常族际交往中的意义脉络关系完全把握和理清则不是我们想象的那么简单和容易。因为在各民族的日常族际交往过程中，各民族不可能像一个社会科学研究工作者那样，把每一个交往细节、交往过程都进行规划和设计，都能够看到蕴含其中的深刻含义。日常族际交往双方是不容易做到这个要求的，那是对社会科学研究工作者的要求，不是对日常族际交往者的要求。日常族际交往的细节和节奏、内容和形式充满变数和偶然性。谁也不能预料自己会在什么地方、什么时间会遇见一个他者而与之展开日常族际交往。谁也不能预料这个日常族际交往展开过程究竟由哪些内容构成，这些内容通过什么形式表现，通过什么节奏控制其流程。在传统社会中，日常族际交往是缓慢的、散漫的和单一的，他者似乎都以固定的模式化的方式存在，比较容易认识和把握。现代社会，日常族际交往的对象多而杂，各具形态。马克斯·韦伯曾经就这个问题与其他学者进行过争论。针对交往如果是对对方不能全面认识就不能进行的观点，他提出了相反的观点，即：只要知道他人与你进行交往的具体目标，交往就可以进行下去，无需知道对方的其他方面的情况也无碍交往的进行。在这里，马克斯·韦伯看到了日常交往的进行不是日常交往的科学研究。日常交往的科学研究对日常交往的优越性表现在这种研究不仅需要对研究对象所有的情况都清楚，而且要对每一个细节都能够作出清楚的解释和说明，不能留下任何不清楚、不明确的死角。在日常族际交往中，因为交往的时机、地点和时间乃至内容和形式都带有一定的随机性和偶然性，因此，交往双方只能把对方当作一个类型去认识和理解。日常族际交往者在处理与之交往的各种关系的时候，就完全取决于对这个时间地点下产生的交往关系的阐释。这种特定条件下对交往意义脉络的掌握，依赖对这个交往对象的知识储备。这就是说，在这种日常族际交往过程中，对交往意义的提取和把握不是第一次的交往感觉能够决定的，还需要一个回溯的阶段去生成一个理念化的认识。这就是胡塞尔指出的所谓"判断来自最高的意义脉络"[1]。在胡塞尔看来，这个"最高的意义脉络"是一个包括了所有的原理、定义和逻辑的大全。当族际交往双方在不能全面把握和认识对方所有情况而展开交往的过程中，他们作为交往意义的探究者和实现者，是不甘心把交往变

---

[1] [奥] 阿尔弗雷德·舒茨：《社会世界的意义构成》，游淙祺译，商务印书馆2012年版，第316页。

成一种无意义、无价值、无目的的游戏，使之一晃而过，不留痕迹，而是要把握和体会其中的内涵，赋予其社会生活世界的意义。但是这种单方面的一厢情愿能不能实现，就不是交往双方在这个时刻的愿望能够决定的。因为，他们是在不了解、不清楚对方背景下进行的交往，而不是科学研究意义上的已经有了足够知识储备情况下的交往。这时候，他们就要回到刚才提及的"最高意义脉络"的大全里，通过查找储存在这个大全里的索引，查到对方作为理念类型的存在情况，进而决定交往以什么方式、什么内容进行。

（三）公共关系的构成

马克思指出："正像社会本身生产作为人的人一样，社会也是由人生产的。活动和享受，无论就其内容或就其存在方式来说，都是社会的活动和社会的享受。"[①] 各民族在日常族际交往过程中，为了与他人更好地交往，就需要把他人看作是社会生活世界中与自己一样的人。但是，与实际的交往过程相比较，无论如何，日常族际交往所具有的"最高意义脉络"中的那些原理、观念和逻辑也是很抽象的。而这些抽象的精神产品与现实的交往的适应需要一个再提炼、重新组织的过程，以便使概念更加准确反映现实交往的状况。

狄尔泰认为："我们经验到的首先是这个世界，所以我们总是试图理解他人，而不是我们自己。理解可以克服个人经验的局限性，扩大个人生活范围。这就需要我们寻求共同知识，建立一般范畴。"[②] 人的依赖性社会，到物的依赖性社会，再到人的自由个性的社会，这三大社会形态的演进过程，是马克思把反映人和人片面交往状况的概念发展到更加准确反映人的全面交往状况的概念的提炼和形成过程，"是马克思进一步深化对人类历史发展阶段概念化认识的结果。"[③] 显然，这个概念精细化的过程，就不能仅仅仰仗个人之力完成，还必须依靠个人生活其中的政治制度、政党制度的力量完成。因为个人的力量包括"家庭、家族、宗族、村社共同体等的文化脉络所形成的毕竟是私人社会、团体社会、地方社会、宗族社

---

① 马克思：《1844年经济学哲学手稿》，人民出版社2000年版，第83页。

② ［美］J. C. 亚历山大：《文化社会学：解释的挑战》，王颖译，苏国勋、刘小枫主编：《社会理论的政治分化Ⅳ》，上海三联书店、华东师范大学出版社2005年版，第247页。

③ 李婷婷：《马克思交往思想的逻辑进程——基于经典文本的解读》，《前沿》2016年第3期。

会，而非公共社会历史联系"①。公共关系的建立促使异质的、多元的个体只有在公共价值引导之下才能够顺利进入公共领域当中。我们把中华民族共同体意识看作是贯穿各民族内涵丰富的日常族际交往的公共价值、公共理性和公共共识，乃是因为中华民族共同体意识反映了各民族日常族际交往最重要、最本质、最核心的特点，是各民族族际交往能够推进的思想基础、行动指南和基本遵循。

二 日常族际交往的文化资本积累基础构成

铸牢中华民族共同体意识的日常族际交往的文化资本积累基础构成充分反映了各民族的交往交流交融不是凭空进行的，而是在一定文化基础之上进行的。这个文化基础通过文化积累形成。

（一）文化资本积累

从日常族际交往看，人的能力、价值和自由发展都表现为一种文化资本的积累。文化资本积累不是单一的政治文化积累，尽管政治文化积累是文化积累的重要方面，但是，政治文化积累不能囊括文化积累的全部丰富内涵。至于亚里士多德认为的人在本性上具有鲜明的政治属性，"人是天生的政治动物"② 只是揭示了文化积累的政治含义的一个方面，还没有触及文化积累的本质。"政治文化"这个概念从 1956 年艾尔蒙在《比较政治系统》一文中提出，距今已经 65 年。他所定义的"政治文化就是政治行为取向"③ 说明政治文化是与制度和政策联系在一起的文化形态，是为了政权建设、制度建设而存在的文化形态。政治文化作为日常族际交往的基本要义具有确定交往边界，提升交往层次、揭示交往意义的重要作用。在日常族际交往过程中，政治文化是一种起保障作用的文化形态，能够"进一步发挥中国特色国家制度的优势，为铸牢中华民族共同体意识提供坚实的制度与政策保障"④，具有"五个认同""四个自信""两个维护"的显

---

① 张静：《公共性与家庭主义——社会秩序的基础性原则辨析》，社会科学文献出版社 2012 年版，第 134 页。
② ［古希腊］亚里士多德：《政治学》，吴寿彭译，商务印书馆 1986 年版，第 130 页。
③ David L. Paetz, "Political Communication", *Department of Political Science*, Duke University, Durham, 2003（2）.
④ 雷振扬：《铸牢中华民族共同体意识研究需拓展的三个维度》，《中南民族大学学报》2019 年第 6 期。

著优势。这种政治交往行为"表现为政治参与、政治沟通、政治冲突等政治活动"①。如果公共领域不能形成一个可以让全体社会成员都能够认同的公共文化，支配全体社会成员的、占据交往中心的仅仅是公共组织以规则和规范形式制定的文化形态，势必形成公共权力将公共领域的交往关系变成一种支配与服从的权力关系。这种以权力为核心的交往关系显然不是各民族所需要的平等自由和谐的日常族际交往的公共关系。当然也就不可能形成一种价值共享与利益共享的公共性社会关系，而且尤其重要的是，"个体与公共组织（政府）的关系就不能够基于现实权益的政治与文化联系之上"②。

（二）文化的共享分有关系的建构

当我们回到文化资本的话题上，就会发现文化资本的积累不仅仅是一种政治关系的建构，而且是一种文化的共享分有关系的建构。因为文化资本与政治资本、经济资本不一样的地方，就是政治资本是围绕权力建立，为领导阶层所掌握，是执政党必须紧握不放的权力支撑。经济资本则是产生利润、利息、货币、物品的权力，在逐利的驱动下具有优胜劣汰的强大功能，不是一种利益均沾的平等占有。布迪厄认为："文化资本指个人或家庭拥有的文化资源，能通过世代传承而积累。"③特纳认为文化资本是"那些非正式的人际交往技巧、习惯、态度、语言风格、教育素质、品味与生活方式"④。布迪厄有关文化资本的定义受到了特纳的影响，认为文化资本是指借助不同的教育行动传递的文化物品。布迪厄认为文化资本具有三种不同的类型：一是身体化的形态；二是客体化的形态；三是制度化的形态。

（三）中华民族共同体意识的文化资本的积累

铸牢中华民族共同体意识是我国各民族现阶段面临的重要任务。中华民族共同体意识不可能自发地产生出来，是需要进行培育、教育和一

---

① 冯钢：《政治文化与西方政治发展理论》，《浙江大学学报》1997年第1期。
② 周庆智：《当前公共政治文化建构含义》，《云南大学学报》（社会科学版）2018年第5期。
③ 冯瑞：《教育贫困代际传递的成因及阻断路径——布迪厄文化资本理论的视角》，《现代教育科学》2020年第4期。
④ ［美］乔纳森·特纳：《社会学理论的结构》，周艳娟译，华夏出版社2001年版，第128页。

代一代人的接力传承,这个过程就是一个中华民族共同体意识的文化资本的积累、充实和发展的过程,正像布迪厄说的是一个由"实有"变为"实存"的过程。虽然这个过程并不是布迪厄所说的最后落脚在各种层次文化水平的文凭上。但是,这里的确存在一个政府公信力介入的文化资本的合法性承认问题。在这里,教育是最为基本、最为重要的手段。要想正确表达中华民族共同体意识的丰富内涵和历史沿革,需要教育的作用。通过教育的系统化、全面化和完整化的作用,各民族才能从历史和现实的结合、理论和实践的发展、社会世界的意义构成方面深入认识理解中华民族共同体意识的来龙去脉,形成牢不可破的中华民族共同体意识。由此可见,在一个公共空间或者民族共同体里进行日常族际交往,铸牢中华民族共同体意识,必须依靠文化资本的力量,以便在人与人之间撑开一个团结和睦的空间,"保证跨文化对话在这个公共空间里构成一个各民族尊严得到尊重的特殊文化世界"①。当文化积累到一定程度的时候,各民族中华民族共同体意识的身体行为就成为一个表达的领域,每一个被感知的、可以诠释的身体行为都是一种中华民族共同体意识的体验。这时候,身体领域的中华民族共同体意识的人文精神传达的就是关于"人文"活动在意识中经过文化积淀而形成的社会公共价值观念。

三 日常族际交往的实践能力生成

"生产本身又是以个人彼此之间的交往[Verkehr]为前提的"②。很明显,各民族实践能力由"劳动"与"交往"构成。各民族社会的发展基础就是这两种能力的构成,社会发展水平不仅由劳动水平和层次所决定,也同样由"交往"水平和层次所决定。那种只重视经济的发展,而忽视日常族际交往的实践能力生成,会使各民族日常族际交往的社会冲突日益增加,阻碍各民族日常族际交往的运行,也使各民族的交往关系难以向纵深发展,最终也会影响各民族在日常族际交往中获得的满足感和幸福感。而且会导致民族地区的经济、政治和文化发展、社会的整体文明程度发展受到限制。因此,看各民族日常族际交往关系的发展水平,不仅要看经济发

---

① 王俊:《从生活世界到跨文化对话》,《中国社会科学》2017年第10期。
② 《马克思恩格斯选集》第1卷,人民出版社2012年版,第147页。

展水平和程度,而且要看各民族日常族际交往的实践能力生成。黑格尔通过比较自然界和社会世界的区别指出,自然界里的"太阳下面没有新的东西,尽管五光十色,不过徒然使人感觉无聊","只有在'精神'领域里的那些变化之中,才有新的东西发生"①。黑格尔认为:人在社会领域具有"达到更完善"的"真正的变化的能力"。马克思把这种变化能力称之为"按照任何一个种的尺度来进行生产",又"处处都把内在的尺度运用于对象",从而"按照美的规律来构造"。②

马克斯·韦伯认为,社会学的任务就是揭示行动的意义。对各民族的日常族际交往来说,正因为这种交往是不可避免的、经常发生的。他们的社会世界才能够充满意义。这个世界既属于这个民族,也属于那个民族,是各个民族组成的共同体。各民族通过日常族际交往体验到生存和发展的意义和价值,其实现途径的基础就是主观意义和客观意义的结合。各民族的日常族际交往要在行动中表现足够的意义,显然就要通过自主性的行动进行。这种行动不仅是对自己有意义的,也是对他人有意义的。交往正是形成这种意义的最为重要的方面。在交往日常生活层次上,各民族追求相互理解的社会交往能力表现在日常族际交往的实践中,这就使各民族的日常族际交往实践不是单个人的活动的总体,而是通过结成整体对社会关系进行革命性改造的活动。因此,各民族的人与人的实践的交往现实构成了各民族关系的不可分割的图画,各民族之间相互交织的关系创造民族社会历史的新发展。构成各民族日常族际交往实践能力就由实在性的支配向符号性支配转变。这就要求各民族的日常族际交往应该具备下列能力。

(一)日常族际交往符号体系生成能力与符号体系的表达能力

这首先就是文化资本概念引入各民族日常族际交往领域引起的交往方式的重要变革。在没有把文化资本作为各民族族际交往领域的基本要素之前,各民族的日常族际交往所依赖的是人力资本。人力资本与文化资本最大的区别就是人力资本缺乏符号支配的自主性的特点,是一种菜单式的已经预设好的交往方式,是按照一种指定性的计划开展的为实现某种既定的意图的交往。这种交往的政治意图、思想意图和社会意图都明显地把生动

---

① [德]黑格尔:《历史哲学》,王造时译,上海书店出版社1999年版,第56页。
② 陈新汉:《论价值世界构建活动中的人文精神》,《天津社会科学》2019年第4期。

活泼的个人意图、性格意图和情感意图掩盖起来。在这种交往方式中活动的不是含义丰富的符号，而是比较教条的、僵化的运作模式。周平以"概念短缺"或"概念缺失"①的现象批判了当前学科建构存在的问题。其实，这种"概念短缺"或"概念缺失"现象正是符号的"概念短缺"或"概念缺失"的表现。在各民族日常族际交往的领域里，存在各种各样文化资本的符号，或多或少对各民族的族际交往产生这样那样的影响。但是，有一点是清楚的，这就是新时代中国特色社会主义是日常族际交往最重要、最宏观的、包容性最大的符号。

1. 中国特色的政治、经济、社会、文化符号

这些方面的符号建构在中国特色社会主义的经济制度、政治制度、社会制度和文化制度之上，表现了中国特色社会主义的丰富内涵，充分体现了社会主义制度的优越性和各民族当家作主的权利和地位。

2. 儒家文化符号

各民族地区都有属于中原王朝中央集权政治体系的历史。中央集权制国家采用武力征服、和亲拉拢、羁縻笼络、文化传播、人口迁徙、以夏变夷等一系列手段，控制和维持这种"尊君亲上"的君臣角色关系。以儒家思想为底色的中央集权国家的政治价值理念以大一统为支撑，以忠、孝为基础，以恩威并施为手段，不能不说是丰富多彩的。各民族在这种依附型的封建王朝体制之下，传统文化中的重要因素就是要服从国家的统治和管理。尽管封建王朝对民族地区的控制和管理是出于加强统治权力的目的，但是，客观上，也带来了将儒家的政治文化传入民族地区，使之成为民族地区重要的政治文化资源的好处，一定程度上促进了各民族的族际交往交流交融。这种从统治与被统治关系发展演变而来的各民族的文化关系，有各民族的团结合作的一面，也有统治阶级实行民族压迫的一面。

3. 各民族传统文化符号

各民族文化形态多样，各民族传统文化符号不能不打上这些文化的鲜明烙印。就文化类型看，各民族传统文化符号虽然形态各异，具有自己丰富和独特的内涵和表现形式。但是，就其文化形态看，一方面传统文化的重要性，特别是那些约定俗成、流传甚广的典章制度在各民族生活中的地位较高；另一方面地方的族长、头人、老人家作为民族领导人的权威被不

---

① 周平：《中国政治学构建的关键》，《江汉论坛》2017年第11期。

断维护和严格遵从。丝绸之路原本就是东西方文化大通道,西方的文化对民族地区的影响难以避免。改革开放以来,民族地区与西方国家交往的大门打开,西方文化不可避免地对民族地区产生一定影响。对西方的文化需要批判地对待。民主、自由在中国特色社会主义的语境中,是在党的领导下,致力于各民族团结奋斗、繁荣发展的民主自由,是通过加强社会主义核心价值观引领,依法治国的民主自由。对于西方的以民主自由为核心的文化形态,各民族并不认同。各民族只认同中国共产党领导之下的社会主义的民主自由。西方的思想家认为:"西方世界变得越来越相似这个想法是越来越不可行,更不能说是不可避免的。因此,把政治现代化界定为符合西方工业化民主模式的制度,就越来越具有明显的种族中心主义倾向。"①

(二)基本价值准则和基本行为准则的生成能力

各民族在交往过程中形成基本价值准则和基本行为准则,包括是非判断的价值标准、彼此礼尚往来的礼仪规则、解决矛盾冲突的协调机制等等。这些作为各民族日常族际交往的认同基础,以风俗习惯的方式世代相传,一定要"随着时代的发展而不断进步,由此构成社会交往能力的历史积累与发展"。② 因此,各民族在经济、政治、文化、社会等领域的日常族际交往的基本价值准则和基本交往准则的生成能力就成为各民族日常族际交往能力是否与时俱进的重要指标。

中华民族共同体意识就是各民族日常族际交往的基本价值准则和基本行为准则。中华民族共同体意识在各民族日常族际交往社会关系网络系统的运行空间与运行能力是各民族日常族际交往实践能力的表现。各民族日常族际交往如果能够以中华民族共同体意识为日常族际交往的基本价值准则和基本行为准则,各民族在日常族际交往活动中就能够把握正确的交往方向,传导正确的交往观点,做到互惠互利。中华民族共同体意识在各民族族际交往中具有引导方向、提升质量、促进族际关系和谐的重要作用。中华民族共同体意识对日常族际交往的基本价值准则和基本行为准则的生成能力的作用表现在如下方面:

1. 构建各民族日常族际交往的公共文化

中华民族共同体意识本身就是一种促进团结和睦的力量和手段。这种

---

① 周平:《中国政治学构建的关键》,《江汉论坛》2017年第11期。
② 张雄、鲁品越:《新时代哲学探索》(上卷),人民出版社2014年版,第927页。

力量和手段要通过各民族的日常族际交往实现。从各民族交往来看，中华民族共同体的物质方面，所谓的各民族的基本生活方式，在衣食住行方面除了有差异性的一面外，共同性的一面也非常明显，比如各民族吃的粮食的生产方法，食物的烹调方法就有共同之处。这就是各民族在共同体的物质文化中偏于共同性一面的表现。各民族在物质生活方面的差异之处，在现代社会的条件下，通过分工而存在。但是，从需要看，中华民族共同体合作的方面也是比比皆是。这个少数民族所缺少的物质生活资料，需要那个少数民族生产，各个民族通过分工和合作紧紧联系在一起。中华民族共同体的社会方面也是这样具有共同性。假如各个民族没有一个共同性，中华民族共同体的意识就绝不会产生和发展，各民族的日常族际交往也绝不会像现在这样畅行无阻。各民族的交往不仅依靠这些物质生产的共同方面来进行，而且要依靠对中华民族共同体意识的认同来进行。中华民族共同体意识具有把各民族的政治生活、经济生活、社会生活和文化生活结成一个整体，促进各民族的日常族际交往的重要作用。

2. 构建各民族日常族际交往的基础

中华民族共同体意识之所以是各民族日常族际交往的基础，不仅因为它表现了国家意识形态的本质特征，而且因为它代表了国家对交往的要求。中华民族共同体意识是各民族族际互动的基本遵循和核心要义为构建日常族际交往基础提供了坚强的保证。因为有了这个保证和基础，各民族日常族际交往就能够向着更高水平、更高质量的方向发展进步。各民族日常族际交往具有三方面的主要特征，这就是认知取向、感情取向和评估取向。这三个方面分别代表各民族日常族际交往的三个核心要素，即：知识、感觉和评价。知识就是关于族际交往的丰富内涵、历史渊源、精神实质方面的系统知识。感觉和评价就是一个促进交往双方从感性到理性、从不了解到了解、从认识肤浅到认识深刻的过程，也是一个交往从实践到再实践的循环往复的过程。由此可见，凡是进行日常族际交往的人，都必须认同中华民族共同体意识，按照中华民族共同体意识的要求进行互动，获取日常族际交往的丰富知识，掌握正确的日常族际交往的评价标准，表达日常族际交往的情感底蕴。

3. 构建各民族日常族际交往的大视野

各民族日常族际交往以中华民族共同体意识为主导，但是，与以这种意识主导的具有国家性质的交往文化并存的交往文化也有表现，也会对族际交往产生一定程度影响。这种交往文化的特点就是，身处其中的人往往眼光不够宽广，看得比较近，认同的焦点只是与自己结合最紧密的"区域"。他们是从"近处"往"远处"看，难免一叶障目。交往能力感和交往效能感都比较薄弱是这种交往文化的通病。

以中华民族共同体意识为内容和基础的交往的重要作用就是对上述交往进行必要的引领，以增强生活在这种交往之中的人们对国家认同的能力感和这种认同的效能感。国家认同的能力感就是知道以什么样的认同手段达成什么样的认同目标，国家认同的效能感就是对影响国家认同的各种要素进行必要甄别，充分提升积极因素的效能。调研表明，这两种能力都需要培养和提高。这两种能力在民族地区的贫困地区、贫困人口中缺乏一定普遍性，例如思想观念保守、改革创新意识薄弱、对国家大事缺乏关心和热情、社会文明程度较低等。

4. 构建各民族日常族际交往文化

我国民族地区可以分为不同区域，每个区域都具有不同的日常族际交往文化存在。对各民族交往文化划分的依据就是这个区域交往的文化特点。我们还可以按照各民族所在的地理位置，把这些地方划分为不同的交往文化带。这些不同的交往文化区域的不同民族各有各的风俗习惯，历史文化。这种"区域"的特点对在一个国家的交往文化之外形成的地方性交往文化具有不可估量的影响。但是，站在国家交往文化角度来看，如果能够以中华民族共同体意识为引领构建各民族的交往文化。那么，这种差别并不是铸牢中华民族共同体意识的障碍，而是有利条件。因为这些"区域"交往文化被包含在中华民族共同体意识之中，是中华民族共同体意识在各民族交往中的地理"区域"特色表现，是在中华民族共同体意识引领下的交往分层文化的一种表现形式。中华民族共同体意识对"区域"交往文化引领的重要作用就表现在"区域"交往文化必须按照铸牢中华民族共同体意识的要求，建立与铸牢中华民族共同体意识相一致的交往理想、交往信念、交往观点和交往行为。"区域"交往文化与中华民族共同体意识的关系是大和小、支配和被支配的关系。

5. 构建各民族日常族际交往行为

我国民族贫困地区和贫困群众的所谓"贫"不仅在物质、精神、文化方面有所表现，这种所谓的"贫"在交往实践中也有所表现。例如对日常族际交往的内在价值的认同感比较低，对日常族际交往的参与度比较低。

这种交往的"贫"在考量日常族际交往行为的实际后果的时候，其最基本的价值考量就是看日常族际交往活动是不是对自己有利，利大还是弊大，以此决定自己参加不参加这种交往活动。如果民族贫困地区和贫困人口的日常族际行为仅仅局限在功利主义的层面，以功利主义作为最高考量标准，缺乏对国家和民族的深厚的文化情感、文化寄托和文化情怀，不仅会影响各民族的日常族际交往，而且不利于铸牢中华民族共同体意识，弱化中华民族共同体意识的效能。所以，就这个意义看，中华民族共同体意识对各民族日常族际交往行为的引导就表现为中华民族共同体意识是各民族日常族际交往由"贫"变"富"的自觉构建和实践效能。

四 各民族日常族际交往的核心要素培育

任何一个民族的日常族际交往都有自己的核心要素。这些核心要素构成了各民族日常族际交往的修养和品格。这就是说，各民族日常族际交往实践能力，还必须有相应的要素充实。这些要素作为交往内涵和形式，是交往能力的主观和客观的结合。这些交往能力要素创造了日常族际交往的交往形式，日常族际交往的交往形式正是这些交往要素的集中体现，为由实践所产生的以民族关系为中心的交往内容提供了表达形式。这些核心要素"包含了更有中国味道、中国元素的丰富内涵"。这些核心要素扎根中国特色社会主义的伟大实践，是中国特色社会主义新时代对各民族日常族际交往的要求，是各民族不可缺少的日常族际交往的基本形式、内容和框架。

（一）历史要素的培育

各民族日常族际交往的核心要素首先是历史要素。对于各民族来说，在日常族际交往中对历史要素的运用就不能离开各民族与中华民族的关系。历史这个词的最初意义就是对影响人们生活的事件的文字记录。在英文里，历史分为加了定冠词的特定历史和没有加定冠词的宽泛的历史。历史学家通常考察的是有文字记录的历史，没有文字记录的历史可以归结为1851年古物收藏家威尔逊提出的"史前史"的范畴。实际上，历史这个词还包括对历史事件和历史人物的评价。通过这个评价，我们才能够认识和理解历史人物和历史事件的深刻含义。

我国各民族都是中华民族的一部分，无论是历史和现实，都与中华民族从来就没有分开过。这个没有分开过，不仅指地理上没有分开过，血缘上没有分开过,也指思想观念和心理结构上没有分开过。各民族都深受儒家思想的影响,都没有完全脱离以儒家思想为主的思想体系的影响。尽管我国民族地区就信仰体系看还存在伊斯兰教、藏传佛教和其他各派宗教。但是,这些宗教的发展也深受儒家思想体系的影响,中国化的色彩随处可见。随着封建王朝大一统统治体制在民族地区的确立,儒家思想作为这种大一统体制的思想表现,也随之而成为民族地区占统治地位的思想。西周后期的思想发展变化有一个明显特点就是在"天道"和"人道"的关系上,"人道"逐渐占了上风。重视"人道"的理性化思想越来越成为中国古代思想的主流发展趋势。我国少数民族信仰的各种宗教也深受影响,理性的特征表现明显,都不主张偏激,而始终不渝坚持"中庸"立教。

(二)现实要素的培育

如果历史要素还不能把铸牢中华民族共同体意识的族际交往基础脉络讲清楚,那么,当我们把视角转向现实的时候,这个问题就一目了然了。我国各民族的经济、政治、社会和文化上的翻身解放是旧中国的历朝历代都没有做到的事情,只有在中国共产党领导之下,经过社会主义革命和社会主义建设,各民族才真正实现了从奴隶到主人的彻底翻身解放,享受社会主义大家庭的温暖。马克思的一个重要思想就是人类历史的真正开始是从社会主义和共产主义建立起来才能计算的。这是因为社会主义和共产主义真正实现了"人的解放"。各民族族际交往的真正意义上的开展,自觉自愿地开展,富有成效地开展,是在中国共产党领导之下,在社会主义制度保证之下,才成为无法改变的活生生的现实。各民族能够发展进步,能够走向现代化离不开中国共产党的领导,离不开社会主义制度的保证。这个颠扑不破的真理不仅被实践证明,而且已经成为各民族的共识。新中国成立之初的各个少数民族基本上都处于生产力低下、社会发育程度低,各方面发展滞后的状况。新中国成立后,各民族成为国家的主人,享受着各民族一律平等、各民族共同团结奋斗、共同繁荣发展的权利。改革开放以来,民族地区经济快速发展,社会面貌发生翻天覆地的变化,各民族的生活水平和生活质量越来越高,各民族真正过上了幸福的生活。各民族与全国人民一道全面进入小康社会,向着高层次、更高水平的美好未来迈进。

笔者在民族地区,看到了各民族不愁吃,不愁穿。农民在用科技种田种地,产品通过网站推销,电商不断涌现。牧民可以住上条件好的固定住房,放牧时节则可以自由流动。各个少数民族过去求神拜佛没有得到的,现在，在中国共产党的领导之下都得到了。各民族的命运与中国共产党、中国特色社会主义道路息息相关，密不可分。我国民族地区的发展进步水平基本上依靠国家财政转移支付提供保障。我国所有的民族地区的发展进步都离不开党的民族政策的实施。国家每年通过财政转移、财政支付等方式给民族地区的财政补贴达数万亿人民币。不仅如此，国家还通过脱贫攻坚专项资金、道路交通建设专项资金、行业发展专项资金、大型活动专项资金等进一步加大对民族地区的投入。民族地区的地方领导同志告诉我们，国家对民族地区投入可以说是无所不有。现在，连群众住宅的墙壁有个裂缝，国家都有专项资金维修。凡是可以投入的，国家都投入，只要能够投入的，国家都投入。没有中国共产党，没有社会主义制度，各民族根本过不上这样好的生活。

（三）结构要素的培育

这里所说的结构要素具有两个方面的含义，一方面是社会学意义上的通过城市化形成的极为复杂的社会网络。各民族在这个越来越复杂的社会网络里，经受着信息化、商业化、市场化、媒体化的各种各样新的网络要素的冲击，教育程度不断提高，利益诉求急剧增加，思想观念不断更新。虽然，社会的发展程度、成熟程度并不能直接导致交往公共文化观的形成，但是，社会发展依然会影响各民族的交往文化观的建立和发展。相对于各民族传统的地域性的社会生活，现在这种网络化的社会生活、工业化、市场化、信息化和媒体化的社会生活，能够影响各民族对国家的认同和对中华民族共同体意识的坚守。

结构要素的另一个方面就是政治学意义上的社会结构，指生产力与生产关系、上层建筑与经济基础的结构。各民族在生产力与生产关系、经济基础和上层建筑中的地位是由各民族在国家政治生活中的主人地位决定的。各民族都必须为中国特色社会主义的生产力与生产关系、上层建筑与经济基础的改革和发展作出贡献。这就是说各民族建立什么样的交往文化观，是由社会主义制度决定的，是各民族主观选择和社会主义制度的客观要求相一致的产物。各民族选择什么样的交往文化观不是个人想怎么样就怎么样，而是社会制度要求的产物，是各民族的中华民族的属性决定的。在建设中国特色社会主义的新时代，各民族的国家交往文化观的建立、巩固和发展具有特别重要的意义，这不仅关系到各民族自己的自我发展、自我革命、自我完善，也关系到社会主义制度的巩固发展、中华民族共同体意识的培育践行。中华民族共同体意识使各民族能够把交往文化观建立在辩证唯物主义和历史唯物主义的基础之上，使各民族展开积极的、有层次、有意义的日常族际交往。

（四）国家公民身份的要素培育

我国各民族日常族际交往文化的一个核心要素是国家公民身份。这个国家公民身份是各民族走向现代化的标志。国家公民身份蕴涵的法治观念、道德观念、权利与义务的观念，要求各民族遵纪守法，正确行使权利，履行义务，以国家公民身份开展日常族际交往。

我国民族众多，各民族历史和文化各异。但是，各民族都是中华民族的一员，都是国家公民。因此，各民族的共同点比各民族的差异点要多得多。调研表明，各民族的共同点随着中国特色社会主义事业的深入人心，随着各民族脱贫攻坚的最后收官，随着各民族的生活水平和质量的越来越高，越来越趋同，其标志就是各民族的中华民族共同体意识越来越成为各民族认同的公共交往理念、公共交往文化和公共共享资源。

在社会急速转型的时空中，各民族的民族身份和国家公民身份不可避免产生冲突和矛盾。但是，这个冲突和矛盾并不影响各民族铸牢中华民族共同体意识。因为，从国家认同的权利与义务相统一的角度看，没有无义务的权利，也没有无权利的义务。所以，任何一位中华人民共和国公民，都必须正确行使国家公民权利，履行国家公民义务，不能滥用这个权利，不能逃避这个义务。从铸牢中华民族共同体意识的角度看，各民族的民族身份必须服从国家公民身份，不能把民族身份与国家公民身份相对立。对于这一点，各民族认识是趋于一致的，是没有原则分歧的。我们所调研的各少数民族的乡村、住户，与我们谈得最多的是发展问题。各民族都希望自己能够发展，不仅仅是经济发展、政治发展，而且是自己的中华民族共同体成员身份的发展。各民族都为自己是中华民族的一员感到自豪和骄傲。令我们感到惊奇的是居住在偏远草场的牧民群众，竟然也能够与我们无拘无束地谈起法律。我们看到一些牧民住的地方，道路状况比较差。牧民群众告诉我们政府有修路计划，就是这里砂石料比较难找，影响了施工的进度。我们说，这附近不是有河流吗，那里砂石料可以拿过来修公路。牧民群众告诉我们，这样做是违法的，国家有环境保护法，违法是要坐牢的。我们问了很多牧民群众这件事情怎么办，大家众口一词就是按照党和政府的要求办，不能为了修路违法乱纪，破坏环境。一些从外国回来的少数民族群众告诉我们,中国的少数民族群众地位非常高。只有社会主义的中国才能做到男女的真正平等,因为中国的少数民族具有与汉族一样被法律和制度保障的公民身份。

我国各民族日常族际交往在中国特色社会主义新时代和民族关系新格局中,不是自发随意产生的,是在中国共产党的领导下、在社会主义制度保障和形塑下进行的,反映了我国民族关系的社会基础和认同基础的统一性和稳定性。为了加强各民族日常族际交往的基础,就要看到各民族日常族际交往过程是一个结构整合和功能整合的过程,不是一个市场化、商品化的分化过程。市场对资源分配的不规则的空间分布,导致自由流动中的主体和客体都无法控制自己的行为,使货币、技术、商业、产品都流向市场,将这些要素互相连接为一个整体进行自主性调节,优胜劣汰法则始终贯穿其中。我国各民族的日常族际交往不可能回避市场机制,但是,也不会像规避政府的调控,而是要突出政府和制度的优势作用,发挥政府和制度的调控功能,最大限度实现价值资源公平共享、公共流动和公共塑形有序。这就要求各民族通过各种形式深入学习和掌握中华民族共同体意识的精要,构建中国特色的日常族际交往的中华民族共同体意识基础。各民族对中华民族共同体意识的学习和掌握不是天生的,是后天习得的。各民族日常族际交往基础的构建,离不开铸牢中华民族共同体意识。通过铸牢中华民族共同体意识,形成公共共识,各民族就能够使日常族际交往体现公共理性、公共价值和公共行为的深刻含义。

第三节 "绝地天通"人神观与中华民族共同体意识构建

"绝地天通"的人神观把神和人分开,以人本代替神本,实现了统治理念和统治模式的转变,使统治权获得"合法性",培育了中华民族共同体意识的萌芽,维护了国家的统一性。随着时代的变迁,"绝地天通"的人神观的礼治内涵进一步发展,实现了天人关系的根本性变革,神治的地位被礼治地位取代,"德本"思想确立,"礼治"思想深入人心,中华民族共同话语逐渐形成、中华民族共同体意识逐渐形成、中华民族的政治整合有效开展,使中华民族共同体意识得到有效建构,中华民族共同体意识的思想基础更加稳固。中华民族共同体意识的演进历史逻辑和思维逻辑都证明了"绝地天通"的人神观是中华民族共同体意识从萌芽形态走向比较完备形态的根源。

一 "绝地天通"人神观的起源与中华民族共同体意识的萌芽

国家建立的目的就是要把国家作为共同体进行建设，培育和践行统一的国家观，当共同体内的民族具有统一的国家观，相互之间的族际政治互动和族际政治交往交流交融就成为现实，共同体意识也得到培育和发展。中西历史的周期律表明，国家政权建立以后，都有一个将国家共同体"合法性"的漫长过程，能不能把国家共同体"合法性"一个重要因素就是能不能把国家共同体意识构建起来，培育国家共同体意识。成功的统治者都能够依靠统一的国家观建设一个保证国家政权巩固和发展的共同体意识，保证政令畅通，人民安居乐业，国家繁荣昌盛。马克斯·韦伯认为："满足于将其政体建立在单一的暴力权力之上的统治者即使有也是极少见的，所有的统治者都试图在民众中培养一种其体制是合法的信念。"① 中国古代的"绝地天通"的人神观作为一种统治理念和统治模式，不仅实现了统治方式和统治思想的转变，而且对构建中华民族共同体意识起到了助推作用。随着时代变迁，"绝地天通"人神观的内涵得到丰富和发展，其中的礼治观念上升到统治思想和统治模式的顶层，成为统治阶级治国思想和统治模式的顶层设计，中华民族共同体意识也由初期的萌芽状态向后期的比较完备状态转变。

（一）"绝地天通"的人神观的出现

"绝地天通"的人神观最早出现在儒家五经之一的《尚书·吕刑》中："皇帝哀矜庶戮之不辜，报虐以威，遏绝苗民，无世在下。乃命重、黎，绝地天通，罔有降格。"② 意思是颛顼皇帝哀怜众多被害的人没有罪过就遭遇不幸，他们无辜却遭到威罚和虐刑处置。与此同时，颛顼皇帝还制止和消灭行虐的苗民，使他们没有后嗣留在世间。又命令重和黎这两位官员，禁止地上的民和天上的神相互感通，神和民从此再不能自由升降来往了。

---

① ［美］斯科特：《制度与组织》，姚伟等译，中国人民大学出版社2010年版，第121页。
② 王治心：《中国宗教思想史大纲》，商务印书馆1996年版，第67页。

在众多注释中，唐代孔颖达对"绝地天通"的注释较为权威。① 孔颖达认为："绝地天通"内涵丰富，其要义如下：这就是天地分开，神民分开，上下分开，神民各行其是，彼此互不往来。神在天上自成一体，不去涉足人事，人在地上，自得其乐，安分守己，不去干预天意。② "绝地天通"的表面目的好像是"使绝天地相通，令民神不杂"，但是其最终目的还是为了维护统治权的合法性，具体手段就是把神和民这两个互不相干、相距甚远的阶层分开，神在上，民在下，尊卑分明。神的缺席不仅意味着神和民从此隔绝，还意味着地上的民不能没有统治者。这样，人又被分为统治阶级和被统治阶级，所谓劳心者治人，劳力者治于人。因为神和民的分开，所以，统治阶级既可以不受神的左右独立行使统治权，又可以代表神行使被神化的统治权，将君权、神权、政权集于一身，建立神人一体化的绝对权威，使民对神的崇拜转变为对国君的崇拜，对神的忠信转变为对国君的忠信。国家由此获得长治久安，统治阶级由此获得政权的合法性。《国语》把这个道理讲得很清楚。③《国语》说由于绝地天通的原因，老百姓忠信的对象不再是神，而是地上的君王，神就是通过老百姓的忠信表现自己的崇高地位，降福给老百姓，使老百姓安居乐业，丰衣足食。统治阶级政权合法性就是借助神和人分开的"绝地天通"的人神观获取。④

（二）"绝地天通"的人神观的国家观的建立

在"绝地天通"的人神观出现之前，统治阶级巩固政权合法性、建立国家观的方式主要依靠祭天地，即：通过仪式巩固、符号阐述、认知导引祭拜天地。祭天地的目的是打通人和神、天和地、地上的政权和天上的神权的紧密联系，让神保佑统治阶级的长治久安，形成天地人一体的太平天下。这个"祭礼"的诞生和兴起，通常都与统治阶级夺取政权初期因为还找不到更合适的统治人民群众的方式紧密相关，也与社会发展的水平低下，人民群众容易被欺骗蒙蔽密切相关。这是人类社会发展的一个普遍规

---

① （唐）孔颖达：《尚书正义》，上海古籍出版社2008年版，第98页。
② 唐代孔颖达原文如下："三苗乱德，民神杂扰。帝尧既诛苗民，乃命重黎二氏，使绝天地相通，令民神不杂。于是天神无有下至地，地民无有上至天，言天神地民不相杂也……是谓绝地天通。"
③ 陈振生译注：《国语》（中华经典藏书·升级版），中华书局2013年版，第89页。
④ 原文："民是以能有忠信，神是以能有明德，民神异业，敬而不渎，故神降之嘉生，民以物享，祸灾不至，求用不匮。"

律。所以，不仅是中国，就是西方古代的统治阶级也是以"祭礼"维护和巩固统治权力，这说明中外统治阶级对政权合法性的维护手段都是相似的。古希腊、古罗马的"祭礼"都是为了巩固和延续奴隶主政权的合法性，推行迷信色彩浓厚的国家观，"祭礼"也以此成为西方政治文化发展的源头。维柯就是这样认识西方的古代统治阶级文化的。他在《新科学》中认为祭坛支撑着西方古代统治阶级的精神世界和物质世界。中国古代"祭礼"最早从祭天开始。祭天就成为巩固和延续统治权合法性的最有效方式，因为天不变，政权也不会变。天的长久，决定了统治权的长久。在这种天人感应的政权观的影响下，祭天就成为统治阶级最重视、最讲究的国家治理仪式。《管子》一书记载，祭天从伏羲、神农时期就已经开始。《礼记·王制》指出：天子祭天地，诸侯祭社稷，大夫祭五祀。夏朝祭天仪式已经相当隆重和规范。孔子说的大禹穿的"黼冕"就是大禹祭天穿着十分富丽堂皇的礼服。① 孔子认为禹虽然不喜欢穿华美的衣服，生活节俭，但是，在祭礼中穿的衣服却很引人注目。② 对于这一点，连孔子都表示可以理解，认为不应该对此产生非议，因为天是神圣和至高无上的，对天表示崇高敬意，是完全合乎情理的事情。可见，古代的"祭礼"已经很流行，而且深入人心，成为当时人人遵循的很重要的国家习俗和统一的国家观。

（三）开启了中华民族共同体意识的构建之路

"绝地天通"的人神观不仅是统治阶级维护统治权，进行国家治理的指导思想，而且也开启了中华民族共同体意识的构建之路，使中华民族共同体意识具备了最初的萌芽。统治阶级建立什么样的政权组织方式，采用什么样的统治方式，不是由主观愿望决定的，是由客观的民族发展水平和族际关系决定的。在"绝地天通"人神观尚未占据统治地位的时代，中华民族的发展水平和民族关系都处于"自在"状态，这个概念还不是一个共同体意识的概念，仅仅是一个地理概念，黄河中下游仅仅是中华民族分支居住的一个区域，西北地区和长江流域的广大地区也分布着中华民族的各

---

① 陈晓芬、徐儒宗译注：《论语·大学·中庸》（中华经典名著全本全注全译），中华书局2011年版，第189页。

② 孔子曰："禹，吾无间然矣。菲饮食而致孝乎鬼神，恶衣服而致美乎黼冕，卑宫室而尽力乎沟洫。禹，吾无间然矣。"

个分支。这就是顾颉刚先生在名著《古史辨》中提出的"打破民族出于一元的观念""打破地域向来一统的观念"①的基本依据。著名考古学家李学勤也认为：炎黄以及之后的帝王事迹传说谱系表明：中华文明的早期分布已经具有广泛性的鲜明特点。对于统治阶级来说，把这样广大的地域中的各民族统治起来，政治体系就要建立得足够大，统治思想就要覆盖得足够广，国家观必须要让各个区域的各个民族能够接受。黄河中下游地区是农耕文明的发源地，生产力水平比较高，人民对自然规律的认识和掌握也达到一定规模和水平，而其他地区相比较而言，生产力的规模和水平就要差一些，人民群众的思想意识中的神本成分也比较多一些。在这种情况下，统治阶级就要励精图治，与时俱进，使统治思想与社会现实相结合，以较为进步的统治和国家观统一各民族的思想，这就在一定意义上为中华民族共同体意识的萌芽创造了条件，使中华民族共同体意识得以产生，初现了萌芽的形态。

二 "绝地天通"人神观的发展与中华民族共同体意识的发展

"绝地天通"的人神观作为对中国古代政权合法性支持的思想源头，只是初级形态的国家观，还不是现代意义的国家观，其对中华民族共同体意识的构建只是萌芽形态的构建，不是中华民族共同体意识相对完备形态的构建。

（一）现代意义的国家观对相对完备形态的中华民族共同体意识的构建

我们所说的现代意义的国家观对相对完备形态的中华民族共同体意识的构建，不是就时代而言的国家观，而是指这样的国家观具有强烈"人本"色彩，是结合了民族的历史文化传统的国家意识的构建。这样的国家观褪去了"神本"的色彩，可以使萌芽状态的中华民族共同体意识向较为完备的中华民族共同体意识发展。这就是黑格尔指出的民族不是为了创造国家而产生，国家是为了创造民族而产生的深刻内涵。民族随着时代进步，尤其是对自然规律的认识和理解的深入，对原来不可思议、不可理解的自然现象背后的规律在某种意义上已经有所认识和有所掌握。民族迫切需要国家来助推发展，保护权益，扩大规模。这个时候，如果统治阶级依

---

① 张岂之编：《中国历史十五讲》，北京大学出版社2018年版，第7页。

然以"神本"思想对人民进行统治,强行倡导人民尊神,可能就无法构建政权的合法性基础。统治阶级这个时候就要更换统治模式,推行更容易被各民族理解接受的统治方式,倡导更容易被各民族拥护的国家观,使各民族达成对统治权的政治信任。所以,"绝地天通"人神观中的"人"的这一面就要彻底取代"神"的这一面,其中的"礼治"文化就要逐渐发展起来,成为新的统治思想和统治模式。但是,不管时代怎样变化,统治阶级的统治思想和统治模式如何改变,"绝地天通"的人神观既是统治阶级倡导和实行的祭天保佑的统治思想和统治模式的思想源头,也是后来的统治阶级倡导和实行的"礼治"统治思想和统治模式合法性的思想根源。祭天保佑和"礼治"统治思想和统治模式都借助"绝地天通"的人神观确立和实行。

(二)"礼治"统治思想和统治方式被倡导

到了周朝,不仅祭拜的对象由祭天扩大到祭山川、日月、星辰、鬼神、列祖列宗等,而且"礼治"统治思想和统治方式也开始被倡导,"以人法天"的崇德思想逐渐盛行,崇天与崇德开始结合。"绝地天通"造成的"重实上天,黎实下地"① 正使"夫天地成而不变,何比之有"② 的人神观的内涵开始发生转变。这反映了周朝的统治阶级对"绝地天通"的人神观的认识和理解进一步深化。他们清醒地看到"绝地天通"的人神观如果不被赋予新的人本内涵,就会发生商朝统治阶级面临的"遭世之乱,而莫之能御也"③ 的垮台困境。周朝的统治阶级认为"绝地天通"的人神观不仅应该包括崇尚天地的祭礼,也应该包括崇尚和实行德治的"礼治"。在周朝统治阶级看来,神所保佑的统治阶级,不是无德鄙劣、腐化堕落的社会渣滓,而是在各个方面包括道德方面都比被统治阶级优越的社会精英。《尚书》记载周公认为天降的福分,不是任何一个人都可以得到的,只有那些有德的人才能够得到。周公认为要维持统治阶级统治思想和统治模式的合法性,就要倡导以崇尚德治为核心的"礼治"。对于这个转变,

---

① (唐)孔颖达:《尚书正义(十三经注疏)》,黄怀信整理,上海古籍出版社2008年版,第78页。

② (唐)孔颖达:《尚书正义(十三经注疏)》,黄怀信整理,上海古籍出版社2008年版,第79页。

③ (唐)孔颖达:《尚书正义(十三经注疏)》,黄怀信整理,上海古籍出版社2008年版,第89页。

《国语》给予了清楚的说明和解释①：楚昭王问于观射父，为什么会出现绝地天通这个现象。观射父回答说，天神依靠聪明伶俐的经过正规训练的男觋女巫才能感应显现，保佑民众。现在，不聪明伶俐的、没有经过正规训练的素质低劣的男女也当男觋女巫，这些人根本不合格，这岂不是对天神的亵渎。天神当然不肯委屈自己借助这些不够格的男觋女巫感应显现，降福于人②。既然人和神的交流沟通依靠的是"德"，而昔日品行高尚的男觋女巫这个把天和地、神和人联系起来的僧侣集团，这个统治阶级向神表达自己意愿的重要渠道已经今非昔比，那就要培养统治阶级自己的高尚品行，确保神对统治阶级的青睐和人民群众对统治阶级的忠信。这个转变，不仅是统治思想和统治模式向"礼治"方向的转变，是"绝地天通"人神观内涵的"神"的色彩减退和人的色彩增强的结果，而且对中华民族共同体意识的构建产生强大推动作用。因为，这个转变有助于形成各民族统一的国家观，统一的共同体意识。过去，男觋女巫这个阶层不仅仅是一个与神互相感应的特殊僧侣阶层，而且是维护统治秩序的神通广大、无所不知、无所不晓的地上的神。他们可以确定神灵居住的地方，决定祭祀的次序，规定祭祀的器物。他们还可以选择两类人具体开展祭祀活动。这就是选择先圣后裔中优秀的人做太祝，选择著名姓氏后裔中优秀的人做宗伯。③这两类人的特点就是精通祭祀活动。④ 有了男觋女巫，再加上太祝和宗伯，就可以使统治阶级借助天神的旨意，无忧无虑地生活，也可以借此麻痹和欺骗人民群众，让他们俯首帖耳，心甘情愿接受统治阶级的统治。现在，男觋女巫这个僧侣阶层素质低下，神不能借助这个阶层插手统治阶级的事务，统治阶级也不能借助祭天之礼寻求神的庇护。因为缺少了男觋女巫这个僧侣阶层的上通下达，这种互相不沟通、不感应的神人交往的确难以维持下去。神的准确意志，统治阶级没有办法知道，统治阶级的活动情况，

---

① 陈振生译注：《国语》（中华经典藏书·升级版），中华书局2013年版，第156页。

② 原文："楚昭王问于观射父，为什么会出现绝地天通这个现象。对曰：'古者民神不杂。民之精爽不携贰者，而又能齐肃衷正，其智能上下比义，其圣能光远宣朗，其明能光照之，其聪能听彻之，如是则明神降之，在男曰觋，在女曰巫。'"

③ 原文："能知四时之生、牺牲之物、玉帛之类、采服之仪、彝器之量、次主之度、屏摄之位、坛场之所、上下之神、氏姓之出。能知山川之号、高祖之主、宗庙之事、昭穆之世、齐敬之勤、礼节之宜、威仪之则、容貌之崇、忠信之质、洁之服，而敬恭明神。"

④ （唐）孔颖达：《尚书正义（十三经注疏）》，黄怀信整理，上海古籍出版社2008年版，第126页。

神不能够知道，导致统治阶级靠天保佑的统治思想和统治模式逐渐失去合法性，旧的国家观急需改变，新的国家意识就需要建立。这时候就要寻找新的统治政权合法性的证明，倡导时代性更强的国家观。著名考古学家张光直先生认为：这时候，"神属于天，民属于地，而这之间的交通，就要靠物与器的祭祀，而在祭祀上，物与器都是重要的工具，'民以物享'。于是'神降之以嘉生'"[1]。张光直认为仅仅依靠物的方式探究神的意志，是不能令民众信服的。因为对神与物的关系解释的随意性、任意性实在是太大了。这与由男觋女巫这个僧侣阶层过去解释神的意志的准确性、严谨性实在区别太大。张光直先生认为在这个时候，统治阶级开始使用占卜术作为窥测和理解神的意志的方式，张光直先生推测男觋女巫甚至可能使用酒精和迷魂药使自己达到昏迷状态与神来往，传达神的旨意。因此，时代发展到这一步，统治阶级就要面对"绝地天通"的人神观带来的尴尬局面，寻找更为现实、更能够令人信服的统治思想和统治模式。这样，"绝地天通"的人神观的崇尚德治的人本内涵由此而生。这个工作第一位开创者就是周公。在中国古代历史上，周公是第一个制礼作乐的伟大政治家。礼从最广义的方面看，包括管理和约束社会生活的所有规范。所以，周公的制礼作乐其实就是对周朝的统治制度和国家观的构建。对统治制度和国家观的构建也是对统治合法性和国家意识的构建。

（三）"礼治"统治思想和统治模式的确立

周公将"绝地天通"的人神观与崇尚德治相结合，就是为构建统治权的合法性和新的国家观找到立论基础，这个基础就是"礼治"统治思想和统治模式。维柯在《新科学》中的一段话可以看作是对"绝地天通"的"礼治"统治思想和统治模式的解释。维柯指出："人们最初只感触而不用感觉，接着用一种激动而迷惑的精神去感觉，最后才以一颗清醒的心灵去反思。"[2]"绝地天通"人神观中的"礼治"统治思想和统治模式的确立就是不再让人民群众用祭天的"激动而迷惑的精神去感觉"，而是通过制礼作乐，"以一颗清醒的心灵去反思"，其结果就是人本的东西比神本的东西更多地参加到统治阶级对合法性和国家观构建之中，统治阶级统治方式的合法性和国家观因此表现了更加文明、更加温和的"礼治"文化的一面，

---

[1] 张光直：《中国青铜时代》，生活·读书·新知三联书店1999年版，第458—459页。
[2] 杨天宇译注：《礼记译注》（上），上海古籍出版社2004年版，第287页。

而逐渐扬弃了带有浓重神秘色彩的"神治"文化的一面,增强了政权合法性和新的国家观对现实适应性和对民众的感召力。这种统治思想和统治模式的本质乃是对以国家观为内涵的统治方式的文化软实力的肯定和确认,与这种统治思想和统治模式相适应的必然是崇德德治的政治实践。虽然"礼治"统治思想和统治模式的建立是从周朝开始的,但是,"礼治"开始的时间要更早。传说中的黄帝就是"礼治"的开创者和倡导者。《史记》记载黄帝不仅个人德行很高,而且礼贤下士,爱护天下百姓。尧、舜、禹都是"礼治"统治思想的信奉者和实践者。《尚书·吕刑》通过上帝之口反复强调的是滥用刑罚的严重危害性,强调了"德治"统治方式的重要性,认为治理国家,国王有美德最重要。如果说周朝之前的统治者还是从个人修养方面推崇和实行"礼治"的统治思想和统治模式,周朝的统治阶级则把这种统治思想和统治模式自觉上升为国家制度的要求和规定,表现了对统治权合法化与时代相结合的自觉追求。《礼记》是这样描写"礼治"统治思想和统治模式的①:掌管教化的官员要修习冠礼、婚礼、丧礼、祭礼、酒礼、射礼这"六礼"以节制人们的习性,要明确地阐明父子、兄弟、夫妇、君臣、长幼、宾客这六种人际关系激发人们的德性,以饮食、服装、百工技艺、各类用器、长度单位、容量单位、计数单位、布帛规格这八政防止目无法纪,统一道德规范以形成共同的风俗习惯,赡养老人以提倡孝道,抚恤孤独以倡导接济困苦,尊重贤人以倡导高尚品德,挑出小人以警戒大家。②世传为周公所著的对礼义的最权威的记载和解释、表现"礼治"最有代表性的作品《周礼》就表现了上面表述的"绝地天通"的人神观新内涵。被誉为"大道之源"的《周易》,虽然礼乐之精微、仁义之大用、阴阳、动静、治乱、吉凶、生死之数尽在其中,但是,唯独不见对深不可测、虚无缥缈的鬼神的探究。由此看来,《周易》弥伦天下之道以崇德广业,根本目的不是推广"礼治"的统治思想和统治模式,更不是为了寻求认识和掌握神的意志的奥秘,而是要把"绝地天通"人神观的"礼治"的内涵表现和挖掘出来,使统治阶级的"礼治"统治思想和统治模式获得难以撼动的坚实的理论基础。在"绝地天通"人神观的

---

① (清)朱彬:《礼记训纂》,沈文倬、水渭松校点,浙江大学出版社2010年版,第13页。
② 原文:"修六礼以节民性,明七教以兴民德,齐八政以防淫,一道德以同俗,养耆老以致孝,恤孤独以逮不足,上贤以崇德,简不肖以绌恶。"

"礼治"影响之下，神微不足道，只是与"德"相对照的陪衬。被王夫之誉为"往圣之传"的张载认为：天之不测谓之神，神而有常谓之天。随着"礼治"统治思想和统治模式的形成和确立，神离人民群众越来越远，神秘而莫测高深。但是，另外一个神则悄然降临在地上，成为新的主宰世界的主人，这就是"礼治"统治思想和统治模式，也就是国家成为地上行走的神。

三 "绝地天通"的人神观对构建中华民族共同体意识的要义

"绝地天通"的人神观使人们同与他们有关系但还有疑义和不甚清楚的事物，"自然而然按照他们自己的某些自然本性以及由他们引起的情欲和习俗来解释"[①]。当"绝地天通"人神观中的"礼治"统治思想和统治模式得到确立，实际上就是国家观的确立。国家观作为统治阶级倡导的意识形态的核心，具有强制性和普遍性，可以把不同的族体结合成为一个新的更大的共同体，当共同体成员接受了统治阶级倡导的国家观，并在此基础之上互相认同，就会形成大致相同的思想意识，形成统一的共同的文化和心理。

在中华民族共同体意识构建过程中，统治阶级倡导的国家观对中华民族共同体意识的构建产生了重大现实意义，这个意义大致可以概括为如下五个方面。

（一）德本思想被确立

周朝建立之初，周公总结夏商两个王朝灭亡的教训，敏锐地看到单纯依靠所谓的上天，根本无法保证政权的合法性。周公认为必须"明德"才能保证政权的合法性，维护统治阶级的根本利益，调和激烈尖锐的阶级矛盾。在中国历史上，明德是周公第一个提出，并且赋予明德以丰富内涵，其基本点就是统治阶级要以德约束自己的行为，高风亮节，举止中规，奉公守法，为民表率。这是"德本"思想在统治阶级中确立的开始。

与此同时，后代思想家们对天的认识发生了根本改变，天的地位一落千丈，天成为与人没有关系的他物，德本思想则被确立。老子直接指出天地的无人性："天地不仁，以万物为刍狗；圣人不仁，以百姓为刍狗。天间，其

---

① ［意］维柯：《新科学》，朱光潜译，商务印书馆2018年版，第121页。

第八章　对铸牢中华民族共同体意识的一些思考

犹橐籥乎?"① "天地之所以能长且久者，以其不自生也，故能长生。"② 荀子认为天道和人道完全是两回事儿："天行有常，不为尧存，不为桀亡"③、"天不为人之恶寒而辍冬，地不为人之恶辽而辍广。"④ 从先秦诸子百家开始，对德的认识和研究开始取代对神的认识和研究。无论是道家的"自然"、儒家的"仁义"、法家的"法"、墨家的"兼爱"都与"神"没有关系，而是具有"德治"特色的来自现实、服务现实的"德本"思想。众多形态各异的"德本"思想共同指向没有神的色彩的国家观的构建。

（二）"礼治"思想深入人心

前文说过"礼治"统治思想和统治模式的国家观出现之始，是作为一种制度的开端和作为一种国家观的倡导之始。《礼记》对"礼治"统治模式解释为尊重圣人、君子、老人、长者，爱护儿童。⑤ 周公提出的以德配天、敬德保民、明德慎罚可以看作中国历史上"礼治"统治思想和统治模式作为一种国家制度内涵的准确表述。从周朝开始的以"礼治"保证政权合法性的思想和实践可以说贯穿了一部中国王朝的历史。这就是说无论历代王朝怎样更替，政权怎样易主，"礼治"统治思想和统治模式的理论和实践犹如一条直线始终绵延不绝，成为历代统治者自觉和主动构建和巩固政权合法性的动机和初衷。当然，动机和效果、初衷和后来的理论和实践是否紧密结合则因统治者而异。但是，作为追求统治思想和统治模式的合法性的样式，"礼治"始终是中国王朝更替的主线则毋庸置疑。

"礼治"思想深入人心与儒家对"礼治"思想模式推崇备至密切相关。在孔子那里，神的地位几乎等于零。"季路问事鬼神，子曰：'未能事人，焉能事鬼?'，曰：'敢问死。'曰：'未知生，焉知死?'"⑥ 孔子看重"礼治"表现在他对那些虚无缥缈的祭祀活动的满不在乎。他自己说：祭祀的时候，他如果在场，还可以感觉是在祭祀。如果他不在场，那些祭祀的对

---

① 汤漳平、王朝华译注：《老子》，中华书局2014年版，第98页。
② 汤漳平、王朝华译注：《老子》，中华书局2014年版，第98页。
③ 方勇等译注：《荀子》，中华书局2011年版，第79页。
④ 方勇等译注：《荀子》，中华书局2011年版，第79页。
⑤ （清）朱彬：《礼记训纂》，沈文倬、水渭松校点，浙江大学出版社2010年版，第138页。
⑥ 陈晓芬、徐儒宗译注：《论语·大学·中庸》（中华经典名著全本全注全译），中华书局2011年版，第89页。

象就不存在了。① 孔子论及祷告的语句竟然是："获罪于天，无所祷也。"② 孔子更推崇"礼治"，而不是神权统治，还表现在孔子看重"德"的功能和效果。孔子认为：统治阶级要用德治方法统治人民就可以像北极星一样稳坐江山，人民就会像众星环绕。③ 孔子特别强调以道德和礼法教育和引导人民群众重要性，认为这可以让人民群众心服口服。④ 孔子认为他最担心的事情就是品德不修养，学问不讲解，听到义不遵从，有缺点不改正。⑤ 孟子继承孔子衣钵，尽心竭力宣扬"礼治"统治思想和统治模式的合法性，认为：用同情他人之心，实行统治他人的统治模式，治理天下，易如反掌。⑥ 孟子认为"礼治"合法性的基础是孝。孟子的孝以《礼记》的"至孝近乎王，至弟近乎霸"为立论基础，认为人生在世，无论生死，都要遵从礼，做到这一点就是孝。⑦ 孟子认为正因为礼是统治权合法性的基础，所以，谁掌握了礼，谁就可以称王称霸。善于用故事说事的孟子认为：伯夷、太公听说周文王尊重老人，都不顾一切投奔周文王。这两位普天之下德高望重的人都归顺周文王，还有谁不归顺呢。诸侯如果都像周文王这样实行统治，七年之内就能够得到天下。⑧ 中国历史上最为辉煌的贞观之治所推崇和实行的就是"礼治"统治思想和统治模式的合法性。太宗谓侍臣曰："为君之道，必须先存百姓。若损百姓以奉其身，犹割股以啖

---

① 陈晓芬、徐儒宗译注：《论语·大学·中庸》（中华经典名著全本全注全译），中华书局 2011 年版，第 81 页。

② 陈晓芬、徐儒宗译注：《论语·大学·中庸》（中华经典名著全本全注全译），中华书局 2011 年版，第 82 页。

③ 原文："为政以德，譬如北辰，居其所而众星共之。"陈晓芬、徐儒宗译注：《论语·大学·中庸》（中华经典名著全本全注全译），中华书局 2011 年版，第 82 页。

④ 原文："道之以政，齐之以刑，民免而无耻。道之以德，齐之以礼，有耻且格。"陈晓芬、徐儒宗译注：《论语·大学·中庸》（中华经典名著全本全注全译），中华书局 2011 年版，第 15 页。

⑤ 原文："子曰：'德之不修，学之不讲，闻义不能徙，不善不能改，是吾忧也。'"陈晓芬、徐儒宗译注：《论语·大学·中庸》（中华经典名著全本全注全译），中华书局 2011 年版，第 75 页。

⑥ 原文："以不忍人之心，行不忍人之政，治天下可运之掌上。"

⑦ 原文："生，事之以礼；死，葬之以礼，祭之以礼，可谓孝矣。"段雪莲、陈玉潇译注：《孟子》（中华国学经典精粹·儒家经典必读本），北京联合出版公司 2015 年版，第 60 页。

⑧ 原文："二老者，天下之大老也，而归之，是天下之父归之也。天下之父归之，其子焉往？诸侯有行文王之政者，七年之内，必为政于天下矣。"方勇译注：《孟子》（中华国学经典精粹·儒家经典必读本），北京联合出版公司 2015 年版，第 78 页。

腹，腹饱而身毙。"① 贞观元年，太宗曰："朕看古来帝王以仁义为治者，国祚延长，任法御人者，虽救弊于一时，败亡亦促。"② 朱元璋《奉天北伐讨元檄文》表达的也是历史上一脉相承的"礼治"统治思想和统治模式的合法性。朱元璋"礼治"统治思想和统治模式的最高理念是"驱除胡虏，恢复中华，立纲陈纪，救济斯民"③。朱元璋对元朝统治者的批判也是从"礼治"国家观建构的合法性角度进行的："元之臣子，不遵祖训，废坏纲常。"④ 朱元璋的"礼治"合法性突出表现为实行"礼治"的核心是仁政的包容和宽厚，"如蒙古、色目，虽非华夏族类，然同生天地之间，有能知礼义，愿为臣民者，与中夏之人抚养无异"⑤。

（三）中华民族共同体意识得到有效构建

从"绝地天通"人神观开始一直延续下来，中华民族的历史就是一部构建中华民族共同体意识的历史。"绝地天通"人神观不仅仅是中华民族共同体意识构建的萌芽，而且也是中国历史的发展趋势和不可抵抗的潮流。"绝地天通"人神观作为一种国家建设的思想和历史活动，推动了中华民族共同体意识的构建。事实上，能够把一种国家观构建起来并推行下去的政府就是一个合法性的政府。霍布斯相信，只有这个合法性的政府，才能建立稳固的政治统治，为人民提供安全和秩序。

对于中华民族共同体意识的形成来说，国家观至关重要。只有形成统一的国家观，才能形成统一的民族共同体意识。"绝地天通"人神观作为国家观表现形式和表现内容，尽管在历史的发展长河中，其内涵和外延都有所改变，补充了新的成分和元素，但是，就其作为国家观的存在而言，其实质并没有改变，是形成中华民族共同体意识的必要条件。

1. 中华民族的共同话语的逐渐形成

当作为国家观的"绝地天通"人神观成为一种共享的政治文化出现的时候，各民族就越容易选择和平共处的方式参加国家的政治生活，进行交

---

① （唐）吴兢编著：《贞观政要》（中华国学经典精粹·历史地理必读本），马丛译，北京联合出版公司2010年版，第98页。
② （唐）吴兢编著：《贞观政要》（中华国学经典精粹·历史地理必读本），马丛译，北京联合出版公司2010年版，第99页。
③ 赵伯陶编：《明文选》，人民文学出版社2006年版，第3页。
④ 赵伯陶编：《明文选》，人民文学出版社2006年版，第3页。
⑤ 赵伯陶编：《明文选》，人民文学出版社2006年版，第3页。

往交流交融，接受统治阶级推行的统治模式。因为在统一的国家观指导之下，人民的互动和交往的话语具有一致性。虽然在古代，中国并不是一个国家的完整概念，而主要是一个地理概念，指的是以京师为主的地域，但是，因为当时人们在经商、婚嫁、战争和迁徙的交往交流交融的时候，使用更多的则是统治阶级倡导的"绝地天通"人神观所包含的带有意识形态色彩的话语，这主要是通过分布在各地的政府机构的官方文件、布告和官民互动得以推广，这种话语的变化不仅仅是词语使用习惯的改变，更重要的是一种国家观的构建。在各民族交往交流交融的历史上，各民族对汉语的学习和传播能够接受和重视，与汉语是代表中华民族共同体意识的语言分不开。追根溯源，这个现象又要回到"绝地天通"的人神观在统一各民族意识形态中所起到的话语推广的重要作用。

2. 中华民族的共同意识逐渐形成

这是和王权的加强相伴随的政治现象。在混乱的政治局势下，王权的巩固和加强有效推动了中华民族共同体意识的形成和发展。从王权在统一方面所起的作用出发，恩格斯认为王权在消灭封建割据、实现国家统一方面相比较神权更具有进步意义。国家统一以后，便利的交通、共同的观念、相似的话语对中华民族共同体意识的构建起到巨大推动作用。民族内部的认同意识和民族之间的分界意识逐渐清晰，族体内部凝聚力的进一步加强，这些因素都促进了中华民族共同体意识的形成。历代王朝对少数民族的政策与"绝地天通"人神观中的国家观难分难舍，都有"中国如本根，四夷如枝叶"的国家情怀，以至到唐太宗时期，漠北的突厥、铁勒等民族向唐太宗说："臣等即为唐民，往来天至尊所。如诣父母。"① 康熙说："昔秦兴土石之工，修筑长城。我朝施恩于喀尔喀，使之防备朔方，较长城更为坚固。"② 康熙于1692年3月22日发布敕令，准许天主教在中国自由传教，认为天主教的教义大致与中国礼教思想相符，既容许人民信奉喇嘛教、佛教、回教等诸外来宗教，自无禁绝基督信仰的理由。这些民族政策所包含的治国思想的基本价值就是"礼治"的仁政思想，即：天子不仁不保四海，诸侯不仁不保社稷。

政治认同是中华民族共同体意识形成的重要条件。当国家共同体成员

---

① （宋）司马光：《资治通鉴》，北京联合出版公司2016年版，第267页。
② 张岂之编：《中国历史十五讲》，北京大学出版社2018年版，第108页。

第八章　对铸牢中华民族共同体意识的一些思考

认识到自己与国家共同体的联系紧密、利益一致的时候，政治认同就会应运而生。民族成员对政治的认同主要表现为对该政治体系、政治统治模式的责任感、义务感、支持和效忠。对于统治阶级来说，政治认同的作用十分重要，这种认同状况决定着民族成员对现行政治体系和统治模式的评价和态度。从民族意识角度看，如果民族成员认为现行的政治体系和统治模式不能给他们提供充分的利益保障，或者将本民族的认同置于政治认同之上，或者当民族利益与国家利益发生冲突，民族成员就会站在民族立场反对国家，要求建立本民族的政治体系，实现民族独立和解放。

3. 中华民族的政治整合有效开展

对于我们这个从古至今就是统一的多民族国家来说，进行有效的政治整合，是统治阶级政权得以稳固的重要条件。多民族国家的政治整合是一个协调统治阶级与各民族关系，加强国家共同体内部各民族交往交流交融的重要政治措施，可以把各民族纳入统一的政治体系和政治生活中，将各民族结合成为一个统一的整体。这个过程既是统治阶级政权"合法性"得到构建的过程，也是中华民族共同体意识得以进一步发展的过程。中华民族共同体意识从来都是各民族互相之间交往交流交融的产物，也是随着各民族互相之间的交往交流交融进一步占据各民族政治生活主导地位的主流意识形成的过程。因此，中华民族共同体意识就是凭借统治阶级对政治整合的推行和倡导，渗透到社会生活领域，深刻影响和改变社会成员的思想意识。社会成员可以不喜欢政治整合，对政治整合采取冷漠的态度，甚至像老庄那样逃避现实的政治生活。但是，谁也无法躲开政治整合，政治整合总是要有意无意干预每个人的生活。面对具有如此影响力的政治整合，谁也不可能无动于衷。人们总是会对这种整合形成一定的认识、情感和态度，形成相应的政治整合的经验和能力。各民族对政治整合形成的这种主观反应，就是政治整合的有效开展。所以，政治整合的形成是必然的，任何一个统治阶级和统治模式都伴随着一定的政治整合。每个民族成员都无法超越这种整合的影响，都只能在政治整合的背景之下，形成自己的价值取向、思维方式和风俗习惯。率先提出政治整合这个概念的美国政治学家阿尔德蒙认为：政治整合就是"人们对社会事务的心理取向"[①] 这种取向长期存在，久而久之，就会成为民族文化传统。民族文化传统的重要作用

---

① 周平：《民族政治学》，高等教育出版社 2018 年版，第 291 页。

是不可低估的，民族文化传统无时无刻不在影响着政治整合的发展。民族文化传统就是退居到社会的后台，仍然留在民族成员对历史文化记忆中，成为民族成员对政治体系和政治过程评价的基本依据和进行价值判断的参照体系。每个民族共同体在形成政治整合的主观取向时，民族文化传统总是会发挥作用，影响政治整合的发展和功能发挥。这就是中华民族共同体意识为什么能够保持生命活力的原因所在。

"绝地天通"的人神观对中华民族的形成和发展的重要作用是不可低估的，中华民族的形成发展实质上也是中华民族共同体意识的形成发展。这种发展和古代统治阶级实行的统治思想和统治模式中的国家观关系密切。国家观的这种整合功能将民族共同体成员的思想观念统一起来，形成中华民族共同体意识，促进了国家共同体的建设。离开了国家政治体系的整合作用，中华民族共同体意识是不可能生成的。正是因为建立了统一的国家政治体系，统治阶级才能够运用政治权力推行统治思想和统治模式，使各民族都处于一个巨大的政治屋顶之下，获得民族整体的发展和进步。这种国家和民族的结合、国家和社会的相互促进，都有意识无意识地促进了中华民族共同体意识的构建。中华民族共同体意识演进的历史逻辑和思维逻辑是把一个先验的国家观通过统治思想和统治模式构建起来，首先把这个统治思想和统治模式标榜为"神"的旨意，又在现实中将其标榜为"民"的旨意，使其通达天下，成为万古不变的规律。这就是维柯描写的能够登上天体中地球（即自然界）上面的是头角长着翅膀的玄学女神。这个玄学女神站在很高的位置上观察高出自然界的天神，再从天神来观照人类精神的玄学世界，为的是要从人类精神的玄学世界，去显示出天神的意旨，进而从人类的最独特的社会性方面去观照天神意旨。"绝地天通"人神观发展到"礼治"观，神对人间的统治仅仅具有象征意义，而没有实际意义，神的高深莫测的魅力只有在祭祀和膜拜中才能表现出来。神仅仅是"礼治"统治思想和统治模式的象征物和陪衬品，"德"则一跃而起，成为与神平起平坐的地上的神。这种把"德"摆在至高无上位置的做法反映了中国古代政权合法性需要"礼治"文化支撑的特点，抛弃"礼治"统治思想和统治模式的政权都是难以长久维持的德治水平低下的政权，这样的政权很难获得政权的合法性，过不了多久就会沦为历史陈迹。中华民族共同体意识从萌芽到构建也是遵循了从神到人、从任神摆布到德政施以恩泽的过程。这是我们研究"绝地天通"人神观获得的最为重要的启示,也是中国古代史表现出来的一个耐人寻味的重要规律。

第四节 后现代语境下的铸牢中华民族共同体意识

后现代不仅是一个时期划分的概念,而且指一套表达今天时代特色的话语体系,是资本主义文化发展的现代结果和逻辑必然。后现代的核心思想是对主体和理性的心理学瓦解、对意识的"制度化""同一性"逻辑的社会学批判、对构成主体的语言哲学批判。面对后现代的影响,克服自身体验的失语体验、理性自我的建构、各民族平等的建构、文化认同的坚定则是各民族铸牢中华民族共同体意识的应对之道。现代社会的机会均等出现在各民族交往交流交融中,悬置了每个人的个人利益和私人情绪,表现了新时代自由平等的交往机会的建构。正是这种交往文化有效避免了两极对立、商业纷争,为铸牢中华民族共同体意识提供了最佳文化交往模式。铸牢中华民族共同体意识在新时代的背景下,受到各方面的关注和各种思潮的影响,包括后现代这个舶来品的影响。后现代是一个时代划分的概念,也是一个表达对新时代认识的概念,由一整套话语构成。要铸牢中华民族共同体意识就要正确认识后现代这个概念和话语体系的积极方面和消极方面,防止其消极的方面影响铸牢中华民族共同体意识。自从铸牢中华民族共同体意识这个新时代最富有中国特色、中国风格、中国气派的思想提出后,学术界对这个鲜明的时代主题的关注和讨论热度不断升温,对如何铸牢中华民族共同体意识的讨论方兴未艾,总的看来,比较一致的观点是铸牢中华民族共同体意识的核心在于坚定国家认同。[1] 在这个意义上,严庆、平维彬把国家认同解释为历史合法性源头的大一统及其所含蓄的包容精神[2],王延中把国家认同解释为对中华民族成员和中国公民国族身份

---

[1] 杨鹍飞:《中华民族共同体认同的理论与实践》,《新疆师范大学学报》(哲学社会科学版) 2016 年第 1 期。

[2] 严庆、平维彬:《"大一统"与中华民族共同体意识的形成》,《西南民族大学学报》(人文社会科学版) 2018 年第 5 期。

的认同。① 李崇富认为：国家认同的内容是国体和政体的结合。② 在这些各抒己见的观点中，可以明显看到在坚持铸牢中华民族共同体意识的多元一体格局的前提下，有学者比较注意强调中华民族共同体意识的"同"的一面，③ 有学者比较注意强调中华民族共同体意识"异"的一面。④ 从更大范围来看，在主流意识形态发声的前提下，对铸牢中华民族共同体意识的影响不仅来自所谓的民族主义、保守主义、自由主义，而且来自后现代这个至今还是一个比较杂乱、比较莫衷一是、众说纷纭的我们越来越绕不开的一套话语体系。在后现代视角里，我们讨论铸牢中华民族共同体意识，好像又回到了费孝通先生提出的老问题："在西方文化的强烈冲击下，能不能继续保持原有的文化认同"⑤。因此，很有必要对后现代和铸牢中华民族共同体意识的关系进行一番探讨，以正本清源，排除干扰，进一步推动铸牢中华民族共同体意识往深里走，往实里走，在各民族心灵里落地生根，开花结果。

一 后现代内涵构建的谱系脉络

后现代这个词语最早出现在 20 世纪 30 年代，20 世纪 60 年代后期，后现代这个词语逐渐在纽约流行。开始，后现代主要表现在建筑、美术和音乐等领域，后来，则广泛运用于哲学、经济学、社会学、人类学、心理学等所有社会科学领域。后现代的话语体系有两个最鲜明的特点。其一，后现代是一个时期划分的概念，表现的是资本主义晚期的文化形态和文化逻辑。其二，指一种现代性的体验，认为我们处在一种允许我们去体验时间和空间、自我与他人、理想与现实的环境中，因此，许多没有标准的私人语言构成困扰人们思想统一的碎片，人们就是借助这许许多多的碎片构筑思想的表达、话语的互鉴，思想活动性、广度和深度都因此丧失。

（一）后现代的起源和发展

按照大多数学者的看法，现代通常起始于文艺复兴时期的资本主义的

---

① 王延中：《铸牢中华民族共同体意识建设中华民族共同体》，《民族研究》2018 年第 1 期。
② 李崇富：《马克思主义国家观和国家认同问题》，《中国社会科学》2013 年第 9 期。
③ 胡铁生、夏文静：《后现代主义文学的不确定性特征——以〈第二十二条军规〉的黑色幽默叙事策略为例》，《吉林大学社会科学学报》2015 年第 2 期。
④ 于沛：《后现代主义历史观和历史虚无主义》，《历史研究》2015 年第 3 期。
⑤ 费孝通：《我为什么主张"文化自觉"》，《冶金政工研究》2003 年第 12 期。

第八章　对铸牢中华民族共同体意识的一些思考

兴起，代表着经济发展、理性化的管理和社会生活的秩序。后现代则与之相反，是时代的变迁带来的时间的断裂和体验的多样化，是对当下短暂、飞逝和偶然的敏锐感受和震撼性体验。在此，真实和表象的区分越来越模糊。在后现代代表人物利奥塔看来，后现代就是一种追求自我的情绪的倾向和心态的状况。其二，指一种现代性的体验，认为我们处在一种允许我们去体验时间和空间、自我与他人、理想与现实的环境中，因此，许多没有标准的私人语言构成困扰人们思想统一的碎片，人们就是借助这许许多多的碎片构筑思想的表达、话语的互鉴，思想的生动性、广度和深度都因此丧失。后现代代表人物詹明信以洛杉矶波拉凡图拉酒店的后现代结构中的新型超空间体验为例，说明此种体验带来的自我感知的丰富多彩和独特魅力。在 21 世纪我国社会科学领域里，后现代这个话语是最引人注目的一个。在西方后现代话语家族里，后工业社会、后结构主义、后经验主义、后工业主义等一连串称呼闪烁其中。在我国的后现代话语家族里，后乡土社会①、后现代主义文学、后现代历史学、后现代人类学②、后现代女性主义③、后现代心理学④等等紧随其后。围绕后现代，对工业化、民主化、官僚化、城市化、现代性的研究更是层出不穷，应接不暇。

（二）后现代否定现代的思想和情绪

面对后现代这样一个内容庞杂、覆盖面宽广、渗透到各个领域的纷繁复杂的整套话语，我们能够感觉出来，后现代好像是一个持续不断、无所不包的现代化过程。这个过程好像不会有一个终点，将永远进行下去，而且其时代特色越来越鲜明。后现代所构成的概念好像是一个谜语，你怎么猜测，都不算错。因为，不管你从什么角度观察和评论后现代，你都会发现包含在后现代里的一种否定现代的思想和情绪的蔓延。所以，我们可以把后现代概括为一种极端化的一套话语批判，这个话语批判的矛头指向现代文明所有的一切，企图否定现代文明的一切，打倒现代文明的一切，横

---

① 耿羽：《"后乡土社会"中的纠纷解决》，《贵州社会科学》2009 年第 10 期。
② 张连海：《从现代人类学到后现代人类学：演进、转向与对垒》，《民族研究》2013 年第 6 期。
③ 冯石岗、李冬雪：《后现代女性主义概观》，《廊坊师范学院学报》（社会科学版）2011 年第 6 期。
④ 吴九君、韩力光：《后现代主义心理学视角下的师生关系理念与建构》，《海南广播电视大学学报》2018 年第 3 期。

扫现代文明的所有领域，所有地盘，力图从所有领域、所有方面彻底摧毁现代文明。所以，阿尔布莱希特·布尔墨指出："人们在'后'的思想里看到两样东西：启蒙终结的激情和启蒙极端化的激情。"①

（三）后现代的概念场和磁力场

后现代的概念场和磁力场如果从"启蒙终结的激情和启蒙极端化的激情"看就是一种福柯指出的"后现代认识型"包含的废除、解构、非中心化、非神秘化、非连续性、延异、弥散等等一整套话语的集合。这些话语从本体论上抛弃了传统认识论的主体，表达断片和碎片的思想对认识论的困扰，把理性的完整性和统一性化作意识碎片四处飘散。按照后现代的结论，我们正处在后现代时刻，在这个时刻里，任何东西只有它是后现代的，它才是现代的，它是现代的则不属于后现代。后现代思想家认为，后现代没有终结现代，而是现代的开始，后现代是愉快的科学，具有迷宫般的清晰的特征。正如美国后现代建筑大师文丘里指出的：后现代以多样性的矛盾对抗简单性的一致，以两者皆可代替两者取其一，以具备双重职能的元素代替具有单一职能的元素，用杂交体代替单纯体。一个后现代作家所创作的文本绝不是从既定规则中推导出来，又不是运用已知概念对文本的解释，这些规则和概念都是这些文本和作品所要寻找的。所以，后现代作家是在无规则体验中进行的创作，目的就是建立被创造出来的规则。处于后现代中的人始终处于反合法性的运动之中，后现代的人尽管如此，依然是表现了一种现代性，他们对语言游戏的和解不抱丝毫幻想，丝毫不羡慕什么整齐划一，不追求什么明白无误的关联的体验。

二　后现代的三个核心观点

后现代的三个核心观点是对主体和理性的心理学瓦解、对"制度化""同一性"的社会学批判、对意义构成主体的语言哲学批判。

（一）对主体和理性的心理学瓦解

这种瓦解表现为后现代思想家认为主体是软弱无能的，理性是虚幻的，无论主体还是理性，这两者都不可能主动作为，主动发力。后现代的代表人物福柯、利奥塔等一致认为，人类作为某种"欲望机器""权力意

---

①　[德]阿尔布莱希特·布尔墨：《论现代和后现代的辩证法》，钦文译，商务印书馆2016年版，第289页。

志"的表现,并不知道自己想要干什么,正在干什么。人类的理性只不过是他自己都很难明白的"感觉"的表现,是各种社会关系和权力意志在心理的矛盾的表现。在后现代的心理分析中,被消解的主体和理性已经超越目的和意义的维度,把"追求权力意志作为内心存在的理性论证和道德意识"[1]。在后现代生活中,我们只能从审美的角度,才能看见展现在各个主体之间的互相纠缠,互相斗争。从心理学的角度看,主体和理性是心理活动和社会力量的交叉点,是一连串冲突的舞台,是一场戏、一个故事的作者。这个语境下的主体和理性早已经失去对人的思想和感情的控制,沦为任凭权力意志摆布的大海里的一叶小舟,这样的后现代人不要说具有完整的思想意识,就连自我的感觉都无法驾驭,只能被各种短暂、偶然、突然而来的体验和感受支配,无法建立稳固的思想观念。

(二) 对"制度化""同一性"的社会学批判

按照阿多诺和霍克海默在《启蒙的辩证法》中的观点,主体、客体和概念三者构成人的认识过程。但是,在后现代思想家看来,对于自我统一体而言,如果一定要把认识过程划分为主体、客体和概念三个要素,就是对人的内在本性的压抑,人就不会感受认识的快乐和人的本性的冲动。强调主体、客体和概念的理性关系,统一性的自我就会被"制度化""同一性"的逻辑所控制。"制度化""同一性"是现代的文化逻辑和文化表达,不是后现代的文化逻辑和文化表达。现代社会表现出统一、秩序、控制力和工具化的特征是人为的理性化,是以科层体制、严密的法律和周详的制度促成的社会秩序化、法治化和整齐划一。

后现代思想家认为在启蒙的辩证法的影响之下,理性成为实证主义和玩世不恭的代名词,成为纯粹的人统治人的工具,理性的这种统治工具成为蒙蔽人、欺骗人的伪装,个人缩减为习俗的反应和职业方式的连接点。主体沦为为统治阶级暴力开脱的现代奴隶。正因为人在理性启蒙之下,走向了人的本性的反面,后现代思想家[2]常常拿出弗洛伊德的观点对启蒙理性进行批判,认为在启蒙理性之下,自我虽然具备了统一性,"制度化""同一性"的逻辑赋予的更加健全的思维能力,但是,人的心理的很多被

---

[1] 图尔鹏在2001年剑桥大学出版的 *The Voice and Eye* 一书中提出权力意志对人的内心世界具有不可估量的巨大意义。但是,这个意义在心理学里是以隐蔽形式存在。

[2] 玛丽·道格拉斯在2010年伦敦再版的《纯洁与恐怖》一书中持有这个观点。

压抑的情感和欲望并没有因此而消失,还会在每个人的童年反复出现。所以,处于"制度化""同一性"的现代文明社会中的人是不健全的、不完整的、缺乏人性的人。这种人对自我缺乏认识和理解,经常陷入苦闷和孤独之中不能自拔。

(三) 对意义构成主体的语言哲学批判

主体的体验和意向是语言存在的根源。语言作为语言学家称呼的"名称理论"就是将某个名称加在确定的含义上,让语言符号获得确定的含义。语言是理性的,因为语言的命名、意义都是明确的,是对既定东西的具体化和明确化。作为后现代的代表人物,维特根斯坦首先对这个语言的理性提出怀疑,明确指出:我如何能够知道我说什么,我如何能够知道我指什么。维特根斯坦对语言理性的批判导致了后现代思想家的一个新的发现,这就是在语言理性的内部存在"理性的另一面"。站在这个"理性的另一面",后现代思想家在对主体进行心理学解构的同时,发现了存在语言理性之中的"力比多"的力量,发现了一个先于词语意向性的主观性的事实。这就是语言本身构成的主观世界。这个世界是主体构建的世界,但是,也不是没有客体的世界,只是客体存在的方式与主体存在的方式明显不同。在这个世界里,每个人不是按照词语的固定意义去生存,不是按照客体的存在原型去实践。主体可以以不同方式存在,对词语的意思主体可以自己来赋予,自己来创造。语言内涵开拓的这个世界是一个新的世界,与那个被权威、词典开拓的小世界不一样。这个新的大世界是人们没有把这个词语运用之前就已经存在的人类共同点的表现,这个共同点就是对每个人创新词语的能力和想象力的认同。这个认同既不是理性的,又不是非理性的,只是在区分真假、理性和非理性的界限方面起着决定性作用,对人和人的交往则不起决定性作用。语言的意义可以无限偏移和扩展,每个符号都可以加上人无法控制的异类索引。语言的意义只有在其使用的场合才能了解,语言的场景是多元的主体变幻莫测的感受的表现。主体对语言的每一次新的使用都是一种新的使用方式的诞生。后现代思想家[①]认为,对意义构成主体的语言哲学批判使我们发现了一个新的世界,这是一个在我们的主体和理性中发现的一个共同的被开拓出来的自由世界。这个世界

---

① 杰克图·洛克子纽约 2014 年再版的《个人愿望和公众意义》一书中极力倡导语言的非理性化,把语言解释成为个人不受约束、随心所欲、自我创造的产物。

不是被强迫注入了权力意志所要求的内容，相反，却与语言的另一面包括非暴力交往、开放性关注、自愿合作紧密结合。如果允许现实和表象、真实和谎言、暴力和对话、自律和他律都能够在语言中占有一席之地，那么，人们就会说获取真实的意志不是权力意志的决定，遵循真实的言语不是来自权威压迫的恐怖，自律不是自我压迫和宗法制度强制的结果。对意义构成主体的语言哲学批判是我们以新的方式思考真实、公正和自决的结果。后现代的这种对意义构成主体的语言哲学批判，导致作为主体的自我已经没有可以遵循的原则，没有可以依靠的理论，在这个语境下，语言成为主体随时随地进行感觉和直观的工具。

三 构建铸牢中华民族共同体意识的"历史法则"

从铸牢中华民族共同体意识的角度看，后现代最大的问题是缺乏"历史法则"，"历史法则"包含的内涵十分丰富，大致意思可以描述如下。

（一）历史的叙述方法

这种对历史的认识和理解方法，不是把历史看成一个没有连贯性、延续性的碎片，看成任意被人打扮的小姑娘，把历史简化为失去本质和意义的聊天。历史是可以观察和找到的规律性的事实和人物的活动场所。例如，中华民族共同体意识源远流长，贯穿在中华民族的历史长河中。从中华民族历史发展看，"大一统"思想就是中华民族共同体意识的最早表述。《春秋公羊传》首次以"大一统"思想表达统一的多民族国家的雏形，成为历代王朝处理中华民族之间关系的指导思想。以后的统治者和后继者都没有离开"大一统"的思想治国理政。对这样一个内涵丰富的思想，如果被后现代解构为没有时间内涵、没有内心体验、没有现实根基的碎片，那就会导致中华民族共同体意识的扭曲和混乱。

（二）历史规律的必然性

从"历史法则"看，历史发展存在规律，中华民族共同体意识就是这个规律在人们思想意识的表现。后现代思想家认为历史都是偶然性的堆积，没有"统一性""制度性"的连贯性存在，"一个偶然的人只是带着偶然性的意识行动和生活而已"[①]。这种对偶然性的认识和理解脱离了必然

---

① [匈] 阿格尼斯赫勒:《现代性理论》，钦文译，商务印书馆2016年版，第14页。

性的关系,肯定是错误的,因为后现代不是在历史发展规律的话语中讨论偶然性,而是在个人的感受和体验中谈论历史的偶然性,没有预设通过这些偶然性实现的必然性。后现代思想家认为历史发展是没有规律的,主要依据就是历史发展没有按照一个计划和方案发展。其实,历史发展按照和不按照一个计划和方案发展都不是问题的症结所在,问题的症结是历史发展虽然没有按照计划和方案进行,但是,这种发展的事实和趋势确实是有计划和有方案的,这就是认识历史发展的思想和方法可以对这个计划和方案以历史发展规律的方式凝练和概括出来。铸牢中华民族共同体意识在中国古代历史发展中,的确不是谁计划和设计的。但是,从中华民族发展看,中华民族共同体意识的确成为一条红线贯穿在中华民族的历史中,中华民族就是通过铸牢中华民族共同体意识维系和发展。这个事实证明历史的发展是多种力量无形作用的结果,这种无形的多种力量促成了有形的思想观念的形成和发展。

（三）语言的历史性

后现代对语言的历史性解构表现在其不尊重语言形成的历史,而任意将语言的约定俗成的含义进行自我解析,表现了对待语言的随意性和任意性。英国后现代主义思想家马丁·阿布尔劳提出后现代概念存在于"非同一的特殊事物"里面,其意思就是后现代的"非同一的特殊事物"反映在语言中,是撇开语言意思的相同之处,肆意扩大语言意思的不同之处。后现代思想家认为语言中的相同之处来自权威、书本、习俗和历史,代代相传,习习相因,已经是陈旧的历史和文化遗迹,不值得重视。语言的不同之处才能表现语言对每个人的吸引力和诱惑力,才能展现语言本身蕴含的巨大价值和无限潜力。例如语法在语言的构成中是一个骨架,虽然在语言使用过程中,我们并不是总是按照语法使用语言。但是,语言的形形色色的用法万变不离其宗,语法就是语言统一性的生成依据。后现代思想家[①]则认为,语法固然是语言存在、组织和建构的依据,但是,语法反映的不是主体的内心感受,而是客体的强迫,不受语法的限制和阻碍,语言才能自由活泼起来。语言的生成是对话场、交流场,不是语法。这种把语言的特殊性与普遍性相分离,片面强调语言的特殊性是语言使用混乱和无序的表现。

---

① 英国后现代主义思想家马丁·阿布尔劳的观点。

在铸牢中华民族共同体意识的语言统一使用方面，我们要尊重语言形成和发展的历史，防止曲解铸牢中华民族共同体意识的丰富内涵。一定要看到铸牢中华民族共同体意识这个话语的历史逻辑和现实逻辑，是对中华民族历史和现实的理论概括和实践总结，是对中华民族五千年文明史的话语准确表达和深厚内涵的凝练。齐格力特·鲍曼认为："种种后现代条件意味着我们再也不能用以往的分析模式来框套民族国家。"[1] 这种割断历史和现实、过去和未来关系的做法，只能导致使用语言的随意性和对历史的曲解。

四 构建铸牢中华民族共同体意识的后现代方案

后现代是西方社会的产物，在西方社会有其存在和发展的必然性和合理性，但是，在中国特色社会主义新时代，则有其水土不服的消极面，因此，构建铸牢中华民族共同体意识的后现代方案实属必要。

后现代的矛盾和问题的症结就是把互相存在的事物，从一个统一体中拿出来，单独去认识和理解，走上认识论的唯心主义，反映论的机械主义，实践论的自由主义之路，在主体与客体、现实与理想、自我与他我、理性与非理性方面任意扩大外延，随意增加内涵，使这些关系出现混乱。例如，在后现代主义看来，理性和非理性是水火不相容的，两者总是处于矛盾斗争中，其关系是你死我活的，互不相容的，"理性的扩张意味着非理性的缩减"[2] 是后现代的教条。后现代极力压缩理性的范围，扩大非理性的表现，导致严重的情绪失调和行为的随心所欲，带来反秩序、反理性的偏激倾向。铸牢中华民族共同体意识的逻辑是，扩大了真理的地盘，就缩小了谬误的地盘，增长了知识，就减少了无知，增强了对人们思想发展的预测，人们的思想就比较容易引导。铸牢中华民族共同体意识是一个理性增长和培育发展的过程，因为中华民族共同体意识从古至今是贯穿中华民族历史的一条逻辑和历史相结合的红线，正因为这样，中华民族共同体意识就有一个逐渐形成和发展的过程。如果以理性的眼光去观察，中华民

---

[1] [英]齐格蒙·鲍曼：《立法者与阐释者——论现代性、后现代性与知识分子》，洪涛译，上海人民出版社2000年版，第256页。

[2] [英]马丁·阿尔布劳：《全球时代——超越现代性之外的国家与社会》，高湘则、冯玲译，商务印书馆2015年版，第56页。

族共同体意识这个历史事实表现在历朝历代的各民族交往交流交融过程中，是通过无数次的国家统一过程而不断被强化和巩固。谁否认这个事实，谁就不能理性对待中华民族共同体意识。理性地认识铸牢中华民族共同体意识首先要认识理性包含的三个意思：扩展、强化和多元化。所谓扩展，指的就是理性看待问题的时候，观念在应用的时候，事实会不断增加。我们以铸牢中华民族共同体意识的观念认识中华民族的历史就会发现无数与之相关的事例喷涌而出，目不暇接。中华民族历史的全部领域都被铸牢中华民族共同体意识的实践所覆盖。所谓理性的"强化"就是在对某种思想观念进一步分析和阐述时，对这种理念进行的世界观和方法论的梳理和构建。如果说理性的扩展和"强化"是一种标准化的产生和运用，那么，理性的"多元化"就是一种非标准化的产生，是对理性的"扩展"和"强化"。铸牢中华民族共同体意识从理性的"扩展"看，就是要在历史和现实中弘扬铸牢中华民族共同体意识的历史和时代精神，从理性的"强化"看，就是要引导各民族形成铸牢中华民族共同体意识的世界观和方法论，从理性的"多元化"看，就要在时代发展中不断为铸牢中华民族共同体意识注入新的生机和活力，使之与时俱进，丰富其内涵，扩大其涵盖面。

（一）克服"自身体验的失语体验"[①]

后现代话语的失语症表现为把语言看作是一种任凭个人认识和理解的随心所欲的产物，语言因此成为个人自身体验的失语体验，与公共行为无关。在后现代话语中，语言只有在个人静默的无声体验中才可以接近，才可以传达许多为个人所独有的体验和感受，才可以发现社会和自然的规律和节奏。我们知道语言不是仅仅为个人所独有，语言只有进入公共交往空间，才能具备社会价值，成为人与人、人与社会连接的纽带。语言的表达不仅仅是个人的，而且是社会的，语言是社会的，语言才能摆脱私人性，变得可以传达，可以理解，语言中的丰富内涵也因此展露无遗。但是，如果把语言仅仅看成是个人独有的资源、个人独有的财富，人与人的交往就无法进行下去。因为语言具有公共属性，是服务大众的工具。以失语症的方式剥夺语言公共性，将个人独语作为语言存在的依据，必然导致语言使用者的个人主义、自由主义。

[①] 张小山：《齐美尔与后现代社会理论》，社会科学文献出版社2020年版，第35页。

第八章　对铸牢中华民族共同体意识的一些思考　　　301

铸牢中华民族共同体意识是一个各民族交往交流交融的过程。在这个过程中，各民族必须改变仅仅面对自身体验的失语体验，恢复语言的"话语理性"。这个"话语理性"不仅仅表现为对体验的无能和对体验的障碍的解决，而且表现为主体和客体、社会和个人、理论和现实构成一个可以交流交往交融的统一体。这就是说，各民族不能仅仅与本民族的同胞交往交流交融，而不去与其他民族同胞交往交流交融。一个人、一个民族固然是独一无二的，但是，这种独一无二不意味着一个人、一个民族可以离开社会独立生存和发展。各民族都要通过语言交往的实践，改变仅仅面对自身的失语体验，看到各民族大团结的历史潮流，感受作为中华民族大家庭成员的自豪感，实践中华民族一家亲的社会主义民族关系的要求。

（二）理性自我的建构

理性自我的构建首先是能够正确认识中华民族的国情和各民族的实际情况，看到统一的多民族国家就是中国的最大现实，认识各民族之间谁也离不开谁是历史发展。这种理性自我的建构，人类古已有之，不是今天我们才提出的救世幻想。中国古代的从夏商的"神权统治"到周代的"德治统治"就是国家治理的理性占据统治地位的结果。统治阶级的天佑仁德的执政主张反映了理性治国的自觉。西方从康德的"人从蒙蔽中走出来"到马克斯·韦伯的理性世界建构的呼吁，反映了社会生活就是一个不断合理化、科层化和科学化的过程，资本主义的经济、文化、政治乃至福柯的身体训练都已经被包括在这一进程之中。在这个由理性推动的社会发展进程中，起作用的是一种理性统治、理性自我的不断建构，表现为决策的可行性、数学演绎、几何学的发展、逻辑的复杂化、机器的智能化、学科的类别化。与此同时，在人们欢呼工业革命、科技革命胜利的时候，在后现代圈子里出现了"现代性已经死亡"①的呼声。对现代性已经死亡的解释表现为一种集体的癫狂、一种强迫机制、一种致命幻象的终结，表现为现代性的蜕皮过程。后现代认为回归自我、超越自我的非理性建构乃是现代性的出路，而不是政治、文化、技术都在倒退的现代性末日。后现代所说的理性的自我超越，是要在自我理性建构中，融入更多的人性的、与主体相关联的有价值、有意义的因素，而且通过这种方式创造出新的主体。

铸牢中华民族共同体意识是一个理性自我的建构过程。就避免后现代

———

① ［美］哈维：《后现代状况》，闫佳译，商务印书馆2014年版，第113页。

企图把理性的自我改造成为非理性的自我而言,要倡导自我与社会和国家的同一性。这个同一性的主体不是启蒙运动造就的资产阶级的那种机械、自私的、僵化的主体,而是指在中国特色社会主义新时代产生的以民族和国家为己任的"自我同一性"。与此相关的是新的自我理性模式应运而生,将导致没有共识的合法性彻底消失。在新时代的理性自我的构建中,"同一性理性逻辑"成为各民族的共识,各民族之间的交往形式转化为哈贝马斯指出的行动协调机制,各民族的每个个体都形成理性自决的习惯、民主决策的习惯和非暴力解决矛盾冲突的习惯。

(三)各民族一律平等的建构

各民族都处于社会的生产和再生产的网络之中,都在追求幸福美好的生活。每个人只有参加到劳动力市场里,才能选择发挥作用的位置。根据每个人的能力对待他是市场经济的法则。资本与市场结合的资本主义逻辑导致每个人价值的货币化,资本与市场结合的社会主义逻辑导致每个人价值的个性化。中国特色社会主义的优越性就表现在政府通过政策调整使缺乏和丧失劳动能力的贫困人口依然可以通过享受政策优惠过上幸福美好的生活,社会主义市场的发展规律就是把社会财富的好处惠及每一个人,实现社会的最大限度的平等。资本主义的市场是这样运作的:个人进入市场,取得应该有的职位,在这个职位上发挥自己的作用,取得应该有的报酬。然后,作为消费者继续出现在市场上,满足自己消费的需求。对于处于中国特色社会主义新时代的各民族来说,要避免资本主义市场经济在竞争方面的尔虞我诈、互相倾轧的严酷性和"异化"表现,离不开政府的介入。政府可以通过公共权力的运用,对少数民族实行优惠的倾斜政策,保证他们在一个更高的起点和更优惠的条件下进入市场,取得地位,发挥作用。法律可以保证法律面前平等和个体作为个体的平等权利,但是,法律不能保证在一个机构中占据不同位置的人得到平等对待,基于知识、见识、能力、身体产生的不平等随处可见。

在市场经济为核心的生产和再生产中,各民族的交往不仅仅是商品的互通有无,而且,可以通过铸牢中华民族共同体意识追求和欣赏共同的美,可以各美其美,美美与共。按照康德的美学思想,美没有目的,却合乎目的。这就是说美存在于各种社会活动。在各民族的市场经济交往活动中,各民族审美的功能摆脱了一切工具主义、实用主义的东西,与合目的性紧密关联,审美超越了这些可能妨碍交往的东西,以中间人、斡旋者身份出现,具有了自身的生命和价值。这就是说,在铸牢中华民族共同体意识的共同追求中,各民族被共同美相互交织在一起的审美感觉、审美话语凝聚在一起,互相欣赏、互相支持和互相关心。审美话语这时候不是掩盖真实话语的幕布,而是增强表现力的背景。审美解释的不仅仅是现实的东西,而且是开阔视野,改变感知方式,是消除感知和体验现实的缺乏,是帮助各民族重新认识和感受现实的工具。在这样的一个背景之下,中国特色社会主义的市场经济不仅仅是市场化的经济,也是德行化、美学化的经济,是根据市场经济需要对各民族能力的锻造,也是根据铸牢中华民族共同体意识对各民族德性和美感的锻造。

(四) 各民族文化认同的坚定

坚定各民族的文化认同就是坚定各民族铸牢中华民族共同体意识。从文化学角度看,人们接触最多、使用最多的文化,不是人们自己创作的艺术作品,而是作为话语的文化。以这个对文化的定义看,一个"文化人"不是一个一定要进行创作的行家里手,而是一个可以对各种艺术作品、社会实践作出评价的人,是一个在他的生活中,阅读、欣赏和评论文化产品的人。康德曾经把在晚餐桌上的谈话描写为这种话语文化模式,认为这时候,所有的人一面享用美酒食物,一面愉快交谈,谈话中虽然没有奖赏,却有乐趣,还有做人的尊严。铸牢中华民族共同体意识是今天中国特色社会主义新时代最重要的文化产品,最流行的民族品牌。能不能正确解读、欣赏和理解这个文化产品和民族品牌的博大精深的内涵和精神实质,关系到能不能提高各民族的精神境界和思想水平。新时代不需要各民族的每一个成员都能够对所有的文化产品进行欣赏和阐述,但是,要求各民族的每一个成员都能够认识和理解铸牢中华民族共同体意识。这就要把铸牢中华民族共同体意识作为一种话语文化体现到各民族的交往之中。这个话语文化的交往既要体现在各民族交往的私人场合,也要体现在各民族交往的公共场合,其目的就是让铸牢中华民族共同体意识成为各民族的交往话语。铸牢中华民族共同体意识是一个已经有了结论的话语交往,拓展对铸牢中华民族共同体意识的认识和理解的深度和广度。

在铸牢中华民族共同体意识这个意义上的文化交往概念是现代社会发展的重要载体。持续不断的话语文化交往,各种意见的交换,使铸牢中华民族共同体意识植根在各民族的心田里。这种交往话语进一步发展了各民族的交往话语文化。当年,康德的三大批判对哲学进行革命时,他的"批判"就成为精英文化圈里现代性的基本运动形式，成为文化人关注和讨论的最重要的时代话题。各民族对铸牢中华民族共同体意识的交谈，既说"好"，也说"是"，他们会告诉我们"好"和"是"的理由，无论他们说"好"还是说"是"，铸牢中华民族共同体意识都是一个无可辩驳的历史事实，一个难以回避的现实表现。通过这种"脑筋训练"，各民族对交往文化的热情和兴趣将把铸牢中华民族共同体意识这个文化认同的主题深深植入他们心里。在进行铸牢中华民族共同体意识的话语文化交往的时候，各民族的讨论都可能在任何一个问题上表达自己的观点，但是，在一个各民族都要坚定的文化认同上，他们就可能悬置自己的个人利益和个人感情，以便全身心投入讨论，在交谈中"接球"和"传球"。

我们在铸牢中华民族共同体意识的背景之下，是把后现代当作一种观念形态进行解读和阐述。当后现代超出现实生活的真实的范围，去构建一个脱离现实，脱离时代的自我的时候，就不能仅仅把后现代看作是观念的建构，而应该看作是对理论和现实、精神和存在、自我和社会中的各种问题的回答。后现代恰恰不能回答清楚、回答正确这些问题，笼罩在后现代上面的迷茫和困惑始终无法根除。所以，很有必要在后现代鼓吹的"人类理性萎缩和人类激情的扩张"之间建立一个重要的平衡木，来构建一个铸牢中华民族共同体意识的观念和能力构建的调整机制。这个机制就是构建铸牢中华民族共同体意识的后现代方案，包括各民族克服"自身体验的失语体验"、理性自我的建构、各民族一律平等的建构、各民族文化认同的坚定。

铸牢中华民族共同体意识的后现代方案有其自身的道德准则和美学旨趣，表现为一个"程序"和"欣赏"的要求。各民族要想在铸牢中华民族共同体意识上达成共识，互相欣赏，互相推动，就要悬置他们的个人利益和一己偏见，就要凝练一个互相学习和欣赏的美学方法。各民族在铸牢中华民族共同体意识的交往交流交融中，不能抱着价值中立的立场和态度，一定要具有历史的宏观视野、现实的美学视野。如果各民族在铸牢中华民族共同体意识的交往交流交融中能够把心里的所思所想毫无保留说出来，无所掩盖，就能够实现各民族交往交流交融的自由、平等、相互尊重和理解。铸牢中华民族共同体意识的各民族交往交流交融，为各民族参加国家政治和社会生活提供了难得的机遇。各民族都有机会参与，都有机会说话，都有发表意见的权利。机会均等不等于结果均等，有些人对文化话语的交换的贡献可能多一些，也更有意义一些，但是，因为各民族的文化话语交往是在一个公共空间进行，是各民族大家庭的对话，对各民族的实际生活不会产生任何不利影响。话语交往结束后，各民族又回到自己的位置，开始自己原有的生活。讨论的乐趣、交往的乐趣则留在大家心里，这种文化互动是现代社会不受两极对立、商业纷争影响的精神活动，为铸牢中华民族共同体意识提供了最佳文化交往模式。

第九章

建设各民族共有精神家园

从马克思主义来看，上层建筑分为政治的上层建筑和观念的上层建筑。上层建筑通过"保护自己"和"排除异己"的方式巩固和完善经济基础。建设各民族共有的精神家园就是社会主义的上层建筑对社会主义经济基础的巩固和完善，表现为中国特色社会主义发展的规律的决定性与各民族的活动选择性的统一性。

第一节　各民族共有精神家园

党的十七大报告作出了"弘扬中华文化，建设中华民族共有精神家园"[①]的重要决策。十七届六中全会进一步把"建设中华民族共有精神家园"作为建设社会主义文化强国的基本内容和战略任务加以论述。习近平总书记在中央民族工作会议暨国务院第六次全国民族团结进步表彰大会上的重要讲话中强调，"解决好民族问题，物质方面的问题要解决好，精神方面的问题也要解决好。要旗帜鲜明地反对各种错误思想观念，增强各族干部群众识别大是大非、抵御国内外敌对势力思想渗透的能力。加强中华民族大团结，长远和根本的是增强文化认同，建设各民族共有精神家园，积极培养中华民族共同体意识。文化认同是最深层次的认同，是民族团结之根、民族和睦之魂。"[②] 这不仅充分体现了党在新的历史条件下对繁荣发

[①]《胡锦涛文选》第3卷，人民出版社2016年版，第565页。
[②]《中央民族工作会议暨国务院第六次全国民族团结进步表彰大会在北京举行》，《人民日报》2014年9月30日第1版。

展民族文化的高度自觉和强烈历史责任感，而且对营造一个全民族认同和尊崇的共有精神家园，具有特殊价值和意义。"建设各民族共有精神家园"是一个十分重要的命题，也是当下必须解决的问题。只有抓住民族团结的"根"与"魂"，构筑各民族共有精神家园，才能推进民族团结进步事业不断发展。

一　各民族共有精神家园的基本内涵

认识和理解各民族共有精神家园的丰富内涵，才能认识和理解建设各民族共有精神家园的重要性和紧迫性，增强铸牢中华民族共同体意识的信心和决心。

（一）精神家园

"精神家园"是一个比喻、象征性的说法，它源自美国作家梭罗发出的疑问：一个人如果失去精神家园，就算得到整个世界又如何？简单来讲，精神家园就是直接与人们的物质家园相对应，泛指人们的心灵追求和精神期盼。在更多的场合，则指建立在理性思维和理想信念基础之上的文化认同和精神寄托，是人们对生活意义、生存价值和生命归宿的一种精神与文化认同。对个人而言，精神家园也就是其精神世界与心灵归宿，是对其生活世界中那些具有价值与民族的精神家园与意义的东西的认识和追求；对民族而言，则同民族文化内在关联，是一个民族在文化认同基础上产生的文化寄托和精神归宿，包含了一个民族经过长期的历史积淀所形成的特有的传统、习惯、风俗、精神、心理、情感等。有了精神家园才能使人精神得到安顿，心灵得到休息，奋斗才有方向，才会有幸福感。个体精神家园总是要走向沟通，最终归属于群体精神家园，形成群体共有的精神家园。[①]

精神家园"是指一个民族以至于人类的文化中具有持续性和稳定性的价值系统，它为人们提供了一整套现成的价值观念，从而为人们描绘出了世界的图景和生存的意义"[②]。它是民族精神的外在表征。"精神家园是一个民族在文化认同基础上产生的文化寄托和精神归属，是一个民族经过长期的历史积淀所形成的特有的传统、习惯、风俗、精神、心理、情感等。

---

① 吉狄马加：《关于构筑各民族共有精神家园的若干思考》，《青海日报》2015年1月15日。
② 严春友：《"精神家园"综论》，《太原师范学院学报》（社会科学版）2010年第1期。

它反映了一个民族经过漫长历史所形成并传承下来的特有的精神气质、价值取向、传统习惯和心理情感等,为我们提供了心灵慰藉、精神归属和终极关怀。精神家园实质上就是人们对生活意义和生命归宿的一种文化认同,其建设的目的是让现实中的人们在精神与文化上能找到'归家'的感觉。"① 各民族共有精神家园是包括56个民族在内的整个中华民族共同依托、共同传承、共同弘扬的价值观念、情感态度与文化精神的总和,它以民族文化、语言、文字、建筑、音乐、绘画等为载体,通过共同的价值观念和共同的信仰集中表现出来。

(二) 中华民族共有精神家园

一定意义上说,"中华民族共有精神家园就是中华民族这个大家庭全体人民的精神支柱、情感寄托和心灵归宿,是整个民族赖以生存和发展的精神财富与生生不息、团结奋进的精神动力"②。中华民族共有精神家园,是民族生命力、创造力、向心力、亲和力的源头活水;是民族不畏艰险、团结奋斗、科学创新的精神力量;是民族与时俱进、生生不息的不竭动力。在中国,所谓"共有"就是各民族文化的"交集",民族文化的交集在现阶段就是要形成一种能够反映人民生活和生产的希望、理性和利益,以及能够推动历史前进,促进生产发展的先进文化。先进文化是由众多民族文化相组成,是由具有浓郁民族性特色的优秀文化共同铸造,同时又是在所有民族文化基础上实现的自我超越。

(三) 中华民族共有精神家园的三个维度

1. 第一个维度是民族性

建构中华民族共有精神家园,不能是舶来品,也不能是进口货,而是中华民族共有的精神财富和精神依托,集中体现着中华民族一脉相承的思想品格,具有独特的民族性。

2. 第二个维度是时代性

建构中华民族共有精神家园,不是汉唐时代的,也不是鸦片战争以后的,而是与中华民族现时代的社会生活和实践紧密联系,集中体现着中华

---

① 秦昌宏、胡冬梅:《中华民族共有精神家园建设的民族学思考》,《当代经济》2012年8月上旬刊。

② 邱伟、卢金慧:《浅论中华民族共有精神家园》,《湖北省社会主义学院学报》2013年第1期。

民族改革创新时代精神的精神家园，具有鲜明的时代性。

3. 第三个维度是科学性

建构中华民族共有精神家园，必须以马克思主义为指导，必须以社会主义核心价值观为核心，必须以实现"中国梦"为目标，具有极强的科学性。

二 中华民族共有精神家园的内容

中华民族精神家园绝不是一个泛泛而论的概念，而是一个包含了中华民族历史与文化的丰富内涵的概念，需要我们认真解读和研究。

（一）共同的文化根基

任何一个国家和民族的发展都必须依托自身既有文化传统。中华文化源远流长，在几千年的社会生产实践中，中华民族逐渐形成了以爱国主义为核心，以团结统一、爱好和平、勤劳勇敢、自强不息为主要内容的中华民族精神。具体表现为：敬业乐群、公而忘私的奉献精神；天下兴亡、匹夫有责的爱国情操；先天下之忧而忧、后天下之乐而乐的崇高志趣；自强不息、艰苦奋斗的昂扬锐气；富贵不能淫、贫贱不能移、威武不能屈的浩然正气；鞠躬尽瘁、死而后已的为政风范；厚德载物、道济天下的广阔胸襟；奋不顾身、舍生取义的英雄气概；大道之行、天下为公的社会理想。这种精神是中华各民族共同培育的，为中华民族的团结提供了共有的文化根基和精神纽带。弘扬具有中国风格、中国特色、中国气派的优秀民族文化是中华民族确立民族认同和文化认同的根基。在新的历史起点上，中华各民族需紧紧依托自己的文化传统，以崇敬、自豪的态度对待它的存在，以骄傲、乐观的态度展望它的发展，通过挖掘整理和科学扬弃，使中华民族的精神血脉不断延续，始终保持鲜明个性和独立品格。1978年召开的党的十一届三中全会，开启了我国改革开放和以经济建设为中心的历史新时期。多年来波澜壮阔的改革开放实践，孕育和形成了以改革创新为核心的伟大时代精神。具体表现为：解放思想、实事求是、与时俱进已经成为全社会共识；以人为本、尊重科教、崇尚创造的观念牢固树立，坚韧不拔、自强不息、锐意进取已经成为普遍精神状态；诚实守信、团结友爱、互助奉献的风尚更加浓厚；自由平等、民主法治、公平正义的理念深入人心；开放意识、竞争意识、效率意识不断增强；发展、改革、创新成为时代的主题词和最强音。这种精神是中华民族精神的时代性体现，是中华民族在改革开放的历史条件下顺应时代潮流形成的精神气质、思想观念、价值取向和社会风尚的总和，是激发社会创造活力的强大力量，它有利于当今中国社会形成追求理论创新、制度创新、科技创新、文化创新和其他创新的局面，有利于中国社会生产力的进一步解放和发展，有利于中华民族文化的进一步繁荣昌盛，必须加以大力弘扬，成为引领中华文化发展的主流。

（二）共同的价值目标

一个民族的延续和发展需要共同的价值目标。共同的价值目标犹如一盏明亮的灯塔，不仅能照亮中华民族前进的道路，也能点燃中华民族奋斗的希望。党的十七大报告指出，社会主义核心价值体系共包括四方面内容：一是马克思主义指导思想；二是建设中国特色社会主义的共同理想；三是以爱国主义为核心的民族精神和以改革创新为核心的时代精神；四是社会主义荣辱观。在此基础上，党的十八大报告中又明确提出：倡导富强、民主、文明、和谐；倡导自由、平等、公正、法治；倡导爱国、敬业、诚信、友善，积极培育社会主义核心价值观。这"三个倡导"24个字，凝练概括了国家的价值目标、社会的价值取向和公民的价值准则。文化是一个民族的灵魂，核心价值观是灵魂中的灵魂，是社会的"方向盘"、国家的"稳定器"、民族的"主心骨"，集中体现中华民族共同的精神追求，昭示中华民族繁荣的发明。

（三）民族性和普世性的有机统一

首先，重建中华民族共有的精神家园，落脚点在精神家园，重点是民族共有，即要体现民族性。这种固有的民族性是维持和保证民族自豪感、民族归属感、民族精神家园建设的基本力量源泉。悠悠华夏，上下五千年，中华民族文化博大精深，中华民族精神源远流长，使其富有鲜明的民族特性。我们应自觉地坚持以中华优秀传统文化为根基，大力繁荣发展中国特色、中国风格、中国气派的优秀文化，永葆中华文化的持久生命力。构建共有精神家园，应处理好经济全球化与文化多样性的关系，在全球化进程中保持文化特性；应处理好全球价值趋同与民族身份自认的关系，不能丧失本民族文化的主体性。其次，放眼当今世界，随着经济全球化、政治多极化、文化多元化时代的到来，诸如环境污染、生态破坏、失业、贫穷、饥饿、核威胁等全球化问题，都迫切要求人们按照"和而不同"的原则，寻求价值观念、道德标准。重建中华民族共有精神家园在保持民族性的同时，还要具有普世性，要自觉体现民族性和普世性的有机统一。总之，中华民族共有精神家园不应是封闭的而应该是开放的，在解决人类所面临的共同问题上具有共同的价值诉求和美好愿望。

其二，多样性与整体性的有机结合。首先，中华民族共有精神家园具有多种多样的存在形式，比如哲学的、艺术的、科学的、政治的、经济的等。这些多样的形式也是中华民族各个成员进入共有精神家园的不同方式和路径。也就是说，所有的领域、所有的学科、所有的知识，都能够为真诚认同它的人提供精神支柱，从而获得一种家园感，获得心灵的安歇。其次，中华民族共有精神家园具有整体连贯性。一个民族的精神家园虽然寓于个体精神之中，但又具有超越个体而存在的特性，它不因个体的消亡而消亡，它具有整体连贯性。它所产生的价值体系铸造了个体的精神世界，同时又为个体提供着个体化的选择。但个体精神只有成为共同的精神家园的有机构成部分，才能够真正成为共有的精神家园。在这个有机的系统内，兴趣、爱好、审美观、价值观以及世界观分处在不同的层次，其作用也就不一样。世界观好比是共有精神家园的基石，具有决定性的作用；而审美观、价值观则构筑了共有精神家园的梁柱与四壁，是精神家园的支撑；兴趣和爱好则如同"精神家园"的花园，是人们休闲、陶冶性情之处。另一方面，兴趣、爱好、审美观、价值观不仅受世界观的影响，它们也反作用于世界观，促进世界观的发展。总而言之，精神家园的最表层是兴趣、爱好，审美观和价值观是共有精神家园的内核，共有精神家园的灵魂、具有统摄意义的则是世界观。所以说，共有精神家园是由不同的层次构成的有机整体。

其三，时代性与兼容性的联合共生。构建中华民族共有精神家园要体现时代性，时代性是任何民族文化在各个时代延续传承、繁荣发展的必然要求。中华民族文化既要继承传统、保持民族性，又要不断拓展其时代内涵，形成富有时代气息、时代特色的现代性文化，才能使中华民族共有精神家园魅力永驻。当前，构建中华民族共有精神家园，要符合当今世界和当代中国的发展趋势，要体现当今时代中华民族的最高价值追求。首要的就是紧紧围绕在中国特色社会主义伟大事业建设的周围，从改革开放和社会主义现代化建设实践中不断汲取新鲜血液，不断丰富充实其内涵。其次，要弘扬民族优秀传统文化，同时还要在与外来文化的交流中吸收各种健康有益的因素，促进本民族文化体系更加丰富和完善，使我们的精神家园更加充实。要坚持"洋为中用"的原则，积极吸收各国的优秀文明成果。

其四，主体性与协作性和谐发展。一方面，给个人以充分的发展空间，保护个人合法权益，鼓励个人提高创新能力，不断自我完善，充分发挥个体在共有精神家园中的积极作用；另一方面，更要坚持弘扬集体协作的原则。人要生活在社会中，"精神家园"也应坐落在社会精神家园的"村落"里，故协作对精神家园的作用是不言而喻的。个体与中华民族共有精神家园的协作性是就个体与社会、国家而言的，一个人只有融入社会中，才能真正实现其价值。所以在构建中华民族共有精神家园时，既要发挥个体的主动性，又要注意与民族这个"精神大家庭"保持和谐一致。只有这样精神家园才有意义，也只有这样的精神家园才不怕风吹雨打。

三 建设各民族共有精神家园的重大意义

在新的历史条件下，构筑各民族共有精神家园是顺应我国基本国情的必然要求，也是全面建成小康社会，实现"两个一百年"奋斗目标和中华民族伟大复兴的中国梦，促进社会和谐发展的重要保障，历史意义和现实意义重大。

（一）是顺应我国基本国情的必然要求

在中国，统一多民族是基本国情，多民族既是一大特色，也是发展的一大有利因素。经过漫长的历史变迁，我国形成了各民族分布上交错杂居、文化上兼收并蓄、经济上相互依存、情感上相互亲近等特点，呈现出你中有我、我中有你、谁也离不开谁的中华民族多元一体格局。[①] 构筑各民族共有精神家园，关系到我国的民族团结、国家统一、边境安宁、社会稳定和人民福祉。我们必须牢牢把握统一的多民族国家的基本国情，不断加强各民族共有精神家园建设，切实做好团结群众、争取人心工作，最大限度地为实现"两个一百年"奋斗目标和实现中华民族伟大复兴的中国梦凝聚人心、汇聚力量。

（二）是实现中华民族伟大复兴中国梦的要求

我国的发展目标是要逐步建设富强、民主、文明、和谐、美丽的社会

---

① 《中央民族工作会议暨国务院第六次全国民族团结进步表彰大会在北京举行》，《人民日报》2014年9月30日第1版。

主义现代化强国，而当前的发展既处于可以大有作为的重要战略机遇期，又处在全面深化改革、加快转变经济发展方式的攻坚关键期，人们的精神生活、思想观念、心理结构发生了深刻改变，社会价值取向和利益诉求呈现多元分化格局。在过去一段时间，对精神家园的呵护与建设滞后于经济建设，导致一些人信仰迷失、诚信缺失。解决发展中的问题、消除"成长中的苦恼"，亟须构筑共有精神家园，用社会主义核心价值观整合社会力量，形成全面深化改革、推动科学发展的强大精神。近代以来，中国人心中一直珍藏着民族复兴的伟大梦想，并为之不懈奋斗。中华人民共和国成立后特别是改革开放以来，我国经济社会发展取得举世瞩目的成就。经济总量已跃居世界第二位，综合国力迈上新台阶，人民生活水平大幅提高，比任何时候都更接近实现中华民族伟大复兴的目标。但是，实现中华民族伟大复兴的中国梦是一个长期的过程，必须增强道路自信、理论自信、制度自信、文化自信，通过构筑各民族共有精神家园，来增强民族凝聚力和向心力，为实现建设国富民强、国泰民安、政通人和的现代民主社会而共同努力。

（三）是增强综合国力和竞争力与维护国家文化安全的需要

综合国力是一个国家赖以安身立命和自主发展的全部实力，它既包括经济、科技、国防等"硬实力"，也包括政治力、文化力和民族凝聚力等"软实力"。一国的综合国力不是软实力和硬实力的简单相加，而是两者相辅相成的。建设文化力，可为社会发展提供精神动力、智力支持和思想保证。培育文化竞争力，利用文化手段展示本国形象，宣传自己的价值观，扩大国家影响力，已成为发达国家普遍采取的"软实力战略"。民族的精神力量就是社会软实力的主要表现。因此，要放眼世界，高度重视国家软实力和民族精神家园建设，大力加强爱国主义教育和民族文化建设。

在严峻的国际形势和复杂的外部环境下，我国始终倡导并高举和平、发展、合作、共赢的旗帜，成为维护世界和平的重要力量。然而，一些西方国家不断散布"中国威胁论""中国崩溃论"，甚至不惜制造事端、设置障碍，千方百计压缩、扰乱我国发展空间和进程，企图按其政治理念和制度模式改造中国。只有努力构筑中国人共有精神家园，用先进价值理念与世界对话，用中国梦诠释我国和平发展对世界的重大贡献，用包括民族凝聚力在内的国家软实力应对各种思潮和价值观的冲击与干扰，才能更加坚定不移地走发展道路，更加自信地屹立在世界。

（四）是实现中华民族精神创新与积极融入世界文化潮流的需要

民族精神是历史性和现代性的统一，守望传统民族精神和创新当代民族精神，在新的历史条件下构筑共有精神家园，必须体现当代中国科学发展的要求，满足个人发展、社会发展、国家发展相统一的需要，满足经济建设、政治建设、文化建设、社会建设、生态文明建设"五位一体"的中国特色社会主义总体布局的需要，让共有精神家园成为实现中国梦和实现个人梦有机结合的强大精神支柱，成为推动经济社会发展进步、实现中华民族伟大复兴的强大精神力量。

当今时代，经济文化全球化的汹涌潮流以不可阻挡之势，把世界上的每一种文化形态无情地卷入其中，使之成为世界文化发展进程的一部分。面对这种情况，要加强对外文化交流，吸收各国优秀文明成果，增强中华文化国际影响力。对待外来文化，既不能囫囵吞枣、照单全收，也不能偏执傲慢、抵触排斥，应该把中国看成世界大家庭的一员，把今天看作历史长河的一瞬，吸收人类文明优秀成果，用中外文化的精髓为人们提供精神支撑和心灵慰藉，让人们享受更加富有内涵的精神生活。

（五）是构筑全体中华儿女共有的精神依托的需要

改革开放之后，我国在物质文明建设方面取得了举世瞩目的成就，但在精神文明建设方面却显得比较落后。在当今社会，各种形式的拜物教现象，实用主义、利己主义、拜金主义、享乐主义等错误价值观在部分人中滋生蔓延的趋势令人担忧，这些事实不仅说明当代中华民族正面对着精神危机的严重威胁，而且一定程度上削弱了中华儿女对中华民族的价值认同和中华民族的向心力和凝聚力。为了化解精神危机的潜在威胁，当代中华民族必须建构适合于新时代要求的共有精神家园。只有通过建构中华民族共有精神家园，中华儿女的精神需要和精神追求才能够在新的历史条件下得到合理的整合，当今中国社会也才能够形成有利于改革开放、中国特色社会主义建设事业和中华民族伟大复兴的强大精神力量。

"一个民族不能没有自己的共有精神家园。对中华民族来说，这样的精神家园既是中华儿女必不可少的共同精神依托，也是中华民族形成向心力、凝聚力和创造力的不竭精神动力。"[①] 在改革开放进入攻坚阶段、中国

---

① 向玉乔：《论中华民族共有精神家园》，《湖南师范大学社会科学学报》2010 年第 4 期。

特色社会主义事业蒸蒸日上、经济全球化对我国社会生活的影响日益深化、实现中华民族伟大复兴的宏伟目标鼓舞人心的时代背景下，中华民族更应该拥有自己的共有精神家园，以彰显其特有的民族意识、民族文化、民族精神、民族气质和民族气节。各民族共有精神家园是中华民族对"家"所怀有的那种精神家园感进一步延伸到中华民族这一大家庭的产物，是中华儿女共同生活在中华民族大家庭中所获得的温情感、安全感、幸福感、归属感、自豪感和希望感的统一体，是中华儿女的共同精神依托。"中华民族共有精神家园的生成取决于中华民族赖以生存和发展的社会经济关系，同时也与中华民族根深蒂固的思维习惯密切相关。为了建构中华民族共有精神家园，我们需要充分认识中华民族共有精神家园对中华民族在改革开放和发展市场经济的新历史条件下谋求生存和发展的重大意义，努力夯实中华民族共有精神家园的存在基础，并不断强化中华儿女对中华民族的价值认同。"①

作为全体中华儿女共享的精神依托，中华民族共有精神家园使每一个中华儿女与中华民族或中国这一大家庭之间的关系没有局限于纯粹的物质利益关系，而是升华为一种无比紧密的精神关系。在中华民族共有精神家园里，整个中华民族结成了一个巨大的精神共同体，它联结每一个中华儿女的精神需要和精神追求，贯通每一个中华儿女对自己的大好河山、骨肉同胞、民族文化和伟大祖国的热爱之情，凝聚每一个中华儿女实现祖国统一和民族伟大复兴的良好愿望和理想目标。由于中华民族共有精神家园的存在，中华民族这一大家庭才成为了让每一个中华儿女向往、憧憬的地方，才成为了让每一个中华儿女能够感受快乐、幸福的寓所，也才成为了让每一个中华儿女时刻具有回家的感觉的家园。

（六）是建设社会主义文化强国的现实

文化强国是党在十八大提出的国家战略目标，它是指以文化建设为具体路径，实现我国富强的战略目标；以文化强国作为最终目标，充分发挥文化在"五位一体"总体布局中的引导、支撑和推动作用。中华民族共有精神家园是习近平总书记在2014年的中央民族工作会议上强调的文化路径，它建立于具体分散的个体精神家园基础之上，在文化认同的前提下经过所有个体精神家园的筛选、沉淀与整合而形成。党的十八大报告要求扎

---

① 向玉乔：《论中华民族共有精神家园》，《湖南师范大学社会科学学报》2010年第4期。

实推进社会主义文化强国建设，强调必须走中国特色社会主义文化发展道路，关键是增强全民族文化创造活力。增强全民族的文化创造活力，需要全民族对我国文化建设的指导思想、精神信仰、共同理想、社会核心价值、思想文化资源的地位和作用有深刻认识，对我国的文化发展规律有正确把握和责任担当，即树立高度的文化自觉；增强全民族的文化创造活力，还须认同、接受和内化中华文化价值观，对我国文化价值充分肯定，对其生命力有坚定信念，能有把我国先进文化思想和价值观念传播到世界的信心，即树立高度的文化自信。党的十九大报告指出，没有高度的文化自信，没有文化的繁荣兴盛，就没有中华民族伟大复兴、树立全民族高度的文化自觉和文化自信的前提，是为中华文化打造自己的家，为中华民族构建共有的精神家园。以建设文化强国为目标，以增强全民族的文化创新、创造活力为线索，以高度的文化自觉和文化自信为前提，最终确定构建中华民族共有精神家园的必要性。因此，"构建中华民族共有精神家园是建设文化强国的必要路径，它有利于激发全民族文化创造活力，增强文化自觉和自信；有利于丰富和活跃中华文化，为文化强国的实现提供精神动力。文化强国的建成，能够丰富和革新中华民族共有精神家园的内容，推进中华民族共有精神家园的顶层设计。中华民族共有精神家园与文化强国相互依赖、相互促进。"①

第二节 建设各民族共有精神家园的原则

历史唯物主义告诉我们人类的认识活动和实践活动，从根本上说，就是认识矛盾和解决矛盾。因此，只有把握认识矛盾和解决矛盾的方法才能促进社会发展和进步。把握建设各民族共有精神家园的着力点就是坚持历史唯物主义的历史观的两点论和重点论的辩证统一。

一 弘扬中华优秀文化

中华优秀文化是构筑各民族共有精神家园的核心概念，中华优秀文

---

① 刘庆：《构建中华民族共有精神家园是建设文化强国的必要路径》，《法制与社会》2017年第3期。

化博大精深、源远流长，千百年来，一直是我们中华民族共同的文化根基和精神家园。党的十七届六中全会深刻指出，文化是民族的血脉，是人民的精神家园，全会提出要建设优秀传统文化传承体系，全面认识祖国传统文化，取其精华、去其糟粕，古为今用、推陈出新，使优秀传统文化成为新时代鼓舞人民前进的精神力量。优秀传统文化凝聚着中华民族自强不息的精神追求和历久弥新的精神财富，是发展社会主义先进文化的深厚基础，是建设中华民族共有精神家园的重要支撑。在全球文化日益多样化的今天，我们更应当发挥中华文化在推动社会主义文化大发展大繁荣中的积极作用，大力弘扬中华优秀文化，建设中华民族共有精神家园。

中华民族共有精神家园是整个中华民族可以共同依托、愿意共同传承、乐于共同发扬的文化精神、价值观念和情感态度的总和，是中华民族赖以生存和发展的精神财富，是中华民族生生不息、团结奋进的精神动力。中华民族共有精神家园的建设需要而且必须在发掘和弘扬中华各民族文化的基础上进行。因为任何一个国家和民族的发展都必须依托其自身的既有文化传统，具有中国风格、中国特色、中国气派的民族精神是中华民族确立民族认同和文化认同的根基，中华各民族需要在新的历史起点上，紧紧依托自己的文化传统，以崇敬、自豪的态度对待自己的文化传统，通过挖掘、整理和科学扬弃，使中华民族的精神血脉不断延续，并始终保持其鲜明的个性和独立的品格。[①] 中华优秀文化是中华民族共有精神家园的根基和灵魂。中国的五千年是各民族在中华大地共处的五千年，各民族间有竞争有斗争，消长自有规律，但其主流始终是交往交流、借鉴吸收、守望相助、共存共荣。作为中华大地的共同主人，中华大地成为中国各民族共同的家园，经过了数千年的建设，成为我们构筑中国各民族共有精神家园的根本物质基础。几千年来，中国社会半封闭的大陆性地域和农业经济的格局决定了中华民族平稳求实以及相对封闭的大陆文化特征。中华文化历史悠久，博大精深，是构成中华民族共有精神家园的根本、基础和灵魂。中华文化既囊括了中国几千年来语言、文字、科技、文学、艺术、伦理、宗教和史学等领域的文化成果，同时也包括了中华民族在漫长的历史

---

① 秦昌宏、胡冬梅：《中华民族共有精神家园建设的民族学思考》，《当代经济》2012年8月上旬刊。

发展中所传承和积淀下来的特有的传统、习惯、心理和情感。这其中，中国传统文化中有一些指导我们不断前进的基本思想，这些思想观念和固有传统，长期受到人们的尊崇，在我们的思维模式和行为方式中根深蒂固，成为历史发展的内在思想源泉，或者说是中华民族生存发展的精神支柱。这些精神可以归纳为以下四个方面：

（一）天人合一的精神

"天人合一"精神是中国传统文化中的一个重要思想，也是中华民族最根本的世界观和自然观。总的来看，它认为人是自然化育恩养的万物之一，是大自然和谐整体的一部分，所以，人应当顺应自然，爱护自然，根据自然的变化来调整并规范自己的言行，与大自然共生共荣。"天人合一"的精神早在西周时期就已萌芽，得到了不同学派的进一步阐发。"天人合一"精神不但是儒家的基本哲学出发点，而且还是道家、佛家、法家、阴阳家等思想的出发点与归宿。这一思想，充分显示了中国古代思想家对于主客体之间，主观能动性与客观规律性之间关系的辩证思考。纵览中国的历史可以发现，"天人合一"思想不仅影响制约着中国政治，同时也影响了社会生活的方方面面，是中华文化中的核心思想。

（二）自强不息的精神

自强不息也即刚健有为，意为坚强有力、坚韧不拔、积极进取、锲而不舍。自强不息作为中国传统文化的基本精神之一，是古人处理天人关系和人际关系的总原则，是中国人积极人生态度的最集中的理论概括和价值提炼，也是中华民族五千年发展的精神支柱和强大的动力，对中华民族产生了强烈的激励作用。先秦时期，孔子就已经提出这方面的思想，而第一次明确提出自强不息的思想是在《易经》中，《易·乾·象传》中说"天行健，君子以自强不息"，[①] 从天道说明人道、人道效法天道的角度提出，君子应该以天为法，奋发有为，积极进取。此后从战国到清代，历时两千年，这种思想深入人心。一方面，使中国人形成了为理想而执着奋斗的独立而坚强的人格，即所谓"舍身而取义"；另一方面，这种精神也内化为中华儿女为国家民族建功立业的爱国情怀和民族气概，哺育和滋养了中国人的精神世界。

[①] （宋）朱熹：《周易本义》（《易·乾·象传》），中华书局2009年版，第33页。

（三）厚德载物的精神

《易经》中说，"地势坤，君子以厚德载物"①，是说君子应该效仿大地厚德载物，像大地一样包容万象和合共生，这种思想传统逐渐形成了中国传统文化中兼容并包的和合思想。中国传统文化中讲的"和"，是不同思想不同观点的交流和碰撞，是在和而不同基础上的融合。中国传统文化中的厚德载物精神主要体现在四个方面：同心同德，和衷共济；协和万邦，亲仁善邻；兼收并蓄，博采众长；海纳百川，有容乃大。正因为有了这种胸怀，汉唐时期中华文化汲取外来文化的气魄才会博大宽广。中国历史上下五千年是人类有史以来唯一没有中断的文化。

（四）人本主义精神

"以人为本"也称"人本主义"，"人文主义"作为中国传统文化的基本精神之一，它既不同于西方社会的以神为本，也不同于近代西方对于个人自由和价值的过度追求。先秦时期，"以人为本"的理念就已提出，东汉思想家仲长统对此阐述得最为鲜明。所谓以人为本，不是说人是宇宙之本，而是说人是社会生活之本。仲长统的论述精辟地概括了儒家人本思想的精髓。后来进步的思想家，基本上都继承、发展了这种思想。总的来说，中国传统文化的发展始终围绕着人的生存与发展，人是世间一切事物的根本。人本主义精神体现在"民贵君轻"的政治思想、关注现实生活的根本态度和浓厚伦理色彩的道德人格建立三个方面。中国传统文化的人本主义把人放在一定的伦理人际关系中，具有浓重的伦理道德色彩，这也是中华文化区别于世界上其他民族文化的一个显著特征。

在960万平方公里土地上建立14亿多人的精神家园不是易事。从少数民族文化看，就不仅仅是汉民族的儒释道三教，尚有伊斯兰教、基督教、藏传佛教、南传佛教和不同形态的民间信仰等。许多宗教在思想道德层面都讲慈悲、怜悯、仁爱、宽容、和平、正直、公平、善良。少数民族文化强调崇尚自然、爱惜生灵、热爱生活、勤劳简朴，各族相亲、敬重长者，热情好客、守望相助，讲求道义、勇敢无畏，信守承诺、非义不取，自尊自爱、重情重理，等等。对这样的理念，要加强提炼、阐发、弘扬，为培

---

① （宋）朱熹：《周易本义》（《易·乾·象传》），中华书局2009年版，第33页。

育和践行社会主义核心价值观提供更多文化养分。①

作为一个社会主义国家,马克思主义是我们的根本指导思想。马克思主义提出每个人的自由发展是一切人自由发展的条件的崇高理想。而人的自由全面的发展,也是我们精神家园建设的未来指向,构筑中国各民族共有精神家园是实现这一目标的必然过程。当前,只有切实建立在一定的经济基础之上的共同的生活、生产,进而形成共同的文化制度,才能培养共同的文化精神、文化心理,才能构筑共同的精神家园。

二 铸牢中华民族共同体意识的共有精神家园

中华民族作为一个自觉的民族实体,是近百年来中国和西方列强对抗中出现的,但作为一个自在的民族实体则是几千年的历史过程所形成的。中华民族共同体意识就是各民族共建中华民族、共享中华文化意识。铸牢中华民族共同体意识就是在不同社会成员之间建构共享的历史文化记忆和共享的现实文化形式,从中凝练出全体社会成员共同遵循的价值共识,为全体社会成员生成共有国家认同打下文化和心理基础。自党的十八大以来,习近平总书记在多个重要场合的讲话中阐述了积极"培育中华民族共同体意识"的极端重要性。2014年5月28日,习近平总书记在第二次中央新疆工作座谈会上发表的重要讲话中指出:"要高举各民族大团结的旗帜,在各民族中牢固树立国家意识、公民意识、中华民族共同体意识,最大限度团结依靠各族群众,使每个民族、每个公民都为实现中华民族伟大复兴的中国梦贡献力量,共享祖国繁荣发展的成果。各民族要相互了解、相互尊重、相互包容、相互欣赏、相互学习、相互帮助,像石榴籽那样紧紧抱在一起。"② 2015年8月24日,习近平总书记在中央第六次西藏工作座谈会上的讲话中强调提出:"要大力培育中华民族共同体意识,广泛开展民族团结进步宣传教育和创建活动。"③ 习近平总书记在2021年中央民族工作会议上的重要讲话中强调,以铸牢中华民族共同体意识为主线,推

---

① 何星亮:《民族地区如何进行文化保护和文化建设》,《中国民族》2015年第8期。
② 习近平:《团结各族人民建设社会主义新疆》,2014年5月30日,https://www.audit.gov.cn/n4/n18/c4421/content.html。
③ 《习近平在中央第六次西藏工作座谈会上强调依法治藏富民兴藏长期建藏加快西藏全面建成小康社会步伐》,2015年8月25日,http://news.cnr.cn/native/gd/20150825/t20150825_519657532.shtml。

动党的民族工作高质量发展。① 铸牢中华民族共同体意识是新时代党的民族工作的纲。习近平总书记关于"中华民族共同体意识"的新思想、新观点、新论断、新表述，是对马克思主义国家观、民族观、历史观、文化观等的新发展，是对马克思主义关于民族理论及社会发展理论的继承和发展。

（一）中华民族共同体意识是各民族共有精神家园的思想基础

中华民族是由56个民族组成的具有共同历史命运、相同文化价值理念的民族共同体。各民族的命运同整个中华民族的命运紧紧联结在一起。中华民族共同体意识是各民族在长期的历史发展中，基于统一的意识形态和共同的文化价值形成的对于民族利益、民族关系的共同理解。它使中华各民族成员在情感、思想和意向上发生认同。② 强化统一的意识形态和共同的文化价值，发扬中华文化的强大融合功能。在社会主义文化建设过程中，既倡导文化发展的多样性，又要坚持马克思主义的指导地位。同时，大力宣传各民族共同缔造了中华文化，在这方面，少数民族知识分子有着重要的不可替代的影响力。要高度重视这一群体的思想政治工作，使之成为中华民族文化命运共同体的维护者、推动者和建设者。

中华民族共同体意识的主要价值取向有：必须坚持意识形态的政治上的高度认同。一个民族的繁荣，既需要雄厚的物质力量、丰富的精神力量、完备的制度和法治体系，也离不开各民族成员心理的认同和思想的统一。认同是人们心理层次的情感和认知，是个人或群体对社会组织的理想信念和高度认可。中国共产党之所以成为中国现代化建设事业的领导核心，是中国各族人民经过长期探索，在认同的基础上而作出的选择。当前，全国上下协调推进"四个全面"，实现中华民族伟大复兴的中国梦，已成为各族人民的广泛共识，如果没有中国共产党的坚强领导，没有各民族对中国共产党的高度认同，这种共识是不可能达成的。我们在看到中国共产党领导是历史选择、各民族人心所向的同时，还要增强忧患意识，居安思危，深刻汲取世界上一些执政党的经验教训，更加自觉地加强执政能

---

① 《习近平出席中央民族工作会议并发表重要讲话》，2021年8月28日，http://www.gov.cn/xinwen/2021-08/28/content_5633940.htm。

② 李丽娜、李鸿：《文化多样性与各民族共有精神家园的构建》，《满族研究》2014年第4期。

力建设，永葆先进性，以赢得各族群众的认同、信赖和拥护。

（二）社会主义核心价值观是铸牢中华民族共同体意识的核心

党的十八大提出的以富强、民主、文明、和谐，自由、平等、公正、法治，爱国、敬业、诚信、友善为主要内容的社会主义核心价值观，是社会主义核心价值体系的内核，是新时代的中华民族之魂，是多民族中国构筑各民族共有精神家园的意识形态基础。一个民族的凝聚力，归根到底，主要取决于作为精神灵魂的核心价值观的生命力、凝聚力和感召力。当今世界，不同国家、民族之间的交流已成为常态，文化碰撞和竞争已是必然，价值观念的相互影响不可阻挡。文化是民族的血脉和精神家园，没有核心价值观的支撑，文化就是一个没有主心骨的空架子，精神家园的构筑就会失了魂，没了方向，最后不免沦为空中楼阁。社会主义核心价值观在各民族共有精神家园的建设中具有铸牢中华民族共同体意识的基础性作用。培育和践行社会主义核心价值观就是要以共同的理想凝聚起实现中华民族伟大复兴的强大精神力量。构筑各民族共有精神家园，必须以社会主义核心价值观为根本统领。

习近平总书记指出，1840年鸦片战争后，外国侵略和亡国灭种的危机把我国各民族命运空前紧密地连在一起。血与火的共同抗争让各族人民深刻认识到，中华民族是一个命运共同体，一荣俱荣、一损俱损。各民族只有把自己的命运同中华民族的命运紧紧连接在一起，才有前途，才有希望。认识这个命运共同体，首先要认识中华民族多元一体格局，一体包含多元，多元组成一体，一体离不开多元，多元也离不开一体。"一体"是指同一国家、同一制度、同一理想、同一目标和同一任务；"多元"是指多民族、多语言、多文化、多传统。在新的历史条件下，多元就是多彩多样，就是活力、动力、发展力；"一体"就是马克思主义指导思想、党的领导、社会主义道路、社会主义核心价值观的根本统领，就是命运共同体意识。

有了这种命运共同体意识，才能构筑起共同的精神家园，才能实现真正的文化认同。正如习近平总书记所说："文化认同问题解决了，对伟大祖国、对中华民族、对中国特色社会主义道路的认同才能巩固。"[①] 因此，

[①] 中共中央文献研究室：《习近平关于社会主义政治建设论述摘编》，中央文献出版社2017年版，第157页。

构筑各民族共有精神家园，核心就是践行社会主义核心价值观，为实现中华民族伟大复兴中国梦提供强大的精神支撑。我们要深刻认识到：物质上的强大没有精神上的支撑，其行难久；精神上的强大才是真正的强大，足可攻坚克难，坚韧成长。

（三）加强党的领导是铸牢中华民族共同体意识的保证

加强党的领导是构建各民族共有精神家园、铸牢中华民族共同体意识的关键。对于我们这样一个社会主义大国，国家的统一是中国各民族的最高利益。坚持党的领导和坚持马克思主义在意识形态领域的指导地位，坚定走中国特色社会主义道路，是构建各民族共有精神家园、铸牢中华民族共同体意识必须坚守的根本原则。

意识形态、政党、政权和民族有着深刻的内在关系，在这一点上我们要始终保持清醒的头脑。作为执政党，中国共产党是领导我们的事业走向胜利的核心力量。在中国共产党的领导下，中国人民推翻了"三座大山"，成立了中华人民共和国，建立了社会主义制度，同时，中国共产党将马克思主义理论与中国革命、建设、改革伟大实践相结合，形成了毛泽东思想和中国特色社会主义理论体系。马克思主义是我们的理论起点和源头，是旗帜，而党就是旗手，是实现这一旗帜始终高高飘扬的组织保障。在中国，旗帜变了，旗手便失去了意义；没有旗手，马克思主义理论和国家的社会主义性质将难以存在。因此，坚持党的领导与坚持马克思主义在意识形态领域的指导地位是统一的，这是建设各民族共有精神家园必须牢牢把握的根本原则。

三　建设各民族共有精神家园坚持的原则

建设各民族共有精神家园是摆在全党、全社会、全民族新时代建设中国特色社会主义先进文化的重要任务。因此，只有坚持正确的原则，在这个正确原则指引下，才能保证任务的完成。

（一）坚持党的领导

实践证明，只有中国共产党才能实现中华民族的大团结，只有中国特色社会主义才能凝聚各民族、发展各民族、繁荣各民族。我们要坚持党的领导，不忘初心、牢记使命，坚持走中国特色解决民族问题的正确道路，坚持和完善民族区域自治制度，加强党的民族理论和民族政策学习以及民族团结教育，以铸牢中华民族共同体意识为主线做好各项工作，把各族干部群众的思想和行动统一到党中央决策部署上来，不断增强各族群众对伟大祖国、中华民族、中华文化、中国共产党、中国特色社会主义的认同。做好新形势下民族工作，必须加强党对民族工作的领导。各级党委要把民族工作摆上重要议事日程，把懂不懂民族工作、会不会搞民族团结作为考察领导干部的重要内容。要加强民族领域基础理论问题和重大现实问题研究，创新中国特色社会主义民族理论政策的话语体系，提升在国际上的影响力和感召力。要夯实基层基础，推动党政机关、企事业单位、民主党派、人民团体一起做好民族工作。要重视民族工作干部队伍建设，大力培养选拔少数民族干部和各类人才，支持民族工作部门更好履职尽责。

（二）坚持共同繁荣发展的价值理念

习近平总书记多次强调指出："全面建成小康社会，一个民族都不能少。"① 民族共同体是一定地域内形成的具有特殊历史文化联系、稳定经济活动特征和心理素质的民族综合体。一个国家的健康发展、民族的进步，不能只看一两个省、一些省市地区的繁荣发展，而是要达到各民族的共同繁荣发展，这样才是真正繁荣富强的民族，正如习近平总书记所指出的"一花独放不是春，百花齐放春满园"那样。中华民族的大家庭里，各民族之间，既有自己的发展经历和特点，又需要各方面利益协调，相互帮助、相互交流、相互交融，以达到共同发展与进步。党和国家几代领导人都非常重视少数民族地区的经济社会发展，多年来，党中央国务院多次制定重要政策和战略举措支持少数民族地区的发展。

（三）必须坚定"文化自信"

习近平总书记《在庆祝中国共产党成立95周年大会上的讲话》中强调指出："我们要坚定道路自信、理论自信、制度自信、文化自信。""文化自信，是更基础、更广泛、更深厚的自信。我们要弘扬社会主义核心价值观，弘扬以爱国主义为核心的民族精神和以改革创新为核心的时代精神，不断增强全党全国各族人民的精神力量。"② 中华文化的丰富多样性表

---

① 习近平：《中华民族一家亲 同心共筑中国梦》，2015年9月30日，http://www.xinhuanet.com/politics/2015-09/30/c_1116727894.htm。

② 习近平：《在庆祝中国共产党成立95周年大会上的讲话》，人民出版社2016年版，第13页。

现为各民族各地区丰富多彩的文化特色，文化多样性是中华民族共同体赖以凝聚的核心和基础，中华文化是各民族优秀文化的集中体现。各民族、各地区文化在历史发展中逐步交融、整合形成了中华文化共性。文化多样性是中华文化的底色和基础，也是中华文化生生不息的生命力所在。国家的发展和强盛、民族的独立和振兴、人民的尊严和幸福都离不开强大文化的支撑。渊源于中华五千年文明、根植于当代伟大实践中的中国特色社会主义先进文化，是中华民族的象征，是激励各族人民建设伟大祖国、实现民族复兴的强大精神支柱。所以，中华民族共同体是全体中国人的共同体，也是各民族各地区文化交融的共同体。

（四）建立各民族相互嵌入式的社会结构和社区环境

建立各民族相互嵌入式的社会结构是一项系统工程，需要各方面和社会成员的共同努力。推动建立各民族相互嵌入式的社会结构和社区环境即是治本举措之一。必须构建各民族互相嵌入式的民族团结教育格局，民族团结教育的根本任务是增强全体社会成员对中华民族共同体的认同，要拓宽民族团结教育范围的内容和形式，既要教育汉族，也要教育少数民族，进一步着眼于各民族的国家意识，中华民族共同体意识和各民族大团结意识。大力弘扬以爱国主义为核心的中华民族精神，弘扬各民族大团结大发展大繁荣的主旋律，在学校、社团、企事业单位、社区、家庭不同层面、不同领域全方位开展民族团结教育，形成纵横交错的民族团结教育网络，不断增强各民族成员之间的亲和力，促进社会安定，实现共同发展进步。以推动建立相互嵌入的社会结构和社区环境为抓手，推进城市民族工作制度化、规范化、精细化，让城市更好地接纳少数民族群众，让少数民族群众更好地融入城市，切实加强各民族交往交流交融。

（五）坚持多元一体的和谐发展观

中华民族共同体在结构上具有"多元一体"的特点。"多元"是指我国各兄弟民族各有其起源、形成、发展的历史，文化、社会也各具特点而区别于其他民族。中华民族多元一体格局是由许许多多分散孤立存在的民族单位，经过接触、混杂、联结和融合，构成的多元统一体。"一体"是指各民族的发展相互关联、相互补充、相互依存，与整体有不可分割的内在联系和共同的民族利益。在漫长的历史进程中，我国各族人民密切交往、相互依存、休戚与共，结成了血肉纽带和兄弟情谊，共同捍卫了祖国统一和民族团结，共同推动了国家发展和社会进步。我国是统一的多民族国家，民族团结是党和人民事业胜利的重要保证，是民族地区繁荣发展、各族人民幸福安康的重要保证。坚持打牢中华民族共同体的思想基础，积极培养中华民族共同体意识，是国家健康之基、民族团结之本、精神力量之魂。强化"三个离不开"思想、"五个认同"理念，是促使民族团结、社会和谐及国家安全的根本遵循。增强民族团结，需要全民族每一位成员的共同努力才能实现。

第三节 建设中华民族共有精神家园的路径

中华民族共有精神家园不仅涉及社会意识形态内部诸要素之间的关系问题，而且涉及社会意识形态与社会存在之间的关系问题，因此，它的建构必然是一项庞大而复杂的系统工程，即一项社会发展工程。它所要求的一切努力无疑必须以提升当代中华民族的整体思想道德素质和精神境界为旨归，但它成功建构的前提是当今中国必须是一个独立自主的强大国家。一个人对"家"的精神依托并不等于"家"本身，但它的前提是必须有一个独立、安全、舒适的家。同理，中华民族共有精神家园并不等于"中国"这个国家，但它需要建立在中国的强大综合国力基础之上。只有综合国力不断增强的中国才能为中华儿女提供坚强的精神支撑，才能推动中华儿女形成强大的民族向心力、凝聚力和创造力，才能带给中华儿女真正的温情感、安全感、幸福感、归属感、自豪感和希望感，才能为中华儿女建构中华民族共有精神家园提供坚实的存在基础。进一步增强当今中国的综合国力是当代中华民族建构其共有精神家园的必要条件。

一 坚定中国特色社会主义的"五个认同"

在 2014 年 5 月 28—29 日召开的第二次中央新疆工作座谈会上，习近平总书记指出："要在各族群众中牢固树立正确的祖国观、民族观，弘扬社会主义核心价值体系和社会主义核心价值观，增强各族群众对伟大祖国的认同、对中华民族的认同、对中华文化的认同、对中国特色社会主义道路的认同。"① 在 2014 年 9 月 28—29 日召开的中央民族工作会议上，习近平总书记再次明确指出："做好民族工作要坚定不移走中国特色解决民族问题的正确道路，让各族人民增强对伟大祖国的认同、对中华民族的认同、对中华文化的认同、对中国特色社会主义道路的认同。"② 2015 年 8 月 24 日，习近平总书记在中央第六次西藏工作座谈会上指出："必须全面正确贯彻党的民族政策和宗教政策，加强民族团结，不断增进各族群众对伟大祖国、中华民族、中华文化、中国共产党、中国特色社会主义的认同。"③

从"四个认同"到"五个认同"的论述，增加了一个对中国共产党的认同，具有重要意义。中国共产党是中国唯一执政党，因人民而生，为人民而存，立党为公，执政为民。中国共产党始终代表中国先进生产力的发展要求、始终代表中国先进文化的前进方向、始终代表中国最广大人民的根本利益。中国共产党的领导地位是历史的选择、实践的选择、人民的选择。党的权力来自人民，党用权为了人民。历史和事实都证明，只有在中国共产党的领导下，才能实现中华民族的伟大复兴，对中国共产党的认同是民族团结的必要条件。"五个认同"是国家统一、民族团结、社会稳定的思想基础，是坚定中国特色社会主义道路、弘扬中国精神、凝聚中国力量的源泉。只有不断增强各族人民的"五个认同"，才能促进各民族和衷共济、和睦相处、和谐发展，进一步巩固和发展安定团结的大好局面。

（一）认同伟大祖国

对伟大祖国的认同首先表现在爱国。爱国是中华民族的优秀品格和优良传统，爱国主义是中华民族思想与道德的精髓，爱国精神穿越时空，一直流淌在每一个炎黄子孙的血脉中，中华民族五千年文明灿烂不息，历经磨难而不分裂就是最好证明。顾炎武说：天下兴亡，匹夫有责。周恩来说："为中华崛起而读书。"徐特立说："人民不仅有权爱国，而且爱国是个义务，是一种光荣。"爱国主义一直是我们凝聚民族精神、鼓舞人民斗

---

① 向玉乔：《论中华民族共有精神家园》，《湖南师范大学社会科学学报》2010 年第 4 期。
② 《人民日报评论员：坚持中国特色解决民族问题的正确道路》，《人民日报》2014 年 10 月 9 日第 1 版。
③ 《习近平在中央第六次西藏工作座谈会上发表重要讲话》，《人民日报》2015 年 8 月 25 日第 1 版。

志的鲜艳旗帜。2013年3月17日,习近平总书记在第十二届全国人民代表大会第一次会议闭幕会上指出:"实现中国梦必须弘扬中国精神。这就是以爱国主义为核心的民族精神,以改革创新为核心的时代精神。这种精神是凝心聚力的兴国之魂、强国之魄。爱国主义始终是把中华民族坚强团结在一起的精神力量。"①2013年12月30日,习近平总书记在中共中央政治局第十二次集体学习时强调:"加强爱国主义、集体主义、社会主义教育,引导我国人民树立和坚持正确的历史观、民族观、国家观、文化观,增强做中国人的骨气和底气。"②

中国是一个统一的多民族国家,56个民族共同缔造了伟大的祖国,56个兄弟民族也始终并肩捍卫着祖国的稳固统一。祖国统一是国家的根本利益、民族的最高利益。全国各族人民,包括宗教人士和广大信教群众,都要强化国民意识,胸怀爱国主义。要把维护祖国统一和加强民族团结作为自己的神圣职责,旗帜鲜明地维护国家利益和祖国尊严,同一切分裂祖国的行为作坚决斗争。

(二)认同伟大的中华民族

中华民族是一个命运共同体。"共同体"是一个描述群体而非个体的概念,共同性或共同意识是维系共同体群体性存续的关键因素。中华民族共同体就是一个由56个民族组成的,有共同认同的血缘融通、流动交汇的有机体,是一个历经五千年风雨锻造而成的"多元一体"的命运共同体。

中华民族是最具共同体意识的民族。56个民族水乳交融、唇齿相依、休戚相关、荣辱与共的观念和中华民族利益高于一切的思想,始终把各族人民紧紧团结在中华民族大家庭中。民族意识即民族共同心理素质,民族特征之一,亦称"民族性格",指各民族在形成和发展过程中凝结起来的表现在民族文化特点上的心理状态。民族共同心理素质通过民族的物质文化和精神文化的特点表现出来。梁启超先生曾说:"何谓民族意识,谓对他而自觉为我。'彼,日本人;我,中国人',凡遇一他族而立刻有'我中

---

① 《习近平主持中共中央政治局第十二次集体学习并发表重要讲话》,《人民日报》2013年12月31日第1版。

② 《筑牢中华民族共同体的思想基础——二论学习贯彻习近平中央民族工作会议重要讲话精神》,《人民日报》2014年10月10日第1版。

国人'之一观念浮于其脑际者,此人即中华民族之一员也。"① 费孝通先生说:"同一民族的人感觉到大家是同属于一个人们共同体的自己人的这种理",就是"民族的共同心理素质"或民族意识。毛泽东说:"我们中华民族有同自己的敌人血战到底的气概,有在自力更生的基础上光复旧物的决心,有自立于世界民族之林的能力。"② 周恩来说:"我们爱我们的民族,这是我们自信心的泉源。"邓小平说:"我荣幸地从中华民族一员的资格,我是中国人民的儿子,我深情地爱着我的祖国和人民。"

习近平总书记在2014年9月29日的中央民族工作会议上强调:增强各族干部群众识别大是大非、抵御国内外敌对势力思想渗透的能力。"加强中华民族大团结,长远和根本的是增强文化认同,建设各民族共有精神家园,积极培养中华民族共同体意识。"③ 在2015年8月25日召开的中央第六次西藏工作座谈会上,习近平总书记再次强调"要大力培育中华民族共同体意识";"实现西藏和四省藏区长治久安,必须常抓不懈、久久为功,谋长久之策,行固本之举。要把基础性工作做深做实做细,坚持依法治理、主动治理、综合治理、源头治理相结合,紧紧依靠各族干部群众。要大力加强民族团结,促进各民族群众相互了解、相互帮助、相互欣赏、相互学习。要大力培育中华民族共同体意识,广泛开展民族团结进步宣传教育和创建活动"④。在我国这样一个多民族国家,只有同时培育一种56个民族成员都拥护并且认同的中华民族意识,社会才能稳定和谐,国家才能长治久安。

(三)认同伟大的中华文化

认同是对自己所扮演的身份、地位、关系等的一种定位、把握和意识,它强调类属成员之间的相似性以及类属成员相信彼此之间具有相似性或相同性。当一个人认同了自己的归属,就会对其成员产生"自己人"的情感,认可或模仿其价值、规范、面貌并内化为自己的行为方式。在文化

---

① 梁启超:《中国历史上民族之研究》,中华书局2015年版,第1页。
② 《毛泽东选集》第1卷,人民出版社1991年版,第161页。
③ 中共中央文献研究室:《习近平关于社会主义政治建设论述摘编》,中央文献出版社2017年版,第157页。
④ 《习近平在中央第六次西藏工作座谈会上强调依法治藏富民兴藏长期建藏加快西藏全面建成小康社会步伐》,2015年8月26日,http://www.scio.gov.cn/zhzc/8/1/Document/1445992/1445992.htm。

认同、国家认同、民族认同、组织认同、地域认同等诸多认同中，文化认同是最深层次的，是一切认同的基础，是民族团结之根、民族和睦之魂。悠久灿烂的中华文明，是56个民族共同创造的。伟大的中华文化是56个民族优秀文化的汇集。中国是一个多民族、多宗教、多元文化的国家，解决文化认同问题重要而关键。文化认同是最深层次的认同，是民族团结之根、民族和睦之魂，只有实现了文化认同，才谈得上其他的认同。2014年9月24日，习近平总书记在出席纪念孔子诞辰2565周年国际学术研讨会时指出："文明特别是思想文化是一个国家、一个民族的灵魂。无论哪一个国家、哪一个民族，如果不珍惜自己的思想文化，丢掉了思想文化这个灵魂，这个国家、这个民族是立不起来的。"①

对中华文化的认同首先表现在对中华优秀传统文化的认同。习近平总书记高度重视弘扬中华优秀传统文化。他在文艺工作座谈会上指出，"中华优秀传统文化是中华民族的精神命脉，是涵养社会主义核心价值观的重要源泉"②。2014年2月24日习近平总书记在中共中央政治局第十三次集体学习时指出，"中华文化源远流长，积淀着中华民族最深层的精神追求，代表着中华民族独特的精神标识，为中华民族生生不息、发展壮大提供了丰厚滋养。中华传统美德是中华文化精髓，蕴含着丰富的思想道德资源。不忘本来才能开辟未来，善于继承才能更好创新。对历史文化特别是先人传承下来的价值理念和道德规范，要坚持古为今用、推陈出新，有鉴别地加以对待，有扬弃地予以继承，努力用中华民族创造的一切精神财富来以文化人、以文育人"③。他还指出，"要认真汲取中华优秀传统文化的思想精华和道德精髓，大力弘扬以爱国主义为核心的民族精神和以改革创新为核心的时代精神，深入挖掘和阐发中华优秀传统文化讲仁爱、重民本、守诚信、崇正义、尚和合、求大同的时代价值，使中华优秀传统文化成为涵养社会主义核心价值观的重要源泉"④。对中华文化的认同还表现在对优秀的各民族文化的认同。习近平总书记指出："本国本民族要珍惜和维护自

---

① 《筑牢中华民族共同体的思想基础——二论学习贯彻习近平中央民族工作会议重要讲话精神》，《人民日报》2014年10月10日第1版。
② 习近平：《在文艺工作座谈会上的讲话》，人民出版社2015年版，第25页。
③ 《习近平谈治国理政》第1卷，外文出版社2014年版，第164页。
④ 中共中央宣传部：《习近平新时代中国特色社会主义思想学习纲要》，学习出版社、人民出版社2019年版，第147页。

己的思想文化,也要承认和尊重别国别民族的思想文化。不同国家、民族的思想文化各有千秋,只有姹紫嫣红之别,而无高低优劣之分。每个国家、每个民族不分强弱、不分大小,其思想文化都应该得到承认和尊重。"他指出要以开放的态度对待各民族文化,他说:"强调承认和尊重本国本民族的文明成果,不是要搞自我封闭,更不是要搞唯我独尊、'只此一家,别无分店'。各国各民族都应该虚心学习、积极借鉴别国别民族思想文化的长处和精华,这是增强本国本民族思想文化自尊、自信、自立的重要条件。"① 我们要深入贯彻落实习近平总书记重要讲话精神,坚持以传统文化为底蕴,以现代文化为引领,以开放的态度对待各民族文化,尊重差异、包容多样、相互欣赏,树立起强大的兴国之魂。

(四) 认同伟大的中国共产党

政党认同（Party Identity）是源自 20 世纪四五十年代美国选举中的一个概念,它是在人们成长的社会环境中逐渐形成的,与家庭熏陶（尤其是父母的政治思想和价值观念）、教育环境、宗教文化信仰、个人经济地位、政党社会化等因素密切相关的,一种相对较为稳定的心理倾向与价值判断。对领导 56 个民族的中国共产党来说,政党认同尤为重要。当前,在中国共产党领导下,走中国特色社会主义道路,实现中华民族的伟大复兴,已成为各族人民的广泛共识。对一切违背和危害党的领导、危害我国社会主义政权、危害国家制度和法治、损害广大人民利益的行为,必须旗帜鲜明地反对,这是维护各族人民共同利益之所在,也是各族群众的政治底线,坚决不能动摇。

增进各族群众对中国共产党的认同首先必须锻造信仰认同。习近平指出:"坚定理想信念,坚守共产党人精神追求,始终是共产党人安身立命的根本。对马克思主义的信仰,对社会主义和共产主义的信念,是共产党人的政治灵魂,是共产党人经受住任何考验的精神支柱。"② 坚定理想信念,切实解决好世界观、人生观、价值观这个"总开关"问题。"理想信念就是共产党人精神上的'钙',没有理想信念,理想信念不坚定,精神

---

① 习近平:《不同国家、民族的思想文化有姹紫嫣红之别,无高低优劣之分》,2014 年 9 月 24 日, http://www.xinhuanet.com/politics/2014-09/24/c_1112608569.htm。

② 《习近平谈治国理政》,外文出版社 2014 年版,第 15 页。

上就会'缺钙',就会得'软骨病'。"① 全国各族人民只有认同中国共产党人的信仰,以中国共产党人的信仰为信仰,才能增进对中国共产党的认同。

增进各族群众对中国共产党的认同其次要增强理论认同。近年来,我国意识形态领域呈现新的复杂局面,在马克思主义占主导地位的同时,社会思想意识日趋多元多样多变,一元多样的态势正在显现。马克思主义作为我们党治国理政的根本指导思想,与多种社会思潮,多个舆论场,多个话语体系并存,其真理性和科学性受到了质疑和挑战。理论学习对于一个共产党人至关重要,群众性的理论学习更为重要。每个人的岗位可以不同,但是一颗认真学习,并把理论用于实践的决心不该有所区别。

(五)认同伟大的中国特色社会主义

中国走上社会主义道路是我国历史发展的必然,也是我国各族人民的共同选择。增进全国各族人民对中国特色社会主义的认同,是当今中国的时代主题,是历史发展的必然。

对中国特色社会主义的认同首先表现为对中国特色社会主义的本质认同。习近平总书记指出:"中国特色社会主义,是科学社会主义理论逻辑和中国社会发展历史逻辑的辩证统一,是根植于中国大地、反映中国人民意愿、适应中国和时代发展进步要求的科学社会主义。"② 这一精辟论述,言简意赅,为我们正确认识和把握中国特色社会主义的本质,增强对中国特色社会主义的本质认同提供了根本遵循。

对中国特色社会主义的认同还表现为道路认同。中国特色社会主义道路,是中国共产党领导全国各族人民在新的历史条件下的独特创造。习近平总书记指出:"道路决定命运,找到一条正确的道路多么不容易,我们必须坚定不移走下去。"③ 对中国特色社会主义的认同还表现为理论认同。理论是实践的先导,中国特色社会主义的理论认同,就是认同社会主义理论体系的内涵。中国特色社会主义理论体系紧密结合我国改革开放和社会

---

① 《习近平谈治国理政》,外文出版社2014年版,第15页。
② 《习近平谈治国理政》,外文出版社2014年版,第21页。
③ 《习近平谈治国理政》,外文出版社2014年版,第36页。

主义现代化建设的实际，紧密结合新的时代条件，既生动而具体地坚持了马克思列宁主义、毛泽东思想，又生动而具体地发展了马克思列宁主义、毛泽东思想，赋予马克思主义新的鲜活力量，再一次有力地证明，在新的时代条件下马克思主义基本原理和科学社会主义基本原则仍然是共产党人正确认识、把握和运用共产党执政规律、社会主义建设规律、人类社会发展规律的锐利思想武器。

对中国特色社会主义的认同还表现为制度认同。社会制度是社会变革与发展的根本支撑。中国特色社会主义制度是一个在改革开放中不断完善、逐步定型的过程，还存在着许多可变性和不稳定性因素。因此，在我国现阶段，制度认同更具有其特殊性和复杂性，必须牢牢抓住制度的本质和逐步完善的规律来增进制度认同。习近平总书记强调："一个国家选择什么样的治理体系，是由这个国家的历史传承、文化传统、经济社会发展水平决定的，是由这个国家的人民决定的。我国今天的国家治理体系，是在我国历史传承、文化传统、经济社会发展的基础上长期发展、渐进改进、内生性演化的结果。我国国家治理体系需要改进和完善，但怎么改、怎么完善，我们要有主张、有定力。中华民族是一个兼容并蓄、海纳百川的民族，在漫长历史进程中，不断学习他人的好东西，把他人的好东西化成我们自己的东西，这才形成我们的民族特色。没有坚定的制度自信就不可能有全面深化改革的勇气，同样，离开不断改革，制度自信也不可能彻底、不可能久远。我们全面深化改革，是要使中国特色社会主义制度更好；我们说坚定制度自信，不是要故步自封，而是要不断革除体制机制弊端，让我们的制度成熟而持久。"① 只有各民族群众相互了解、相互帮助、相互欣赏、相互学习，我们的国家才能真正成为一个团结友爱、其乐融融的民族大家庭，才能彻底击碎"藏独""疆独""台独"的分裂阴谋，维护社会稳定，实现民族复兴。深入开展"五个认同"教育，开展爱国主义教育、中华民族共同体意识教育、中国特色社会主义和中国梦教育，引导各族群众从祖国的悠久历史、灿烂文化以及中华民族伟大复兴的奋斗历程中汲取力量，增强在祖国大家庭团结奋斗的光荣感、自豪感、责任感。

---

① 习近平：《改进完善国家治理体系我们有主张有定力》，《人民日报·海外版》2014年2月18日第1版。

总之,"五个认同"是相互联系、相互影响的,又是相辅相成的关系。对中华文化的认同是对伟大祖国、对中华民族认同的前提和基础,对伟大祖国的认同、对中华民族的认同是对中华文化认同的保障。对伟大祖国的认同、对中华民族的认同、对中华文化的认同是对中国共产党认同、对中国特色社会主义认同的前提和基础。"五个认同"是社会历史发展的产物,是党和国家历来高度重视民族工作的实践结果,是当前搞好民族团结的指导思想。各民族对伟大祖国的认同、对中华民族的认同、对中华文化的认同是"五个认同"的初级阶段,而对中国共产党的认同、对中国特色社会主义的认同是"五个认同"的高级阶段。只有实现对伟大祖国的认同、对中华民族的认同、对中华文化的认同以后,才有可能实现各民族对中国共产党的认同以及对中国特色社会主义的认同。中国共产党是中国唯一的执政党,中国特色社会主义是中国共产党的指导思想。中国共产党只有沿着中国特色社会主义道路前进,方能实现中华民族伟大复兴的中国梦。中国梦是各族人民的梦。增强对中国共产党的认同、增强对中国特色社会主义的认同有利于各族人民从思想根源上真正认同伟大祖国、认同中华民族、中华文化。

二 加强各民族族际交往交流交融

各民族族际交往交流交融作为一种富含情感与价值认同的沟通方式,对提升民族关系的韧性与厚度,提高各族人民之间的友善度发挥着重要作用。各民族族际交往交流交融分别体现了民族关系的具体形式、重要内容和本质要求。中国特色社会主义事业越是向前推进,维护国家统一和民族团结责任越是重大,越需要增进各民族交往交流交融。各民族共有精神家园实际上是中国不同民族之间文化交往交流交融的产物。

(一)促进各民族之间的文化交流

文化交流是民族文化发展的重要组成部分。民族文化发展是在民族间的交流、交融过程中实现的。每个民族的交往和发展都有一定的文化背景,是对过去民族间文化交流、交融因素凝结的结果。我国各少数民族文化是中华文化不可分割的重要组成部分。文化交融不是汉化,不是对少数民族历史和文化的否定,而是使各个民族的文化、优点为所有民族共有共赏共享。在交融过程中,少数民族的优点长处不是应被忽略,而是应得到更有力的弘扬。

（二）促进各民族共同发展

各民族生产力发展水平与交往的发展是密切相关的。各民族的共同发展不仅表现为交往交流交融的发展，而且也表现为生产力的发展。生产力的发展不仅为交往交流交融的发展提供了交通工具和通信条件等，进而促进交往的发展，而且，表现为交流交往交融的范围的扩大、程度的加深和力度的增强。通过交往交流交融的发展使本民族从其他民族中获得先进的工具、技艺、管理方式、社会思想观念等，进而又促进生产力的发展。推动民族地区和内地经济紧密协作、互补互利、共同发展是解决我国民族问题的根本出路，也是增强中华民族认同感、推进民族交往交流交融的坚实基础。

（三）促进国家通用语言文字的普及和推广

促进各民族交往交流交融的一个重要前提就是各民族必须使用国家通用语言文字。如果在各民族交往交流交融中，不能确立国家通用语言文字的地位，发挥国家通用语言文字的重要作用，造成的结果就是各民族无法正常进行族际交往交流交融活动。不能以自己的民族已经有了语言文字就不去认真学习国家通用语言文字，不能以自己的族际交往交流交融活动不多，就不去认真学习国家通用语言文字。学习国家通用语言文字是中华民族的每一个民族，是中华人民共和国的每一位公民都必须承担的责任。在我国的各个民族都有责任和义务学习和掌握国家通用语言文字。通过学习和掌握国家通用语言文字，各民族才能有效开展交往交流交融活动，才能有效开展中华民族文化的学习、掌握和传承，才能铸牢中华民族共同体意识。

三 建设中华民族共有精神家园的文化自信

综合古今中外，对文化的定义，可以概括为以下三个方面：其一，文化是人类的物质文明和精神文明的成果。其二，文化是一种价值观念。在估量文化的价值上，代表了一种确定的文化水平线。每一个民族都以自己的这种文化为估量其他文化的标准。其三，文化是包括在一个名称之下的关于生活的态度和观点。从文化的成分或者静的方面看，文化是一个变化和累积的过程。从整体或者动与静的方面看，文化是一个复杂的总体。怎样使文化这个总体，得到和谐平衡自足，使各民族生活幸福美满，是文化建设必须解决好的问题。建设中华民族共有精神家园的文化就是让文化变为"人化"。在新时代，就是要让社会主义先进文化成为各民族的行为遵循和思想指导，进一步坚定中国特色社会主义的文化自信。

（一）坚持马克思主义的指导地位

马克思主义是体现时代和社会进步要求的最具有指导性和先进性的科学体系，是科学的世界观和方法论，为我们分析和解决问题提供先进的思想理论和科学的思维方法，为中华民族共有精神家园的构建提供坚实的思想基础和正确的方向引领，因此马克思主义在建设中华民族共有精神家园中处于意识形态的科学的指导地位。在文化世界化给我国文化注入生机活力的同时，腐朽落后的外来文化也开始占领国内先进文化的阵地，淹没红色文化资源存在的意义，腐化人们积极向上的精神世界，中华民族共有精神家园濒临威胁。文化传播新兴载体的出现，更使得西方资本主义文化与中国传统的和谐文化交织在一起，人们的思想观念和价值取向变得多元，尤其在意识形态领域表现得最为突出。人们开始对马克思主义产生误解，认为马克思主义是过时了的，没有准确反映和适应我国生产力发展的现状，是僵化机械的教条主义和经验主义。这就要求我们在全面建成小康社会和实现中华民族伟大复兴的征途中，必须毫不动摇地肯定马克思主义在我国意识领域的指导地位，必须实事求是地将马克思主义基本原理与人民群众的利益、中国具体国情、时代特征和世界发展趋势紧密结合，用马克思主义中国化的最新成果指导文化建设布局，确保中华民族共有精神家园正确的政治方向。

（二）坚持中国特色社会主义共同理想

理想源于现实需要，是人们在社会实践中对未来美好的向往和追求，是具体的世界观、人生观和价值观的综合表现。共同理想从各族人民的理想信念中凝聚提炼而成，代表时代发展方向的价值追求，是社会得以维系的思想基础，推动国家和民族进步最根本的精神动力。当前，把我国建设成为富强民主文明和谐美丽的社会主义现代化强国，是全国各族人民的共同理想。随着社会主义市场经济带来的繁荣，我国的经济成分、分配方式和利益关系等变得日益丰富，利益关系的调整将人民的利益放在首位，使得少数人的部分利益受到损害，而这刚好成为人们思想观念发生急剧变化的导火索。部分国人在思想观念上倾向于利己、拜金、功利，不同程度地表现出思想观念不正、价值取向扭曲、理想信念模糊的特点。邓小平、江泽民、胡锦涛和习近平总书记都曾强调,理想信念对于实现个人价值、团结国家、增强民族精神、巩固精神支柱的重要性。这就要求我们始终坚定对中国共产党的信任,在党的领导下团结一致搞建设,聚精会神谋发展;始终坚定只有走中国特色的社会主义道路,才能不断解放和发展生产力,实现国家富强、民族振兴和人民富裕;始终坚定中华民族伟大复兴的信心,才能克服筑梦征程中的艰难困苦和磨难曲折,实现文化强国梦。

(三) 培育和践行社会主义核心价值观

"在文化中,最为核心的是价值观,因为它体现了文化的精神和灵魂;最具有感召力的部分是价值观,因为它可以改变人们对生活方式和生产方式的看法,可以改变人们对生活的终极意义。"[①] 习近平总书记强调,核心价值观是文化软实力的灵魂和重点,它的生命力、凝聚力和感召力对国家的文化软实力具有决定性作用。当前,我国处于思想活跃、观念碰撞、文化交融的新时代,西方资本主义文化的"普世价值"涌入中国,欲夺世界话语霸权,强制进行话语渗透;部分年轻人对我国传统价值观的"看不起""看不到""看不懂"和"看热闹"的文化态度,削弱了中华优秀传统价值观的继承和发扬;我国历史上新民主主义革命,社会主义革命、建设和改革进程中因失误而犯的错误,导致部分国人对我们党失去了信任,甚至对我们党取得的成就一概否定;社会中美其名曰具有广泛意义的"三俗"文化,占领了先进文化的阵地;少数党员干部尤其是部分领导干部的党风官风不纯不正,导致社风劣民风邪。这就要求我们必须大力培育和践行具有感召力的社会主义核心价值观,引领和整合多样化的社会思潮;必须发展先进文化、支持健康文化和有益文化、改造落后文化、抵制腐朽文化,为构建中华民族共有精神家园和实现文化强国提供正能量。

(四) 增强全民族的文化创造活力

党的十八大明确指出,增强全民族文化创造活力是建设文化强国的关键,最重要的是深化文化体制改革、不断解放和发展文化生产力。文化强国与中华民族共有精神家园的相互依赖和促进的关系,要求把增强全民族

---

① 饶亚明、陈新剑:《核心价值观是文化软实力的灵魂》,《经济日报》2014年9月16日第5版。

的文化创造活力作为构建中华民族共有精神家园的关键点。在文化全球化的推动下，我国的优秀文化不同程度地受到外来文化的同化，中华文化也因其传统性特征而被视为不能及时满足人们高层次文化需求的保守文化。因此，我们必须要进行文化内容、文化形式、文化发展观念和文化体制的创新。这就要求我们深度挖掘传统文化的优秀资源，进一步对其进行发展、整理和创新，积极利用数字网络传播手段，使老百姓能够共享社会主义文化繁荣发展的最新成果；既要严格区分文化产品的意识形态属性和商品属性，又要在更高层面上实现两者的统一；遵循文化建设规律、市场规律和人们的文化需求规律，正确处理好经济效益和社会效益的关系，鼓励、支持和引导文化产业成为独立的市场主体，以此推动现代文化市场体系的发展和完善；引导国有文化企业真正成为市场主体，保证现代文化市场体系的主流方向；建立多层次多种类多形式的文化产品和要素市场，创造出人们喜闻乐见却不失民族性、科学性的中华文化；推动公共文化服务社会发展，充分发挥文化对经济、政治、社会和生态建设的导向作用。

（五）继承发扬中华民族优秀传统文化

任何一国的文化在其发展进程基础上形成，拥有丰厚的文化沉淀，并随着历史阶段和民族区域的改变而改变，但最根本最深远的民族传统文化不会改变，因为它凝聚了整个民族的认知和感受，积淀着全民族最深层的精神追求和价值理想。中华优秀传统文化是中华民族最深沉的精神追求、最根本的精神基因和最独特的精神标识，是中华民族生存、发展和壮大的不竭源泉和精神力量。离开了中华民族传统文化，中华民族精神家园就成为无本之木、无源之水，其构建便无从谈起。只有正确认识到中华民族传统文化的地位，充分肯定其价值，树立高度的文化自觉和自信，才能为精神家园奠定坚固牢靠的根基。毋庸置疑，中华民族传统文化既有精华，也有糟粕。所以，我们应当提高辨别不同性质文化的眼力，增强改造落后文化、抵御腐朽文化的能力。对于缺乏人格平等和社会关系平等的等级观念，关心人伦社会而非自然界的唯我思想，缺乏形式逻辑的反科学思想，将道德规范作为协调人与人、人与社会关系的唯一标准的德治思想，采取辩证否定的态度对其加以引导和改造。对于中国古代优秀的教育、历史、哲学、道德、文学和科技，尤其是中华民族在艰苦卓绝的历史长河中铸就的以爱国主义为核心的民族精神，加以继承和发扬。

（六）吸收借鉴外来优秀文化

文化软实力的内在本质要素在于其先进性，但是外在表现形式和最终效果却在于影响力。因此，对外来优秀文化的吸收借鉴是巩固中华民族共有精神家园的必要条件。中华文化不仅属于中国，也属于世界，推动中华文化繁荣发展，构建中华民族共有精神家园离不开世界文明的共同成果。在文化与经济政治交融的国际背景下，我们应以兼收并蓄、厚德载物的积极心态，坚持以我为主、为我所用的构建原则，博各国文化之所长，以吸收借鉴外来优秀文化为补充。中华民族发展史已证明，在文化上坚持自我中心主义，幻想天朝大国文化的唯我独尊，全盘否定外来文化，只会延缓民族文化发展进程，导致本国文化与世界文化发展潮流相脱节，文化发展和文明进步滞后于世界。因此，我们应当努力学习，充分吸收和借鉴一切有利于推进我国文化强国战略目标实现的有益经验、一切有利于丰富中华民族共有精神家园的文化养分，充分展现中华民族共有精神家园的"百花齐放、百家争鸣"，不断增强中华文化的包容力、亲和力、生命力和创造力。在世界文化多元多样的发展进程中，我们应以自觉自信的心态，积极适应文化全球化的趋势，有效开展对外文化交流，不断探索、创新和丰富文化交流的途径，整合好中华文化与外来文化资源，发挥好两种文化的合力作用，以此提升中华文化的创新力和影响力，推动中华文化走向世界，服务人类。

四 建设各民族共有精神家园的力量之源

"民族凝聚力是把一个民族结成一个统一的有机整体，并不断地推动全民族向前发展的内在动力。民族凝聚力包含民族的文化吸引力、民族向心力和社会整合力，它反映了一个民族各个阶层、群体、成员对该民族价值目标、制度规范、文化传统、权力中枢的认同程度，据此人们可以衡量出一个民族是否及在多大程度上实现团结稳定与有效运转，有多大能力应付来自各方的挑战。因而，只有自觉地培育、不断地增强民族凝聚力，才能为社会主义和谐社会的构建打下坚实的基础。"[①] 中华民族凝聚力是团结华夏各民族并推动其发展进步的内在力量。随着历史进程的发展，中华民

---

① 邵宪梅、栗守廉：《试论民族凝聚力与和谐社会的构建》，《贵州民族研究》2018年第6期。

族凝聚力形成了自己的特征。中华民族凝聚力的形成，有地缘、血缘、经济、制度因素，但根本因素还是文化。中华民族凝聚力对中华民族的生存发展具有十分重大的意义，对内它具有凝聚人心、汇聚力量、价值评价的功能；对外它具有抵抗外国侵略、捍卫民族生存的作用。中华民族凝聚力是指把生活在中国境内的56个民族凝结成一体的各种力量之和。各民族之间之所以能够相互共通、和谐共荣、合为一体，就是因为有这个力量之源。这个力量充分体现了中华民族的优越性。

（一）中华民族凝聚力表现

1. 坚韧性与延续性

中华民族一直都是世界上人口最多、具有多元性质的复合民族。在几千年的历史进程中，中华民族难免会有分裂、有离散，但主流和大方向却始终是追求统一的，离散力最终总会被凝聚力压倒。特别是近代以来，外来侵略带来了前所未有的民族危机，中华各民族奋起反抗，中华民族凝聚力也在反侵略的斗争中得到了增强。中华人民共和国成立后，随着综合国力的日益强大，民族凝聚力的发展也进入了历史新阶段。包括中国、埃及、印度、巴比伦在内的历史上的四大文明古国，经过历史的沉淀、筛选，唯有中国经受住了考验，历久弥新。

2. 高度的民族认同性

民族认同就是指组成这个民族的成员在内心情感上对本民族有归属感和信任感。民族认同是民族团结统一的基础，也是中华民族凝聚力提高的基础。中华民族成员的民族认同主要来源于两个方面，一方面是对几千年来、悠悠历史长河中不断积累、沉淀的传统文化的认同，即"同文"，使海内外中华儿女"心理相容"；另一方面是对无法割舍的血缘亲缘的认可，即"同祖同宗"，使国内外炎黄子孙"血浓于水"。同时民族认同也不是孤立存在的，往往与民族意识、责任感、使命感紧密结合。因此历史上每当国难临头，民族处于危难之际，海内外中华儿女就会自觉地团结起来，凝聚民族力量。

3. 发展变化性

中华民族凝聚力作为一种社会存在，不是一成不变的，而是运动、变化、发展的。一方面中华民族凝聚力是在历史进程中得以形成的，是对优秀传统文化的继承和弘扬，同时又要在满足时代需求中不断变革创新。另一方面中华民族凝聚力是随着中华民族历史的曲折变化而跌宕起伏的。例如，封建社会发展的鼎盛时期，中华民族凝聚力也很强大。清末统治后期，随着外敌入侵，民族凝聚力跌入低谷。民主革命时期为了拯救民族危亡，受有识之士凝聚力的感召，大革命运动和辛亥革命使民族凝聚力高涨。之后由于军阀割据，民族凝聚力又落入低谷，直到抗日战争时期，发展到历史空前的水平。可见中华民族凝聚力的发展历程是曲折的，始终处在增减交替的动态发展中。

（二）增强中华民族凝聚力的意义

1. 中华民族整体对于各民族成员的吸引力

中华民族作为一个复合的民族整体，通过其特有的自然和社会等因素对民族成员产生强大的吸引力。中华民族生存的地理空间广阔，山川秀美，同根同祖的血脉相传形成世代不可分割的亲缘，是吸引民族成员的自然因素。中国革命的成功，使中华民族获得了自由独立，各族儿女获得翻身解放，成为国家的主人，极大地增添了各族人民对祖国的自豪感、归属感，在心理上增强对各民族成员的吸引力；改革开放和社会主义现代化建设，使我国的经济、政治、文化、军事实力不断增强，使中华民族对各民族成员的吸引力进一步增强。历史悠久的中华传统文化以及各民族之间文化的交流融合，对各民族产生极大的凝聚作用，是团结凝聚各民族的纽带。任何时期，能够领导民族进步事业的核心力量，应该是能够根据社会生产力发展需求推动民族发展，能够以先进的理念引领各族人民团结一致的集团。中国共产党就是这样的进步社会集团。中国共产党之所以被全民族公认为领导核心，是因为他始终是代表全民族根本利益的，善于调动各方面的积极因素，能够把亿万人民群众吸引到党的周围。如果领导核心坚强有力，路线方针政策正确，就能提高这个民族的凝聚力。在中国革命中，中国共产党之所以能赢得民心、取得政权，就因为形成了以毛泽东为核心的领导集体，采取了正确的路线方针政策。当前中国共产党正带领着14亿中国人民向着中华民族伟大复兴的中国梦毅然前行。相反，如果领导核心软弱涣散，路线方针政策错误，就会极大削弱甚至瓦解民族凝聚力。苏联解体的原因虽然多种多样，但一个重要原因就是20世纪80年代的苏共中央蜕化变质，缺乏坚强有力的领导核心，再加上实行错误的民族政策，因而丧失了民族凝聚力，导致多民族国家迅速土崩瓦解。

2. 各民族成为中华民族整体一员

各民族成员在长期的历史发展演变过程中，通过迁徙、杂居等方式逐渐融入中华民族大家庭，并从内心深处由内而外地热爱中华民族，以作为中华民族成员为荣为傲。爱国意识始终根植于各民族成员心中，并转化成为国服务的行动力量。回顾历史，多少仁人志士为民族事业奔走呼号、上下求索。多少中华儿女在平凡的生命中忘我工作，为中华民族发展进步创造不平凡的贡献。不仅生长在中国境内的华夏儿女一心为祖国的繁荣富强努力奋斗，就是生活在海外的华人华侨也同样心系祖国，同样热爱中华民族。他们虽有的已经加入其所在国国籍，但是他们始终不忘根不忘本，不忘自己是中华民族的一员，愿意为中华民族的振兴贡献力量，通过多种方式支援中华民族的发展建设。例如，他们在自己居住的区域内积极宣传中国文化、介绍中国情况，促进中外友好；当国内同胞遭遇地震、洪水等自然灾害，家园被毁、亲人离散时，他们纷纷祈福，慷慨解囊。总之，无论国内国外的中华儿女，都十分热爱中华民族，愿意与中华民族同呼吸共命运。中华民族凝聚力离不开各族人民对中国共产党的支持，离不开地方各级政府对中央政府的信任。如果民族分离势力抬头，地方各级政府自行其是，无疑将削弱中华民族凝聚力。中国共产党是中华民族的领导核心，全国各族人民信赖和支持这个领导核心，自觉接受、坚决拥护党的领导，紧密团结在中国共产党的周围。中国共产党解决了历史遗留的民族问题，制定了符合各族人民利益的民族政策，民族地区经济得到长足发展，各民族间交往求大同存小异，互帮互助、互敬互爱，和睦相处。中国共产党从各民族实际出发、设身处地为各民族着想、殚精竭虑为各族人民谋幸福，赢得了各族人民的信任、爱戴和拥护。在中国境内生活着56个民族，分布在不同的区域、拥有鲜明的民族特色，多元力量共同构成中华民族凝聚力，所以从民族组成来看一个是各民族自身有合力，另一个是各民族之间也有亲和力。

第一，各个民族自身具有合力。马克思主义民族学理论揭示，同一个民族的内部总是具有凝聚力的。中国地域范围内的56个民族自身内部同样具有凝聚力。以苗族为例，尽管他们在地域上广泛分布，语言也不尽相同、多种多样，但其民族内部的凝聚力却很强大。据历史记载，每当苗族起义时，来自四面八方支援的队伍很是蔚为壮观，这就是一种民族内部强大凝聚力的表现。

第二，民族间具有亲和力。56个民族之间互敬互助、和睦相处、民主平等，每当一个民族面临危难和灾害时，民族间就会形成"一方有难八方支援"的互助精神。不同民族之间在大杂居中又能彼此尊重民族信仰、风俗习惯。中华民族的领导核心中国共产党制定了符合各民族共同利益的民族区域自治的民族政策，民族自治地区经济发展繁荣昌盛，社会和谐安定。更重要的是，虽然中国境内有56个民族，但是各民族成员都能够以主人翁的姿态共商国家大事。每每人大会议召开，各族人民齐聚人民大会堂，为中华民族发展献计献策。

（三）中华民族凝聚力的主要功能

1. 凝聚人心、汇聚力量

对于任何一个民族来说，民族凝聚力都是推动其历史发展的首要精神力量。这种力量十分广博，包括民族成员的家国归属、积极进取、危难崛起和卓绝奋斗等意识。而所有这些都由这个民族的凝聚力激发喷薄而出。民族凝聚力能够凝聚社会各方面的力量，反过来又用这种合力进一步推动社会前进。历史实践不断说明：越是民族危难之际，民族成员越能在思想上提高觉悟，统一意志，在行动上团结起来、行动一致。热爱国家并愿意身体力行为祖国作奉献越来越成为广大民族成员的共识。对于民族个体来说民族凝聚力能够通过统一的价值标准来凝聚人心。民族凝聚力主张尊重民族主体性，坚决反对殖民侵略，因此对于一个独立实体来说，民族凝聚力是维护其民族独立、巩固国家统一的强大精神支柱。正因为有了民族凝聚力才能指导民族成员汇聚力量，从而自觉地掌握民族命运、促进民族持续健康发展。

2. 价值评价、行为导向

中华民族凝聚力是评价民族领导集团制定和实施的政策是否有利于人民事业、社会发展的标准、参照系，可以成为政策是否反映民心民意、反映中华民族成员愿望要求的温度计、晴雨表。也就是说，中华民族凝聚力一旦增强了，说明领导集团制定和实施的政策有利于人民利益和社会发展，符合最广大民族成员的诉求和愿望；反之，如果中华民族凝聚力削弱了，就说明民族领导集团背离了民族群众的愿望和要求。中华民族凝聚力强大的时期，社会发展就会增速，万方朝拜；与之相反，中华民族凝聚力一旦削弱了，社会发展就会缓慢，外部势力就会乘虚而入。抗日战争时期，中国共产党提出"抗日民族统一战线"，维护最广大民族群众的利益，得到广泛拥护，中华民族凝聚力达到了历史空前的状态。十一届三中全会提出解放、发展生产力，反映了全国各族人民群众的愿望和要求，中华民族凝聚力得到增强，社会发展迅速。相反，"文化大革命"中，由于推行极"左"的路线和政策，违背了各族人民的意愿，中华民族凝聚力就被削弱。中华民族凝聚力又是处理民族关系、指引各族人民团结一致、和谐发展的行为导向。如果民族凝聚力较强，那么社会的和谐程度就高，各民族、各阶层、各党派、各社会团体之间就越和谐。同理，如果哪个民族搞独立、闹分裂，必定受到全民族的口诛笔伐，全民族定会团结一致抵制，共同维护国家统一、保护民族凝聚力不被离散。

3. 抵御外敌侵略，自立于世界民族之林

对于一个统一的多民族国家来说，民族凝聚力是十分重要的，它直接关系着全民族的发展、稳定，甚至与国家的生死存亡紧密相关。民族成员人心涣散，各利益群体分崩离析，不但会缺乏内部的发展动力，更会招致外来的渗透瓦解，苏联解体，前南联盟的四分五裂就说明了这个道理。在世界格局日新月异、充满激烈竞争的当下，要由一个大国变成一个强国、要掌握世界的话语权、成为一个有影响力的国家，单单靠物质力量是不够的。只有掌握思想文化的主导权，凝聚全体国民的共同意识，才能拥有强大的民族凝聚力，才能提高国际竞争力。一个国家只有有了强大的民族凝聚力，在安定时外敌才不敢侵犯，即使是在些微动荡时也有足够力量抵御外辱。这样的统一的多民族实体才能日益发展壮大、提高综合国力和竞争力、自立于世界民族之林。中国梦的伟大构想，是习近平总书记在十八大胜利闭幕后首次提出的。"建设富强民主文明和谐的社会主义现代化国家是中国梦的现实目标，实现中国梦必须走中国道路，实现中国梦必须弘扬中国精神，实现中国梦必须凝聚中国力量，实现中国梦必须倾听人民呼声、回应人民期待。"① 中国梦不仅是中华儿女梦寐以求的理想，也是中国共产党"两个一百年"的宏伟奋斗目标，它将极大振奋人心、鼓舞斗志，提高整个中华民族的自信心、凝聚力和战斗力。但"中国梦"的实现不是一件轻而易举的事情，如果没有一个坚强有力的政治领导核心，没有一个凝聚全国各族人民的精神支柱，中国梦是无法实现的。而在当前的世情、国情下，这个政治领导核心和精神支柱无疑就是中国共产党。中华民族凝

---

① 参见《习近平纵论中国梦：实干才能梦想成真》，《人民日报》2019年11月29日第1版。《习近平在第十二届全国人民代表大会第一次会议上的讲话》，2013年3月17日，http://jhsjk.people.cn/article/20819130。

聚力是实现中国梦的强大精神力量。回顾历史，我们发现如果一个民族在某一时期民族团结了、民族凝聚力强劲了，那么这个民族就一定会拥有强大的竞争力，各民族一定是团结统一的，社会一定是安定和谐的。历史上的"汉唐盛世"，就是由于民族凝聚力空前强大，使得各族人民安享盛世，国家统一。各族人民没有后顾之忧才能把主要精力集中到生产上来，促进农业、工商业繁荣，成为我国历史上各项事业发展的极盛时期。而一旦凝聚力受到破坏，其结果必然是国家分裂、社会动荡、经济破败、外族入侵、生灵涂炭。民族凝聚力是强还是弱，民族关系是团结还是分裂敌对，给国家、民族和人民带来完全不同的结果。古今教训，记忆犹新。当前国际格局日新月异，来自不同地域的文化交融交锋，市场经济影响下世界观、人生观、价值观发生深刻变化。面对复杂的形势，只有全国各族人民同心同德、团结一致，凝聚来自各方面的民族力量，才能攻坚克难，才能逐渐离中国梦的现实图景更近一点。团结就是力量，团结才能胜利！

建设中华民族共有精神家园，就是在我国社会生产力获得较好较快发展、人们物质生活水平有了显著提高的基础上，着眼于满足人的新的精神需求和个性能力充分发展的需要，通过推动社会的全面文明进步，促进人的全面发展，使人们得到更多的发展空间，从而增强民族成员对民族整体的向心力。

中华民族共有精神家园是全体中华民族成员的精神支柱、情感寄托和心灵归宿。它给人以前进的方向和动力，为人们提供健康丰富的文化生活。由于它承载和寄托着人们共同的价值取向、共同的道德信仰和共同的理想目标而成为民族团结凝聚的纽带。它负载和支撑着人们崇高和伟大的精神生活、审美享受，满足着人的心灵发育与成长，保证着人的心灵滋养和健康，秉持着对人的人文关怀，使人生活在其中感到身心愉悦、健康快乐而使民族成员持续保持着对民族整体的向心力并且不断得到强化。在经济全球化和我国改革开放条件下，建设中华民族共有精神家园对于增强中华民族的生命力、创造力和凝聚力具有十分重要的意义。[①]

中华民族凝聚力以观念的形态（感情、愿望、理想、价值观）蕴藏在每一个成员之中，它的增强最终要落实到每一个成员的行动中去，而中华

---

① 尹世尧、沈其新：《中华民族共有精神家园建设与当代中华民族凝聚力的增强》，《马克思主义研究》2005 年第 11 期。

民族共有精神家园也离不开每个成员的认同。因此，把握、遵循思想文化发展规律，以全面提高人的素质为起点，以促进人的自由而全面发展为目标，建设中华民族共有精神家园，在尊重差异中扩大共识，于包容多样中增进认同，在价值认同中形成全民族共同的归属感，是进一步增强民族成员对民族整体向心力的根本举措。

第十章

铸牢中华民族共同体意识的精神和物质基础

铸牢中华民族共同体意识是一项长期的战略性的任务。因此，必须注意在铸牢中华民族共同体意识的工作中，构建起强大的具有保障作用的精神和物质基础。本章论述马克思的社会发展理论，论述中华民族文化自信的根意识，论述以马克思经济学方法论推动深度贫困民族地区脱贫攻坚——以甘肃省"两州"市场和脱贫攻坚关系为视角，其目的在于以中华民族文化自信的根意识作为铸牢中华民族共同体意识的精神基础。把市场经济的巩固和发展作为铸牢中华民族共同体意识的物质基础对待，以看得见的手和看不见的手作为推动经济发展的杠杆。

第一节 马克思的社会发展理论

本节认为马克思的社会发展理论是建立在对社会发展过程的认识、理解和研究基础之上。马克思社会发展理论还包括建设社会主义这样一个容易被忽略的内涵。

一 马克思社会发展理论的意义

马克思十分重视社会发展问题的研究，在马克思看来，社会发展问题不仅仅是一个简单的发展问题，而且是一个复杂的社会问题。因为社会发展归根结底是为谁发展、谁来发展、怎样发展的问题，这些问题一环扣一环，环环相扣。习近平总书记在纪念马克思诞辰200周年大会上的讲话中强调，中国共产党人要从九个方面学习和实践马克思主义，其中的第六个方面就是要学习和实践马克思主义关于社会建设的思想。由此可见，马克思的社会发展理论不仅在社会发展的理论建设、思想建设方面对中国共产党人具有重要的价值和指导意义,而且在新时代中国特色社会主义建设中对中国共产党人具有重要的价值和指导意义。历史和现实都无可辩驳地证明,什么时候,铸牢中华民族共同体意识按照马克思社会建设理论进行,铸牢中华民族共同体意识就会沿着正确方向前进,就会造福社会和人民。

(一) 马克思对社会发展过程的认识

马克思的社会发展理论是建立在对社会发展过程的认识、理解和研究基础之上。在马克思看来,只有当社会的生产方式发生变化时,社会的发展才能进行,社会才能从一个阶段发展到另一个阶段。马克思把社会发展区分为量的变化和质的变化两个方面。所谓量的变化指的是生产方式在已经达到的某一个阶段之后,其发展和变化仅仅是局部的、零星的。对社会变化的影响则是有限的和微小的。所谓质的变化指的是生产方式的革命性变革。生产方式发生全面的、全局的变化,对社会发展的影响和作用已经不仅仅表现为生产力和经济基础的某些变化、某些调整,而且表现为生产关系和上层建筑的根本性变化和革命性变革。

(二) 马克思所指出的社会变化的最重要的表现就是生产力的变化

生产力的变化不是纯粹的劳动工具的变化,不是纯粹的物的变化。以新发明、新创作为核心的劳动工具和人们物质生活的变化只是生产力的另一个重要要素——人的变化的结果。所以,在社会变化中,马克思非常重视人的变化。马克思对社会变化的认识、理解和研究的出发点和落脚点始终没有离开人进行,这是马克思社会发展理论始终充满魅力和活力的重要标志。在《德意志意识形态》里,马克思虽然谈到了"异化"问题,但是,马克思这时候谈的"异化"与《1844年经济学哲学手稿》里的"异化"已经不同。马克思认为只有"异化"成为无产阶级"不堪忍受的力量",把大多数人变为没有财产的无产阶级,无产阶级与资产阶级尖锐对立,"异化"的消除才能够成为现实。正如王祥指出:在马克思看来"社会的进步表现为作为人的活动的产物的一定社会关系的形成或改变,社会发展的规律也只是存在于人的能动的社会活动之中"[①]。

---

① 王祥:《社会本真批判:马克思社会发展理论的建构路径》,《江西科技师范大学学报》2017年第2期。

二 马克思社会发展理论的内涵

国内学术界在阐述马克思的发展理论的论著中，对马克思发展理论的内涵已经作出总结和概括，但是，还需要进一步完善和补充。

（一）国内学术界的代表性观点

李银娥的三点论和杜玉华的两个基本范畴论。李银娥认为马克思社会发展理论的内涵表现在三个方面："第一，源于生产力与生产关系的矛盾运动是人类社会发展的基本动力。第二，在生产力与生产关系矛盾运动基础上，社会发展表现为不同社会形态的更替演进，即社会发展是一个从低级到高级、从简单到复杂的演变过程，其间伴随着不同社会形态的更替。第三，在生产力发展这一根本前提之下，受到现代社会大工业发展与科学技术的推动，人类社会逐渐走向世界历史进程。"① 所谓"社会结构"，是指构成社会各组成要素的关系总称；"社会发展"则是指社会的生成、变化和更新过程。②

（二）马克思社会发展理论的内涵

笔者认为这种对马克思社会发展理论内涵的概括和总结是没有问题的，也是当前对马克思发展理论内涵的流行看法。但是，应该在马克思社会发展理论的内涵方面，加上"建设社会主义"这样的内涵，才能让马克思社会发展理论的内涵全面和完整。这就是说，马克思的社会发展理论不仅仅限于社会主义发展缺位的状态，而是包括社会主义发展的问题。既然如此，就应该把建设社会主义作为马克思社会发展理论的重要内涵。

我们对马克思的人类社会发展动力、发展源泉和发展规律的认识和理解都不能离开社会主义建设来研究。因为生产力和生产关系、经济基础和上层建筑这样一些生产方式的矛盾运动，归根结底都是社会发展规律的体现，其目的就是要达到社会发展的目标，使人类社会进入无阶级压迫、阶级剥削的人人自由平等的社会主义社会和共产主义社会。只有人类都进入这样的社会形态，我们才能够真正看清楚社会发展的动力、源泉和目的。

（三）社会主义能够实现资本主义不能实现的公平正义

对社会主义建设，马克思虽然只能发表自己的预测和猜想。但是，这

---

① 李银娥：《当代视野中的马克思社会发展理论》，《浙江社会科学》2016年第4期。
② 杜玉华：《新发展理念：马克思社会发展理论的新成果——以社会结构为分析视角》，《教学与研究》2017年第9期。

些预测和猜想都不是空想性质的,是建立在科学基础之上的令人信服的科学论断。马克思批判李嘉图学说的幼稚可笑。李嘉图认为全部社会产品只要属于工人阶级,社会主义将实现。马克思认为李嘉图这种应用经济学的方式是错误的,因为李嘉图只不过是把社会主义变成伦理学,变成道德上的学问。如果说资本主义社会的产品绝大多数不属于工人阶级是不公平的,那就只要把绝大多数产品归还工人阶级,资本主义就可以做到公平。对这样一个关系社会发展规律认识的重大问题的认识显然不能这样简单化、人为化的方式认识和理解。马克思认为在这样一个经济学现象的背后,还包含了非经济学的内容,这就是社会主义在其建设过程中能够实现资本主义不能实现的公平正义。马克思认为社会主义代替资本主义,是因为社会主义较之资本主义能够实现更加充分的公平正义,比资本主义社会更符合人道主义,更符合伦理道德的要求。马克思认为在资本主义社会发展过程中,生产力和生产关系、经济基础和上层建筑,总是产生这样那样的矛盾,不可避免地引发社会冲突和社会矛盾,这个冲突和矛盾发展到一定时期、一定阶段,就要引发激烈的社会革命和社会变革,这时候,新的社会形态就会代替旧的社会形态。新的社会形态比较旧的社会形态的最大优势就是能够容纳更大、更多、更好的生产力,以旧的社会形态不可能具备的优势,将社会的发展推向新的阶段。习近平总书记也是在马克思的社会主义建设的思想基础之上论述新时代中国特色社会主义的奋斗目标。马克思的社会主义建设理论告诉我们,社会主义越发展,越强大,穷人就会越少,乃至最终消灭贫困,消灭落后。资本主义越发展,越强大,无产阶级就会被创造得越多,无产阶级只能通过改变现存制度和社会形态,才能获得彻底解放。我们可以通过下面的数据对马克思的社会建设理论内涵加深理解。据英国《卫报》网站和联合国人权高专办网站2017年12月报道,美国有5230万人生活在"经济贫困社区",约1850万人处于极度贫困状态。英国广播公司网站2017年12月11日报道,美国有1330万贫困儿童,占儿童总人口的18%;美国城市研究所的数据显示,美国有近900万儿童在持续贫困的家庭中成长,占儿童总人口的11.8%。[①]

---

① 《2017年美国的人权纪录和2017年美国侵犯人权事记》,中国日报网,2018年4月24日,https://baijiahao.baidu.com/s?id=1598630840838405913&wfr=spider&for=pc。

三 马克思社会发展理论的特点

马克思的社会发展理论表现了一位伟大的无产阶级革命家的宽广视野、博大胸襟和非同寻常的远见卓识,是革命现实主义和革命理想主义的完美结合。

(一)从人类社会发展的宽阔视野阐述了社会发展过程中的两个必然

两个必然是马克思从资本主义这个特定社会形态出发对人类社会发展的认识和理解。这个社会发展规律不以人们的意志、意图为转移,反而会决定人们的意志和意图。人们只有服从这个规律,才能与时代一起进步,如果违反这个规律就是逆历史潮流而动。但是,这绝不是说,这个普遍的社会发展规律在世界各地都是一样的,而是受到当时的社会历史条件的影响,在不同地方表现出不一样的特点。在相同的社会发展规律支配之下,在不同的国家,发展道路和发展模式肯定具有不同之处。马克思的东方社会发展理论就是这个认识的产物。马克思的这两个必然是建立在对资本主义的双重否定之上。一是对资本主义生产方式产生的资本主义私有制的否定,二是对资本主义所处的社会形态所表现的不公平、不人道的否定。

(二)从人类社会发展的宽阔视野阐述了社会发展过程中的两个决裂

两个决裂则是从社会主义脱胎于资本主义这个视角出发论述社会发展问题。马克思在1845年和恩格斯合著的《神圣家族》中指出:法国大革命领导人之所以失败就在于没有摆脱旧时代旧思想、旧观念的影响,马克思无比惋惜地认为那是一个"多么巨大的错误"。共产主义革命就要吸取这个教训,不能现成地掌握资本主义社会遗留下来的国家机器,而要彻底打烂它,重新建设社会主义的国家机器。但是,旧社会、旧思想、旧观念的影响不是一下子就随着社会主义的国家机器建立自行退出历史舞台,它们仍然还会苟延残喘,有时候还会死灰复燃,与社会主义的意识形态进行这样那样的斗争。如果不实行两个彻底决裂,社会主义的意识形态就不能从根本上建立起来,指导人们建设社会主义。

(三)强调党的领导和人民当家作主的统一是新社会发展的标志

马克思认为在人民当家作主的社会主义社会,必须有无产阶级政党的领导。无产阶级政党的领导，不仅是推翻资产阶级，建立社会主义社会的不可缺少的条件，而且是建设社会主义不可缺少的条件。李士珍指出："有些西方社会学家发出'不能没有马克思'的呐喊。但由于当前中国社会发展过程中面临着环境压力加大、社会贫富差距比较明显等问题，人的全面发展有诸多挑战，一些人对已彰显巨大优势的中国特色社会主义道路信心不足。"[①] 这个问题的产生就是对马克思关于社会发展理论的党的领导和人民当家作主的思想认识不到位的结果。习近平总书记在纪念马克思诞辰200周年大会上的讲话中对马克思社会发展理论的这个重要特点结合新时代进行了深入阐述，需要我们认真学习和领会，与马克思的社会建设理论相贯通。

第二节　中华民族文化自信的根意识

中华民族文化自信的根意识是由文化精神、文化情感和红色文化基因构成的共同文化认同取向。

一　中华民族根意识的涵义

所谓根意识就是来自文化的源的意识。这个意识不仅表现为具有深厚的历史根源，而且表现为对现实的能动作用，是历史传承和现实发展的产物。

（一）中华民族根意识的构成

中华民族文化自信的根意识是由相互联系、相互贯通的文化精神、文化情感和红色文化传统基因构成的共同文化认同取向，其一，文化精神按照杜维明先生的解释就是"一种比较遥远的回响"[②]。杜维明先生认为这个回响能够听得到，心里有感觉，但是和现实很难接上头。其二，文化情感。这个文化情感毫无疑问是忧国忧民的文化情感。自鸦片战争以来，中国从一个泱泱大国沦为一个任人宰割、任人欺辱的东亚病夫，这样一个惨痛的现实让中华民族产生了强烈的文化悲愤感。这种文化悲愤感反映到现

[①] 李士珍：《马克思社会发展理论的正本清源之作——评〈马克思社会发展理论的中国化时代化大众化研究〉》，《内蒙古农业大学学报》（社会科学版）2017年第5期。

[②] 杜维明：《儒学第三期发展的前景问题》，生活·读书·新知三联书店2016年版，第22页。

实之中就是渴望中华民族摆脱帝国主义列强的欺负，实现中华民族伟大复兴的中国梦。其三，红色文化基因指自中国共产党成立以来中国人民在反对帝国主义、封建主义和官僚资本主义的革命斗争中形成的红色文化传统。这个红色文化基因凝聚为马克思主义中国化过程中形成的中国特色社会主义的先进文化。

（二）中华民族根意识的礼治统治模式

追溯中华民族文化自信的根意识，就不能不把中华民族的宗族意识和礼治文化统治模式拿出来探讨。王国维先生在《殷周宗族论》中指出宗族起源于周代，由周公所开创。著名考古学家张光直先生认为，距今四千多年出现在黄河中下游的龙山文化中已经出现宗族现象。宗族由大宗和小宗组成。所谓大宗就是一个大家族，所谓小宗就是一个小家族。这些大大小小的宗族构成了中国的人口基础、文化基础。这些宗族依靠礼治文化统治模式维持，由这些同宗、同族、同祖构成的国家也依靠礼治文化统治模式维持。礼治文化统治模式是中华民族文化自信根意识的原点。

（三）中华民族文化自信的根意识与中华民族传统文化

中华民族文化自信的根意识就是对中华民族传统文化完整的回归和完整再现。这个回归和再现不是支离破碎的，掐头去尾的，更不是断章取义，任意裁剪的为我所用，而是对中华民族传统文化的完整、准确、全面的认识和理解，是一种古为今用，推陈出新式的再认识、再理解和再构建。习近平总书记指出："中国有坚定的道路自信、理论自信、制度自信，其本质是建立在5000多年文明传承基础上的文化自信。"[1] 习近平总书记的这个表述是从向中华民族传统文化回归的意义上谈文化自信。向中华民族文化回归的深刻含义就是要认识和理解中华民族的"国故"，把中华民族的家底搞清楚，理解中华民族文化的深刻内涵、基本内容、表现形式和精神气质，以让生活在当代的我们能够与历史和文化同行，能够将历史和文化的资源作为前进的不竭动力。对中华民族的"国故"的认识和理解构成了向中华民族文化回归和再现的基本前提。中华民族的"国故"与法和德结下不解之缘，春秋战国时代的诸子百家思想，内容丰富，形式多样，多姿多彩，蔚为壮观，但是，分析起来不外乎倡德倡法两个模式，法家偏

---

[1] 中共中央文献研究室编：《习近平总书记重要讲话文章选编》，中央文献出版社2016年版，第287页。

法，儒家偏德，介于两个模式之间就是杜维明先生指出的内心不容易表达的仁者见仁、智者见智的混杂了道、佛等思想的微妙感受。无论儒家还是法家，都没有偏废德法一方的意思，只是根据统治阶级和社会发展的需要强调的重点有所不同而已。在当代社会，人们迫切希望回归到中华民族传统文化的根意识，并以此作为人与人之间交往的纽带，作为人与人之间互相约束、相互联系的遵循。这种基于文化自信的根意识一方面能够指引人们在市场经济的商业活动中有序调节资源、进行劳动力转移、促进生产要素合理流动，确保交易平等、信守契约、尊重权利、法治落实、社会关系良性运转；另一方面也能够引导人们在风险社会中爱国爱家，互帮互助，信守承诺，善良友爱，诚实守信。因此，文化自信的根意识是中华民族走向未来的时代精神需求。宋代著名学者欧阳修指出："观天下而成者，人不得而私也；体一国而成者，众不得而违也；会神明而成者，物不得而欺也。"① 由此可见，成功的国家一定要有一个共同的基准，这个基准可以是法，可以是德，但是，无论法和德怎样立意和表述，都是历史和文化的产物，都是一种文化自信的根意识的发展和创新的建构。

二 中华民族文化自信的根意识的去社会幻象

中华民族文化自信的根意识之所以被碎片化和去历史化、去传统化，很大程度上是被社会幻象所遮蔽。应该通过中华民族根意识的去社会幻象表现这种根意识的本来面目。

（一）社会幻象的涵义

社会幻象这个词的发明者美国社会学家柯林斯指出："我们所看到、听到和读到的世界是经过各种成见和歪曲所滤过的。我们可以把这些成见和歪曲称作意识形态、幻想、广告炒作或者政治口号。"② 柯林斯认为造成这种社会幻象的原因就是我们倾向接受戈夫曼指出的前台展现的东西而忽视了戈夫曼指出的后台发生的事情。戈夫曼指出的前台展现的东西就是马克思最先指出的资本主义社会存在的事实和价值的分离这个矛盾。在资本主义社会里，阶级剥削和阶级压迫的事实被金钱和资本的价值和功能所掩盖和歪曲，人们看见的贫富悬殊、两极分化的事实明明是社会结构和阶级

---

① 陈新、杜维沫选注：《欧阳修选集》，上海古籍出版社 2016 年版，第 47 页。
② ［美］柯林斯：《发现社会》，李霞译，商务印书馆 2014 年版，第 1 页。

第十章　铸牢中华民族共同体意识的精神和物质基础

结构不合理造成的,但是,人们却相信金钱万能、市场万能可以解决这个矛盾,没有看到比金钱和市场更重要的人的价值、人的需要、人的作用。戈夫曼指出的后台发生的事情就是资本主义社会的价值观围绕权力、地位、等级和金钱的构建和确立,这种价值观造成社会和人被异化和扭曲以致无法改变的后果。改革开放为中华民族提供了接触西方社会的机会,科学主义、实证主义、功利主义、个人主义等被鼓吹和倡导,人们越来越相信五四时代吴稚晖鼓吹的"把线装书丢在茅厕坑"的西化或者去历史化和去传统化可以解决社会和人的发展的全部问题,所以,人人下海经商,全民崇拜金钱现象的出现就不足为奇了。可是,仅仅追求物质生活的富足,忽视了精神生活的价值,轻视传统,不但人的超越功利的自由创造无法实现,人的道德的锤炼和升华也会被眼前的实际利益吞没,而且人性中最宝贵的为真理而真理、为精神而精神、为学术而学术的理想信念也将被视若垃圾随便丢弃。一个民族的精神出现文化自信的根意识的空白很难在短时间填补,依靠大量译介西方哲学、社会科学著作来填补这个整体的大空白,又会消解文化自信赖以成长的根意识。

(二)　中华民族文化根意识的文化自信是"个体自觉性生活"的产物

我们所处的时代是一个英国社会学家齐格蒙特·鲍曼形容的"流动"的时代。"流动"毫无疑问比任何一个现代观念更能够启发我们去思考、认识和理解文化自信的根意识。鲍曼自2000年以来推出他的一系列以流动为主题的专著的本意就是希望我们不要忘本。鲍曼的"流动"理论将"共同体力量"的削弱作为介于"权力的全球化运作"和"个体解放"之间的过程,这个结果就是鲍曼指出的"个体自觉性生活"的产生。中华民族文化自信的根意识就"流动"意义看,也是"个体自觉性生活"的产物。每个人在市场经济大潮中,开启了个人自主性、独立性和选择性的生活之旅。人们的流动是为了生活得更有价值、更有意义。鲍曼认为:"流动的生活,意味着持续不断的新开端,正因为如此,它也意味着迅速而自然的终结,没有这些终结,也谈不上新开端。新开端往往是流动之生活最有挑战性的时刻,也是最令人不安的烦恼。"[①] 在当前这样一个流动的社会

---

①　[英]齐格蒙特·鲍曼:《流动的现代性·序言》,徐朝友译,江苏人民出版社2012年版,第2页。

里，我们很难在历史和现实搭建的平台里回答我是谁的问题，也很难自诸多选择面前找准自己的定位，这就是说文化自信的根意识很容易被五光十色的生活遮蔽。在这张遮蔽人们视野的"流动"之网里，人们看见的只是金钱、资本、功利这样一些浮在表面的社会生活事实，而没有透过这些现象看到构成文化自信的根意识的价值所在。这与我们在一个"固态"社会里早就被规定、约束、限制、划界是完全不同的。"固态"社会的文化自信来自无风险的权力指派，来自我们天生的依赖感和归属感。在高度"固态"的社会里，我们的社会形象与我们共有的理想是一致的，我们的个人需求与我们共有的资源是一致的。在"流动"社会里，我们的存在和发展因为要依靠独立性、自主性和个性而变得艰难起来，我们与他人共同性和一致性的瓦解带来文化自信的根意识的离散。

（三）中华民族根意识的文化自信缺乏带来的问题

中华民族的现代化命运可以说就是在社会幻象遮蔽和"流动"影响之下所出现的文化自信的根意识危机。这个危机造成了人们深刻的"脱序"之感和无所适从的文化断层之感。文化自信的根意识在追求"利"的心理虚浮状态下无法浮现在人们的意识里，因为根意识的缺乏带来的各种病态行为和离奇心态，造成很多人对于中国传统文化的发展脉络，对于蕴含在中华传统文化中的精华只能作出皮毛的理解、肤浅的把握和行为的脱钩。当一个社会不去认真对待民族文化的根意识文化自信的缺乏带来的种种问题，一个民族的精神发展就会受到极大影响，这种影响与物质的匮乏的表现具有一定相似性，如果一个民族长期处于物质匮乏状态，不仅会产生物质生活较为贫乏的问题，而且会出现民族生活的单调问题。因为物质的东西尽管不像精神的东西具有自我运动的本能，但是，它的作用又不可缺少，是精神的东西的基础。所以，如果中华民族文化根意识的文化自信缺乏，我们有可能忘记历史，忘记中华民族走过的历程，出现三观被扭曲的问题。

三 中华民族文化自信的根意识的身份认同

如果说探讨中华民族文化自信的根意识引起这么大的社会反响是因为我们对文化自信的根意识的认识和理解需要唤回文化的帮助才能不断深化，那么，对中华民族文化自信的根意识的身份认同就成为中华民族文化自信根意识的一个核心元素。

(一) 以什么样的身份建立文化自信的根意识

中华民族文化自信的根意识首先要回答我们以什么样的身份建立文化自信的根意识。中华民族的身份认同可以说是中华民族文化自信的根意识的不断构建和不断发扬光大，既是这个根意识构建的第一步，也是这个根意识进一步发展壮大的母体。身份认同逻辑地反映了个体的心理属性和社会属性的根在哪里，反映的是个体出身的"根"。如果说身份认同与文化自信同时发生，同时存在，那么，违背文化自信的根的人就成为文化的边缘人，一个漂浮的没有文化根的人。

对中华民族文化自信的根意识的身份认同的两种观点是主观主义和客观主义。主观主义的观点也被称作"原生主义"，即：身份认同是原始就有的，不以其他族群为参照，是一出生就带上的，是最自然的情感关联。通过族群传承的对族群的归属是最基础的、最具有决定性的归属。客观主义的观点认为一个人具有真实的身份认同，必须与文化、领土相联系，由客观存在的语言、文化、宗教、集体心理所决定。对于主观主义来说，身份认同是一个通过想象出来的共同体决定的一成不变的身份。客观主义则把身份认同完全等同于环境的产物，是机械式的被环境决定的被动产物。

我们所说的中华民族文化自信的根意识的身份认同既不是主观主义的产物，也不是客观主义的产物，是在社会关系中产生的一种社会建构而非给定之物，是人的主观选择性相联系的客观环境的产物。市场经济的发展、全球化进程的加快、产品交换的畅通、交通工具的改善使我们可以根据新的要求建构中华民族文化自信的根意识的身份认同。任何一种身份认同的核心都是"自我"的构建。我们可以用美国人类学家弗里德曼的"平等人"指称隐含在文化自信的根意识中的身份认同的自我。中国传统文化中的"自我"的历史可以说都与"平等人"密切相关。五四时期，人们通过探讨"自由"这个问题，追寻"平等人"的实现，胡适认为：作为个人的小我会死，作为社会的大我不死，个人如果没有自由，国家也不会有自由。在古代，中国人的"自我"的最高境界就是"立德、立功、立言"。这个自我观充分表现了对个人能动性的强调，这种强调人生不朽的人生观也可以说是一种追求自由的人生观。魏晋时代是中国历史上最早的自我意识觉醒的时代。嵇康明确表示孔孟思想压抑人性，应该推翻，竹林七贤不受礼法限制，放浪形骸，张扬个性，批判现实，表现了人的自我意识的初步觉醒。佛教传入中国，因是无父无君之教，故更强调人的自我意识和人的行为的自主性和独立性，有力促进了自我的发展。宋明理学不局限于人性善和人性恶的两分法，把人性看成是善和恶的一个整体，推进了对自我的丰富性和复杂性的认识和理解。

（二）中华民族文化自信的根意识的身份认同的"时空压缩"特点

由于互联网技术和现代通信技术已经使得"平常的时间和空间的边界崩溃了"①，各种新技术把批量生产和批量复制相结合，可以生产出来各种各样的"几乎是个性化的产品"，而不是19世纪、20世纪以来商业化的定制、定型的千篇一律的生产和产品，一些古老风格的产品甚至可以很廉价地获得。在这个背景下，中华民族文化自信的根意识的身份认同表现了"时空压缩"的特点，对这种"时空压缩"的体验是挑战性的，令人兴奋和紧张的，也令人深深忧虑。"时空压缩"把"单个灵魂及其众多不同兴趣集中起来"②，成为当代社会矛盾的聚焦点和爆发点，人们可以在"时空压缩"的生存中看见各种风格产品的大卖场，看到各种选择产生的难以抗拒的诱惑，看到无数转瞬即逝的机会纷至沓来，看到思想文化生产的简便易行。这就意味着个人必须变得"非常强壮和变化多端，"③ 以应对各种风险，化解各种危机。在"时空压缩"的背景下，如果没有文化自信的根意识的身份认同，每个人就会被商业化、金钱化，每个人的根意识的表现就可能是支离破碎、各取所需的"随心所欲"，而不是体现深度感和广度感的整体结构。如果是这样，人们从事各种专业和职业，人们进行的各种各样的交往交流交融就仅仅是为了功利和商业的目的，而不是为了体现自我的文化自信的根意识的身份认同的价值和意义。在当代，任何人都可以通过位置的选择确定自己的身份认同。这是因为身份认同首先是一个位置的概念，谁占据一个位置，谁就可能产生与之相联系的身份认同。为了在"时空压缩"中，应对时间和空间可能带来的崩溃的压力，每个人的身份认同无论如何都必须与文化自信的根意识相结合，只有如此，每个人才能够找到自己的位置，确定自己的文化身份，明确自己的文化走向。这个结合的紧密度决定了文化自信的根意识的深度和高度。中华民族文化自信的根意识的身份认同在"时空压缩"中，既是对中华民族的单一的身份认

---

① ［美］哈维：《后现代状况》，闫佳译，商务印书馆2014年版，第104页。
② ［美］哈维：《后现代状况》，闫佳译，商务印书馆2014年版，第342页。
③ ［美］哈维：《后现代状况》，闫佳译，商务印书馆2014年版，第344页。

同，又是对自己所扮演的各种社会角色的多样的身份认同。中华民族文化自信的根意识的身份认同就是费孝通先生提出的"文化自觉"的表现，费孝通先生希望在西方文化强烈的冲击下通过"文化自觉"跳出困惑几代知识分子的中西文化之争。费先生认为保持对中华民族的文化认同，既不能以西方的现代文化代替中国的传统文化，也不能以"文化大革命"的方式全盘否定我们的传统文化，唯一正确的出路就是从理论和实践的结合上认识和理解文化自信的问题。中华民族文化自信的根意识的身份认同可以说是我们认识和理解文化认同的一个方法。按照这个方法，我们回到传统，不是主观主义的"回到"，不是把传统看成一成不变的、完美无缺、不需要发展和变化的"回到"。也不是客观主义的环境决定论的把传统看成是机械、教条的"回到"，是一种构建和创新的"回到"。因为文化不仅仅是对环境的适应还兼有对环境的改造和对社会的移风易俗。中华民族文化自信的根意识的身份认同，不仅仅强调中华民族身份认同的必要性和重要性，也强调中华民族身份认同的发展性和变动性。中华民族身份认同中的一些东西永远不会过时，具有超越时间和空间的永恒价值，这是建立中华民族文化自信根意识的基础。中华民族根意识的身份认同中的有些东西也难免时过境迁，与新时代、新环境的要求相抵触。以这样的辩证法认识和理解中华民族文化自信的根意识的身份认同就不会陷入中西文化之争的困惑，也不会走进全盘肯定或者全盘否定传统文化的旋涡。

（三）构建三类中华民族根意识的身份认同

在中华民族文化自信的根意识的身份认同的自我以"平等人"方式"构建"和"重组"过程中，特别应该注意构建三类中华民族根意识的身份认同。

第一类身份认同的构建就是对生活风格的基调的认同。美国社会学家弗里德曼把这个认同称作是"最小的认同"。这个认同就是颜元提出的"惟平易以度艰辛，谦和以化凶暴"①。这种携带在血液里的文化认同可以说具有众所周知的族群性特点，这是历史传承下来的、祖祖辈辈都是如此的生活模式和生活风格的体现，可以用生物遗传和族群遗传的概念表达。大家都这样生活，我也不能例外就是这种文化认同的根意识身份认同的最直接的生物遗传的表达、最族群性的历史表达。这就是说对生活风格的基

---

① （清）戴望：《颜氏学记》，刘公纯标点，中华书局2009年版，第99页。

调的认同由历史、族群、遗传、环境等诸多难以更改的惯性因素和历史因素决定。

第二类身份认同的构建就是对个人所在的族群的认同。这个认同是一种辨认式的认同,是区别于公民社会中的国家认同的一个实体性的认同。这种分辨通过细分个体在文化上的特殊性完成。这个阶段的根意识的身份认同的文化特征是"刻"在每个族群的个体的语言、思想、服装、举止、行为和身体上而被一眼就能够辨认出来的图像。

第三类身份认同的构建就是对个人所在国家的认同。这是由身份的多样化认同决定的更高级别、更深层次、更大范围的认同,也是以上述认同为基础的共生性、共识性和共感性认同,是多元向一体回归的认同。国家认同和族群认同的不同点就在于族群认同"分"的色彩较为浓厚,国家认同的"合"的色彩较为浓厚。在这一类身份认同的构建中,族群与族群的边界被国家认同所消除,各民族成员均由文化上的"差别人"上升为文化上的"平等人"。就其历时性的时间维度和共时性的空间维度看,这个认同不仅表现了对传统文化的精神和情感的传承,而且表现了革命红色传统文化和社会主义先进文化的融入。这个身份认同表现为鲜明的历史性、民族性和时代性,凝结为礼治文化统治模式的个人形态。

老子指出:"善建者不拔,善抱者不脱。"① 中华民族文化自信的根意识包含了丰富深刻的内涵。怎样把中华民族文化自信的根意识发扬光大,为我所用,付诸实施,直接关系中华民族的生存发展,是需要进一步探索的重要课题。要从解开社会幻象开始,找到中华民族文化自信根意识的真谛;要从身份认同开始,确定中华民族文化自信根意识的基础;要从确定文化位置开始,将"流动"产生的"时空压缩"带来的难辨真伪、鱼龙混杂的社会现象进行一番切实的改造。"流动"是现代社会需要的一种生活形式和工作方式,但是,"流动"不是对中华民族文化自信的根意识的放弃和解构,而是从"等级人"走向"平等人"的必然选择。中华民族文化自信的根意识的身份认同是对中华民族根意识的保存,也是对中华民族文化自信的根意识的发扬光大。老子指出"归根曰静,静曰复命"②,重归中华民族本根的原理就是要获得一种反思和超越的静,这个凝聚着历史和现

---

① 无聊子:《道德经通俗解》,宗教文化出版社2017年版,第88页。
② 无聊子:《道德经通俗解》,宗教文化出版社2017年版,第26页。

实智慧的静将孕育产生推动中华民族进步繁荣的新生命、新活力。这是中华民族文化自信根意识建立的必然结果和逻辑归宿。

第三节　以马克思经济学方法论推动深度贫困民族地区脱贫攻坚
——以甘肃省"两州"市场和脱贫攻坚关系为视角

甘肃省"两州"是国家深度贫困地区。通过调研，我们发现市场和脱贫攻坚关系问题是制约"两州"这些深度贫困民族地区发展的最大问题。破解这个难题，就要按照马克思经济学方法论的要求，建立"看得见的手"和"看不见的手"共同推动发展的、市场作用和政府作用协调统一的大扶贫格局。

一　以"看得见的手"和"看不见的手"共同推动发展

"两州"需要补齐的短板很多，但是，最关键的是要在习近平新时代中国特色社会主义思想的指导下，以马克思经济学方法论推动"两州"脱贫攻坚。卢卡奇就明确指出："马克思主义问题的正宗是纯粹讲方法的。"[①] 卢卡奇还把马克思经济学研究方法论概括为历史的研究方法。卢卡奇对马克思经济学方法论的认识显然是片面和不完整的。马克思经济学研究方法论比卢卡奇指出的历史方法要丰富和深刻。

（一）"两州"脱贫攻坚存在的问题

甘肃省民族地区土地面积18.36万平方公里，占全省总面积的43%。21个民族县中，除肃北县和阿克塞县之外，其他19个都是贫困县，其中深度贫困县18个（"两州一县"17个县，省属深度贫困县张家川县1个），插花型贫困县1个（肃南县）。2017年底，全省民族地区共有贫困人口89.37万人，占全省贫困人口的16.2%，贫困发生率为31.9%，比全省26.6%的贫困发生率高出5.3个百分点。全省民族地区共有建档立卡贫困村1039个，占全省6220个贫困村的16.7%，有深度贫困村585个，占

---

① ［匈牙利］乔治·卢卡奇：《历史与阶级意识》，杜章智译，商务印书馆1999年版，第13页。

全省3720个深度贫困村的15.7%。"两州"经过努力,脱贫攻坚成绩显著,2017年底,临夏州剩余贫困人口26.05万人,临夏市已全面做好贫困县整县退出验收准备工作。2017年底,甘南州剩余贫困人口4.74万人,碌曲、玛曲通过省级脱贫验收。但是,"两州"的脱贫攻坚问题仍然突出,"两州"贫困发生率为12.4%,比全省9.6%的贫困发生率高出2.8个百分点。"两州"农村居民人均可支配收入为6621元,比全省8077元的农村居民人均可支配收入少1456元。"两州"因灾致贫返贫现象突出,常年因灾返贫人口在15%左右,灾年高达30%。"两州"公共服务均等化水平低,人均受教育时间短,医疗卫生、教育水平低。甘南州需要4500名医护人员,实际仅有3000人,群众看病难问题无法根本解决。临夏州经过努力小学入学率仅为70%左右。"两州"贫困人口多为小学文化程度,有的还是文盲,对接受新文化、新信息、新思想的能力有限。近年来,"两州"各级组织虽然不断加大对贫困群众的劳务技能培训和实用技术培训,也取得了初步效果。但与"两州"扶贫对象的人数相比,培训率低,仅仅为10%,持证率更低,仅仅5%。受传统生产方式影响,"两州"群众从事传统农业、畜牧业的群众占到很大比例,在生产技术、管理经营上都比较滞后。"两州"农民合作社规模小,市场竞争能力不强。群众致富渠道窄,手段少,缺乏真正能够拉动经济增长促进群众增收的产业。"两州"四分之三的村无合作经济组织,三分之二的村无集体经济,无人管事、无人干事、无钱办事现象突出。省扶贫办出台的每个村给一个脱贫攻坚项目50万元,每几个村联合一个合作社项目200万元,在"两州"很难实施下去,没有人愿意牵头,没有人愿意入股是一个普遍现象。有的村民甚至建议最好把这些钱分给他们自行使用。"两州"一些深度贫困地区扶贫与防灾减灾结合度低,是各种自然灾害易发频发区。许多地方经常发生地质断裂、泥石流、暴雨和地震等灾害。由于这些地区抵御自然灾害风险的能力差,扶贫开发成果的长效性和可持续性难以保证。近年来省扶贫办将扶贫项目与防灾减灾项目同研究、同实施。但从实际需求看,扶贫与防灾减灾结合得还不够紧密,由于灾害所致,"两州"一些扶贫项目未发挥效益就毁于灾害中。

(二)对商品理解存在的问题

马克思从商品开始研究资本主义的生产规律和特点。马克思从分析简单的商品生产开始,分析商品在资本主义社会的价值和作用,直至发现了资本主义社会存在的秘密,揭露出资本主义对无产阶级剥削和压迫的本来面目。马克思在研究资本主义社会的过程中,紧紧抓住社会的经济关系这个线索去认识和理解社会问题,比资产阶级的经济学家看得更远更深。亚当·斯密认为自古以来交换和分工紧密联系在一起,人类的天性就是利用分工,通过交换实现富裕的梦想。马克思没有否认交换和分工在商品生产中的联系,但是,马克思认为分工不是通过工人交换他们个人产品而实现,只有"独立的互不依赖的私人劳动的产品,才作为商品互相对立"①。亚当·斯密所看到的基于人性形成的商品生产,被马克思看到的基于社会关系形成的商品生产所代替。马克思认为:"每个商品表现出使用价值和交换价值两个方面。"② 在这样一个基础之上,马克思的经济学方法论坚持经济学的概念必须也是社会学的概念,不能把商品简单理解为一个单纯的经济学概念。商品关系是人和人关系的表现。按照马克思经济学方法论的规定,相比较而言,商品的使用价值的社会关系的内涵不如商品的交换价值的内涵丰富和深刻。一个商品的特征不是它的使用价值,而是它的交换价值。使用价值仅仅是消费的前提,更多表现为一种消费的欲望、能力和爱好。因此,认识商品的实质一定要认识商品的交换关系。"两州"还没有形成市场作用和政府作用协调统一的大扶贫格局,与对商品的使用价值和交换价值的关系缺乏正确认识和理解具有直接关系。商品在市场上,按照一定比例交换,从社会的总劳动中消耗其中一部分劳动,所以,就不能认为一个人越是懒惰,对工作越不熟练,他生产的商品就越有价值。这样的人在生产商品花费的时间越长,他的劳动的价值就越低。正因为认识上的这个偏差,把商品的使用价值看得过重,只是想使用商品,不想创造商品的交换价值,导致"两州"的脱贫攻坚还停留在"输血"阶段,其内生动力和长效机制尚未形成和建立。由于长期形成的等、靠、要的旧思想、旧观念、旧习俗根深蒂固,由于缺乏脱贫的理想信念和基本技能,一些贫困群众安于现状,不思进取,一些贫困群众甚至不愿意如期脱贫,想长期吃低保,让国家养活。从政府层面的脱贫攻坚工作看,由于认识偏差、任务紧迫、工作繁重、层层加压等主客观原因,形式主义、官僚主义、弄虚作假、急躁和厌战情绪也在一些政府部门长期存在,无法根

---

① 《马克思恩格斯全集》第23卷,人民出版社1972年版,第55页。
② 《马克思恩格斯全集》第13卷,人民出版社1962年版,第15页。

除，影响脱贫攻坚有效推进。

（三）商品是现代社会所表达的最简单的社会形式

马克思把商品称作是现代社会所表达的最简单的社会形式。马克思认为："商品价值体现的是人类劳动本身，是一般人类劳动的耗费。"① 抽象劳动之所以是抽象的就在于这种劳动排除了一种劳动和另一种劳动相区别的特点，将劳动表现为"劳动的一般"（马克思语），即一切劳动共同具有的那些特征。这个抽象的劳动既不是这个行业的劳动，也不是那个行业的劳动，是劳动本身表现的创造财富的最一般的活动。认识这一点对我们认识"两州"开展的精准脱贫十分必要。"两州"在精准脱贫方面采取的措施是紧盯省委、省政府出台的政策措施，推动产业扶贫、就业扶贫、教育扶贫、光伏扶贫、旅游扶贫、交通扶贫、饮水安全、危房改造、兜底保障、资金投入等政策落地生根。在这些工作中，"两州"投入大量人财物。不能否认，把这些工作做好，对"两州"打赢脱贫攻坚战取得决定性胜利是完全必要的，但是，根据马克思经济学方法论，在各种劳动中的那个总的社会劳动力，要成为创造社会财富的力量。需要从这个用途转移到另外一些用途，不能仅仅停留在某一个方面、某一个层面。所以，"两州"仅仅抓这些政府层面、政府领域的工作还不够，这些常规性工作虽然是精准扶贫、精准脱贫不可缺少的、基础性、保障性的工作，但是，这是"看得见的手"在起作用。要把脱贫攻坚工作的速度加快，增强脱贫攻坚的内生动力，建立脱贫攻坚的长效机制，还有"一只看不见的手"需要引起注意和重视，也应该把它的作用发挥出来。这只"看不见的手"就是市场经济的杠杆作用。"两州"劳动力从事的跟随政府计划的工作，不是劳动创造商品交换价值的工作，是劳动耗费在使用价值的工作。"两州"推动经济社会持续健康发展的手段主要是依靠政府。政府做计划，跑项目，要资金，争资源，积极性很高，这些活动对于劳动者来说，还是一种比较简单的劳动，群众有了项目、资金，配置了资源，就可以进行生产活动。但是，这种生产活动因为技术含量和工序设计都比较简单，还不能在产品上附加充分的市场价值，是粗加工、粗制作的初级产品，这是市场作用相对薄弱，对配置资源、吸纳资金、争取项目、调动群众积极性的作用没有充分发挥出来的表现。所以，"两州"群众手里的各类产品很多都没有能够

---

① 《马克思恩格斯全集》第 23 卷，人民出版社 1972 年版，第 57 页。

进入市场成为可以买卖的商品，自给自足的自然经济形态依旧占主导地位。甘南州丰富的畜产品如牛羊肉、奶品、皮毛制品的质量在全国都排名在前，临夏州的牛羊肉、餐饮业也在全国有一定名气。但是，这两个州的这些产品还没有形成统一的市场，没有产生品牌效应，在全国市场占有的份额微不足道。"两州"都在这方面有一个认识误区，这就是过分看重贫困人口的天赋才能。例如，甘南州贫困群众长期从事畜牧业，按照经验，这些群众即便不经过教育和培训，也会因为世代相传的经营方式，依靠习惯就有能力把畜牧业搞好。临夏州贫困群众长期从事经商活动，世世代代贩卖各种货物，开商店，经营小本生意。这些群众也不需要教育和培训，无师自通。这种只看重天赋才能而忽视教育和训练的认识，以不被察觉的缓慢方式成为"两州"脱贫攻坚的障碍。实际上，劳动复杂性的差别是才能先天差别和后天教育训练差别相结合的产物。马克思指出：各种劳动的差别是"生产者背后由社会过程决定的"①，不是传统和习惯决定的。

二 形成市场和政府双重作用的重要性和紧迫性

马克思在《资本论》第 3 卷中指出："在需求方面，看来存在着某种数量的一定社会需要，要满足这种需要，就要求市场上有一定量的某种物品。"② 马克思认为市场需求除了受到一定量的物品的影响外，主要受到收入和分配的制约，至于消费者的欲望在市场需求中的作用则是十分有限的，这是因为市场需求仅仅部分与消费者欲望相联系。主要是与能够消费的人的一定收入和分配相联系。因此，充分认识形成市场作用和政府作用协调统一的大扶贫格局的重要性和紧迫性，采取相应的对策，增支增收，是"两州"建立市场调节收入和分配的主要工作。

（一）破解收入和分配关系的困局

现在，"两州"贫困人口的收入和分配多数是政府给物、给钱包揽，贫困人口自身拥有的收入低，多数贫困人口依靠政府救济生活。"价值规律"没有起作用。马克思经济学方法论中的"价值规律"包括了市场经济条件下，发挥作用的各种力量，包括需求关系和供求关系。"两州"贫困人口的收入和分配活动都不是竞争决定，是由政府计划决定。这种把收入

---

① 《马克思恩格斯全集》第 20 卷，人民出版社 1971 年版，第 215 页。
② 《马克思恩格斯全集》第 25 卷，人民出版社 1974 年版，第 210 页。

和分配置于政府的自觉控制之下,好像解决了价值规律自发起作用的市场无序行为。马克思指出:"当我们说垄断价格时,一般是指这样一种价格,这种价格只由购买者的购买欲和支付能力决定,而与一般生产价格或产品价值所决定的价格无关。"① 把收入和分配置于政府的自觉控制之下,利弊共存。我们当然要看到其中"利"的一面,这就是:商品生产在社会主义制度下并不像在资本主义制度下那样,都采取商品的形式,社会主义制度下的商品生产的一部分通过国家购买的方式,转化为对贫困人口的公共服务。在中国的社会主义制度下,这种国家提供的公共服务,是要满足包括贫困人口在内的一部分消费水平低的低收入群体需要,目的是保证全体人民共同富裕。但是,我们不要让一种倾向掩盖了另一种倾向,另外一个趋向必须引起足够注意,这个"弊"的一面也不能忽视,也要想方设法采取措施解决好,这就是贫困人口不必参加生产,不必创造劳动价值,就可以轻而易举通过占有他人的财产满足自己的消费需求。这样,国家就沦为一个纯粹的经济工具,而缺乏马克思主义国家理论所认为的国家是全体人民利益公平公正的代表这一政治含义。

(二)市场作用和政府作用协调统一

习近平总书记对形成市场作用和政府作用协调统一的大扶贫格局作出许多论述。2017年6月30日在深度贫困地区脱贫攻坚座谈会上的讲话,2014年5月26日主持中央政治局第十五次集体学习时的讲话,在党的十九大报告中,都反复强调市场作用和政府作用协调统一的问题。这些深刻的、切中时弊的论述对于我们正确处理"两州"的分配和收入、买卖供需关系,认识市场经济条件下竞争作用具有重要的指导意义。"两州"还没有能够破解收入和分配关系的困局,在这方面作为不够多与一部分干部群众对习近平总书记这方面论述的认识和理解不到位,与主动运用马克思经济学方法论能力不足不能说没有关系。在调研中,扶贫办的同志告诉我们,截至2018年6月底,已经分三批向全省19个民族贫困县共下达财政专项扶贫资金34.32亿元,占全省资金总量的31.4%,比上年净增16.23亿元,增幅达89.7%,高于全省平均增幅39.8个百分点。这种"大包大揽、包办代替"的脱贫攻坚方法,所花费的巨额资金,是不能依靠深度贫困民族地区自身发展赚回来的,深度贫困民族地区第二年还要向中央和省

---

① 《马克思恩格斯全集》第25卷,人民出版社1974年版,第873页。

上要钱，中央和省上还要继续投入更加大数量的资金去为深度贫困民族地区脱贫攻坚服务。通过市场的建立和培育收入分配关系，让民族地区的发展从依靠外力扶持转变为内在动力和自身发展机制推动，民族地区就能够加快脱贫攻坚速度，实现超常、跨越发展。

（三）实现市场作用和政府作用的有机统一

"两州"打赢扶贫攻坚战的关键就是要围绕市场的专业化和政府的专业化来实现市场作用和政府作用的有机统一。在马克思看来，市场经济作为商品经济的表现形式说到底是"货币经济"。货币的使用，使任何一个生产者可以随时出卖自己的产品，随时购买自己想要的产品。但是，"两州"的这个"货币经济"存在的问题是生产者卖出东西后，还不能向另一位销售者购买东西，这位销售者不能把东西卖给生产者，也就不能向另一位生产者买东西。在买和卖相分离的添加下，流通就中断了。导致卖不出去的产品的库存和得不到的满足同时存在。"两州"的市场经济没有完全建立起来，就表现在这种"生产过剩"造成的"货币经济"的匮乏。为此，"两州"应该把脱贫攻坚的所有工作都变成创造价值的工作，把脱贫攻坚的所有活动都与"货币经济"相互联系，让贫困地区人人进入市场，个个创建市场。同时，政府又站在市场旁边，紧挨市场，指导市场的发展，完善市场的运行机制，推进市场发展的步伐和层次。此外，"两州"要想方设法把产品的生产都变成商品的生产，搞活交换和流通领域的运行。

三 以看得见的和看不见的手推动经济发展

（一）充分发挥市场在资源配置中的决定性作用

首先，要进一步明确和确定责任分工。现在，临夏的农产品、餐饮产品虽然比较丰富，但是，分工协作比较落后，一人身兼数职者也比比皆是。这就严重阻碍了产品质量的提高。在市场经济下，分工明确，专人专职，一人一职，就可以把产品从养殖、育肥、屠宰、包装、定价、销售和宣传各个环节都做到精益求精，增强产品核心竞争力。其次，在分工的基础之上，要想方设法建立和培育市场。商品市场是分层级的，也是需要培育的。"两州"的商品市场要分层级、分产品类型建立和培育。建立农贸市场、畜产品市场，包括藏区特产市场，清真餐饮市场，做到村村有市场、乡乡有市场、县县有市场，人人为市场生产，生产围绕人人开展，让市场贯穿遍布"两州"所有地方，与所有人联系，彻底搞活"两州"经济。

（二）建立围绕市场开展培训的科学体系

"两州"的贫困人口大都是小学文化程度或者文盲、半文盲。过去，对他们进行生产和经营技术技能培训提高自我和家庭脱贫攻坚能力的做法收效甚微，这种培训方式需要改变和调整。要把对这些贫困人口的培训集中在如何进入市场、怎样按照市场规律进行生产、在市场里怎样做生意上来。贫困人口文化素质低下，技能技术培训未必适合他们，他们学习技能技术的难度大，困难多。如果对他们进行生产、买卖、推销、讨价还价的学习训练，将会激发他们的学习积极性、引导他们快速掌握这些知识和方法，为他们成功进入市场创造准入条件。

（三）要进一步强化精准扶贫、精准脱贫工作力度

狠抓下面四项重要工作不松手。一是进一步加大倾斜支持。以脱贫攻坚为重点，国家和甘肃省在财政专项扶贫资金的分配、专项支持、试点安排上继续倾斜支持"两州"。在同等条件下，各项政策举措优先支持包括"两州"在内的深度贫困民族地区脱贫攻坚。二是切实改善生产生活基础条件。完善贫困农牧村路、水、电、房等基础设施，强化生态环境保护。三是进一步夯实建档立卡基础。精准扶贫、精准脱贫的关键的基础是对象精准。要进一步健全完善贫困人口有进有出、动态管理的常态化机制，强化扶贫大数据平台建设，及时把符合贫困人口标准的人口纳入进来，把不符合贫困标准的及时剔除出去，不断提高建档立卡的精准性。四是积极发展富民多元产业。"两州"要把扶持发展产业作为脱贫攻坚的重点工作和关键措施，与发展县域经济、培育劳务市场和扶持发展扶贫龙头企业、专业合作社、能人大户、扶贫互助协会等紧密结合，依托比较优势，发展草食畜牧业、高效节水农业、设施蔬菜、藏中药材等特色产业。

（四）建立甘南—临夏—兰州经贸一体化大市场

可以有效改变扶贫攻坚区域性划分过于严格带来的区域封闭，可以改变区域产品无法向外流动造成的产品积压，可以改变政府依赖计划过死造成的基层活力和创造力的萎缩，利大于弊。在甘南—临夏—兰州经贸一体化大市场里，甘南的牧民就把时间和精力放在牛羊的放养上，着力提高牛

羊质量，增加产品科技含量，增收增产。临夏的群众可以专心对甘南的牛羊肉、奶产品和皮毛产品进行收购、加工，培育批发零售市场、批发零售商，运输市场、运输商。兰州一方面成为两州奶产品、皮毛产品、餐饮业的市场的集散地，一方面是这些产品的转运站和推销站，将这些产品向四面八方输送，包括对外出口。"两州"和兰州市都可以在互联网上建立产品网站，宣传产品，为产品销售做广告，让产品通过互联网家喻户晓，走向全国乃至世界市场。"两州"和兰州市政府应该通过互联网，及时掌握市场信息，捕捉市场动向，根据市场需要进行生产和销售，改进产品包装，提高产品质量，增强产品竞争力。

第十一章

铸牢中华民族共同体意识
日常交往的六大心态

　　日常交往指在日常生活中的最基本、最经常、最频繁的交往关系，其特点是"视角互易性"为最常见的交往，"变形的自我"为这种交往的主题。"视角互易性""变形的自我"均为美国社会学家舒茨提出。前者的意思是面对面的反复重复的交往，后者的意思是在交往中互相认识和理解。面对面的交往构成了人与人的最基本、最普遍、最经常的社会关系。互相认识和理解是自我深层地融入社会和进一步展开日常交往的过程。
　　铸牢中华民族共同体意识的日常交往心态内容丰富，形式多样，特色鲜明，生活气息浓厚，表现了中华民族博大精深、多姿多彩的精神世界、情感世界和生活世界的内涵，本章主要分析和阐述铸牢中华民族共同体意识日常交往最重要的六大心态，即爱国心态、伦理心态、同情心态、社会心态、法治心态和民族群体心态。

第一节　铸牢中华民族共同体意识的
民族日常交往的爱国心态

　　各民族日常交往的爱国心态的内容极为丰富和深刻，既包含对自己的民族和自己生长的土地的热爱和眷恋，对自己的故乡壮丽山河的开发和改造，又包含维护各民族的安定团结，维护祖国的独立、完整、统一和尊严的思想、感情和行为。这几个方面的内容集中到一点，就是各民族的爱国心态表现了中华民族强烈的民族自豪感和民族自尊心。各民族日常交往的爱国心态就是这个自豪感和自尊心凝聚而成的依恋之情。依恋自己的故乡、依恋自己的民族、依恋自己的祖国构成了各民族日常交往的爱国心态。各民族日常交往的爱国心态就是以这种依恋之情对日常交往作出的反应，表现出来的态度。

一　各民族爱国主义的鲜明特点

各民族的爱国主义扎根于各民族血肉关系的沃土中，反映了各民族热爱祖国和团结奋斗的思想和感情，体现了各民族的民族意识和民族意志，所以具有牢固性、广泛性、民族性这样一些基本特点。

（一）牢固性

各民族的爱国主义伦理作为民族关系的产物，不仅反映了各民族在地缘上的紧密联系，也反映了各民族在经济、政治、文化方面的紧密联系，是这几个方面紧密联系在伦理道德上的反映。这种紧密联系是由我国是一个统一的多民族国家这一国情所决定的，是随着我国民族关系的巩固和发展形成的。由各民族的统一和牢固的民族关系所形成的爱国主义观念也必然是牢固的。由于牢固性这个特点的存在，所以，各民族始终坚持维护祖国的统一和民族的团结，并且，同一切分裂祖国和侵略祖国的思想和行为展开坚决和持久的斗争，表现出来一种强烈的中华民族的民族自尊心和自信心。任何分裂和侵略祖国的思想和行为，也从来不会在他们这里得逞，必然会遭到失败的命运。

随着我国这个统一的多民族国家历史的不断延续，随着各民族在祖国这个范围里各种联系和交往的不断扩大和增多，各民族的爱国主义观念越来越牢固，内化为这些民族的责任和义务，促使这些民族更加主动和自觉地去保卫祖国和建设祖国。近代以来，各民族中之所以涌现出许多可歌可泣的爱国主义感人事迹，其主要原因便在于爱国主义已成为各民族人民的重要伦理思想。依据这样一个思想，各民族就能主动评价善恶、是非，冷静地观察和处理民族与民族、个人与国家的关系，自觉将国家和民族利益置于首位。

（二）广泛性

我国是一个统一的多民族国家，由于这样的历史和现实，从秦汉以来各民族便杂居和相互交往，各民族的联系不仅仅局限于某一个方面和某一个层次，而是从经济、政治、文化、民族心理等各个方面和各个层次上展开，也从未因战争或别的原因中断和停止过这种联系。各民族人民长期生活在一起，并越来越扩大合作和交往，不仅有力地促进了各民族的相互学习、相互理解和共同发展，而且促进了各民族在认识自己利益时，也认识到了其他民族乃至整个中华民族的利益。当各民族在对待和处理利益关系时，就不仅会对自己的利益有所克制和忍让，而且会对别的民族的利益有所尊重和宽容，并对反映各民族利益的祖国利益给予热爱和奉为道德原则和规范。

爱国主义观念作为各民族利益的根本体现，必然从各个方面和各个层次反映了各民族的联系和交往，必然是各民族共同遵循的道德准则，指导各民族的道德思想和道德行为。爱国主义观念在各民族人民那里，不仅是指互相交往合作，而且包含反对剥削和压迫，反对外来侵略和干涉，维护民族团结和祖国统一，热爱祖国和建设祖国等广泛的内容。在我国各民族发展和形成的历史上，既有全面和广泛反映爱国主义内容的人物和事件，又有深刻和具体地反映爱国主义某个方面的人物和事件。不论是全面和广泛的反映，还是深刻和单一的反映，所体现的都是爱国主义的伦理道德，都是对祖国和民族利益的维护，都应该给予肯定。

（三）民族性

民族是具有共同地域、共同语言、共同经济生活和表现在共同文化上的共同心理素质的人的共同体。各民族的爱国主义观念，正是随着民族这个共同体的形成而逐渐发展起来的，因而，必然打上鲜明的民族烙印，表现出来一定的民族特点。

从地域上看，我国自历史上形成的汉族集中和少数民族分散的大杂居、小聚居、交错居住的分布格局，使得各民族人民一方面在实践中开发和建设了祖国的边疆，另一方面也保卫和维护了祖国的统一和民族的团结。由于各民族世世代代居住或迁住在祖国的不同地区，长期的生活和生产实践，使这些民族形成了对自己所居住地区的深厚的感情。由这种地域条件所产生的感情，随着与各民族扩大合作和交往，就会引起更大范围的感情变化，进而认识到本民族所住的地域是整个中华民族的一个组成部分，不是一个脱离祖国的孤立存在。这样，不仅保卫自己民族的土地不受侵犯成为爱国主义的重要内容，保卫中华民族的领土完整也由此显示出来。各民族人民将自己居住的地区视如生存之根源，认为是他们所拥有的自然权利，谁也不能剥夺。所以，任何形式的剥夺占领、迁移的行为，都会被看作是对他们自然权利的危害，必然引起他们的反抗斗争。

第十一章　铸牢中华民族共同体意识日常交往的六大心态

从共同的生活来看，由于中华民族联系的紧密性，不仅经济生活相互谁也离不开谁，而且政治、文化生活相互谁也离不开谁。这伴随着历史的发展所形成的共同的生活方式，反映在爱国主义观上，就使得各民族，在反对民族的剥削和压迫方面，在反对外来侵略和维护祖国统一方面，能够相互支援和配合，共同团结战斗。所以，纵观各民族的成长壮大史，不难看到，各民族共同战斗和团结抗敌的事例，越到近代，越层出不穷，越感人至深。究其原因，主要是爱国主义观念作为各民族人民共同生活的产物，已成为指导和激励各民族人民的巨大精神力量和主要的思想意识。由于爱国主义观念成为各民族的社会意识，就使得各民族通过正确评价自己在社会中的地位和作用，更好地协调与其他民族的关系。因此，尽管各民族人民有不同的利益和需要，从不同的思想、观点出发去认识和处理所面临的困难和问题，但是，在热爱祖国、建设祖国这个根本性的问题上，认识则是一致的，充分反映了各民族对民族关系的正确认识。各民族处于这样一种经由历史形成的民族血肉关系中，就感到自己是祖国的一员，脱离这种关系或这种关系被破坏，他们就会感到失去祖国。

各民族的爱国主义观念，既不同于中国儒家的政治伦理道德，也不完全等同于西方的宗教伦理道德，而是一种集现世与理想的未来道德为一体的道德意识。我国儒家言德必称尧舜，言政必举成周。合伦理与政治为一是儒家伦理道德的一个十分重要的特色。西方的伦理道德则起源于希伯来教义、古希腊哲学、罗马法典。从基督教兴起到经院哲学，则将上述三方面的思想改变性质，加以融合，使道德归属于宗教。各民族爱国主义的伦理道德观念的产生既是由现实社会经济、政治、文化关系及其所表现出来的利益关系所形成的，又是同各民族的道德实际密切结合而成的。这种在各民族中普遍通行的、占据支配地位的应世道德，直接包含有为各民族现实生活服务的功能。各民族人民的爱国主义观念，又是顺应社会发展的必然趋势而萌发的道德，寄寓着各民族人民对祖国统一和团结繁荣的憧憬和希望，鼓励和鞭策他们的道德进取心，引导着应世道德。

各民族人民还从认同感方面来表达自己的爱国主义感情，对长期与之交往、尊重自己的信仰和民俗民风的民族，不论与自己在信仰，语言、习俗方面有怎样大的差距，也会与之建立密切的联系，频繁展开交往。但是，对不尊重自己民族的信仰、风俗习惯的民族，则充满反感和敌意，坚决与之进行斗争，绝不会屈服下来。当面对帝国主义侵略和欺负时，这种认同感往往会成为一面富有感染力的旗帜，动员和鼓舞各民族人民投入反侵略、反剥削、反压迫的爱国主义的斗争之中。

二 各民族日常交往形成的三大爱国心态

各民族日常交往的爱国心态，内容丰富，含义深刻，是与民族的发展和社会的进步紧密结合在一起的，从其表现来看，充分体现了我国是一个统一的多民族国家的不可否认的现实。各民族日常交往的爱国心态，深刻地反映了我国民族关系的历史和现实，不仅具有鲜明的民族特色，而且也丰富和发展了中华民族的爱国主义的思想和感情，成为我国各族人民宝贵的精神财富和团结、鼓舞、凝聚各民族人民建设我们伟大祖国的强大精神支柱。各民族在社会历史发展的长河中经历千难万险，饱经磨炼和考验，依然保持与祖国的血肉联系，维护中华民族的大团结和大统一，就因为爱国主义心态已成为各民族日常交往的对祖国、对民族、对故乡的依恋之情。这个依恋之情植根在中华民族是一个统一的多民族国家的历史和现实中，牢不可破，坚不可摧。

（一）对祖国依恋之情的爱国心态

各民族日常交往的对祖国依恋之情的爱国心态，不仅仅是离不开祖国的心态，而且是对祖国热爱的心态。各民族之所以产生这样的心态，主要原因如下。

1. 对祖国依恋之情的心态源于各个民族的共同经历

各民族对祖国的依恋之情源于各民族的共同经历尤其是近代以来中华民族经受的苦难历程和新中国建立以后各个民族经历的共同发展、共同繁荣的历程。各民族从自己的历史和亲身经历中深刻感受到祖国与自己的民族共同体的关系是牢不可破的关系。只有在祖国大家庭的温暖怀抱里，本民族的共同体才能获得发展和进步，也才有民族的尊严和民族的解放。笔者的研究团队对世居西北的十五个少数民族的问卷调查表明：各个少数民族都是热爱自己的国家的民族，都是坚决反对分裂祖国、破坏祖国统一和破坏民族团结的民族。在进行问卷调查的对象中，既包括国家公务员、学校教师、企事业单位的人员，也包括自食其力、自谋职业的农牧民、个体工商户以及在校大学生。大家异口同声表示热爱祖国的思想和感情是任何一个民族、任何一个人都不能缺少的基本感情，热爱祖国就要维护国家的统一、反对分裂祖国的行为，敢于与这些错误言论行为展开斗争。这是最

第十一章 铸牢中华民族共同体意识日常交往的六大心态

基本的爱国之情，这也是一致的民族责任和民族义务。

2. 对祖国的依恋之情源于党和政府实行的正确的民族政策

在现实生活中，各民族的爱国之情的产生还有一个重要的原因，这就是党和政府实行的正确的民族政策。这个正确的民族政策不仅体现在民族区域自治的制度方面，而且体现在每个时期、每个阶段国家的大政方针上。对我国少数民族实行的民族平等、民族团结的政策，党和政府一以贯之，从来都没有改变，而且随着我国社会主义现代化建设和改革开放的伟大事业的深入发展，民族区域自治制度越来越完善，党和国家的民族政策也越来越完善。这说明只有在社会主义制度下，各族人民才能够享受当家作主的平等地位，才能够享受幸福的生活。各民族的幸福体现了存在决定意识、一切历史冲突都根源于生产力与交往形式之间的矛盾这些历史唯物主义的基本原理。对于各民族来说，消灭阻碍他们的幸福实现的东西，只能依靠建立人们互相联合起来的共同体，即建立社会主义社会。社会主义是集体性，民族分裂主义是孤独性，集体性是自由和无限性，孤独性是有限性和限制性。这个哲学原理可以解释各民族与社会主义制度的关系。事实证明，只有社会主义制度才能给各民族带来光明的未来和前途。

这里仅仅举出国家对人口较少民族的扶持就可以证明这一点。新中国成立以来，在党和国家的帮助下，这些人口较少民族生产生活水平有了很大的提高，社会经济面貌发生了很大变化。但由于人口少、居住分散、交通不便、环境封闭、社会发展的历史基础差等因素，其经济社会发展程度不高，发展水平不平衡，很大程度上影响着其进一步发展进程，面临着很多实际困难。比较突出的问题是基础设施落后、生产生活方式落后、教育医疗卫生条件简陋、人民生活仍普遍比较贫穷、生态环境恶化等问题。人口较少民族的人口数量很少，经济规模在国民经济总量中的比重也很小，但扶持人口较少民族的发展是一项大政策，对解决中国民族问题可以产生很大影响。解决了这些人口较少民族的发展问题，也就解决了我国1/3以上的民族的发展问题。这对体现党的民族平等政策，体现社会主义制度的优越性，巩固和发展"三个离不开"的民族关系，将产生重大而积极的作用。所以被费孝通先生称之为"小民族，大政策"。我们从国家对少数民族各项政策中不难看出，少数民族和民族地区在整个国家的经济、政治、社会生活中，有着极其重要的位置。少数民族和民族地区发展起来，对整个国家的未来，对中华民族的复兴，都将作出不可估量的贡献。毫无疑问，加快人口较少民族的发展，在我国民族发展史上将成为一个新的里程碑。

实践证明，只有在温暖的祖国大家庭里，各民族才能共同团结奋斗，共同繁荣发展。各民族对祖国依恋之情的心态与国家对他们的帮助有着密切的关系。祖国成了各民族的真正的"共同利益共同体"。

（二）对本民族依恋之情的爱国心态

各民族日常交往的爱国心态还表现为对本民族依恋之情的心态。这不仅表现在对自己民族身份的依恋之情，反对民族压迫、民族歧视，而且表现为对自己民族的信仰、文化、历史和风俗习惯的依恋之情。下面，从两个方面说明这个问题。

1. 反对民族压迫、民族歧视

各民族反对任何人、任何组织以任何名义实施民族压迫、民族歧视政策，出现民族压迫、民族歧视的言行。他们视自己的民族如生命。从历史上看，清朝是对回族最歧视的朝代。清朝曾颁发了许多限制回族的法令，拆毁了全部新教清真寺，不允许多建清真寺，不允许回族集聚清真寺礼拜。《清律》规定："回民结伙三人以上，执持凶器，纠人殴斗，共殴之犯，发云、贵、两广极边烟瘴充军。""回民行窃，结伙三人以上，不分首从，不计赃数次数，而俱徒手，并无执持绳鞭器械者，于军罪上减一等，杖一百，徒三年。"① 清朝的民族歧视政策激起回族强烈的反抗。陕甘回民大起义进行了12年，自清顺治年间开始到清同治年间发展到高潮，遍及现在西北的全部地区，其面积之广，人口之多，都是历史上所没有的。陕西的回民起义还与太平天国运动联系，形成汉回人民联合反抗清王朝的客观形势。但由于缺乏统一领导，没有争取汉族人民共同抗清，到1874年终于被镇压下去。之后，清廷强迫陕西回民迁至今泾源县，强迫西北回民分批移至灵武、金积一带，使回族人民被迫分散居住。

2. 热爱本民族的文化

什么是文化？从目前文献对文化的记载看，对文化的定义至少有350种之多。从这些对文化的定义看，无论观念、表述、文字的差异有多大，有一点是共同的，是不谋而合的，这就是文化是民族的文化，是与民族的

---

① 多人编：《甘、青、宁史略》，1915年，甘肃省图书馆藏。

心态认同结合在一起的。凡是本民族认同的，都是本民族接受的文化，凡是本民族不认同的，都是本民族排斥的文化。本民族的文化就是大家一致认同的东西。这个观点拿来解释少数民族热爱本民族的文化是有效的。所以，热爱本民族的文化与一个心理过程不可分割。这个心理过程可以从两方面进一步探讨。

（1）对民族风俗习惯的坚守

每个民族都有自己独特的风俗习惯，对这个风俗习惯的坚守，是历史和文化的传承，经过一代一代人的坚守，已经成为他们依恋自己民族心态的表现。我们看到，无论各民族走到哪里，是到外地工作，还是到外地旅游、休闲，他们人虽然在故乡之外，但是他们依恋民族之情的心态依旧，始终不渝地坚守自己民族的风俗习惯。即使他们中的某些人已经成为一定级别的领导干部或者是收入丰厚的富贾巨商，依恋故乡的心态始终没有改变。笔者去过各民族的很多领导干部、各界著名人士家中做客，一个明显的感觉就是，他们首先是各民族的一员，然后才是他们现在的这个职位和名望的占有者。第一次接触他们，就感到他们的民族特色很鲜明。在工作岗位，他们着装正规，说话带有职业风格，处理问题照章办事。但是，生活中的他们喜欢穿着民族服装，吃着民族食品，听着民族歌曲，说着浓浓的未改的乡音。其实，这就是民族依恋之情的民族心态的表现。看到故乡的父老乡亲，听着亲情浓厚的乡音，才能感受民族的手足之情。牢记自己的民族之根。穆斯林各民族，在过开斋节、古尔邦节、圣祀日等重要节日时，家家都要炸馓子、油馃、蜜圈圈和油香，其中以炸馓子和油香最为普遍。信仰藏传佛教的各民族，在庆祝诸佛菩萨圣诞期间，都身穿民族服装，准备了最好的食物。客人进门，一家人迎接，奶茶上桌，还要向客人献上洁白的哈达，表示尊敬，也表示同贺同庆，各民族一家人。

（2）奶和茶的风俗习惯

西北地区各民族群众喜欢喝紫阳茶和细毛尖茶，一般每餐离不开茶，多数用盖碗泡茶，也有用小茶壶的。盖碗亦称"三炮台"，即由茶盖、茶碗和底盘座组成。在节日或喜庆的日子，待客的时候不仅饭菜讲究，饮茶也不同于平常的日子，届时要在茶碗内泡上冰糖、桂圆，称为三香茶，有的还要放上杏干、葡萄干称为五香茶，甚至连茶具也要选用好的。

奶和茶在西北地区各民族日常生活中占有十分重要的位置，民间有一日三茶一饭或两茶一饭的习惯。如裕固族每天早晨起床后，一般都先将净水或刚开锅的茶舀一勺洒在帐篷周围，意味着新的一天已经开始，然后调入酥油、食盐和鲜奶反复搅动后即可饮用。如果再加上酥油、奶皮、曲拉（奶疙瘩）、炒面、红枣或沙枣就可当早点了。中午也要喝茶，有的人家就着炒面喝，有的人家就着烫面或烙饼喝，算作午餐。下午还是喝茶，在茶内加酥油和奶或吃稠奶（酸奶）。到了晚上，待一切劳动结束后，才开始正式吃饭。

（3）最简群体范式

笔者在各民族中调查研究，发现了一个对民族依恋之情的典型事例。这个典型事例可以用"最简群体范式"解读。我们先来看这个典型事例的内容。在东乡族男人中间，一直保留有"吃平伙"的习惯。即在农闲时，一些人凑在一起，选一只肉膘好的栈羊，在羊主人家或茶饭做得好的人家，把羊宰了，整羊下锅，杂碎拌上调料上锅蒸，吃平伙的人就喝茶、吃油饼，等"发子"熟了，一人一碗，尔后又在肉汤里揪面片吃，接着再把煮熟的羊肉按羊的全身部位分成若干份，每人一份，最后大家摊钱给主人。也可以用东西和粮食折价顶替。吃平伙不但注重吃肉，还注重"论"，东家服侍到底，参加吃平伙的人边吃边山南海北地聊天。对"吃平伙"的事例，一些学者试图从民族习惯方面解释这个事例，但是，这个解释不能把这个事例说得很清楚，因为这个事例不仅反映了民族的习惯，还反映了民族的深层心理活动。另外一些学者试图从群体关系方面解释，但是，也不能把这个事例说得很清楚。因为这个事例不仅反映了群体的关系，还反映了群体的另外一些内容，包括群体与群体的关系，甚至是内群体与外群体的关系。"最简群体范式"是美国社会心理学家泰费尔在1979年提出。泰费尔是这样论述"最简群体范式"的。他说："在这些群体之间没有利益冲突或预先存在的敌意，在被试之间也没有社会互动发生，在个人经济利益与内群偏好之间也没有任何关联。因此这些群体纯粹是认知上的，因此被称为'最简的'。"[①] 由此可见，"最简群体范式"就是通过认知联系起来的旨在表明内部群体具有共同一致的共同利益的文化符号。凡是具有"最简群体范式"特征的民族通常都是民族凝聚力很强的民族。所以，东乡族的"吃平伙"从表面看是民族习俗的流传，也是群体关系的延续，但

---

① ［英］迈克尔·A.豪格、［澳］多米尼克·阿布拉姆斯：《社会认同过程》，高明华译，中国人民大学出版社2011年版，第9页。

是，究其实质，则是民族之间认知的体现，证明了民族的感情、民族的认知与民族的发展相伴随。

（三）对故乡依恋之情的爱国心态

各民族多居住在自然条件艰苦的山区、草原和边疆地区。但是，西北世居少数民族没有因为自然条件艰苦而怨天尤人，而是努力改天换地，建设家乡，与严酷的自然条件进行了顽强的抗争，取得了明显的成绩，促进了经济和社会的进步。各民族对自己的故乡一往情深，无论故乡的环境和条件怎样不好也不弃不离。

各民族地区大都地处穷困山区，山地约占80%，以旱作农业为主，农业基础薄弱，农作物受制因素多，如西北南部高山少数民族地区，绝大多数海拔在2500米以上，高寒阴湿，气温低凉，仅有100天以下的无霜期，一般农作物很难生长成熟，俗语"山高地凉，大燕麦不黄"，道出了这里自然条件的恶劣。西北陇南境内，山高沟深，少数民族大都生活在崇山峻岭中，从当地民谣"一山重一山，出门就爬山，隔山能对话，相见大半天，地是卧牛间，无雨禾苗枯，有雨连根翻"中，可以看出当地少数民族居住的地理环境的险恶。但是，西北的少数民族没有向恶劣的自然条件屈服，仍然努力奋斗，顽强拼搏，创造了新的人间奇迹。笔者在西北民族地区调查研究时发现，少数民族群众最喜欢的还是他们的家乡。如果你说他们的家乡不如一线城市繁荣，不如沿海地区富裕，不如南方气候温润，他们会反驳你，认为你忘记了一个基本事实，这就是西北民族地区的空气是干净的，没有污染。西北民族地区的牛羊肉是鲜美可口的，营养丰富。西北民族地区的民族是可爱的，纯朴善良。这些对本民族地区的难以割舍的感情只有对故乡有强烈依恋之情的西北世居少数民族才能说出来。

各民族对本民族的依恋之情除了表现在他们离不开养育自己的一方水土外，还表现在建设自己的家乡、改变自己家乡的面貌的雄心壮志上。无论你走在民族地区的哪一块土地上，你都能够听到各个民族对自己家乡的未来和前途充满信心，他们的豪迈的激情让你也不禁被感动，为他们有这样好的未来和前途高兴。笔者去甘肃省甘南藏族自治州调查研究，州委宣传部的赵部长向笔者介绍了这个州发生的五大变化，这就是经济建设有了长足发展、基础设施明显改善、社会事业发展迅速、援助甘南工作成效明显、少数民族干部队伍不断壮大。

笔者曾经去甘肃省甘南藏族自治州临潭县流顺乡宣讲民族政策。在流顺乡党委书记撑起的遮阳伞下一口气讲了近两个小时。原以为群众对理论政策不感兴趣，也没有听报告的习惯。令笔者惊讶的是全场五百多名群众听得津津有味，无一人离去。在接近结束的半个小时前，一位农妇荷锄归来，竟然拄着锄头聚精会神听完。有两位妇女大概耐不住口渴出去买了瓶水，提着水瓶又返回来继续听。此情此景，让陪同的县委组织部同志感慨不已，说这个农妇拄着锄头听报告的场面只在电影里看到过，这次竟然出现在这里。这次宣讲所以能够成功吸引了该乡的群众，原因很简单，就是讲他们的故乡好，故乡的人好，推而广之，讲我们的国家好，我们国家的政策好。笔者特别举例说明稳定对少数民族发展的意义。县委组织部同志告诉笔者，他看到，听报告的群众的脸上都洋溢着对故乡的自豪之情，他也很感动。

这说明，各民族的故乡已经不是他们昔日的那个旧故乡，而是经过他们不断努力而改变了面貌的新故乡，是充满希望、充满欢乐的新故乡。这个新故乡决不是某种开天辟地以来就直接存在的、始终如一的东西，而是工业和社会状况的产物，是历史的产物，是世世代代活动的结果。新故乡作为西北世居少数民族努力奋斗的结果也只有在社会主义制度的保障下才能达到这样的水平和境界。

三 各民族日常交往爱国心态与社会发展的关系

各民族日常交往的爱国心态与社会发展的关系主要体现在其对中华民族文化传统的发展与对中华民族良心学说的发展两个方面。

（一）对中华民族文化传统的发展

我国的传统文化，重视整体观念和民族大义，重视人生理想、情操，重视人际关系和人的价值，重视道德修养和道德教育，强调利民、富民、民为贵的民本主义思想，具有反对分裂祖国、抵抗外来侵略的优良传统，强调治国、齐家、平天下道德的社会价值。我国各民族日常交往的爱国心态，以反对剥削和压迫，以维护祖国统一和反对外国帝国主义和各种敌对势力的侵略为其主要内容和基本精神，进一步突出了我国传统文化中的以群体、人民利益为至上的思想，体现了中华民族不愿任人宰割、受人欺辱的民族气节，反映了中华民族热爱祖国的强烈民族自豪感和民族自尊心。

自秦汉以来基本形成了我们这个统一的多民族国家以后，各民族的国家意识便随着社会的发展和历史的进步而得到建立和巩固。各少数民族与汉族之间以通贡、通商、互派使节、互相学习等方式密切了联系，加强了合作。各民族的统治者一方面借和亲、称臣等亲戚关系来抬高自己的地位，另一方面也由此表现出对汉族文化的向往和追求。当各民族与汉族在经济、政治、文化上相互依靠、相互融合的关系越加发展，越加丰富时，各民族就更愿意不仅从地缘上认同自己是中华民族的一员，而且也从人文上认同各民族的文化都是祖国文化的一个部分。所以，当1840年中华民族陷入帝国主义侵略和疯狂瓜分的悲惨遭遇时，各民族便以中华民族的一员投入到反侵略、反压迫的民族解放斗争中来，与汉族人民共同保卫中华民族的疆域和主权。无论陕甘回军血洒京城抗击八国联军，还是新疆各族人民反击沙俄的侵略，无论是蒙古族人民抵抗英法的侵略，还是藏族人民反击英国侵略者的斗争，都表现了可歌可泣、一往无前的中华民族精神和少数民族与祖国不可分割的血肉联系，验证了中华民族的各个民族都是中国这个大家庭一员的颠扑不破的伟大真理。

从各民族反抗外来侵略、捍卫国家主权的思想和行为中，我们可以看到他们对祖国深厚的感情。那么，从各民族反抗封建剥削和压迫的斗争中，我们则可以看出，各民族日常交往爱国心态的另一个特点，这就是追求各民族的一律平等。虽然我国各民族同处于一个统一的多民族国家里，但是，由于主客观的诸多原因，各民族所获得的发展机会并不均等。在这种不均等的机会面前，有的民族，尤其是汉民族因为种种原因在经济、政治、文化方面发展较快，领先于其他民族，容易产生骄傲自满情绪。为了追求民族平等的待遇，各少数民族通过各种方式向先进的汉族文化学习，尽可能吸收汉族的生产技术、人文思想、生活方式。这使得汉族文化与少数民族文化相结合，促进了文化的交流交往交融。在一定程度上，这种做法也改变了一个民族的历史文化构成和社会发展面貌。这方面最典型的例子莫过于蒙古族统治者入主中原后所受汉族文化的影响。

平等是与自尊相联系的。各民族的民族自尊心既要求能够被平等公正对待，又希望不要被人轻视或瞧不起。如果厚此薄彼、不能平等地对待各少数民族，必然会引起他们的不满和反抗。这从回民起义，回纥改名回鹘都能看得很清楚。这种追求平等的思想是对儒家仁义观的丰富和发展。由平等而出的自尊是对儒家注重人格修养、强调人要有点精神思想的丰富和发展。

儒家的仁义说从根本上讲是一种非常良善的道德感情，儒家对人格的重视，反映了儒学对人的精神境界的强调和培养。各民族以平等作为日常交往爱国心态的原则，以自尊作为日常交往爱国心态的精神，无论从感情倾向还是从精神境界上，都升华了儒家做人的意识，体现出更强烈的民本主义、人本主义精神。

(二) 对中华民族良心学说的发展

中华民族是一个十分注重良心的民族。从孟子提出良心的概念到明代王阳明建立的有关良知的伦理学说，总起来看，是将良心和仁义之心或道义之心相结合，甚至是将二者等同起来，其涵义与仁心、良知等观念基本上没有什么不同。

良心作为人特有的道德意识和道德情感，既是人对其思想和行为的自我评价能力，又从根本上体现出来对个人所应尽的社会责任和社会义务的认识和感受。构成良心的认知成分、情感成分、行为意向成分，从各民族日常交往的爱国心态中都有程度不同的体现。

各民族日常交往爱国心态的认知成分指对国家、民族道德规范的认识和理解并产生评价意义的部分。少数民族对爱国主义这个至高无上的道德规范认识是非常清楚的，因此，能主动协调和处理好与国家的关系，深明大义。我们不能排除少数人向帝国主义侵略势力和封建剥削和压迫屈服投降的事例，但是，各民族从来也没有以一个民族的整体身份屈服和投降，相反却整体地投入到反帝反封建的斗争之中。

良心不仅具有认知功能，而且蕴含了丰富的内心情感体验，具有情绪感觉的功能。良心的情感成分是个人在道德活动中对一定的行为动机、行为倾向、行为结果的赞成或不赞成、喜爱或厌恶、同情或冷淡的感情，是人们根据国家和民族的道德标准，从道德原则的角度理解道德现象时所体验到的感情。各民族在长期的历史活动中，对各民族在政治、经济、文化方面的密不可分的关系有着深切的体验和共同的认识。当这种互相依存和融合的民族关系经过实践的巩固和发展，经过各民族人民的倡导和推动，变成一种源远流长的传统和习惯，固定为各民族都要遵从的道德规范和指导行为的道德原则时，其所形成的结果必然就是以热爱祖国、建设祖国为最大光荣，以分裂祖国、破坏民族团结为最大耻辱。我们看到，各民族日常交往的爱国心态中的情感取向十分引人注目，这就是对爱国的行为永远产生敬佩、羡慕、赞成的情感，对卖国的行为永远产生鄙视、厌恶、轻蔑的情感。

第十一章　铸牢中华民族共同体意识日常交往的六大心态

良心的行为意向指良心与行动相联系的动机、意念、行为倾向部分，集中体现为道德意志。道德意志是一种实行道德原则并坚持到底的精神和克服困难、障碍的决心的体现，能够激励和鞭策人们自强不息、顽强奋斗、提高精神境界，创造和锻炼高尚的品质。各民族的日常交往的爱国心态在良心的行为意向方面具体表现为国家和民族利益至上的道德意志。表现为各民族对祖国的发展所负的不可推卸的民族责任和民族义务。正因为如此，各民族才能广泛开展经济、政治、文化交流，学习和吸收汉民族的先进文化和科学技术，推动本民族的进步，才能不容忍封建统治阶级所实行的残酷的剥削和压迫制度，举行声势浩大的反抗斗争，并与帝国主义的侵略展开坚决的斗争，不惜一切代价保卫中华民族的利益和祖国领土的完整、主权的统一。这充分显示了少数民族日常交往爱国心态特有的品格和精神风貌。少数民族从日常交往的爱国心态方面，对中国传统文化的良心学说的丰富和发展，表现在既不是孟子的"不学而能"和"不虑而知"的良知良能，也不是王阳明的对道德的自明的原理的认识，而是对一个人、一个民族所应尽的社会责任和社会义务的认识与实践。各民族日常交往的爱国心态能够将道德意识、道德情感、道德行为统一在一起，形成了一个心理反应模式，使中华民族的良心学说，扩充为不仅以仁义礼智来处理人际和族际交往关系，而且以超越一个民族的利益的责任去尽到对祖国的责任和义务。良心对于各民族日常交往的爱国心态来说，不仅仅是对自己、对自己的民族共同体的良心，而且是对祖国的良心。这是一种实践特色非常鲜明的良心思想，着眼点在实践，强调要以实践完成良心的命令。这个良心学说反映了各民族日常交往的爱国心态是知行合一的心态，是言行一致的心态。马克思指出："对实践的唯物主义者即共产主义者来说，全部问题都在于使现存世界革命化，实际地反对并改变现存的事物。"① 由此看来各民族日常交往的爱国心态与历史唯物主义的实践观是一致的。各民族日常交往的爱国心态表明，人不仅是自由的存在、美的存在、思想的存在，也是现实的存在、社会的存在、民族和国家的存在，而且是这些存在的各种关系的反映。良心对于各民族的爱国心态来说不是别的什么东西，仅仅是现实的人对国家和民族的责任在现实中的实现。这个良心反映了各民族真实的完全健康的人的本性，这是追求社会

---

① 《马克思恩格斯文集》第 1 卷，人民出版社 2009 年版，第 527 页。

更美好、更光明、更完善的人的本性。

第二节 铸牢中华民族共同体意识的日常交往的伦理心态

伦理心态从民族共同体诞生的那一天起就存在于民族关系中，是民族日常交往关系中最生动、最丰富、最活跃、最重要的内容。它与民族共同体的文化和历史一起成长，是支配、控制、调节各种民族社会关系的主要手段。民族交往关系的历史就是民族共同体的伦理心态形成的历史，民族交往文化的积累和传承不断丰富、发展和壮大民族共同体的伦理心态。各民族日常交往的伦理心态通过形成道德心理反应机制以"道德感"的反应和态度构建了交往的礼貌伦理心态、仪式伦理心态、感情伦理心态、意志伦理心态。

一 伦理心态的含义

伦理是一个内涵丰富、具有多方面的指向的概念。伦理的哲学含义指认识和方法论意义上的道德理论，伦理的道德含义指实践和人生意义上的高尚行为，伦理的心理含义指体验和描述意义上的自我反应，伦理的社会含义指规范和制度意义上的约束机制。伦理的定义指社会规范和心理反应机制背后蕴含的精神气质，分为国家、社会和个人三个方面的精神气质。国家精神气质指以国家意识为核心的国家至上的理念，社会精神气质指以社会意识为核心的集体精神至上的理念，个人精神气质指以自我意识为核心的"客我"与"主我"并存的理念。

心态会表现在人们对一些问题会有较为一致的看法。较为一致的看法指自我的独特的反应方式和反应态度。自我的反应要以态度的方式进行，表现在行为中的态度是外在的态度，表现在内心活动中的是内在的态度。人的言谈举止所表现的喜怒哀乐是外在态度，人的引而不发的喜怒哀乐就是内在的态度。所以，人的反应方式也有两种，外在的反应方式是行动，内在的反应方式是心态。奥尔波特把心态看作自我的心理反应机制，他认为：心态是人的心理的准备状态，是对自我的反应起到指示性和动力性影

第十一章 铸牢中华民族共同体意识日常交往的六大心态

响作用的经验化的机制。① 米德认为心态是人的第一反应，是行为的开端。他认为："人们必须坚持的是，可以客观地观察的行为在个体内部得到表达，其含义并非指它存在于另一个世界、一个主观世界，而是指它存在于该个体的有机内部。这种行为的某些成分通过我们可以称之为'态度'——即行为的开端——的东西表现出来。现在我们如果回过头看这些态度，我们就会发现，是它引起各种反映。"② 米德认为心态就是态度，是人与事的因果关联表现出来的互相影响。他认为："对人的态度的因果单元的构成互相影响。对一件事情的态度能够改变对引起这件事的那个人的态度，而且，人格对一个人和对一件事的态度是相似的，就会出现一种平衡的构型。"③

伦理心态不仅仅是反应和态度的形成，如果这样理解伦理心态，就会把伦理心态等同于"眼光"。伦理心态也不仅仅是心理活动的进行，如果这样理解伦理心态，就会把伦理心态等同于"解释"。"眼光"是介于看到与没有看到之间的感觉能力，"解释"是介于理解与没有理解之间的诠释能力。伦理心态则是包含了"眼光"和"解释"的以"道德感"所进行的"构建"。伦理心态不仅要感觉和诠释，更重要的是要以"道德感"构建。尼采把"道德感"定义为情感被综合以后的自我的态度和反应，尼采认为："被我们当作'道德感'来感受的东西何其多样：其中有尊重、畏惧、感动，诸如为某种神圣的隐秘的东西所感动，其中有某个命令者在说话，某个把自己看的比我们更为重要的东西；某个使人振奋、激动或者使人安静和深沉的东西。我们的道德感乃是曾经在我们祖先的历史中起过支配作用的所有华丽的和恭顺的情感的一个综合、一种同时的鸣响。"④ 石里克把道德感定义为按照自由意识表现出来的"自己的欲望"的态度和反应，他认为："这种感觉就是对自由的意识，而自由的意识也就是对于按照自己的欲望行动的认识。所谓'自己的欲望'，也就是那些在特定的情况下个人性格中有规则的产生欲望。它们不像上面说的那样是由某种外力强加的。没有外力强制，这表现在可以按别种方式行动这种人所共知的感

---

① 万俊人主编：《20世纪西方伦理学经典》第1卷，中国人民大学出版社2004年版，第212页。
② [美]米德：《心灵、自我与社会》，赵月瑟译，译文出版社1992年版，第175页。
③ 周晓红主编：《现代社会心理学名著菁华》，社会科学文献出版社2007年版，第235页。
④ [德]尼采：《权力意志》，孙周兴译，商务印书馆2007年版，第1页。

觉之中。"①

各民族的日常交往的伦理心态指以伦理的认知方式、情感方式、意志方式通过构建伦理的心理反应机制，形成伦理反应，构成伦理态度，是以包含了"眼光"和"解释"的以"道德感"所进行的"构建"。各民族日常交往的礼貌的伦理心态、交往仪式的伦理心态、交往感情的伦理心态、交往意志的伦理心态就是这个构建的结果。各民族日常交往的伦理心态凝聚着民族共同体传统习惯的"善"的伦理本源，积淀和传承着深厚的、独树一帜的民族共同体的伦理文化。

二 各民族的日常交往伦理心态的四个构建

各民族的日常交往指最大量、最经常、最普遍、最基本的交往，其一般的特点是交往的频率高、重复性强、内容丰富、形式多样、涉及的领域宽广。也可以说，所有的交往都是日常交往，日常交往构成了民族共同体存在、发展和进步的基本条件。伦理心态则在日常交往中通过构建而存在，各民族日常交往的伦理心态表现在四种交往心态的构建里，由此展现了其日常交往的丰富性、多样性和深厚的文化、民俗底蕴，成为支配、调节和控制日常交往的开展阀门。

（一）交往礼貌的心态的构建

各民族素来以讲究礼貌著称。西北信奉伊斯兰教的穆斯林群众和信奉藏传佛教的少数民族群众交往礼貌的心态是与和谐、敬重、诚实等品质结合在一起的，表现为善良、理解、关爱的反应和态度。这个反应和态度具体表现为：

1. 话语表达的礼貌心态

西北地区的少数民族群众见面要互相鞠躬和作揖，以无声的肢体话语互致问候。在牧区，如果骑马的客人来到门前，藏族主妇先走上前去牵住马匹，然后男主人迎上前来，向客人问候。在城镇，客人来到门前，主人问候客人的用语是：您光临了，一路平安吗？客人进门时，主人站在门口摊开双手招呼客人：请进，请先进。②

---

① 万俊人主编：《20世纪西方伦理学经典》第1卷，中国人民大学出版社2004年版，第176页。

② 马进：《各民族伦理道德研究》，宁夏人民出版社1995年版，第343—344页。

2. 笑的表情的礼貌心态

喜欢笑是各民族的特点,各民族群众见面时都以笑脸相迎。笑成为各民族待人接物礼仪的标志性符号。对于笑脸的作用,亚当·斯密认为:"见到一副笑脸,人们的心情甚至会由忧郁变为欢乐和轻快,从而使人们乐于表示同情,并且分享其所表现的喜悦;人们会感到自己原来有的那种忧虑、抑郁的心情顷刻之间豁然开朗和兴奋起来。"① 从笑的方式和类别可以判断各民族对待客人的态度。

3. 善意过程展现的礼貌心态

各民族的交往礼貌心态还表现为重视善意展现的过程,在过程中表达善意,通过过程体现善意的不同含义。维吾尔族请客人吃饭时,首先要洗手,洗手时由一人持铜壶给每人冲洗。一般是先给客人洗,然后按照辈分和年龄依次冲洗。这是喜爱清洁干净的礼貌。吃饭入座时,最长者先入座,坐首席,其他人按辈分和年龄依次入座。这是尊老爱幼的礼貌。坐在椅子上,双腿应该合拢,不能分开;坐在地毯上,双腿不能伸直,尤其不能把脚底朝向他人。这是尊敬他人的礼貌。吃饭时长者先动手,其他人按辈分和年龄依次动手。这是敬老尊老的礼貌。② 藏族请客人吃饭时,主人请客人坐上座,然后男左女右,客上主下。待客人坐好后便上藏餐。藏餐的上法颇有顺序,藏餐的寓意颇为丰富。第一道上红白馍馍和红白奶茶。藏族十分喜爱白色,白代表纯真洁净。红白两色意味着吉祥如意,钱财兴旺。第二道上红色蕨麻的白色米饭,叫作吉祥如意饭,祝愿客人时运亨通,健康长寿,一生平安。第三道上的是包子、手抓肉,还有清汤面片。手抓肉的盘里要有羊尾巴,羊尾巴上要带一撮毛,表示彼此的交往要有头有尾,善始善终。最后一道菜是一碗放有白糖和红糖的酸奶子。这红白两色代表诚实、厚道、快乐和对天地的崇拜。③

(二) 交往仪式的伦理心态的构建

仪式的定义可以从不同领域、不同方面界定,哲学的仪式指自由与必然的结合,是理性对感性的抑制和思维的规则和顺序。政治学的仪式指决策的程序,是政治理念运行的机制。管理学的仪式指管理对人财物的控制,表现

---

① [英] 亚当·斯密:《道德情操论》,商务印书馆2006年版,第62页。
② 马进:《各民族伦理道德研究》,宁夏人民出版社1995年版,第343—344页。
③ 熊坤新、李建军:《新疆诸民族伦理思想研究》,中央民族大学出版社2008年版,第31—33页。

为管理的层级关系。仪式的伦理心态指伦理关注机制的形成，表现为伦理与知情意的结合。美国社会学家、仪式社会学的代表人物柯林斯认为仪式是群体情感、群体符号、群体反应、态度的集合体。柯林斯由此把仪式概括为"关注机制"，柯林斯认为："仪式是一种相互关注的情感和关注机制，它形成了一种瞬间的关注现实，因而会形成群体团结和群体成员性的符号。"①柯林斯认为仪式与思想感情密切相关："当人们聚集在同一地点，具有身体的协调一致性：涌动的感觉、谨慎或利益感、可察觉的气氛的变化。人们之间相互关注，不管一开始是否对其有明显的意识。这种人身的相互注意是接下来要发生的一切的起点。"②柯林斯的观点是仪式就是群体性的聚合，从这一点出发，柯林斯认为："仪式社会学因而是关于人群、会员、会众、观众聚集的社会学。"③各民族日常交往的仪式指交往的过程，也指交往的相互影响和相互改变。各民族日常交往的伦理心态与柯林斯指出的仪式社会学相关，其中认知、情感两大因素起着支配和决定的作用。

1. 交往仪式的伦理心态的认知作用

各民族的日常交往仪式的伦理心态的认知因素表现为角色模式与认知模式的统一。这个统一就是主人—客人、客人—主人、客人—客人的身份与角色的一致性或者互相转换的一致性。日常交往的角色就是主人与客人，日常交往的形式就是主人与客人身份和角色的互换，日常交往的内容就是主人与客人的对话。把主人与客人的角色和对主人与客人的角色认知统一起来，乃是仪式的伦理心态的认知关注机制起作用的结果。认知的关注机制通过角色模式与认知模式的链接和对应引导自我的角色模式与认知模式达到一致。礼仪乃是这种一致性的产物。亚当·斯密把这种一致性表述为"合宜性"。亚当·斯密认为"合宜性"的表现是"旁观者努力体谅当事人的情感和当事人努力把自己的情绪降低到旁观者所能够赞同的程度这样两个基础上……"④亚当·斯密所说的"合宜性"就是本节的重要观

---

① ［美］兰德尔·柯林斯：《互动仪式链》，林聚任、王鹏、宋丽君译，商务印书馆2009年版，第69—70页。
② ［美］兰德尔·柯林斯：《互动仪式链》，林聚任、王鹏、宋丽君译，商务印书馆2009年版，第69页。
③ ［美］兰德尔·柯林斯：《互动仪式链》，林聚任、王鹏、宋丽君译，商务印书馆2009年版，第36页。
④ ［英］亚当·斯密：《道德情操论》，商务印书馆2006年版，第23页。

点：角色模式与认知模式的一致性是仪式伦理心态产生的原因。

研究角色模式的权威是英国学者贝尔宾（Belbin），认为任何一个人都会扮演特定的角色，角色指对处于特定位置的人的一套期待和规范。期待指对于担当某一特定角色的"可能"如何表现，规范指它"应该"如何表现。角色也可以看作担任某一职务的人的权利和义务。角色所涉及的内容和活动领域的多样性决定了角色的多样性。当处于主人的角色时，主人的认知模式就表现为"热情好客"，当处于客人的角色时，客人的认知模式就表现为"相敬如宾"。研究认知模式的英国学者卡尔通（Kiron）[①]认为，人的认知模式与角色模式的关系表现为适应与创新的关系，适应的关系将保持角色的和谐，创新的关系表现为角色的冲突。各民族日常交往的主人与客人的角色因为在角色模式与认知模式的关系方面表现为适应的关系，所以能够达到角色模式与认知模式的一致。我们可以把这个关系称作"无冲突"关系。这个"无冲突"关系就是主人的热情友好与客人的相敬如宾的一致性，由此产生出来彬彬有礼的角色模式与认知模式的统一。例如，哈萨克族按照本民族的习惯"祖先的遗产一部分是留给客人的"要求，对凡是来访的客人一律好吃好喝招待，对素不相识的过路客人，如果遇到天黑、下雨和下雪则执意挽留，安排食宿，不收分文。亲朋好友来访，为表示诚意和营造快乐气氛，必将宰杀前的羊只牵来让大家表态这个羊只是否最好，如果大家都说好，才可以宰杀，如果有异议再换新的，直到大家满意为止。[②]这是典型的"无冲突"的角色模式与认知模式相一致、相统一的适应关系。可以想象，如果主人对过路的客人有诸多疑虑，如果主人对亲朋好友的来访感到厌烦，那么就会出现"热情好客"与"相敬如宾"的矛盾和冲突，导致角色模式与认知模式不统一、不一致。

2. 交往仪式的伦理心态的情感作用

各民族日常交往仪式中的情感因素指友好的感情。亚当·斯密认为友好的感情包括宽宏、人道、善良、怜悯、相互之间的友谊和尊重。"当它们在面容或行为中表现出来，甚至向那些与我们没有特殊关系的人表现出

[①] Kiron, M. J., "Adaptors and Innovators: A Description and Measure", *Journal of Applied Psychology*, Vol. 12, No. 1, June 1976, pp. 622–629.

[②] 熊坤新、李建军：《新疆诸民族伦理思想研究》，中央民族大学出版社 2008 年版，第 69 页。

来时，几乎在所有的场合都会博得中立的旁观者的好感。"① 各民族具有表达友好感情的艺术天性。这个艺术天性由"情感的表达艺术"和"情感的说唱艺术"构成。亚当·斯密认为友好的感情是天然的具有音乐性的感情，"它们天生的调子都是柔和、清晰和悦耳的，它们自然而然地以被有规则的停顿区别开来的乐段表达出来，并很容易有规则地再现和重复"②。在"情感的说唱艺术"方面，各民族把口头语言难以表达清楚的情感，特别是与个人生活相关的情感以演唱的方式表现出来，格外动听，堪称一绝。"情感的说唱艺术"的另一个功能是把事情说得头头是道，娓娓动听，感动对方。例如，居住在青海省互助、大通以及甘肃省天祝一带的土族群众的婚礼习俗可以证明"情感的说唱艺术"的存在。土族的婚礼分为提亲、娶亲、送亲、结婚仪式、谢宴、回门等程序，仪式复杂。由于每一个仪式上都穿插了歌手演唱的环节，所以，每一个仪式的感情因素都很突出，令人感动。例如，土族姑娘出嫁的前一天土族称作"麻择日"，意思是在女方家招待客人。在这一天，要在前院摆出所有的嫁妆供亲友观赏，特别要把新娘子用的所有针线活摆出来，证明新娘针线活技艺的高超，同时，要请来歌手以歌唱的方式颂扬新娘子的针线手艺。之所以这样做，一方面因为土族是一个注重刺绣的民族，以针线活的手艺证明新娘子的贤惠；另一方面也是为了突出仪式的感情色彩，感动亲朋好友，证明这一段姻缘的美满。③

（三）交往情感的伦理心态的构建

伦理心态因为包含着知情意的因素，所以，必然表现出来情感倾向。在知情意三者中，如果某个因素占据主导地位，伦理心态就会向某个因素倾斜，表现该因素的特征。在知情意的关系问题上，哲学家认为"知"是哲学的特征，艺术家认为"感"是艺术的特征，政治学家认为"意"是政治的特征。伦理学家则普遍认为"情"是伦理学的特征。情感伦理学的代表人物艾耶尔认为："伦理的词不仅用作表达情感，这些词也可以用来唤起情感，并由于唤起情感而刺激行动。"④ "只表达道德判断的句子没有说

---

① 熊坤新、李建军：《新疆诸民族伦理思想研究》，中央民族大学出版社2008年版，第69页。

② ［英］亚当·斯密：《道德情操论》，商务印书馆2006年版，第43页。

③ 邢海燕：《土族口头传说与民俗文化》，甘肃人民出版社2008年版，第121页。

④ 万俊人主编：《20世纪西方伦理学经典》第1卷，中国人民大学出版社2004年版，第185页。

出任何东西，它们纯粹是情感的表达。"① 情感伦理学的另一个代表人物斯蒂文森认为：道德评价表示的是元评价性的，不是价值的判断，而是描绘判断理由的情感特征。② 亚当·斯密则追根溯源，认为人有同情和怜悯他人的本性，"这些本性使他关心别人的命运，把别人的幸福看成他自己的事情，虽然他除了看到别人的幸福而感到高兴外，一无所得"③。

各民族以情感世界展示内心世界的纯净真诚，表达对真善美的追求，对假恶丑的鞭笞。各民族日常交往的情感伦理心态突出地表现在承载着厚实的文化底蕴的"花儿会"里。地处黄土高原的甘肃省临夏回族自治州康乐县的莲花山，以山形酷似盛开的莲花著称。每年的农历六月初一到初六，附近各县的回、藏、东乡、保安、撒拉等各民族的男女歌手汇聚于此参加一年一度的"莲花山花儿会"。大家以歌声尽情表达内心深处的思想和感情，以歌声为媒介寻找自己理想的意中人，以歌声为载体抒发对美好生活的向往。在花儿会的那几天，饱含深情的曲调各异的歌声从大路上、从密林中、从山沟里、从山冈上随风飘荡，跨过高山峻岭、大河小川，传遍四面八方。所有在这里的人都陶醉和沉浸在这歌声的世界、歌声的海洋里，流连忘返。

（四）交往意志的伦理心态的构建

黑格尔认为意志就是实践理性，康德认为实践理性就是道德，费尔巴哈认为道德就是意志。可见，哪里有意志哪里就有道德。从伦理学的角度看，道德与意志的关系不仅仅是简单的相等的关系，不是互相代替的关系，而是分属不同类型的概念。意志转化为道德尚需要两个重要环节，一是过渡和转换环节，二是强制和控制环节。认知和情感共同扮演了充当这两个环节的角色。通过认知和情感，意志转化为道德行为，并且持之以恒坚持实践这个道德行为。如果认知和情感不改变，意志坚持的道德行为也不会改变。

各民族的意志的伦理心态的特点是道德与意志的一致性。他们认为正确的，一定要身体力行，坚持到底。他们认为错误的，则深恶痛绝，不姑

---

① 万俊人主编：《20世纪西方伦理学经典》第1卷，中国人民大学出版社2004年版，第185页。

② ［英］亚当·斯密：《道德情操论》，商务印书馆2006年版，第1页。

③ ［英］亚当·斯密：《道德情操论》，商务印书馆2006年版，第1页。

息迁就，一定口诛笔伐，斗争到底。俄罗斯文献将居住在中亚的中国的回族称为东干族。学术界公认东干族的族源是中国的回族。东干族在其内部的日常交往中，坚持回族的风俗习惯，拒绝民族同化，坚持使用本民族的语言。现在，东干族的老一辈回国探亲访友还保留了陕西话的腔调。①

三　各民族日常交往伦理心态形成的原因

各民族所以能够形成伦理心态，以"道德眼光"和"道德解释"的"道德感"进行"构建"，与两个重要原因密切相关，即与各民族文化和历史，与各民族伦理文化中的伦理道德观密切相关。

（一）各民族历史文化的原因

各民族所以能够形成伦理心态，与各民族文化和历史中的善所处于的伦理本源的地位及其作用密切相关。善在各民族那里居于伦理本源的地位，发挥着塑造民族文化的主导作用。

正是在这个含义丰富、要求广泛、形式多样的"善"的信仰、信念、信心，善的感情、慈情、悲情和"善"的规范、戒律、戒规的指引、熏陶和要求下，各民族日常交往的伦理心态才能够以坚定的信仰、深厚的文化积淀和民俗传承充当"构建"的角色，以心理反应机制的方式形成"道德感"的反应和态度。

（二）各民族伦理观的原因

各民族所以能够形成伦理心态与各民族积淀和传承着深厚的、独树一帜的民族共同体的伦理文化中的伦理道德观密切相关。与人为善、劝善戒恶是各民族的最核心的伦理道德观，也是各民族的民族文化传统。各民族积淀和传承着深厚的、独树一帜的民族共同体的伦理文化中的这个伦理道德观内容丰富、含义深远、特色鲜明，这个伦理观的核心是倡导以伦理道德作为人生的准则。

各民族在历史和现实的发展中形成了一系列涉及政治、经济、文化、军事、政治、外交、婚姻、家庭等几乎所有社会领域的行为准则。在处理人与人的关系上，各民族都要求以公平正义、诚实忠厚、扶危济贫、善良仁慈之心为准则。孝敬父母，优待亲戚，怜恤孤儿。伦理道德是各

---

① 杨文炯、张嵘：《跨国境遇下民族认同的讨论》，《中南民族大学学报》2009 年第 5 期。

民族群众处理人与人关系的准则，也是他们处理人与自然关系的准则。各民族群众对人仁慈，对社会仁慈，对大自然也仁慈。伦理道德以集体记忆的方式被传承下来，成为各民族珍贵的伦理文化传统，并且积淀为各民族日常交往的心态。与此同时，这些伦理道德的传统也促使各民族构建了人与人、人与社会、人与自然以及人与人的和谐世界。追求和谐、向往和谐、维护和谐、促进和谐就成为各民族伦理心态的最重要的内容和基本特征。

（三）各民族道德规范的原因

有的民族相信"前定"和"现定"。所谓"前定"就是今世的生活由前世决定。所谓"现定"就是后世的生活由现在决定。"前定"可以培养各民族日常交往心态的沉着淡定、置功名利禄于度外的宽广胸怀，也可以培养他们的性格开朗豪爽、为人坦荡真诚、处事豁达大度的良好习惯。"现定"则可以培养各民族日常交往心态的遵守规范传统的谨慎小心、与人为善、多做好事的良好习惯。"前定"是人生的预先安排，是规范，必须遵守而没有例外。"现定"是人生的自由选择，是认知模式的再现，可以因人而异，不必千人一面。这个"两生论"所体现的是对人生的自由和不自由的限定，等于是制定了有形和无形的人生的伦理道德规范。王岱舆对此作出如下解释："若无前定，亦无自由。非自由不显前定，然自由不碍前定。"① 王岱舆的意思是"前定"是不自由的，是宿命论，"现定"则是自由的，是在偶然性中显示必然性的自由。

综上所述，各民族日常交往的伦理心态的形成乃是经过传统文化、世俗文化交融在一起的双重熏陶、双重潜移默化而逐步形成的具有鲜明特色的伦理文化的体现。

第三节　铸牢中华民族共同体意识的民族日常交往的同情心态

中西对同情认识的差异表明同情是一个内涵丰富的概念。情是解读各

---

① 王岱舆撰写、余振贵校点：《正教真诠　清真大学　希真正答》，宁夏人民出版社1996年版，第23页。

民族日常交往特征的最重要、最有效的文化符号。笔者把各民族的这个交往特征的文化符号概括为同情的心态,认为各民族日常交往的同情心态指欢乐和痛苦之情凝合而成的心理反应机制,表现为与他人共享欢乐、与他人共担痛苦的同情的反应、同情的态度。欢乐和痛苦之情的同情心态在各民族交往关系中具体表现为四种心态,即:好客的心态,注意对方反应和评价的心态,群己互利的心态,"不忍之心"的心态。这个同情心态的本源来自各民族的宗教信仰、历史文化中的善的积淀和流变。

各民族是多愁善感的民族,是情感丰富的民族,是热情好客的民族。这些对各民族性格特征的描述,揭示了各民族交往关系的一个重要方面,这就是情字为先、以情为美。所以,不知道情为何物的人是无法了解各民族的内心世界包容了多少人间至真至爱之情,也无法真正认识各民族日常交往的特点。情是解读各民族日常交往的最重要、最有效的文化符号。本书把各民族的这个交往特征的文化符号表述为同情的心态,认为同情的心态就是欢乐之情、痛苦之情在各民族日常交往的民族关系中的表现。这个同情心态的本源来自各民族的宗教信仰、历史文化中的善的积淀和流变。因为中西文化背景的差异,同情的含义因理解不同而出现解读和诠释的不同,这正好印证了同情的内涵的丰富博大、中西互补。本书所论及的各民族日常交往的同情心态都与同情的本源是欢乐和痛苦之情的立意密切相关。这些多样化的心态从不同方面、不同角度对同情心态的解读和诠释正好揭示了蕴含在各民族同情心态中的深刻含义和别具一格的民族文化的特色。

一 有关同情的理论的谱系追溯

同情最原始的含义指对他人痛苦的分担。亚当·斯密认为:"同情这个词,就其最恰当和最初的意义来说,是指我们同情别人的痛苦而不是别人的欢乐。"[①] 随着实践的发展和学者给予的理解的差异,同情的含义也不断被扩充、扩展和丰富。在不同的文化背景下,对同情的解读和诠释出现了东西方的差异。在西方历史上有两大同情理论的流派:同情论的感觉主义流派、同情论的理性主义流派。

---

① [英]亚当·斯密:《道德情操论》,商务印书馆2006年版,第52页。

（一）以休谟为代表的同情论的感觉主义流派

英国哲学家休谟代表了同情论的感觉主义流派。休谟把同情看作是人类的共同感觉，认为同情就是人类彼此相通的三种共同感。

1. 感情的共同感

休谟认为："当我在任何人的姿态和声音中看出情感的效果时，我的心灵就立刻由这些效果转到它的原因上，并且对那样一个情感形成那样一个生动的观念，以致很快就把它转变为那个情感自身。"①

2. 美的共同感

休谟认为美的共同感是借助快乐与痛苦引起。休谟认为："当任何对象使他的所有者发生快乐的倾向时，它总是认为美的。正像凡有产生痛苦的倾向的任何对象使不愉快的丑陋的一样……在这里，被称为美的那个对象只是借其产生某种效果的倾向，使我们感到愉快，那种效果就是某一个其他人的快乐或利益。我们和一个陌生人既然没有友谊，所以他的快乐只是借着同情的作用才使我们感到愉快。"②

3. 道德的共同感

休谟认为道德是人类为谋取社会利益和自身利益的人为的设计和人为的发明。人们凭借道德感才能够克制自我，转而对他人的利益的满足感到愉快，这种愉快要依靠同情获取。休谟的结论是"同情是我们对一切人为的德表示尊重的根源"③。

（二）以亚当·斯密为代表的同情论的理性主义流派

英国经济学家、伦理学家亚当·斯密代表了同情论的理性主义流派。亚当·斯密认为同情是人类的本性，同情通过自然而然的想象而产生。亚当·斯密除了与休谟在同情即共同感这一点相似外，还把同情看作是"合宜性"的表现。这是亚当·斯密的创新。"合宜性"的本质就是理性。亚当·斯密是这样解释"合宜性"的："在当事人的原始激情同旁观者表示同情的情绪完全一致时，它在后者看来必然是正确而合宜的，并且符合它们的客观对象，相反，当后者设身处地发现前者的原始激情并不符合自己的原始感受时，那么，这些感情在他看来必然是不正确的而又不合宜的，

---

① ［英］休谟：《人性论》下册，关文运译，商务印书馆1996年版，第618页。
② ［英］休谟：《人性论》下册，关文运译，商务印书馆1996年版，第618页。
③ ［英］休谟：《人性论》下册，关文运译，商务印书馆1996年版，第620页。

并且同激起这些感情的原因不相适应。"① 亚当·斯密对"合宜性"进一步从两个方面进行解释。

1. "合宜性"是自我的情感与他人情感的一致性、自我的评价与他人评价的一致性

"为了产生这种一致的感情，如同天性去教导旁观者去设想当事人的各种境况一样，天性也教导后者在一定的程度上去设想旁观者的各种情况。""如同旁观者的同情使他们在一定程度上用当事人的眼光去观察对方的处境那样，当事人的同情也使他在一定程度上用旁观者的眼光去观察自己的处境，特别是在旁观者面前和在他们的注视下有所行动时更是这样……"② 亚当·斯密把自我分为审查者和评判者、被审查者和被评判者。是对自我的情感与他人情感的一致性、自我的评价与他人评价的一致性的最好说明。

2. 合宜性本身就是美德

亚当·斯密认为当旁观者与当事人的情感一致、评价一致就会产生温柔礼貌、宽厚仁慈、公正谦虚的美德；当事人与旁观者的感情一致、评价一致时就会产生庄重崇高、自我克制、自我控制的美德。合宜性的美德是亚当·斯密的伦理理想的表现。亚当·斯密认为这种合宜性的美德的最大特点就是抑制自私，表现为利他的倾向，构成了"尽善尽美的人性"。

（三）孟子的同情思想

在中国历史上，孟子比西方思想家更早提出了同情的思想，只不过孟子没有用同情一词表达他的关于同情的思想。孟子的同情思想建立在性善论基础之上。孟子的性善论强调人的本性的善的内在性、天然性和原始性，认为："恻隐之心，人皆有之；是非之心，人皆有之；羞恶之心，人皆有之，恭敬之心，人皆有之。恻隐之心，仁也；羞恶之心，义也；恭敬之心，礼也；是非之心，智也。仁义礼智，非由外铄我也，我固有之也，弗思耳矣。"③ 从性善论出发，孟子推论出天下之人都有同情之心的结论，特别举出素不相识的幼儿掉入井中将引起旁观者的同情来说明同情之心人皆有之的公理，证明人的同情之心乃是人最原始、最基本的本性。孟子以

---

① ［英］亚当·斯密：《道德情操论》，商务印书馆2006年版，第14—15页。
② ［英］亚当·斯密：《道德情操论》，商务印书馆2006年版，第22页。
③ 杨伯峻：《孟子译注》下册，中华书局1981年版，第259页。

"不忍人之心"表达他的同情的思想,孟子试图借这个同情之心表达他的仁政的政治理念。孟子认为:"人皆有不忍人之心。先王有不忍人之心,斯有不忍仁之政矣。以不忍人之心,行不忍人之政,治天下可运之于掌。"①

综上所述,同情的共同点在东西方都指对欢乐和痛苦的感受、感情。在西方主要指欢乐和痛苦在所有人那里的共同感受、共同感情以及表现这种欢乐和痛苦的共同感受、共同感情的合宜性。在我国传统文化中主要指对他人不幸的怜悯的感受、感情。可见,同情包括西方意义上的分有,也包括我国传统文化意义上的共有。就同情对人的共同的感觉、共同的感情的分有来说,各民族的同情之情,乃是从人类本性那里分出来的对一切人的爱之情、关切之情。由此出发的同情就包含了休谟指出的建立在人的基本同情之感之上的美感与道德感,也包含了亚当·斯密建立在自我与他人的感情的相合之感、建立在诸种美德应运而生的道德之感基础之上的"合宜性"。就同情对人的不幸和快乐的共有来说,各民族的同情心态也与孟子的"不忍人之心"相通,表现为以他人之乐为乐、以他人之苦为苦的放眼世界的"天人合一"的博大情怀。

二 各民族日常交往同情心态的表现

各民族同情的心态指同情的认知、同情的情感、同情的意志凝合而成的心理反应机制,在这个心理反应机制里既有同情的态度、同情的反应、同情的意志对快乐和痛苦的感觉、感情的共有,也有对痛苦和快乐的感觉、感情的分有。共有表明人之同情心态的人性本源之美,分有表明人之同情心态的人性分享之美。现对各民族同情心态表现分述如下。

(一) 好客心态

好客是各民族的风俗习惯。各民族的好客不是虚情假意的客套,而是发自内心地对客人的尊重、理解、关心和爱护。这种好客之情的实质是各民族希望与客人共同分享快乐、共同分担痛苦的同情心态。维吾尔、哈萨克、塔吉克等民族无论在什么场合见到熟人、长辈和尊者都要以手贴胸,欠身问安,如果以单手贴胸,只是一般地表示尊重,如果以双手贴胸就是最尊重的表示。之所以这么尊重客人,乃是因为他们认为客人是真主赐予

---

① 杨伯峻:《孟子译注》下册,中华书局1981年版,第78页。

的最好礼物，必须诚心诚意善待。藏族、土族等民族在客人来访时，都要身着崭新的民族服装，把家里以民族的方式精心装扮一番。还要向客人敬献洁白的哈达。各民族对客人的尊重、理解、关心、爱护除了礼数周全，仪式讲究外，还充满感情，情深意切。藏族的谚语："最好的食品留给客人吃，最好的衣服留给自己穿。"塔吉克族的谚语："不要打开客人的行囊，不要询问客人动身的时间。"这些谚语表达了各民族的待客之道的亲切、和蔼、仁慈，充满了对客人的尊重、理解、关心、爱护和体贴之情。让素不相识的夜晚无法赶路的过路人留宿是西北所有少数民族的习惯。这是典型的同情心态的表现，也只能以同情之心解释这个现象。各民族想到远方来的客人夜晚无家可归，无人照顾，同情之情就油然而生，留下客人住宿，拿出好吃好喝招待就成为他们同情心态的具体表现。

（二）"不忍之心"心态

休谟把人们之间的快乐与痛苦的感情的相通看作是同情产生的根源，亚当·斯密把自我的痛苦与快乐的感情与他人能否理解和接受的一致性看作同情之情产生的根源。对于各民族来说，关心他人的不幸和分享他人的快乐的同情心态是一种为他人设身处地着想的心态，既是休谟的"共同感"的表现，也是亚当·斯密的"一致感"的表现。正是在这两个方面结合中，产生了各民族日常交往的想他人之所想，急他人之所急的同情心态。我们把这个心态以"不忍之心"概括。"不忍之心"来自孟子，原意指怜悯之情，在这里"不忍之心"不仅包含着怜悯不幸之心，也包含了分享欢乐之心。各民族对他人的不幸和欢乐绝不会无动于衷，一定要产生"不忍之心"。少数民族的"同胞主义"都是"不忍之心"的双层意思的表现，就是以利他的行为，通过广结善缘，承担他人痛苦、分享他人快乐的同情之心。"同胞主义"既是"善与人同"的意思，也是"劝人止恶"的意思，对其完整、准确地解释来自王岱舆提出的"克己济人"，即四海之内皆兄弟之心。这就是说"同胞主义"是与天下之人同乐，与天下之人同悲的"不忍之心"。对各民族的"不忍之心"，笔者感触很深。在四川汶川特大地震发生后，西北民族地区的各个民族迅速行动，积极捐款，献出一份爱心。兰州市城关区农民巷的200多名少数民族群众总共向灾区捐款达到6万多元，捐款的数量之大令人惊讶和感动。这200多名群众85%是从事小本经营的小商小贩，15%是离退休职工、下岗工人，家境都不富裕，每人仍然平均捐款300元。当问到他们为何如此慷慨解囊、共赴国难时，回答是：大家都是一家人，一方有难，八方支援。

（三）注意对方反应和评价心态

同情不仅仅包含自我的反应和态度，也包含了他人的反应和态度。双方共同的反应和态度才构成了同情的心态。这种同情心态不同于与他人同快乐、与他人同痛苦的不忍之心的心态，而是互通、互谅式的心态，指我快乐要让你理解和接受，我痛苦也让你理解和接受。亚当·斯密最早注意到了这个被大家忽略的问题，以"合宜性"表达注意对方的反应和评价乃是同情之情的一个根源。亚当·斯密的"合宜性"一方面指"高级的法庭""人心中天然生就的眼睛""人们行为的伟大的审判员和仲裁人""心中这个半神半人的人"，一方面指"旁观者""第三者""他人"（以上皆为亚当·斯密的语言）。前者是亚当·斯密解释的理性、道义、良心的代名词，后者是亚当·斯密解释的介于"自我与他人之间的公正的原则"的代名词。由此可见，自我的反应和态度是同情的一半，他人的反应和态度是同情的另一半。自我的反应和态度与他人的反应和态度的结合就成为同情心态产生的源泉。

亚当·斯密解释了以合宜性作为同情的标准的两个原因。其一，人性优点的原因。"对自己的优点难以断定，以及期望它得到好评，自然足以使我们渴望了解别人对我们优点的评价；当别人评价良好时，我们的精神就比平时更振奋；当别人评价不好时，我们的精神就比平时更为沮丧。"① 其二，人性缺点的原因。亚当·斯密认为人性的自私和偏激往往使自我对自己的利益的关切超过对他人利益的关切，自我往往把自己看得比他人重要。要克服人性的这个缺点，就要改变自己观察问题的位置，既不从自我的眼光出发，也不从他人的眼光出发，"而是第三者所处的地位和用第三者的眼光看待他们。这个第三者同我们没有什么特殊关系，他在我们之间没有偏见地做出判断"②。正是基于这样的对人性的看法，亚当·斯密才以"合宜而又公正的感觉"纠正"我们情感中天生的不公正之处"。③ 笔者曾经去新疆伊犁地区采访调查。在伊犁首府伊宁市郊区的一户普通维吾尔族家庭做客时，主人一家老少三代身着艳丽的民族盛装，与我们围坐在铺着

---

① ［英］亚当·斯密：《道德情操论》，商务印书馆2006年版，第15页。
② ［英］亚当·斯密：《道德情操论》，商务印书馆2006年版，第255页。
③ ［英］亚当·斯密：《道德情操论》，商务印书馆2006年版，第15页。

崭新毡毯的宽大的炕上，吃着摆满了炕桌的各类干鲜果品、甜点小吃，谈着我们感兴趣的话题。主人十分介意对招待我们的食物的评价，如果你说这个食物好，尽管说者无意，甚至是客套，主人也不由分说立即取出更多的这类食物摆放在桌上，一定让你再多吃。这种注意对方反应和评价的心态表明了维吾尔族群众对客人的尊重、理解、关心、爱护。

（四）群己互利心态

群己互利心态指人人为我，我为人人，指为我之时也是为群之时，为群之时也是为我之时，己与群由此互利互惠，良性互动和沟通。

斯宾塞指出："你可以随意把人们贴上'上''中''下'的标签，你却无法阻止他们成为同一社会单位，受到同一时代精神的影响，按照同一性格的形式被塑造。"① 例如，藏族居住区域的大大小小的湖泊、水沟都有一种叫作湟鱼的鲜美可口的珍贵鱼类自由生长。据说这种鱼长到能够食用的长度至少经过6年以上的时间。但是，为什么藏区的湟鱼那么多，藏族群众却不捕捞食用？原因就是在藏族群众看来万事万物都是由地、水、火、风、空、识六大因素构成，并且互相紧密结合，缺一不可。如果你把湟鱼捕捞食用，就会导致一连串破坏生态的灾难。

三　各民族日常交往的同情心态的三个特点

亚当·斯密感叹历史上的哲学家们或者倡导为他人牺牲自我的利益，或者倡导为自我牺牲他人的利益，结果是，人们或者同情自己的利益而不同情他人的利益，或者同情他人的利益而不同情自己的利益。亚当·斯密想借助旁观者的眼光纠正这两种互相对立的倾向的偏差，找到兼顾两者的平衡。亚当·斯密的合宜性是构成他人利益与自我利益的平衡点，这是真正的充满理性精神的同情之爱，亚当·斯密把它表述为"一种对光荣而又崇高的东西的爱，一种对伟大和尊严的爱，一种对自己品质尊严的爱"②。休谟感叹"人类在其情绪和意见方面很少受理性支配，所以他们总是借比较而不借其内在价值来判断各种对象"③。结果是任何情感达不到满足自我需求的程度就不能引起人们的行动。休谟想说明感情的价值无关功利，而

---

① ［德］斯宾塞：《社会静力学》，张雄武译，商务印书馆1996年版，第96页。
② ［英］亚当·斯密：《道德情操论》，商务印书馆2006年版，第166页。
③ ［英］休谟：《人性论》下册，关文运译，商务印书馆1996年版，第409页。

第十一章　铸牢中华民族共同体意识日常交往的六大心态

与爱和恨相关。爱和恨的感情的价值无与伦比，自我可以借此而满足高尚的欲望，获得崇高的价值。他认为：爱和恨是人的最原始、最有价值的感情，由快乐和痛苦引起，其他感情都是爱和恨的次生感情，在价值方面要低于爱与恨的感情。休谟的爱与恨的价值至上之情是充满理想精神的同情之爱。

各民族日常交往的同情的心态所包含的情感既相当于亚当·斯密的充满理性精神的同情之爱，也相当于休谟的充满理想精神的同情之爱，还包括在宗教信仰和历史文化中形成的善的积淀和流变。

各民族在践行善的要求的过程中，逐步将传统文化的要求与现实生活紧密结合，使传统意义的善开始世俗化、平民化和大众化，在改造自然和社会的活动中传统意义的善逐步走向凡俗转化为民族共同体的思维习惯、生活习惯和传统习惯，形成了本节所论及的四种同情心态。各民族的日常交往的同情心态由此蕴含了分享他人的快乐和分担他人痛苦的多种表现形式，也表现了三个重要特点。

（一）各民族的同情心态是人性化的感情

亚当·斯密认为同情心是人的本性，可以引导人们设身处地设想他人的痛苦，产生为他的感情。休谟认为同情心是人性的原则，可以刺激人的爱和恨的欲望，帮助自我产生分享他人快乐和分担他人痛苦的感情。孟子认为同情心是人性的美好的本性，可以扩充为对人民群众的不幸的怜悯之情和治理国家的高尚的政治品质，进而成就安邦治国的宏伟大业。同情心态就是在人性善基础上形成的爱心、真心和诚心，是"人们的心灵是互相反映的镜子"（休谟语），照见了人性的真善美的感情。

（二）各民族的同情心态是道德感情

各民族坚持以"善"为日常交往原则，以尊重、理解、爱护、关心、帮助他人为日常交往的方法，以慈悲和怜悯的反应为日常交往的开始，以群己互利的精神为日常交往的态度。总之，各民族通过同情的心态表现了强烈的爱憎分明的崇高感情、视感情为至高无上的价值的思维方式。由此，爱什么，恨什么，什么是真善美、什么是假恶丑在各民族同情心态的照耀下一清二楚、黑白分明。

（三）各民族的同情心态是美感

亚当·斯密和休谟都承认同情心态的转移作用是美感产生的重要原

因。休谟认为人的特点就在于"一看到舒适，就使人快乐，因为舒适是一种美"①。亚当·斯密认为欢乐的美感的产生乃源自于人类有庆贺的本能。"我们对欢乐有一种真诚的同情，以及庆贺是人类的一种本能。"② 各民族日常交往的同情心态把感觉由物转向活生生的人，由关注自我一己的苦难和欢乐转向关注人间的苦难和人间的欢乐，由此，自我在同情心态的导引下，在悲喜的美感中升华感情，在审美的享受里，陶冶情操。

综上所述，各民族日常交往同情心态所包含的情乃是内涵丰富、回味无穷、特色鲜明的利他之情、克制自我之情、慈悲怜悯之情。各民族日常交往的同情心态乃是最道德、最人性化的感情之花在日常交往中的盛开。

第四节　铸牢中华民族共同体意识日常交往的社会心态

铸牢中华民族共同体意识日常交往的社会心态源于民族共同体的传统习惯、地域环境、性格气质、心理素质，其最鲜明的特色是民族性与历史性的结合、民族性与地域性的结合、民族性与心理倾向性的结合。在内容方面显示了民族历史文化内涵、民族传统习俗底蕴。在形式方面具有规则性、活泼性与包容性的结合。在功能上具有定位、定情、定向的作用。其结果是形成了融民族历史文化意识、民族思想感情、民族日常交往仪式为一体的"善行"，这个"善行"构成了各民族日常交往的社会心态的客观实用的风格。

一　铸牢中华民族共同体意识日常交往社会心态的诠释

铸牢中华民族共同体意识日常交往社会心态不是孤立、封闭的个人心态的表现和结果，而是个人心态融入社会的结果和产物，是将两者通过各种方式结合起来的心态。这种心态与日常生活交织在一起，成为日常生活的重要组成部分，其构成因素较为丰富多样。所以，认识和理解各民族铸牢中华民族共同体意识的日常交往的社会心态就要从以下两个方面进行，

---

① ［英］休谟：《人性论》下册，关文运译，商务印书馆1996年版，第401页。
② ［英］亚当·斯密：《道德情操论》，商务印书馆2006年版，第52页。

第十一章 铸牢中华民族共同体意识日常交往的六大心态

既要认识和理解什么是日常生活,也要在此基础之上认识和理解日常交往的社会心态。

(一)关于日常生活定义最具代表性的观点

对于日常生活的定义,最具代表性的观点如下:

1. 日常生活就是维持社会的生产与再生产

匈牙利的马克思主义学者阿格尼丝·赫勒是代表,她认为,日常生活就是"为那些同时使社会再生产成为可能的个体再生产的要素的集合"①。在赫勒看来个人的日常生活就是个人和社会再生产的过程,"个人只有通过再生产作为个人的自身,才能再生产社会"②。赫勒认为:日常交往的形式有四种:偶然随机交往、习惯性交往、依恋、有组织的交往。③

2. 日常生活就是我们之外的客观的社会现实

现象学社会学的代表人物伯格和勒克曼在《实在的社会建构》一书中认为,日常生活是由语言维持的秩序井然的实在界。④

3. 日常交往就是交往行动

交往行动理论的代表人物哈贝马斯认为,日常生活就是人与人的交往,就是人与社会的互动,这种互动首先是作为一种交往的行动而存在,交往行动包括支配这个行动的动机、兴趣和由此表现出来的行动类型。哈贝马斯认为:交往行动由三个部分构成,即:交往行动的兴趣、交往行动的方式、交往行动的类型,包括目的性行动、循规性行动、戏剧性行动、沟通性行动。⑤

4. 日常生活就是对社会的适应

实证主义代表人物斯宾塞认为人们日常生活的唯一目的就是追求幸福,每个人只有在实现他人的幸福中才能得到自己的幸福,所以,每个人只有适应社会的现实,遵循社会的规范,才能得到幸福,否则只能得到痛苦。斯宾塞认为:"他过去,现在,并将长时处于适应过程中,对于人类可完善的信念,只不过是人类将通过这一过程最终成为完全适应其生活方

---

① [匈]阿格尼丝·赫勒:《日常生活》,徐崇温、衣俊卿译,重庆出版社1990年版,第3页。
② [匈]阿格尼丝·赫勒:《日常生活》,徐崇温、衣俊卿译,重庆出版社1990年版,第3页。
③ [匈]阿格尼丝·赫勒:《日常生活》,徐崇温、衣俊卿译,重庆出版社1990年版,第236页。
④ 侯钧生主编:《西方社会学理论教程》,南开大学出版社2005年版,第254页。
⑤ 侯钧生主编:《西方社会学理论教程》,南开大学出版社2005年版,第317—318页。

式的信念。"①

5. 日常生活就是精神对现实的态度

元伦理学的代表人物摩尔认为精神对生活有三种态度，日常生活就是对实在所采取的态度。摩尔在《伦理学原理》一书中说："从康德以来，人们习惯于断言：认识、意志与感觉是精神对实在的三种基本态度。它们是经验的三种不同方式，其中每一种都告诉我们一种样式，可以用来思索实在。"② 西方学者对日常生活定义的五种观点的共同点可以表述为日常生活就是社会的互动、沟通、交换，就是各种共同体、各类人群互相适应、互相依赖的循环往复的认识理解的深化过程。

（二）铸牢中华民族共同体意识日常交往社会心态含义

铸牢中华民族共同体意识日常交往的社会心态指各民族在日常生活里进行交往时所具有的心理状态，是社会认知和社会心理的统一，也是文化积淀的历时性和共时性的统一、个人心态与民族心态的统一、文化心态与历史心态的统一，同时还是跨民族、跨文化、跨地域心态的统一，是系统化、功能化和有机化的心理状态。包括三个要件：认知、感情、行为。认知就是对日常交往意义和价值的理解和把握，包括对民族共同体的生存环境和条件、对民族历史文化、传统习惯的理解和把握，主要指以什么样的思想意识、思维方式、感情投入对待和处理日常交往。各民族认知的最大特点，是理性与非理性的统一、直觉思维与情感思维的统一、社会自我与民族自我的统一。各民族的认知通常以民族的视角、以直觉直观的感受分析判断对待日常交往的意义和价值。认知所产生的是对民族共同体的维护、巩固和加强的思想观念。爱憎分明、敢爱敢恨是各民族日常交往认知感情的最大特点和基本表现形式，言行一致、表里如一则是各民族的认知行为的最大特点和基本表现形式。

二 各民族日常交往社会心态的特点

各民族日常交往的社会心态最鲜明的特点是民族性与历史文化的结合、民族性与地域性的结合、民族性与心理倾向性的结合。这三个特色决定了各民族日常交往在内容方面具有丰富的历史文化内涵、多姿多彩的民

---

① ［德］斯宾塞：《社会静力学》，张雄武译，商务印书馆1996年版，第27页。
② ［英］乔治·摩尔：《伦理学原理》，上海出版世纪集团2005年版，第123页。

族传统习俗底蕴。

(一) 民族性与历史文化心态的结合

各民族的民族性不仅表现在人种、性格、外貌、穿着打扮等外在的可以辨认的方面，而且表现在心理、精神、气质等内在方面，特别是表现在由历史和文化的积累和传承所形成的独特的认知模式方面，这个认知模式与各民族的历史文化心态紧密结合，以此为触角认识和感受客观世界，回答和解读客观世界提出的问题。

1. 民族性与历史文化心态的结合的社会心态的第一个表现是日常交往的真诚性

在各民族交往交流交融的过程中，各民族形成了高尚的真善美相结合的精神境界，他们在民族共同体内部与同民族的同胞交往，肝胆相照，荣辱与共，在民族共同体外部与其他民族交往，表里如一，胸怀坦荡，一诺千金，以诚相待，在民族共同体自己的家族里，则敬老爱幼，以身作则，吃苦在前，享受在后，默默奉献。

2. 民族性与历史文化心态的结合的社会心态的第二个表现是谦恭

经过长期的实践，在历史和文化的积累和传承过程中，各民族把这个谦恭转化到日常交往中，他们不仅对本民族的长者、尊者和他人毕恭毕敬，而且对本民族共同体外的长者、尊者、客人也时时处处表现出谦恭的态度。

(二) 民族性与地域性心态的结合

地域就是民族共同体生存的地理和人文环境，任何一个民族都是地域的产物，地域对民族的作用充分表现在进化论的"物竞天择、适者生存"的原理中。斯宾塞对此有一段精彩的描述："单独耸立的一棵树长得粗壮，而在树群中的一棵树就长得细弱；可以肯定地说，铁匠的臂膀长得很长，劳动者的手皮肤粗糙……可以肯定地说，被人漠视的良心会变得迟钝，而被人遵从的良心会变得活跃，可以肯定地说，诸如习惯、风俗、惯例这类名词都具有意义；同样可以肯定地说，人类的各种技能必然会被训练成完全适合于社会状态；可以肯定地说，邪恶和不道德必然要消失，人必然要变得完美无缺。"① 斯宾塞关于进化过程中的物种变异的原理，也适合对各民族日常交往的社会心态的分析。一些少数民族生活在山脉纵横、气候寒

---

① [德] 斯宾塞：《社会静力学》，张雄武译，商务印书馆1996年版，第28页。

冷、多旱缺水的较为严酷的自然环境中，为了适应这个自然环境，他们在保留自己的民族性的同时，也适当改变了不适合这种生存环境的民族的某些特点。

1. 民族性与地域性结合的心态的第一个表现是对戒律的遵守的调整

按照风俗习惯的规定，一些少数民族是不能饮酒的，但是，在实际生活中，则突破了这个戒律，其原因在于饮酒有利于这些民族取暖和在寒冷的条件下生活和工作。尽管如此，各民族都反对酗酒。

2. 民族性与地域性结合的社会心态的第二个表现是待人接物的纯朴性

各民族的纯朴就像裸露的、无遮无拦的青藏高原，令人一览无余。他们不善言辞，没有花言巧语，对本民族共同体的同胞以行为证实自己的品行，说得少，做得多，对家庭以默默奉献证实自己的感情，对长辈以孝道证实自己的爱心，对外民族共同体以自己的诚实证实着内心的光明磊落。笔者曾经到地处祖国边疆的最西侧、平均海拔在四千米、素有中国冰川之称的帕米尔高原的塔吉克族自治县，访问一个塔吉克家庭，女主人毫不掩饰地告诉笔者她对自己的丈夫爱得很深，为了让长年累月在荒山野岭放牧、含辛茹苦的丈夫看到我们这些远方来到的客人，女主人甚至派自己的孩子去叫远在80公里之外牧马的丈夫赶回来见我们。按照塔吉克人的习俗，男女一旦结婚，就不能离异，丈夫必须疼爱妻子。笔者也能够感到女主人生活得很幸福。纯朴的女主人还把远从几百公里外买来、本地不出产、一家人舍不得吃的几棵小白菜炒给我们吃，令人感动。

（三）民族性与心理倾向性的结合

民族这个概念的特征之一就是表现于共同文化之上的共同心理素质。这个共同的心理素质是历史、文化与环境长期作用和积淀的结果，也是长期社会交往的产物。心理素质是静态的，必须以心理的倾向性的方式表现出来才能被感知。心理的倾向性是理性与非理性、情感与意志、愿望与思想的混合物，其复杂性不是单一的心理素质元素能够解释清楚的。对于心理倾向的复杂性，美国心理学家班杜拉说："我们说人的许多行为以思想为基础，这并不一定意味着，他们始终是客观的和理性的。理性依赖于推理的技能，而这种技能并非发展的很好或被有效运用。"[1] 各民族的心理倾

---

[1] ［美］班杜拉：《思想和行动的社会基础》（上册），林颖等译，华东师范大学出版社2006年版，第17页。

向性反映了民族共同体的独特的民族性，这个民族性就情感的表达来说体现了民族共同体的喜怒哀乐，就其结果来说，最终凝聚为民族认同的心理。对于各民族来说，他们认同的人和事，往往就是他们热爱和喜欢的人和事，他们不认同的人和事往往就是他们厌恶和排斥的人和事。

1. 从社会认知的角度看

各民族的这个心理倾向性着重表现为对反映民族共同体的文化和历史、风俗习惯的符号的认同。按照班杜拉的观点，任何一个共同体的心理倾向性其实就是对符号的使用、解读和转化能力，一个符号不论是简单的还是复杂的都是一个民族共同体的标志。

2. 从交往方面看

民族共同体最重要的符号就是语言，语言是民族共同体互相识别、互相认同的最明显的标志。话语体系则是语言符号的合成和汇集。各民族在长期的社会生活实践中，都形成了自己独特的话语体系，这个话语体系既有书面的规范语言，也有日常生活的通俗易懂的白话式的语言、大量的富含哲理的、为各民族群众所喜闻乐见的俚语俗语谚语。在民族共同体的话语体系里，大众化、通俗化、社会化的表层结构的语言是字面意义上的交际语言，深层结构的语言则与日常交往的社会心态紧密结合、反映民族共同体的心理倾向性的性格气质、思想感情、文化历史的独特性的语言。各民族日常交往的语言分为两个部分：民族共同体特有的语言与各个民族使用的公共交际语言。这些富有民族色彩的语言为各民族日常交往所特有，包含了他们的话语体系的深层结构的民族风情、文化历史、传统习惯积淀而成的心理因素。

三　各民族日常交往社会心态的表现形式

各民族日常交往在表现形式方面具有规则性、活泼性与包容性。规则性指各民族日常交往的社会心态具有规范约束的特点。这个规范约束不是来自法律和政策以及任何外在的强迫力量，是在传统文化习俗的积累和延续中形成的历史规范、在民族性与历史文化结合中产生的权威规范，在民族共同体成员内心世界里孕育出来的自控规范。这个规范的宗教性随着时间的推移而逐渐淡化，形成了日常交往的规范世俗化的特点。各民族将原本是属于社会认知范围的日常交往的行为规范，与原本属于社会心理范围的民族心态规范合而为一，紧密结合起来，构成了日常交往的特色鲜明的具有规范约束的社会心态。他们以这样的心态处理日常交往的人际关系，表达对日常交往的态度，进一步强化了以规范心态为基础的融日常交往的行为规范为一体的社会心态规范。

（一）习惯规范对日常交往的社会心态规范影响最大

习惯规范来自历史传承下来的民族戒律。在大一统的思想影响下，各民族的戒律突出表现在修行方面，各民族不仅在思想上有信仰，而且要严格遵行礼法规范，严禁酗酒、偷盗、抢劫、诬陷、叛国等。在这样的戒律的基础上形成的日常交往的社会心态规范自然是循规蹈矩，严格遵守。各民族凡见面必互致问候，长者尊者上座，余者下座，长者尊者讲话，晚辈幼者必洗耳恭听，不得插话或者反驳。一些民族与外民族共同体的人员交往，注意民族特色。远道的客人来到家里，要穿民族服装，以民族传统食物招待客人，敬酒时要唱民族歌曲。虽然各民族日常交往的社会心态是在规范的基础上形成的，但是不等于复制规范，也没有以规范代替社会交往的个性。

（二）各民族日常交往社会心态的两面表现

各民族日常交往的社会心态既有严守交往规则的一面，也有以活泼热情的形式表现这些规则的一面，原因可以归纳为三个方面。

1. 各民族把交往的规则性看作是应该在交往中遵循的限制性义务

这种限制性的义务的功能在于："一方面它摆脱了对赤裸裸的自然冲动的依附状态，在关于应该做什么，可做什么的道德反思中，又摆脱了它作为主观特殊性所陷入的困境；另一方面，他摆脱了没有规定的主观性，这种主观性没有达到定在，也没有达到行为的客观规定性，而仍然停留在自己内部，并缺乏现实性。在义务中，个人达到解放而达到实体性的自由。"①

2. 各民族的日常交往的社会心态是社会心理和社会认知两个部分的统一

各民族的日常交往的社会心态包含着丰富的历史和文化内涵、独特的民族性格气质的成分，这就决定了其表现形式必然是生动活泼，充满民族情趣特色。就社会心理的特点看，各民族是天性的好动的民族。这与各民族居住的文化区域直接相关，有的民族以游牧起家，与草原、白云蓝天为

---

① ［德］黑格尔：《法哲学原理》，范扬、张企泰译，商务印书馆1996年版，第167—168页。

第十一章　铸牢中华民族共同体意识日常交往的六大心态

伴，富有活泼好动、热情似火、磊落大方的性格和习惯，他们身上体现了草原文化的特征。有的民族的一部分人以经商起家，一部分人依靠草原文化起家，商业文化与草原文化的结合造就了这些民族活泼好动、热情奔放、心胸宽广的性格和习惯。内容决定形式，各民族必然以他们的性格和习惯，以他们的历史和文化的形态，表现他们的日常交往的社会心态的生动活泼的特点。

3. 各民族都有独特的交往模式，仪式化的特点鲜明突出

仪式是人们在日常交往中交流思想感情信息时借助的某种原则和方法的综合，它与一定的历史和文化相联系，反映了社会文明风尚的程度，既具有稳定社会秩序、协调人际关系的功能，又是人们表达思想感情的惯用形式。仪式化表现为各民族日常交往的社会心态被符号化。符号的标志、顺序、位置等构成了各民族日常交往的仪式。"符号化涉及人的生活的每一个方面，因此应用符号的这种显著能力为人提供了改变与适应环境的有力手段。人借助符号加工和转换经验，使之成为指导未来的行动模型。同样他们借助符号给自己经受的经验以意义、形式和连续性。"[1] 各民族的日常交往的仪式化符号包括个人符号、社会符号和物质符号。个人符号包括言谈举止、着装打扮、性格气质、思维方式等。社会符号包括宗教标志、民宅里的各种器皿、服装、语言文字、规范化的习俗和仪式等。物质符号包括各民族地区独特的山川河流、独特的民居建筑、独特的宗教活动场所等。这三类符号将各民族的日常交往的社会心态控制在民族化、习惯化的网络里，各民族就是凭着这三类符号形成仪式，开展日常交往。一般说来，在日常交往时，标志着民族特征的符号都安排在显著的位置和靠前的序列，而无关民族特征的符号则被安排到次要位置和靠后的顺序。

四　各民族日常交往社会心态的功能和作用

各民族的社会心态作为社会认知和社会心理的混合体，对日常交往起着定位、定情、定向的作用。

（一）定位

所谓定位，就是确定交往双方的位置，以决定交往的距离。这个位置

---

[1] [美] 班杜拉：《思想和行动的社会基础》（上册），林颖等译，华东师范大学出版社2006年版，第25页。

包括对交往对象属于的民族共同体位置的确定、对交往对象的居住区域位置的确定、对交往对象的血亲关系、辈分性别等位置的确定，在确定位置后，分别采用不同的交往方式，以不同的心态与之交往。在民族共同体内部的交往中，多采取彼此可以理解和接受的方式与之互动，心态具有全面开放的特点，与各类辈分和不同性别的同族交往，采用传统的敬老爱幼、男女有别的方式与之互动，心态也根据与之交往的对象的不同而作出适当调整，表现出多样化的特点。与民族共同体外部人员的交往则多有顾忌，戒律较多，以惯常待客的方式与之互动。

（二）定情

所谓定情就是在日常交往时感情投入的程度。在同一个民族共同体里交往，则心态里的喜爱快乐的感情居多，对长辈则心态里的尊敬的感情居多，对平辈则心态里的互换的感情居多，对晚辈则心态里的爱护和帮助的感情居多，与另外的民族共同体的人员交往，则心态里的客气的感情居多。

（三）定向

所谓定向指对日常交往的走向的确定。与同一个民族共同体内民族的交往，把交往的方向指向民族的内容而畅所欲言，进行较深度的思想感情的交流和沟通。与长辈交往则注意保持交往的距离，与同辈交往则注意保持和发展彼此的情谊，与晚辈交往则注意身份，谨言慎行。与另外的民族共同体的人员交往则以礼相待，敬而远之。最重要的是，各民族的日常交往行动是德国社会学家哈贝马斯所说的"以理解为方向的行动"，其含义可以简单地概括为善解人意、通情达理、主客平等。

综上所述，各民族日常交往的社会心态源于民族共同体的信仰、传统习惯、地域环境、性格气质、心理素质，其结果是形成了融信仰、民族历史文化意识、民族思想感情、民族日常交往仪式为一体的各民族独特的"善行"。在此背景下，现实的功利化的行善就是参与日常交往为主的世俗事务。日常交往则是在"视角互易性""变形的自我"中的世俗化体现，表现在为民族共同体服务和待客的礼仪中。在日常交往中确立的这个现实主义原则与其源头的那些古朴的思想感情相互配合、相互依赖和相互交融构成了各民族日常交往的社会心态的客观实用的风格，成为促进日常交往的社会心态的积极因素。各民族由此形成的宽容、开朗和友善的社会交往

第十一章 铸牢中华民族共同体意识日常交往的六大心态

心态，对各个民族共同体的人员往来、商业互动、文化交流、思想沟通、资源互补都起到了促进作用。

第五节 铸牢中华民族共同体意识的日常交往的法治心态

各民族的法治心态既具有一般法治心态的普遍性、共同性，也具有其特殊性。法治心态与民族性、地域性的结合是这个特殊性最鲜明的特色，由此形成了日常交往中法治心态的开放与封闭的结合等表现形式。这与各民族的法治心态经历的家庭法阶段、社会法阶段、国家法阶段相关，尤其是国家法阶段在各民族地区时间短相关。为此，应该加强各民族的法治心态建设。

法治心态是心态的最高层次，是个人和民族共同体在心态方面的最高境界。一般说来，时时处处都以法治的纯粹心态处理日常生活中的问题的个人和民族是没有的，因为心态是由多种因素构成的，而且日常生活的繁杂性、琐碎性通常也与法治的严肃性、原则性相矛盾。但是，任何一个人、一个民族的进步都表现在法治心态的形成过程中，没有构建法治心态的个人、民族共同体是无法达到现代化水平的个人和民族共同体。同时，对日常生活问题的处理，如果与法治心态结合起来，将推动日常生活的规范化、条理化，促进文明的进步。由于法治心态对于正在走向现代化的各民族如此重要，笔者将探讨各民族的日常交往的法治心态的含义、构成、表现形式和建设问题。

一 各民族法治心态在日常交往中的特殊性

法治对各民族具有多方面的积极的、深远的作用和意义，最重要的是促进了各民族对我们这个多民族的统一的社会主义国家的认同感，促进了各少数民族离不开汉族、汉族离不开少数民族、少数民族之间相互离不开的民族团结和民族进步的意识。通过法治的中介，各民族不仅增强了民族自信心和民族自豪感，提高了思想政治觉悟，而且认识了自己的权利和义务，增强了以法律的手段维护本民族利益的自觉意识。

就心态的特殊性方面看，心态有自己的发展变化的规律。当对法的认识问题解决后，不意味着人的心态一定与这个认识同步发展，心态仍然可能滞后于认识的速度，这就是我们在日常生活中常常听见有人说"我觉得、我感觉"，而很少听见有人说"我经过深思熟虑、我反复思考"等的原因。心态之所以会滞后，原因在于心态的形成与传统习惯有密切的关系。传统习惯的形成是历史反复积淀、社会长期发展、几代人心理感觉积累和传承的结果。所以，社会进步可以改变思想观念，可以以高科技促进工作效率的提高，可以形成更舒适、更便捷的生活方式，但是，前辈遗传下来的传统习惯则似乎不受社会进步的直接影响，仍然左右着人们的生活方式、行为方式、思维方式，即使这些方式是旧式的、是与新的潮流格格不入的，也会在日常生活中发挥作用。对于这个问题，英国哲学家休谟以"联系理论"进行解释。所谓"联系理论"简要说，就是在联系中加强的意思。当一个印象出现后，会引起相应的观念的出现，使这个印象成为一个记忆，以后再遇见类似的印象，就会以相应的观念强化这个印象，使这个印象不仅仅具有记忆的特点，而且被强化为感情。久而久之，这种带着感情、观念的印象就成为人的根深蒂固的习惯，而环境的变化总是抹不掉这个习惯，而只能通过一次一次反复加强这个习惯。人们就是运用这个习惯认识世界的因果关系。"联系理论"对于解释传统习惯的传承和根深蒂固具有重要意义。

各民族的日常交往的法治心态既具有一般的法治心态的特点，又有自己的特殊性。就一般性来说，这种法治心态在认知方面对法律的内容、作用、地位均有正确的认识和理解，能够辨析法与不法的关系，在行为上遵守法律的规定。就特殊性看，这种法治心态又受到民族传统习惯的深刻影响，表现为遵守法律的意愿与亲情关系的矛盾、遵守法律的意识与环境制约的矛盾、维权的动机与旧的思维方法的矛盾。总之，各民族的日常交往的法治心态表现了民族传统文化与现代社会要求的矛盾，表现了时代转型时期新与旧、进步与保守、先进与落后的矛盾。

各民族的日常交往的法治心态的特殊性表现为与民族性、地域性相结合，表现为日常交往中的法治心态的开放与封闭的结合、遵法与感情用事的结合、权利与义务不合比例的结合。

（一）开放与封闭结合

以西北地区为例，维吾尔、哈萨克、东乡、保安等少数民族都以热情豪放、开朗乐观、光明磊落的性格闻名遐迩。随着改革开放的深入，他们的生活水平、教育水平不断提高，其性格开放活泼的一面更加明显。但是，他们的开放尚存在一个问题，这就是对本民族共同体的开放超过对外民族共同体的开放。在民族共同体内部的日常交往中，表现出了相当高的自由度和灵活度。其成员可以自由地、无拘无束地交流和沟通，可以通婚联姻，可以亲密无间地合作共事，可以肝胆相照，荣辱与共，可以在习俗、传统等方面互相信任、互相依靠、互相帮助。但是，交往一旦超出本民族共同体的范围，某些人就会出现心理封闭、半封闭乃至全封闭的问题。各民族中的某些人在民族共同体内部的日常交往的法治心态是淡薄的，其交往的基础是亲缘族缘血缘，这种亲近的关系看重的是人情亲情族情，而不是看重看似冷酷无情的法治。以法治心态为基础开展的日常交往通常发生在民族共同体之外。

（二）遵法与感情用事的结合

今天的各民族已经告别了刀耕火种、人身依附、被剥削被压迫的人身自由没有保障的野蛮落后的旧时代，社会主义法律体系提供了各民族当家作主、民族平等、进步、发展和繁荣的保障，每个民族与全国各族人民一样享受着作为民族大家庭一员的当家作主的权利。他们遵守国家的法律，坚持民族团结、民族和睦、民族进步的基本原则，坚决反对分裂祖国、破坏民族团结的行为。但是，由于种种原因，他们中的一些人还没有摆脱血缘、亲缘、族缘的限制，容易感情用事，以感情代替法律，乃至违法违纪，丧失原则立场，而为违法乱纪的亲朋好友提供庇护，甚至经不起钱权色的诱惑而走上犯罪的道路。

（三）权利与义务不合比例的结合

"义务首先是我对于某种在我看来是实体性的，是绝对普遍东西的关系；权利则相反，它总是这种实体性东西的定在，因而也是它的特殊性和个人特殊的自由方面……"① 这说明权利是个人的自由的表现，义务是个人不自由的表现，权利和义务都体现了人类的人身自由的原则。如果仅仅看重权利的价值，而对义务则稍次之，这种不合比例的结合，就使一些人较为强调民族本身的利益而轻视大局利益，容易形成日常交往中的狭隘的民族性、地域性、封闭性的问题。

---

① ［德］黑格尔：《法哲学原理》，范扬、张企泰译，商务印书馆1996年版，第178页。

综上所述，各民族的日常交往的法治心态的独特性就表现在它是与民族共同体的信仰的独特性、民族共同体的民族身份的独特性、民族共同体的风俗习惯的独特性结合在一起的心理表现形式，具有意识里的混杂性、动机中的依存性、心理中的矛盾性的特点。按照交往行动理论的创始人哈贝马斯的观点，这种社会现象产生的原因是没有发展出来一套制约和调整交往行动的与法治紧密联系的规则，人们拥有的"背景资料"过于沉重。①现象学的代表人物胡塞尔认为这种现象的产生乃在于"生活世界"是"前科学"的。胡塞尔认为"前科学"就是"生活世界"是由非我的经验构成的主观的共同世界，存在着"预先解释的领域、文化传播和语言组织起来的解释性范式储存库"②。

二　各民族法治心态的形成经历的三个阶段

各民族的法治心态在日常交往中的繁杂性、混杂性、不和谐性表明，其心态处于传统与现代、血缘与规则、保守与开放、新与旧的转换时期，法治心态尚未表现为应该有的形态，还被其他非法治因素所影响和牵制。按照休谟的"联想理论"，日常交往的法治心态存在的问题不是天生的、不可更改的，而是一个环境问题。对于这一点，斯宾塞更明确地指出："为什么人不适应社会性的状态呢？……他原始的环境要求他为自己的福利牺牲别人的福利，他现在的环境要求他不要这样做；只要他身上还顽固地留有旧的属性，也就不适应社会性状态。"③

各民族的法治心态的发展经过了家庭法、社会法和国家法三个发展阶段。

（一）第一阶段：家庭法阶段

家庭通常由三个部分构成：婚姻、子女和家庭财产。在这个阶段里，与任何一个社会的家庭要经过的阶段一样，各民族的家庭也经历了群婚制、对偶制和一夫一妻制。家庭法指对家庭所有成员都适用的行为准则。家庭法的颁布者即来自以往流传下来的传统习惯，也来自家庭成员的互相

---

① ［德］哈贝马斯：《交往行动理论》第1卷，洪佩郁等译，重庆出版社1996年版，第161页。

② ［美］乔纳森·特纳：《现代西方社会学理论》，范扬译，天津人民出版社1988年版，第280—281页。

③ ［德］斯宾塞：《社会静力学》，张雄武译，商务印书馆1996年版，第27页。

约束，主要指作为一家之长的父亲的权威。在各民族的家庭里，父亲是最有尊严和权威的人，家庭所有的成员都要服从父亲的管束。父亲不仅掌握了家庭的财权、物权，而且掌握了子女的婚嫁权。无所不在的父权牢牢控制着家庭的一切。在各民族的家庭里，父亲与母亲的关系一方面表现为社会习俗规定的服从与被服从、服务与被服务的关系，另一方面表现为婚姻特有的两性的具有法的意义的伦理的爱，前者表现为媒妁之言、父母之命，后者表现为"爱慕表现为当事人即在这两个无限异化的人的心智的出现"（黑格尔语），这种独特的家庭法的最主要的特征是程序化、规则化。我们看到，各民族家庭的婚姻都经过提亲、定亲、婚礼这样三个过程，虽然现在各民族的年轻人寻求自由恋爱，但是，其婚礼依然遵循民族传统习惯，而不论这个婚姻是旧式程序的结果还是新式程序的结果。各民族的婚姻在程序化、规则化方面表现了明显的民族特色。在民族聚居区的各民族有一个不成文的规定，就是结婚的男女如果没有特殊的原因是不能离婚的。还有的民族例如新疆地区的哈萨克族、乌兹别克、塔塔尔等民族甚至规定男子一旦娶妻就要白头偕老，绝不能离婚。

（二）第二阶段：社会法阶段

人和人的交往和需要的扩大，突破了家庭的狭隘的关系的限制，而构成了更大范围、更深程度的、更多方面的需要和交往，这就是社会规模的扩大和人们联系的紧密。这时的社会特点是："每个人都以自身为目的，其他在他看来都是虚无，但是，如果他不同别人发生关系，他就不能达到他的全部目的，因此其他人便成为特殊人达到目的的手段。"① 社会由三个部分构成：个人和民族的需要的体系、对所有权保护的体系、对个人与社会利益维护的体系。人际关系在家庭基础上的重新组合改变了人和人在家庭里形成的相对封闭、相对狭隘的关系，把人置放在被需要和交流驱动的时间和空间里，这时"在一切人相互依赖全面交织所含有的必然性，现在对每个人来说，就是普遍持久的财富，这种财富对他来说包含一种可能性，是他通过教育和技能分享到其中的一部分，以保证他的生活；另一方面他的劳动所得又保持和增加了普遍财富"②。这种因为人与人交往和互相需要产生的必然性，改变了家庭法阶段父权决定一切的局面，将父权限制

---

① ［德］斯宾塞：《社会静力学》，张雄武译，商务印书馆1996年版，第197页。
② ［德］黑格尔：《法哲学原理》，范扬、张企泰译，商务印书馆1996年版，第210页。

在家庭的范围内，其至限制在夫妻关系的范围内，造成了父权在社会领域的空白，填补这个空白的不是真正意义的法律，而是各民族特有的习惯法。习惯法的各项规定具有法的严肃性、权威性、神圣性和裁决性。人们的行为正确与否不取决于法律的规定，而是取决于习惯法的判决。一些信教群众的邻里纠纷、家庭矛盾、婚丧嫁娶的问题均交由长者、尊者处理，他们的决定就是最权威的决定，必须服从，不能违背。

（三）第三阶段：国家法阶段

由于"分享财富的可能性，即特殊财富，一方面受到自己的直接基础（资本）的制约，另一方面受到技能的制约，而技能又转而受资本，而且也受到偶然情况的制约，后者的多样性产生了原来不平等的禀赋和体质差异。这种差异在特殊性的领域中表现在一切阶段一切方面，并且连同其它偶然性和任性，产生了各个人的财富和技能的不平等为其必然后果"①。正如黑格尔指出的那样，国家法诞生在对社会问题的公平的处理的呼唤中，习惯法是无力解决存在于社会、各个阶层中的不公平问题的。所以，国家法就由此产生出来。国家法被许多学者看作绝对自在自为的理性、实体意志的伦理精神、客观精神。② 国家法的原则就是绝对意志，所以，国家法具有至高无上的权威、体现了人民意志的合理性、公平性。这个意志被卢梭解释为作为单个人的共同意志，被费希特解释为单个人的意志的集合，被黑格尔解释为国家的客观性、真理性和伦理性。对于各民族来说，国家法就是以宪法为核心和指导的社会主义法治体系。在这个体系中，最有中国特色、中国风格、中国气派的法律就是《民族区域自治法》，它是被实践证明的解决中国民族问题的最成功的法律机制，充分体现了社会主义制度能够保障各个民族共同团结奋斗、共同繁荣发展的优越性。《民族区域自治法》所阐明的民族区域自治制度主要包括下面三方面内容。

1. 民族区域自治的性质

《民族区域自治法》指出："民族自治地方的各族人民和全国人民一道，在中国共产党的领导下，在马克思列宁主义、毛泽东思想、邓小平理论的指引下，坚持人民民主专政，坚持改革开放，沿着建设有中国特色社

---

① ［德］黑格尔：《法哲学原理》，范扬、张企泰译，商务印书馆1996年版，第252页。

② ［德］黑格尔：《法哲学原理》，范扬、张企泰译，商务印书馆1996年版，第254—255页。

会主义的道路，集中力量进行社会主义现代化建设，发展社会主义市场经济，加强社会主义民主与法制建设，加强社会主义精神文明建设，加速民族自治地方经济、文化的发展，建设团结、繁荣的民族自治地方，为各民族的共同繁荣，把祖国建设成为富强、民主、文明的社会主义国家而努力奋斗。"①

2. 民族区域自治的意义

《民族区域自治法》指出："民族区域自治是在国家统一领导下，各少数民族聚居的地方实行区域自治，设立自治机关，行使自治权。实行民族区域自治，体现了国家充分尊重和保障各少数民族管理本民族内部事务权利的精神，体现了国家坚持实行各民族平等、团结和共同繁荣的原则。"②

3. 民族区域自治的范围

《民族区域自治法》指出："民族自治地方的建立、区域界线的划分、名称的组成，由上级国家机关会同有关地方的国家机关，和有关民族的代表充分协商拟定，按照法律规定的程序报请批准。"③ 民族自治地方的人民代表大会中，除实行区域自治的民族的代表外，其他居住在本行政区域内的民族也应当有适当名额的代表，并且自治区主席、自治州州长、自治县县长由实行区域自治的民族的公民担任。自治区、自治州、自治县的人民政府的其他组成人员，应当合理配备实行区域自治的民族和其他少数民族的人员。

民族区域自治制度是真正保护各民族的公民权利的制度。公民权利分为三类：财产权、生存权和管理权。财产权表现为占有、支配和使用生产资料和生活资料的权利；生存权涵盖受教育、择业、劳动、居住、迁移、人身安全、诉讼和申辩、人格尊严等；管理权具体表现为政治权利，诸如知政、参政、议政、决政和监督政权，选举、被选举权和检举权、罢免权，结社、集会、言论、出版自由权等等。《民族区域自治法》对这些权

---

① 中共中央文献研究室：《十五大以来重要文献选编》（中），人民出版社2001年版，第1658页。

② 中共中央文献研究室：《十五大以来重要文献选编》（中），人民出版社2001年版，第1657页。

③ 中共中央文献研究室：《十五大以来重要文献选编》（中），人民出版社2001年版，第1661页。

利的保障都有具体而严格的规定。此外，在保护少数民族的语言文字、宗教、风俗等方面《民族区域自治法》也有明确严格的规定。

尽管社会主义的法律体系对各民族法治心态的作用和意义是习惯法不可比拟的，但是，其实施的时间毕竟短，在对各民族法治心态的形成起到巨大促进作用的同时，还未发挥到理想作用的层面。马克思指出："环境的改变和人的活动的一致，只能被看做是并合理地理解为变革的实践。"① 国家法阶段的时间短其实就是马克思解释的法制的革命实践阶段还发展得不够充分，无论环境还是人都没有在之前的阶段与改造世界的活动结合起来，人的能动性、积极性没有被发挥出来。随着社会主义法治阶段的到来，各民族已经能够把法治建设与自身的发展结合起来，健全和完善日常交往的法治心态的过程正在进行。

三　各民族心态法治化建设的实践路径

马克思在批判旧唯物主义的缺点时指出："这种学说忘记了：环境正是由人来改变的，而教育者本人一定是受教育的。"② 我们不能被动地依靠社会主义法治自发对各民族的日常交往的法治心态起作用，还要主动加强各民族心态的法治化建设，两方面的结合是解决各民族日常交往心态法治缺失的根本出路。以下三个方面的建设，是促进各民族法治心态形成的关键。

（一）建立健全各民族利益诉求机制

1. 党务诉求机制

各级党组织要自觉遵守法律，要在法律的范围内活动，不能随意以"民族问题具有敏感性"为借口而以行政命令代替法律。同时，要提供给各民族群众投诉的通道。

2. 政务诉求机制

各级人民政府及其职能部门，都要依照法律特别是民族区域自治法的规定履行自己的职责。尤其是民族事务部门，要依法建立"民族纠纷"管理机制，并使之制度化、规范化和程序化，依法保障各少数民族的合法权利和利益。譬如，在实施《民族区域自治法》问题上，不存在"协调协

---

① 《马克思恩格斯选集》第1卷，人民出版社2012年版，第138页。
② 《马克思恩格斯选集》第1卷，人民出版社2012年版，第138页。

商"的回旋空间,而是必须保证不折不扣地贯彻实施,这是"依法行政"的本质和要求。

3. 司法诉求机制

在民族问题的司法程序方面,无论是实体法或程序法,都要切实依法保障少数民族的合法权利不受侵犯。

(二)进一步完善相关的法律法规

1. 对各民族传统文化产权的保障的法律法规要进一步完善

当今时代,许多优秀的少数民族传统文化资源,已经逐渐被打造为"企业文化"或"产业文化",从而引发侵权问题。另外,许多优秀的少数民族传统文化资源遭到破坏甚至失传。因此,保障少数民族文化产权和知识产权迫切需要在法律方面体现出来。

2. 保障各民族风俗习惯的法律法规要进一步完善

宪法规定:"各民族都有保持或者改革自己的风俗习惯的自由。"① 宪法规定的这个"自由权",目前还没有专门的立法保障与之配套。所以,保障各民族及其公民的风俗习惯自由,尚需要专门的立法和相应的法律规定落到实处。

(三)建立民族关系的调节机制

1. 行政调节

行政调节是指行政机关包括那些经过授权的组织通过制定、实施政策或直接查处、干预有关事件,来调节民族关系,它是各国政府在民族关系调节中经常使用的一种调节方式,我国调节民族关系的政策主要有:民族区域自治政策、民族干部政策、民族经济政策、民族文化教育政策、民族风俗习惯政策、民族宗教信仰政策、民族统一战线政策等。在我国以民族政策调节民族关系已基本形成了一个内容丰富、范围广泛的体系。但是还应该根据民族心态的变化用动态的思维方法不断调整和完善行政调节机制,扩大调节的范围和手段,更好地促进少数民族形成日常交往的法治心态。

2. 社会调节

所谓社会调节,就是利用民间(非官方)——个人、团体和舆论的力

---

① 《中华人民共和国宪法》,人民出版社2018年版,第9页。

量处理民族关系中出现的问题。利用个人调节民族关系。一是指由双方代表直接面谈，协调解决问题，达成协议或取得一致意见后，各自再去做本民族群众的工作。通过直接交谈，不仅可以消除误会，缓和紧张关系，而且为一方向另一方表示歉意或承认错误提供了适宜的场所。二是通过与当事人双方联系密切、关系友好，有较大影响力的第三者（中间人），在当事人双方之间牵线搭桥，沟通联络，传递信息，为双方当事人表达意见、看法，提供一条畅通的渠道，中间人还可以利用与双方的关系做一些规劝、说服工作。与政策调节方式有所不同，社会调节不是运用官方的强制力，来要求人们做什么，怎么做，而是依靠民间的自发力量，促使人们按一定的是非标准去自觉、自愿地规范自己的行为。因此，应充分发挥民间团体和舆论的调节作用，使各民族的日常交往的法治心态与社会主义法治建设相适应。

3. 法律调节

法律调节就是指通过法律的制定、执行、遵守以及宣传教育来规范民族关系，我国制定了一批专门调节民族关系的法律法规和大量的有民族关系调节内容的法律法规。这些法律法规的颁布实施对促进民族关系的健康发展起到了重要作用，但还要加快我国民族区域自治法配套法规建设步伐，以使社会主义法治在正确引导和调适各民族的日常交往的法治心态方面发挥更积极的作用。

社会调节只能充当辅助手段，而不能作为主要手段，行政调节和法律调节两种方式是主要手段，从根本上来说，还是要依靠不断完善社会主义法治建设来达到最终调适各民族日常交往的法治心态的目的。

第六节　铸牢中华民族共同体意识的日常交往的民族群体心态

任何一个民族共同体都由两个"自我"构成，一个是民族共同体的"自我"，一个是民族群体的"自我"。在民族共同体的"自我"里机械团结导致的"客我"支配的同质交往占主导地位，在民族群体的"自我"里有机团结导致的"主我"支配的异质交往占主导地位，本节中的民族群体的"自我"是各民族的各个民族共同体"人群聚集"的"杂处"的结果。

民族群体的"自我"的日常交往心态表现为：民族性之外的中立性、民族性与地域性结合之外的超脱性、民族心理倾向性之外的混杂性。群众的作用，直接性、分化性、传递性的作用，实践逻辑的作用是创造民族群体"自我"及其心态的主要原因。从民族群体心态中，可以看到各民族文化的独特品格和个人自主活动的发展。

一 民族群体心态的相关理论阐释

我们借助法国社会学家涂尔干的两种团结形式表示民族共同体与民族群体的一般差别。我们还借用美国社会学家、芝加哥学派代表人物米德的自我的概念来表示民族共同体成员彼此交往的不同形式。

（一）民族群体心态是社会行为的表现

涂尔干认为："在第一种团结里，个人不带任何中介的属于社会，在第二种团结里，个人所以依赖于社会，是因为他属于社会的各个部分。"① "第一种情况指的是，社会在某种程度上是由所有成员的共同感情和共同信仰组成的：即集体类型。第二种情况指的是，当我们与社会发生连带关系时，社会是由一些特别的而又不同的职能通过相互间确定的关系结合而成的系统。"② 米德的自我是"主我"和"客我"的对立统一体，"自我"是泛化的他人，"客我"是共同体的复制。米德认为，"客我"本质上是一社会群体的成员，因而代表该群体的价值观，代表该群体是指成为可能的那种经验，它的价值观是该社会所有的价值观。③ "主我是当共同体的态度出现在个体的自己的经验之中对个体这种态度所作的反应。"④ 当主我与客我相遇在一个"新颖的情景"（米德语）之中时，米德认为就会出现共同体成员以前没有经验过的东西，人们就会改变以前形成的心态。由民族共同体的"人群聚集"的不规则的"杂处"形成的异质交往导致了主我与客我在互动中形成了民族群体心态的新变化、新特点、新形式、新内容，既体现了民族共同体在历史和文化积淀过程中形成的独特的民族品格，也

---

① ［法］埃米尔·涂尔干：《社会分工论》，渠东译，生活·读书·新知三联书店2008年版，第46页。
② ［法］埃米尔·涂尔干：《社会分工论》，渠东译，生活·读书·新知三联书店2008年版，第91页。
③ ［美］米德：《心灵、自我与社会》，赵月瑟译，上海译文出版社1992年版，第190页。
④ ［美］米德：《心灵、自我与社会》，赵月瑟译，上海译文出版社1992年版，第175页。

体现了马克思和恩格斯论断的重要意义:"旧交往形式被适应于比较发达的生产力,因而也适应于进步的个人自主活动方式的新交往形式所代替"[①]。

我们研究的各民族日常交往的民族群体心态,不是指某个民族共同体中的某个特定的规则的民族群体或者某几个特定的规则的民族群体的常态心态,例如民族共同体里的特定职业群体、特定年龄群体、特定性别群体、特定地域群体的"人群聚集"的整齐规则的"同处"构成的民族群体的常态心态,而是指由各个民族共同体的"人群聚集"的不规则的"杂处"所构成的民族群体变异心态。这就是说,各民族日常交往的民族群体心态是在不同的民族共同体的"人群聚集"的交往和沟通中形成的不同于同一个民族共同体"人群聚集"在交往和沟通中形成的规则的常态心态,而是民族共同体心态在新的条件下、新的因素的催化下的变异、变体、变化和转化。

(二)民族群体心态是"人群聚集"的不规则"杂处"的表现

"人群聚集"的不规则的"杂处"是笔者概括、描述、确定各民族日常交往的民族群体心态的特定名词。所谓"人群聚集"的不规则的"杂处"指各个民族共同体的各个阶层、各个群体、各个区域的成员在自由流动、自由交往时互相影响、互相启发、互相推动而产生的立体式、多层次、混合型的民族交往,是由于投入新的因素对原有的常态心态的改变。由于"人群聚集"的不规则的"杂处"导致了民族共同体之间的各个职业、各个家庭背景、各个性别、各个年龄、各个居住区域的人群的自由流动、自由交往,所以民族群体的心态表现了与民族共同体的常态的心态不同的新特点、新形式和新内容。

在社会不断进步的新的形势下,各个民族共同体在保留原有的同质交往圈的同时,还形成了异质交往圈。"人群聚集"的有规则的常态心态的"同处"属于同质交往圈。"人群聚集"的无规则的异态心态的"杂处"属于异质交往圈。在同质交往圈里,民族群体按照相同的一面聚集和组合而成,例如按照信仰的类型、职业的归属、家庭背景、一致的性别、年龄处于一个阶段、居住地点接近形成规则的常态心态交往圈,这个交往圈所表现的在信仰、传统习惯、文化历史、民族意识、心理活动等重要方面的共同性、一致性和相似性在另外的那个不固定、不规则的交往圈是难以看

---

① 《马克思恩格斯选集》第 1 卷,人民出版社 2012 年版,第 204 页。

到的。在异质交往圈里，起作用的是各种信仰、各种民族特色、各种性格气质、各种爱好情趣、各种饮食起居、待人接物、文化传播等社会和个人因素混合而成的特色鲜明、形式多样、丰富活泼的日常交往心态。"人群聚集"的"杂处"属于同质交往圈与异质交往圈的结合，是不同民族共同体成员的"主我"与"客我"的互相交往。美国社会学家柯林斯对此有一段精彩的描写："我们看到，这些聚集也可能是相当小规模的：两三熟人停下来谈话，或仅仅点头而过，甚至陌生人在街上瞥一眼；或者中间规模的，一个小群体聚在一张桌子上吃喝。关键的并不是有最好的互动这一平庸的想法；其更强的含义是：社会高于一切具体活动。"①

这个不规则的"人群聚集"的"杂处"带有很大的偶然性、随意性与不可预期性，富有特色的独特个性化的思维方式、行为方式和交往方式，在"人群聚集"的不规则的"杂处"中，彼此互相结合，互相渗透，互相作用，不仅改变了同一个民族共同体的个人的固定的、沿袭已久的、基本一致的心态，而且造成了心态在改变过程中的复杂性、丰富性、变异性的特点。

（三）"人群聚集"的不规则"杂处"的理论

美国社会学家柯林斯把"人群聚集"的不规则的"杂处"概括为仪式社会学。柯林斯认为："仪式社会学因而是关于人群、会员、会众、观众聚集的社会学。"② 对这种仪式的特点，柯林斯写道："仪式是一种相互关注的情感和关注机制，它形成了一种瞬间的关注现实，因而会形成群体团结和群体成员性的符号。"③ 对于"人群聚集"的不规则的"杂处"的结果，柯林斯认为："当人们聚集在同一地点，具有身体的协调一致性：涌动的感觉、谨慎或利益感、可察觉的气氛的变化。人们之间相互关注，不管一开始是否对其有明显的意识。这种人身的相互注意是接下来要发生的一切的起点。"④

---

① ［美］兰德尔·柯林斯：《互动仪式链》，林聚任、王鹏、宋丽君译，商务印书馆2009年版，第69—70页。
② ［美］兰德尔·柯林斯：《互动仪式链》，林聚任、王鹏、宋丽君译，商务印书馆2009年版，第36页。
③ ［美］兰德尔·柯林斯：《互动仪式链》，林聚任、王鹏、宋丽君译，商务印书馆2009年版，第69—70页。
④ ［美］兰德尔·柯林斯：《互动仪式链》，林聚任、王鹏、宋丽君译，商务印书馆2009年版，第69页。

达尔文在《人类的由来》一书中认为"人群聚集"的意识有别于民族共同体的意识是因为人的社会本能与社会群体相互冲突的结果，达尔文认为这将导致新的群体规则的产生。达尔文认为："社群的成员们所表达出来的意愿和意见，无论起初用口传的也罢，或后来用文字表达的也罢，有的构成我们行为的唯一的指引，有的成为可以大大地巩固我们的社会性本能的一种力量；但有的时候，社群的意见或有和这些本能直接的发生抵触的倾向。所谓'同辈间体面的礼法'就是这种矛盾的好例子。这种礼法以社会地位相等的同辈意见为依据，而并不以全国国民的意见为依据。对这种礼法的一度违反，即便明知其为严格的合乎道德的要求，也曾在不少人身上引起比一件真正的犯罪行为所能引起的更为难堪的苦恼。"① 达尔文的观点表明，一个民族共同体内部的人群的聚集的不规则的"杂处"将出现不同于这个民族共同体原有的传统的价值观、交往方式和礼仪方式的新特点、新形式、新内容。按照达尔文的观点，不同民族共同体的人群聚集的不规则的"杂处"还将带来比同一个民族共同体人群聚集的不规则的"杂处"的更多、更大的变化。

法国社会学家涂尔干在《社会分工论》一书中认为，"集体意识"是"人群聚集"不规则"杂处"的结果。涂尔干认为："社会成员平均具有的信仰和感情的总和，构成了他们自身明确生活的集体体系，我们可以称之为集体意识或者共同意识。"② 涂尔干的观点表明只要形成社会，不论社会规模大小，都会产生集体意识。"人群聚集"不规则"杂处"产生的集体意识肯定不同于"人群聚集"规则"同处"的集体意识。在涂尔干看来，不论民族共同体全体成员还是民族共同体中的人群聚集所产生的"集体意识"都是为了维护一个共同体的团结和秩序。涂尔干认为有两种团结，即：机械团结和有机团结。"前一种团结是建立在个人相似性的基础之上的，后一种团结是以个人的相互差异为基础。前一种团结之所以能够存在，是因为集体的人格完全吸纳了个人的人格；后一种团结之所以存在，是因为每个人都拥有自己的行动范围，能够自臻

---

① ［英］达尔文：《人类的由来》上册，潘光旦、胡寿文译，商务印书馆1996年版，第182—183页。

② ［法］埃米尔·涂尔干：《社会分工论》，渠东译，生活·读书·新知三联书店2008年版，第89—90页。

其境，都有自己的人格。"①

马克思主义认为共产主义意识是"人群聚集"不规则"杂处"的结果。对交往的重要性认识最深刻的马克思站在历史唯物主义的高度把交往放置在社会发展规律的过程中给以阐述，认为交往不仅是无产阶级生存的必要条件，也是共产主义实现的必要条件。只有把交往变成世界性的交往，共产主义意识才能产生。马克思指出："交往的任何扩大都会消灭地域性的共产主义……因此，无产阶级只有在世界历史意义上才能存在，就像共产主义——它的事业——只有作为世界历史性的存在才可能实现一样，而各个人的世界历史性的存在，也就是与世界历史直接相联系的各个人的存在。"② 米德认为："地域性的个人为世界历史性的、经验上普遍的个人所代替。不这样，一是共产主义就只能作为某种地域性的东西而存在；二是交往的力量本身就不可能发展成为一种普遍的因而是不可忍受的力量：它们会依然处于地方的、笼罩着迷信气氛的'状态'；三是交往的任何扩大都会消灭地域性的共产主义。共产主义作为占统治地位的各民族'一下子'同时发生的行动，在经验上与此相联系的世界才是可能的，而这是以生产力的普遍发展和与此相联系的世界交往为前提的。"③ 马克思和恩格斯的观点表明，局限于地域的"同质"交往只有被扩大为无地域限制的普遍的"异质"交往所代替，才能实现无产阶级的理想——共产主义。

笔者认为"人群聚集"不规则"杂处"产生的民族群体心态是各民族共同体的一群人不受民族限制、打破地域、民族界限、无固定职业约束的感觉和感情的情绪化的凝聚和表现。这一群人来自各个民族共同体，处于不同的职业中，具有不同的民族成分，抱着不同的交往动机，他们对世界、对社会、对各类问题的感受和体验是理性与非理性的结合，是感情与直观的结合，也是共同性与个性的结合。就情绪取向看，有个人化鲜明的情绪，更有社会发展引发的正面的、积极的、乐观的情绪，也有社会矛盾引发的消极、负面、悲观的情绪。就表达的方式看，直观的、直接的、直爽的情绪比理性的、加工的、掩饰的情绪多。混杂的、多样的、一时一地

---

① ［法］埃米尔·涂尔干：《社会分工论》，渠东译，生活·读书·新知三联书店2008年版，第89—90页。
② 《马克思恩格斯选集》第1卷，人民出版社2012年版，第166—167页。
③ 《米德文选》，丁东红等译，社会科学文献出版社2009年版，第8页。

的情绪比单纯的、单一的、固定的情绪多。人群聚集的情绪感受不可能总是埋藏在心里，隐而不发，正像高兴要笑，难过要哭一样，这个感受要宣泄出来，而这种宣泄如果以情绪化的直觉方式表达，就是他们的心态，如果以理性、逻辑的规则的方式表达，就是他们的认识。心态是这一群人当下的、非掩饰性的、没有来得及以理智加工的直观心情，与现在的时间相匹配的、与现场感觉相联系的、调动过去积累的经验和所有阅历的直接的心理反应。与作为带有整体性、全局性、普遍性的民族共同体的心态相比较，民族群体心态在内容方面具有现实特色鲜明的特点，在形式方面具有多样化兼容的特点，在结构方面具有多层级心态共存的特点。民族群体心态的特殊性的鲜明特色就在于它所涉及的问题仅仅与"人群聚集"的切身利益相关，主要是与民生问题中的衣食住行、生老病死、吃喝玩乐相关，民族群体心态所要表达的就是对这些基本民生问题的看法。民族共同体的心态与民族群体心态两者的关系不是互相代替、互相等同、互相一致的关系，而是普遍与特殊、一般与个别、单一与复杂的多样化的关系。

二 各民族日常交往的民族群体心态特点

一个民族要生存、要发展和进步一刻也离不开交往，尤其是日常的交往。各个民族通过交往才能获得所需要的各种资源，才能满足各种需求，才能以人之长补己之短。各民族的日常交往是涵盖所有交往活动的最经常、最普遍、最常见的交往，在"人群聚集"的不规则的"杂处"里，在异质交往圈里，民族群体交往的心态在时间上具有不确定性，在空间上具有接触点多样化，在内容上具有多主题、多内容、多兴趣的特点，在形式上具有表达的不拘礼节、随心所欲的个性化特点。上述特点可以概括为：民族性之外的中立性、地域性之外的超脱性、民族心理倾向性之外的混杂性。

（一）民族性之外的中立性

民族群体不规则的"杂处"的结合点就一个民族共同体本身来说，是这个民族共同体心理的共同性、生活习惯的共同性、历史和文化的共同性等的表现。就不同的民族共同体来说，则是其公共生活领域、个人生活领域带有共性问题的表现。这些共同点在不同的环境和不同的条件下具有不同的表现形式和不同的特点。在民族共同体的各种仪式里，这个共同点突出而明显，同大于异。在日常交往中则因为随意性、自由性和非限制性的作用而表现为异大于同。这个"异"指人群聚集时每个人的心态具有民族性之外的中立性。

1. 日常交往的话语的中立性

日常交往的话语主要来自日常生活。日常生活的话语固然与民族性不可截然分开，但是，毕竟两者的主题和重点不同而有各自的特点。日常生活的话语更多地关注的是现实生活的衣食住行、家长里短、婚丧嫁娶、国内外形势、逸闻趣事等范围较广的现实问题。仪式话语则与民族文化、民族心理、民族习俗密切相关。

2. 交往和沟通中的互相尊重原则带来的"闪避"

所谓"闪避"指为了保证日常交往的流畅和快乐、互相友好和仁爱，交往的双方都有意识闪避敏感的、容易产生冲突和造成压力的话题，而以双方感到轻松的、无压力的问题为接触点、合作点和汇合点。"闪避"的另一个含义是交往的双方对彼此的背景都是清楚的，不需要再把熟悉的背景资料拿出来交流。所以，"闪避"是对民族认同一致性的"语法解释"，也是对民族认同一致性的"心理解释"。"语法解释""心理解释"均来自德国社会学家施莱尔马赫，前者的意思是对一般规则的强调和遵守，后者的意思是放弃某些东西而互相迁就。"语法解释"对于民族群体的"杂处"来说，已经成为交往的潜规则而融合在民族性与宗教性结合之外的中立性的"心理解释"中。在日常交往中，各个民族共同体的成员都以这个潜规则为依据，有意识放弃一些妨碍不同民族共同体交往的东西而创造交往的条件。笔者到甘肃省临夏州东乡县调查时发现，这个地处青藏高原与黄土高原交汇地带的少数民族中几乎每个家庭都有一名外出务工人员，多聚集在甘肃省兰州市从事旧家具家电的收购、工程建设、清真餐饮等职业。笔者注意到他们与不同民族成分的群众交谈时，主要围绕一般的社会问题、生活问题、劳动生产问题与对方展开交流。所以，在甘肃省兰州市工作的东乡族外来务工人员与当地居民和睦相处，情同手足。

（二）地域性结合之外的超脱性

所谓超脱性指交流和沟通的范围的扩大。不仅包括观察理解问题的视角、维度向个人方向的转换，而且包括交往圈由"同质"向"异质"转化。根据法国社会学家涂尔干提出的"集体意识"理论，我们把仪式活动分为民族共同体仪式和民族群体仪式。

1. 民族共同体仪式

在以民族共同体为名义的仪式活动里，反映民族共同体集体意识的民族活动居于主导地位，贯穿在各类大小仪式活动里，这些活动经过长期的历史文化的积淀不仅形成了一套章法严密的规章制度，而且成为民族共同体的传统习俗。

2. 民族群体仪式

在民族共同体的反映集体意识的仪式活动中，民族共同体的成员的观察和认识问题的视角、维度以民族共同体的集体意识为轴心，以传统习惯为标准，以共同的民族文化为主题，笼罩着浓厚的民族色彩，任何偏离民族共同体的这个集体意识的思想和行为都被认为是越轨行为，而以离经叛道的名义被拒绝和排斥。所以，民族共同体的仪式里的"集体意识"占据了活动的全部空间，个人的思想空间，个人被视为表现集体意识的符号，是被仪式规定、安排好的样本。在民族群体的"杂处"的仪式里，个人的活动空间大于集体活动的空间，个人意识可以不被集体意识管束的那样严格。个人观察和认识问题的视角、维度呈现了多元化、多样化的特点，个人可以从自我的角度而少从集体的角度感受和理解各种问题，这就无意中在民族群体的仪式里淡化了民族色彩，表现了民族性与地域性结合之外的超脱性。

（三）民族心理倾向性之外的混杂性

在民族群体的不规则的"杂处"里，个人一方面根据本民族共同体的审美、善恶、是非标准解析各种问题，作出各种判断，表达本民族的喜怒哀乐；另一方面也在各种心理因素的互相结合、互相作用、互相推动下变更、修改和创造着自己的看法、观点和认识，表达着自己的个人化的见解，这个见解有些与所在的民族共同体是一致的，有些是不一致的，更具有鲜明的个人的特点和风格。所以，在民族群体的"杂处"里，个人所喜欢的未必是民族共同体所喜欢的，个人所厌恶的也未必是民族共同体所厌恶的。

达尔文提及的"同辈间体面的礼法"作为一种特殊的社会现象也表现在各民族日常交往的群体心态中。当前，处于社会转型期所遇到的新与旧、落后与先进、适应与不适应、民族化与现代化的矛盾和问题，纷至沓来，不可避免反映在民族群体成员的社会心态里，造成了他们观察和处理日常交往的多重心态。

三 各民族日常交往民族群体心态评价

民族群体社会交往心态的独特性、丰富性和复杂性来自其日常交往的独特性、丰富性和复杂性。各民族的民族群体心态对于各民族日常交往产生了积极、正面和增进各民族互相认识、互相理解、互相取长补短的良好作用。社会越进步，越发展，民族群体心态越健康，越产生正能量。

（一）各民族日常交往民族群体心态的积极影响

民族群体的"杂处"所形成的交往环境和气氛不同于民族共同体的交往环境和气氛，更具有开放性、多元性和混杂性的特色，在民族性、宗教性和地域性中掺进了异质因素，导致与民族共同体日常交往不同于原始交往意义的变异，造成了各民族日常交往心态的改变。这些改变丰富了民族关系的内容，促进了各个民族的理解和团结，丰富了个人的生活内容，推动了个性的发展，这是民族进步和发展的表现。

法国社会学家涂尔干认为个人的这些改变之所以是进步的原因有两个，一是这种发展没有离开民族共同体单独发展，而是与民族共同体共同发展、共同进步和共同繁荣，是在维护民族共同体的秩序和利益的前提下的发展。二是这种发展不是"那种只专注于自己、置外部世界于不顾的绝对个性的张扬，而是具有自身特定功能的器官的部分的完善和成熟，如果它脱离了有机体的其他器官，就会面临死亡的危险"[①]。民族群体心态的形成、发展、成熟和完善，是民族共同体的成员交往扩大的产物，是各个民族互相学习、互相尊重、互相提高的产物。不断扩大的交往，不仅拓宽了民族关系的领域，而且丰富、充实了民族关系的内容。历史唯物主义的一个重要的思想就是资本主义、社会主义、共产主义的产生无一不是交往不断扩大的产物，只有在交往活动中一个民族才能发现自己的短处和缺陷，才能找到自己的光明前景，创造出新的世界。民族与民族的交往是通过个人实现的，个人的交往是在群体交往中发展、成熟和完善的。

马克思和恩格斯在论及共产主义时有一个重要的思想，这就是共产主义是交往范围扩大的产物，没有交往，不仅没有分工和生产力的发展，而

[①] [英] 达尔文：《人类的由来》上册，潘光旦、胡寿文译，商务印书馆1996年版，第182—183页。

且没有共产主义的产生。资本主义社会的一个弊端就是造成交往的限制范围。马克思和恩格斯指出：资本主义的个人的交往范围不仅狭小，而且"这个范围是强加于他的，他不能超出这个范围"；"而在共产主义社会里，任何人都没有特殊的活动范围，而是都可以在任何部门内发展，社会调节着整个生产，因而使我有可能随自己的兴趣今天干这事，明天干那事，上午打猎，下午捕鱼，傍晚从事畜牧，晚饭后从事批判。这样就不会使我老是个猎人、渔夫、牧人或批判者"①。

（二）民族群体日常交往心态形成的原因

民族群体的日常交往心态之所以与民族共同体的日常交往心态有所不同，具有自己独特的形成方式，主要由以下三个原因导致。

1. 群众的作用

美国社会心理学家黎朋所说的"群众"② 类似本书的"人群聚集"。黎朋认为"群众"是个人的集合体，是偶然相遇的人群。黎朋称这样的"群众"为"组织化的群众""心理学的群众"。黎朋的"群众"是介于正式组织和非正式组织之间的非组织人群。他们既不是经过法律程序批准的由政府任命的正式组织里的成员，也不是存在于正式组织里的为缓解组织的层级化、正规化、等级化的压力而形成的非正式组织成员。他们是以其不同职业、不同身份、不同喜好、不同性格的相异点为基础、在交往的意义上形成的特殊的社会群体。就各民族的民族群体而言，他们作为民族共同体的成员，具有民族共同体的基本特征，作为独立的个人，有自己的独立性、自主性、多样性的个人特征。在民族群体里，上述两个特征溶解到群体的心态里，表现为普遍性和个别性的统一、自我与民族共同体的统一、理性与非理性的统一。笔者在新疆进行田野调查时，曾乘车翻越天山到伊犁采访。同车的36位乘客，10位维吾尔族，5位哈萨克族，5位蒙古族，3位回族，13位汉族。同车乘客的交谈都与新疆的风土人情、名胜古迹、大河名川、地理位置、风俗习惯相关，没有人谈及民族的话题。其实，这就是"人群聚集"的"群众"的作用。

2. 直接性、分化性、传递性的作用

在民族群体里，个人受各种情绪的感染，与平时的心态有明显的不

---

① 《马克思恩格斯选集》第1卷，人民出版社2012年版，第165页。
② 周晓虹主编：《社会心理学名著菁华》，社会科学文献出版社2006年版，第17页。

同,对有的人来说,还有很大的不同,表现为直接性、分化性、传递性的特点。所谓直接性就是不像平时,心态受到环境的制约,表现为民族性与宗教性的高度一致、个人与民族共同体的高度一致,而是一反常态,表现出互相矛盾的意识和情绪,甚至出现不带情绪色彩的中立意识。所谓分化性就是把过去对某一件事情的心态表现在目前的这件事情上,移花接木。所谓传递性就是各种意识、情绪、情感互相传递、互相影响、互相感染和互相混杂,构成了错综复杂的情绪场,催生了个人在民族共同体里所没有的心态。一个民族共同体越是开放,越是进步,与外部的日常交往就会越多,越频繁,越密切,直接性、分化性、传递性的特点就越体现得充分。由此可以看出,在不同民族构成的民族群体里,各民族的心态充分表现了直接性、分化性、传递性的作用。

3. 实践逻辑的作用

实践的逻辑是法国社会学家布尔迪厄提出,原意是指人的实践活动的模糊性、盲目性和不确定性。用在对社会心态的分析上则表示实践本身的力量导致原有的心态出现新变化。康德是实践逻辑的信奉者,以实践理性表示实践逻辑对纯粹理性的制约、控制的作用,认为纯粹理性不能完成的实践理性则可以完成、实践逻辑的力量来自民族群体的"杂处"的不同层次、不同背景、不同地域的各个民族共同体的成员的交往所产生的合力。在交往的过程中,实践逻辑的作用大过习俗逻辑、文化逻辑、仪式逻辑的作用。这就是说,实践逻辑在改变着固有的、常态的心态,不断添加着新的因素而促使民族群体心态出现变异。不同民族共同体的成员聚集在一起的动机,不是为了形成正式的组织仪式,也不是为了功利主义地互相认识、互相熟悉,以便为今后的发展创造条件,而是偶然相遇、聚在一起而已,大家交往和沟通是社会生活的分工导致。其行动资本不是性别、年龄、职业、职务、学历、权力、民族成分等硬实力资本,而是文化资本、感情资本、知识资本等软实力资本和虚拟资本。后一种资本的各个因素在交往行动的实践中,互相影响、互相作用,改变了心态的固有形态,使心态按照实践逻辑的作用改变。内高班[①]就是一个典型的例子。内高班这个词始于2000年,是国家作为西部大开发的重要措施。从这一年开始,来自边疆偏远农牧民家庭的初中毕业生经过考试,被选拔到北京、上海、广

[①] 丁燕:《阳光洒满上学路》,《光明日报》2009年12月24日第4版。

州等地最好的中学，完成高中学业。学生费用基本上由国家负担。这些来自民族地区各个少数民族的学生通过与内地其他民族学生的交流和沟通，通过教育和训练，不仅知识水平、教育水平大幅度提升，而且心态也有了改变。由对本民族的文化历史、风俗习惯、地理位置的认同，发展为对整个国家的核心价值体系、文化历史、传统习俗、山川地名的认同。

（三）民族群体和民族共同体的两个自我的关系

民族共同体的自我构成了民族共同体的整体性、全局性的"客我"的社会心态，民族群体的自我构成了新颖的、自我得到独特化展示的"主我"的个性心态。第一个自我是历史文化的产物，已经模式化、概念化和共同化。群众的作用，直接性、分化性、传递性的作用，实践逻辑的作用正好创造了第二个自我。在民族共同体的自我里机械团结的同质交往占主导地位，在民族群体的自我里有机团结的异质交往占主导地位。"人群聚集"的不规则的"杂处"的交往显示了民族共同体交往的独特性、复杂性和多样性，更能够表现各民族文化的独特品格和丰富的内涵。正如米德指出的："主我的可能性属于实际上正在发生、正在进行的事情，并且它在某种意义上是我们经验中最迷人的部分。新奇事物产生在那里，我们最重要的价值定位在那里。我们不断寻求的便是这一自我在某种意义上的实现。"① 但是，无论"人群聚集"的不规则的"杂处"怎样富有个性，怎样超越原有的传统，也不可能脱离整个民族共同体的范围而彻底独立，而一定要表现民族共同体在交往方面的基本特征。两个自我里的"主我"与"客我"是紧密结合在一起的。关于这一点，美国社会学家米德明确指出："只有根据个体作为其成员的整个社会群体的行为，才能理解一个个体的行为，因为他的个体的活动被包含在一个更大的、超出他自身并且牵涉到该群体其他成员的社会活动中。"②

---

① ［美］米德：《心灵、自我与社会》，赵月瑟译，上海译文出版社1992年版，第182页。
② 周晓虹主编：《社会心理学名著菁华》，社会科学文献出版社2006年版，第170页。

结束语

进一步铸牢中华民族共同体意识

习近平总书记在2021年中央民族工作会议上的重要讲话中强调指出：回顾党的百年历程，党的民族工作取得的最大成就，就是走出了一条中国特色解决民族问题的正确道路。习近平总书记强调指出："铸牢中华民族共同体意识是新时代党的民族工作的纲，所有工作要向此聚焦。"

习近平总书记指出：改革开放特别是党的十八大以来，我们党强调中华民族大家庭、中华民族共同体、铸牢中华民族共同体意识等理念，既一脉相承又与时俱进贯彻党的民族理论和民族政策，积累了把握民族问题、做好民族工作的宝贵经验，形成了党关于加强和改进民族工作的重要思想，概括起来有以下方面：一是必须从中华民族伟大复兴战略高度把握新时代党的民族工作的历史方位，以实现中华民族伟大复兴为出发点和落脚点，统筹谋划和推进新时代党的民族工作。二是必须把推动各民族为全面建设社会主义现代化国家共同奋斗作为新时代党的民族工作的重要任务，促进各民族紧跟时代步伐，共同团结奋斗、共同繁荣发展。三是必须以铸牢中华民族共同体意识为新时代党的民族工作的主线，推动各民族坚定对伟大祖国、中华民族、中华文化、中国共产党、中国特色社会主义的高度认同，不断推进中华民族共同体建设。四是必须坚持正确的中华民族历史观，增强对中华民族的认同感和自豪感。五是必须坚持各民族一律平等，保证各民族共同当家作主、参与国家事务管理，保障各族群众合法权益。六是必须高举中华民族大团结旗帜，促进各民族在中华民族大家庭中像石榴籽一样紧紧抱在一起。七是必须坚持和完善民族区域自治制度，确保党中央政令畅通，确保国家法律法规实施，支持各民族发展经济、改善民生，实现共同发展、共同富裕。八是必须构筑中华民族共有精神家园，使各民族人心归聚、精神相依，形成人心凝聚、团结奋进的强大精神纽带。

九是必须促进各民族广泛交往交流交融，促进各民族在理想、信念、情感、文化上的团结统一，守望相助、手足情深。十是必须坚持依法治理民族事务，推进民族事务治理体系和治理能力现代化。十一是必须坚决维护国家主权、安全、发展利益，教育引导各民族继承和发扬爱国主义传统，自觉维护祖国统一、国家安全、社会稳定。十二是必须坚持党对民族工作的领导，提升解决民族问题、做好民族工作的能力和水平。

我们党关于加强和改进民族工作的重要思想，是党的民族工作理论和实践的智慧结晶，是新时代党的民族工作的根本遵循，我们必须在这个背景下完整、准确、全面把握和贯彻铸牢中华民族共同体意识的思想。

马克思主义认为，人类社会是经常发展的活的机体，其中包括相互间具有联系的经济关系、政治关系和精神关系都在不断发展。马克思主义发现了物质资料的生产方式是社会生活的基础，在历史上第一次指出了认识社会历史这一复杂的、充满矛盾的、有严格规律的过程的道路。马克思主义肯定经济基础具有首要意义。但是，马克思主义同时又强调并揭示上层建筑的积极作用、对经济基础的反作用。经济基础和上层建筑的相互作用并非两个互不依赖、意义相等的"因素"的相互作用，因为上层建筑是经济基础的反映，是从经济基础中派生出来的。经济基础和上层建筑的相互作用是在经济基础之上发生的，经济基础使一定的上层建筑产生，决定着上层建筑发展的性质和方向。

马克思主义认为，理论一旦掌握群众，便成为强大的物质力量。中华民族依靠中华民族共同体意识，认识到自己的地位和自己的根本利益，在中国共产党领导下走上自觉的历史创造的舞台，中华民族共同体意识已经成为我国各民族的宝贵精神财富。

从马克思主义的视野看，铸牢中华民族共同体意识与中华民族的历史和现实、精神和物质、创新和发展、改革和建设紧密结合。铸牢中华民族共同体意识体现了中华民族历史发展过程的规律性和中华民族历史活动的人的有意识、有目的的活动的统一。研究铸牢中华民族共同体意识就一定要研究整个中华民族史、新中国史、中国共产党史、改革开放史乃至整个世界史。现实的人是历史的前提，历史是由人的活动构成的。中华民族共同体意识所体现的历史发展规律与人的主体选择性的统一，充分说明中华民族共同体意识形成于各民族的历史和现实活动中。但是，一经形成，又不以人们的意志为转移，反过来，制约和影响各民族的实践活动。这就是

结束语　进一步铸牢中华民族共同体意识

说，中华民族共同体意识在中华民族历史发展的不同时期、不同阶段具有不同的内容和形式，体现着中华民族历史和现实的不同特点和性质。只有在中国共产党的领导下，在中国特色社会主义制度的保障之下，铸牢中华民族共同体意识的培育和践行才能成为各民族自觉地、主动地、积极地创造历史的实践活动。各民族才有可能在铸牢中华民族共同体意识的伟大实践中，发挥自己的创造性和革命性精神，推动实现中华民族伟大复兴中国梦的历史进程。

铸牢中华民族共同体意识作为各民族族际交往交流交融的国家文化基础，经过从文本证明、理论证明到实践证明、人心证明的逻辑进路，这已经是一个不争的、无可辩驳的、铁一样的真理。我国各民族将沿着中国特色社会主义的康庄大道，阔步前进，高歌猛进，创造更加美好的明天。

从马克思主义认识论方面看，为了铸牢中华民族共同体意识就一定要把社会主义核心价值观上升到巩固和发展社会主义制度、推进中国特色社会主义的伟大事业、促进各民族团结进步的高度认识和把握。中国特色社会主义有自己的经济基础和与之相适应的上层建筑。经济基础怎么样，上层建筑就怎么样。但是，不能把中国特色社会主义的上层建筑对经济基础的适应看作是绝对的、不变的。中国特色社会主义的上层建筑的变革意味着上层建筑要主动适应经济基础变革的需要，发挥对经济基础变革的促进作用。社会主义核心价值观是社会主义上层建筑的重要组成部分，在经济基础与上层建筑变革和适应的过程中，社会主义核心价值观越来越发挥对社会主义经济基础的巩固和发展的促进作用。在中国特色社会主义的伟大事业中，上层建筑在经济基础的决定性作用的影响下变化和发展，社会主义的上层建筑是社会主义的经济基础变革的杠杆和工具。

马克思主义毫无疑问地证明，思想的形式和思想的关系是物质关系和经济关系的反映，经济基础对上层建筑具有决定性的重要作用。但是，上层建筑对经济基础的作用也是积极的、主动的。经济基础与上层建筑的关系是相互作用、相互促进的关系。两者之间不是互不依赖、意义相等的关系，社会主义的经济基础决定社会主义上层建筑的性质方向。

社会主义的上层建筑不是社会主义经济基础的消极后果，也不是表面装饰。这就意味中国共产党掌握着社会的全部的经济力量和政治力量，是国家倡导的主流价值观的普及推广起着主导和推动的核心力量。因此，作为国家机构组成部分的各级党政组织和全体公职人员对铸牢中华民族共同体意识负有完全的、不可推卸的责任。各级党政组织和全体公职人员的工作是不是到位，是不是合规，决定了铸牢中华民族共同体意识培育和践行的效果。在这个过程中，社会主义上层建筑中的"法"对社会主义的经济基础具有积极作用。党和国家依靠"法"巩固和发展社会主义的经济制度、政治制度和社会发展，通过制定完善的"法"促进经济、政治和社会的发展，调动人民群众的积极性。因此，各级党政组织也要依靠"法"推动铸牢中华民族共同体意识的培育和践行。

铸牢中华民族共同体意识作为社会主义上层建筑的思想形式和思想关系对于教育和团结各民族沿着中国特色社会主义道路前进具有重要的作用。中国共产党在领导各民族创造历史的伟大实践活动中，需要进一步加强社会主义上层建筑的建设，突出马克思主义的指导地位。因此，铸牢中华民族共同体意识的重要地位和重要作用将越来越突出，因为各民族建设中国特色社会主义的思想和行为越来越自觉，就越来越需要中华民族共同体意识作为国家文化形态对此进行必要的指导和引领。

参考文献

一　经典文献

《马克思恩格斯文集》第 1—10 卷，人民出版社 2009 年版。
《马克思恩格斯选集》第 1—4 卷，人民出版社 2012 年版。
《列宁选集》第 1—4 卷，人民出版社 2012 年版。
《毛泽东选集》第 1—4 卷，人民出版社 1991 年版。
《邓小平文选》第 1—3 卷，人民出版社 1993—1994 年版。
《江泽民文选》第 1—3 卷，人民出版社 2006 年版。
《胡锦涛文选》第 1—3 卷，人民出版社 2016 年版。
《习近平谈治国理政》，外文出版社 2014 年版。
《习近平谈治国理政》第 2 卷，外文出版社 2017 年版。
《习近平谈治国理政》第 3 卷，外文出版社 2020 年版。
《习近平总书记系列重要讲话读本》，学习出版社、人民出版社 2016 年版。
《习近平重要讲话单行本（2020 年合订本）》，人民出版社 2021 年版。
中共中央文献研究室编：《习近平总书记重要讲话文章选编》，中央文献出版社、党建读物出版社 2016 年版。
中共中央宣传部：《习近平新时代中国特色社会主义思想学习纲要》，学习出版社 2019 年版。
《十九大报告辅导读本》，人民出版社 2017 年版。
国家民族事务委员会编：《中央民族工作会议精神学习辅导读本》，民族出版社 2015 年版。

二　著作类

费孝通：《中华民族多元一体格局》，中央民族大学出版社 2018 年版。
韩震：《全球化时代的文化认同与国家认同》，北京师范大学出版社 2014

年版。

虎有泽、尹伟先、云中、马晓旭编：《铸牢中华民族共同体意识研究》，中国社会科学出版社 2019 年版。

暨爱民：《国家认同建构：基于民族视角的考察》，社会科学文献出版社 2016 年版。

廖建新：《中华民族共同体意识下文化模式研究——以金沙江畔为中心的社会组织的考察》，中国社会科学出版社 2019 年版。

祁述裕：《国家文化治理现代化研究》，社会科学文献出版社 2019 年版。

萨仁娜：《社会互动中的民族认同建构》，中央民族大学出版社 2011 年版。

韦诗业：《民族认同与国家认同的和谐关系建构研究》，中央编译出版社 2017 年版。

徐杰舜：《中华民族认同论》，宁夏人民出版社 2014 年版。

杨盛龙等：《民族交往与发展》，民族出版社 2010 年版。

詹小美：《民族文化认同论》，人民出版社 2014 年版。

张宝成：《民族认同与国家认同》，人民出版社 2012 年版。

［德］斐迪南·滕尼斯：《共同体与社会》，林荣远译，商务印书馆 1999 年版。

［美］克利福德·格尔茨：《文化的解释》，译林出版社 2014 年版。

［英］安东尼·D. 史密斯：《民族认同》，王娟译，译林出版社 2018 年版。

［英］安东尼·吉登斯：《现代性与自我认同》，夏璐译，中国人民大学出版社 2016 年版。

三 论文类

曹为：《民族复兴战略全局中的中华民族共同体建设》，《理论与改革》2021 年第 3 期。

常士訚：《中华民族共同体的现代多重建构及其逻辑》，《西南民族大学学报》（人文社会科学版）2019 年第 1 期。

陈蒙、雷振扬：《中华民族共同体意识的价值观基础探析》，《西南民族大学学报》（人文社会科学版）2021 年第 2 期。

陈瑛、郎维伟：《中华民族共同体意识与"五个认同"关系再探析》，《北方民族大学学报》2020 年第 1 期。

陈智、宋春霞：《"共同体"语义下对"中华民族"的重新审视》，《内蒙古社会科学》2021年第3期。

董楠：《铸牢中华民族共同体意识的路径选择》，《北方民族大学学报》（哲学社会科学版）2019年第3期。

杜娟：《加强各民族交往交流交融　铸牢中华民族共同体意识》，《西藏民族大学学报》（哲学社会科学版）2017年第11期。

淦思明、王磊：《近年来国内关于中华民族共同体意识研究述评》，《云南行政学院学报》2021年第2期。

高永久、赵志远：《论民族交往交流交融与铸牢中华民族共同体意识的思想基础》，《思想战线》2021年第1期。

宫丽：《铸牢中华民族共同体意识的文化路径》，《中南民族大学学报》（人文社会科学版）2019年第7期。

管健、郭倩琳：《国家认同概念边界与结构维度的心理学路径》，《西南民族大学学报》（人文社会科学版）2019年第1期。

何雄浪、尹凤茗：《新时代"五位一体"铸牢中华民族共同体意识探究》，《民族学刊》2021年第2期。

虎有泽、云中：《国家认同视域下中华民族共同体意识》，《贵州民族研究》2018年第11期。

黄钰、陈建樾、郎维伟：《铸牢中华民族共同体意识的实践内涵、历史使命和目标任务》，《贵州民族研究》2021年第2期。

暨爱民：《百年凝聚：近代中国民族国家的认同建构》，《西南民族大学学报》（人文社会科学版）2017年第3期。

孔亭、毛大龙：《论中华民族共同体的基本内涵》，《社会主义研究》2019年第12期。

雷振扬、兰良平：《铸牢中华民族共同体意识：研究现状与深化拓展》，《中南民族大学学报》（人文社会科学版）2020年第7期。

李赞、张静：《守护民族团结生命线与铸牢中华民族共同体意识》，《中南民族大学学报》（人文社会科学版）2021年第3期。

刘吉昌、徐润：《中华民族共同体意识研究述评》，《贵州民族研究》2021年第2期。

龙金菊：《"共同体"语义下的中华民族共同体建设》，《广西民族研究》2019年第4期。

卢成观、李文勇：《中华民族共同体意识的理论根基、现实价值及路径选择》,《理论导刊》2020年第3期。

马俊毅:《中华民族共同体意识的现代性内涵》,《中南民族大学学报》(人文社会科学版)2020年第9期。

蒙祥忠、麻国庆:《祖先本质的多面性与僚家祭祖仪式研究——铸牢中华民族共同体意识的一个思考视角》,《中央民族大学学报》(哲学社会科学版)2021年第3期。

纳日碧力戈、左振廷:《三维铸牢中华民族共同体意识》,《中央民族大学学报》(哲学社会科学版)2020年第1期。

彭斌:《理解国家认同——关于国家认同的构成要素、困境与实现机制的思考》,《社会科学战线》2018年第7期。

彭谦、程志浩:《民族认同形成的影响因素考量》,《中南民族大学学报》(人文社会科学版)2019年第3期。

青觉、徐欣顺:《中华民族共同体意识:概念内涵、要素分析与实践逻辑》,《民族研究》2018年第11期。

石硕:《铸牢中华民族共同体意识是人民美好生活的需要》,《中央民族大学学报》(哲学社会科学版)2020年第11期。

宋才发:《铸牢中华民族共同体意识的四维体系构建及路径选择》,《党政研究》2021年第3期。

孙英、赵万庆:《行动、认知与共识:中华民族共同体意识的三维建构》,《江苏大学学报》(社会科学版)2020年第5期。

王鉴、胡红杏:《打牢中华民族共同体意识的思想基础研究》,《民族教育研究》2020年第4期。

王维平、朱安军:《以政治认同持续推进中华民族共同体建构》,《西北师大学报》(社会科学版)2020年第4期。

王文光、徐媛媛:《中华民族共同体意识形成与发展的历史过程研究论纲》,《思想战线》2018年第3期。

王新红:《铸牢中华民族共同体意识的四维体系构建》,《中南民族大学学报》(人文社会科学版)2019年第7期。

王震中:《国家认同与中华民族的凝聚》,《红旗文稿》2016年第1期。

吴玉军:《传承历史记忆:国家认同建构的重要路径》,《人民论坛》2019年第1期。

吴玉军、付赵震:《论国家认同视域中的民族认同建构》,《中国特色社会主义研究》2019 年第 1 期。

吴玉军、顾豪迈：《国家认同建构中的历史记忆问题》，《中国特色社会主义研究》2018 年第 3 期。

闫丽娟、李智勇：《"中华民族共同体意识"的理论渊源探析》，《广西民族研究》2018 年第 3 期。

姚贱苟、于恩洋：《百年来党的中华民族共同体意识历史逻辑与铸牢路径研究》，《民族学刊》2021 年第 2 期。

于春洋、陈奥博：《多元一体格局中的铸牢中华民族共同体意识》，《青海民族研究》2020 年第 12 期。

俞水香、娄淑华：《论我国各民族民族认同与国家认同的统一性》，《云南民族大学学报》（哲学社会科学版）2020 年第 3 期。

詹进伟：《论中华民族共同体意识的理论进路与生成逻辑》，《广西民族研究》2019 年第 6 期。

张莉：《中华民族共同体意识的文化根基与培育机制研究》，《北方民族大学学报》2021 年第 1 期。

张伦阳、王伟：《铸牢中华民族共同体意识：理论逻辑、现实基础和实践路径》，《民族学刊》2021 年第 2 期。

张前、张晓红：《铸牢中华民族共同体意识的文化实践》，《贵州社会科学》2019 年第 11 期。

张淑娟：《论中华民族共同体意识的三重意涵》，《学术界》2020 年第 3 期。

张巍、贾仲益：《新时代中华民族命运共同体构建理路浅探》，《青海民族研究》2020 年第 10 期。

周超、刘虹：《共生理论视阈下中华民族共同体建构的五维向度》，《民族学刊》2021 年第 2 期。

周平：《民族国家认同构建的逻辑》，《政治学研究》2017 年第 2 期。

朱莉涛、陈延斌：《社会主义核心价值观传播体制机制论略》，《马克思主义理论学科研究》2019 年第 2 期。

朱尉、周文豪：《中华民族共同体意识的内涵阐释与理论拓展》，《中南民族大学学报》（人文社会科学版）2021 年第 3 期。